国武将列伝❖1

東北編

遠藤ゆり子・竹井英文 編

戎光祥出版

はしがき

宮城県、なかでも仙台市は、相変わらず伊達政宗《だてまさむね》で溢れかえっている。伊達政宗は、宮城県に限らず東北地方を代表する戦国武将であり、その知名度は抜群に高い。ところが、その他の戦国武将となると、途端に知名度が低くなる。広大な東北地方には、たしかに個性溢れる数多くの武将たちが活躍していたのだが、知名度という点ではなかなか上がらない状況が続いているのである。

それは仕方がない面もある。というのも、周知の通り東北地方はもともと史料が絶対的に少ない地域であり、一番史料がまとまって残っている伊達氏でさえ、戦国末期の政宗期になってようやく増えてくる有り様である。その政宗期も政宗の書状ばかりであり、関東の北条《ほうじょう》氏のように領国支配や家臣団に関する史料は極めて少ない。政宗のライバルで比較的知名度が高い最上義光《もがみよしあき》でさえ、秀吉《ひでよし》がやってくる以前の戦国期の史料は、やはり極めて少ない（そもそも「義光」を「よしあき」と読むことを知らない人も、筆者の経験上多いように思う）。

そのようななかでも、実は東北戦国史の研究は着実に進展しており、通説が大きく覆ることも増えてきているのである。同時に、伊達政宗以外の武将たちの実像についても、大きく塗り替わりつつある。近年の最上義光に関する研究は、その最たるものだろう。本書は、そうした研究動向を受けて、東北の主たる戦国武将について最新研究に基づきながら、列伝という形で彼らの武将としての実像をわかりやすく紹介するものとなっている。筆者はさておき、執筆者はいずれも研究を牽引する方々ばかりであり、力作をお寄せ頂いた。東北の戦国武将たちの最新研究を通覧でき、かつ気軽に楽しく読める本書のような本は、これまでなかったはずである。その意味でも、本書刊行の意義は極めて大きいものと感じている。筆者としては、他地域の方々ももちろんだが、特に東北地方の方々、なかでも歴史に興味関心をもつ中学生、高校生、大学生など若い方々にぜひ読んで頂きたいと思っている。

本書を編集するにあたっては、伊達氏のみ稙宗《たねむね》・晴宗《はるむね》・輝宗《てるむね》・政宗の四代を個別に立項したものの、なるべく東北各地（蝦夷地も含めた）の武将をまんべんなく取り上げることを心がけた。一般的にはもちろん、歴史好きの方であっても、知ってはいるけど深くは知らない、という武将が多いのではないだろうか。何を隠そう、東北戦国史研究に関わるようになって日が浅い筆者も、そこまでよく知らない武将が正直多かった。そんな筆者にとっても、本書はまさにかゆいところに手の届くものとなっていて、とても楽しく読んで勉強することができた。

一方で、取り上げた武将は東北地方の広さに比べればごく一部にすぎないともいえ、まだまだよく知らない、もっと知りたい武将がたくさんいるのも事実である。また、武将とは少し異なるかもしれないが、東北戦国史においては政宗の母保春院《ほしゅんいん》をはじめとして女性の活躍も目立つ。今後、そうした人々についても紹介する機会があればと思う。いずれにせよ、知られざる武将たちの列伝をまずは楽しく読んで頂きたい。

本書によって東北戦国史に興味関心を持つ人が増え、研究の進展および関連文化財の保存整備などに繋がっていくことを願うばかりである。最後に、ご多忙のなか執筆に協力頂いた皆様に感謝申し上げます。

二〇二三年一月

竹井英文

目次

凡　例

一、本書では、戦国時代に主に東北（陸奥・出羽の二ヶ国）および北海道（蝦夷）南部を基盤として活躍した武将二十九人を取り上げ、各武将の事蹟や個性、そして彼らは何のために戦っていたのかをまとめた。

一、人名や歴史用語には適宜ルビを振った。読み方については、各種辞典類を参照したが、歴史上の用語、とりわけ人名の読み方は定まっていない場合も多く、ルビで示した読み方が確定的なものというわけではない。また、執筆者ごとに読み方が違う場合もあり、各項目のルビについては、各執筆者の見解を尊重したことをお断りしておきたい。

一、用語についても、それ自体が論点となりうるため、執筆者間で統一をしていない。

一、掲載写真のうち、クレジットを示していないものについては、戎光祥出版編集部撮影のものである。

戦国時代の東北関係図

勝山館
箱館
蠣崎氏
（松前）
松前大館
蠣崎城
津軽氏
（大浦）
種里城
波岡御所（城）
七戸城
大浦城
南部氏
堀越城
根城
三戸城
田子城
九戸城
（福岡）
檜山城
大名館
石鳥谷城
姉帯城
久慈城
九戸氏
浦城
安東氏
（秋田）
脇本城
陸奥
出羽
湊城
南部氏
角館城
豊島城
雫石御所
不来方城
（盛岡）
斯波御所
（高水寺城）
沼館城
横手城
稗貫氏
鳥谷ヶ崎城
（花巻）
小野寺氏
岩屋城
和賀氏
鍋倉城
西馬音内城
二子城
湯沢城
稲庭城
東禅寺城
（亀ヶ崎）
米ヶ崎城
観音寺城
薄衣城

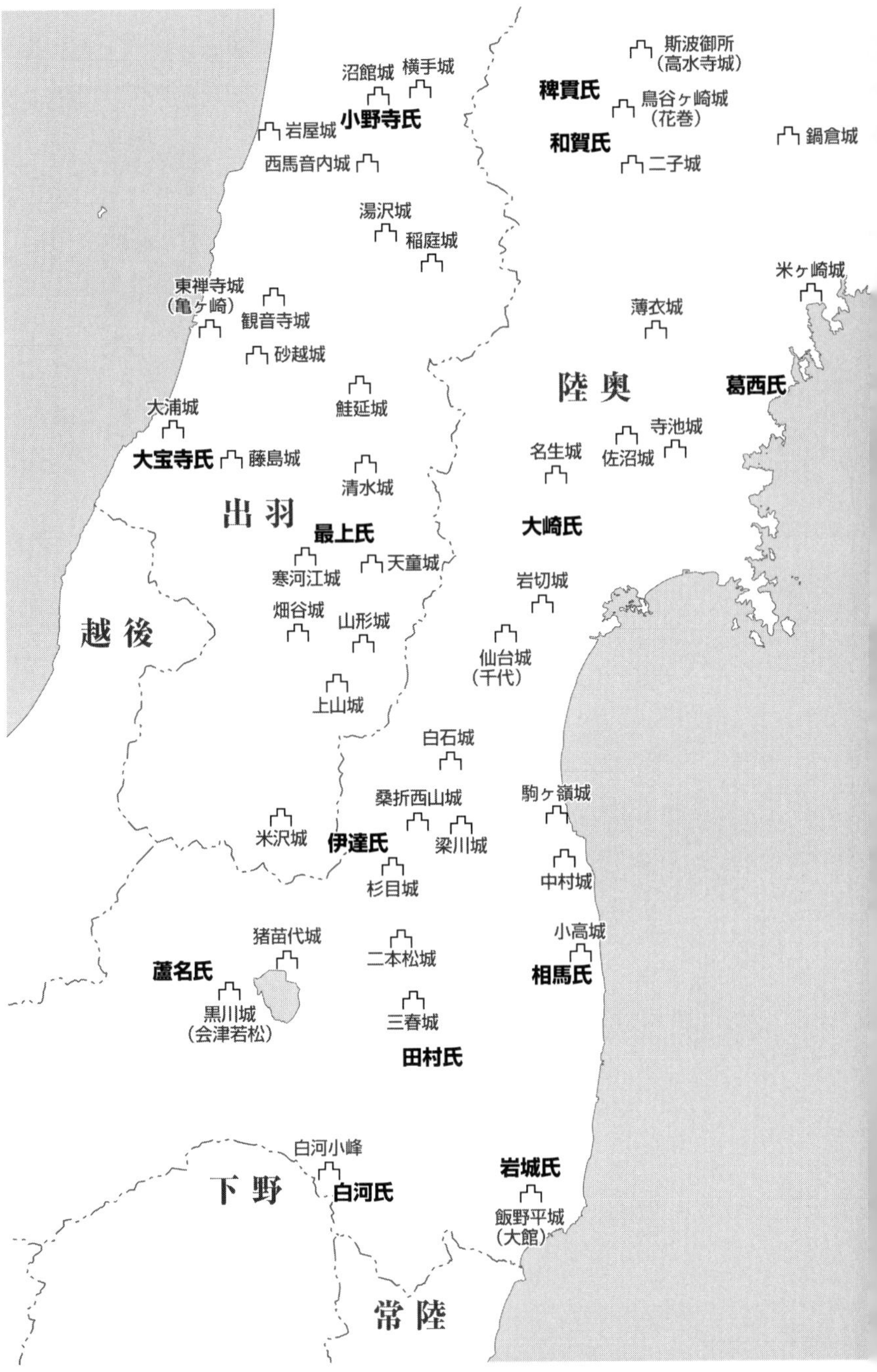

斯波御所
(高水寺城)
沼館城
横手城
稗貫氏
鳥谷ヶ崎城
(花巻)
小野寺氏
岩屋城
和賀氏
鍋倉城
西馬音内城
二子城
湯沢城
稲庭城
米ヶ崎城
東禅寺城
(亀ヶ崎)
薄衣城
観音寺城
砂越城
陸奥
葛西氏
鮭延城
大浦城
寺池城
名生城
佐沼城
大宝寺氏
藤島城
清水城
出羽
最上氏
大崎氏
天童城
寒河江城
岩切城
畑谷城
山形城
越後
仙台城
(千代)
上山城
白石城
桑折西山城
駒ヶ嶺城
米沢城
伊達氏
梁川城
杉目城
中村城
猪苗代城
小高城
二本松城
蘆名氏
相馬氏
黒川城
(会津若松)
三春城
田村氏
白河小峰
岩城氏
下野
白河氏
飯野平城
(大館)
常陸

蠣崎季広——蝦夷地の和人を統一した道南の雄

蠣崎季広誕生

蠣崎《かきざき》氏としては四代目当主にあたる季広《すえひろ》は、永正四年（一五〇七）十一月に蝦夷地上之国《えぞちかみのくに》（北海道上ノ国町）で誕生した。当時の蠣崎氏の居城は勝山館《かつやまだて》であるので、おそらく季広はそこで出生したと考えられる。

父は蠣崎義広《よしひろ》（良広《よしひろ》とも）、母は穏内館《おんないだて》主蔣土季直《こもつちすえなお》の孫娘である。季広出生時の蠣崎家当主は義広の父、つまり季広からみると祖父にあたる光広《みつひろ》であった。季広誕生時に義広は二十九歳になっていたが、家督は譲られていなかったのである。

さて季広であるが、幼名は卯鶴丸、通称は彦太郎、長じて若狭守と名乗っている。当然のことながら若狭守は朝廷から任じられた正式な官職ではなく、戦国期にはよくみられた私称である。

祖父の光広は松前《まつまえ》守護相原季胤《あいはらすえたね》を謀略によって倒し、永正十一年三月十三日に、小舟一八〇余艘で上之国から松前（北海道松前町）に居城を移し、八歳の季広はそれに従って松前大館に住むようになったと考えられる。その翌年の永正十二年にはショヤコウジ兄弟が蜂起し、光広が鎮圧している。

永正十五年七月十二日に光広が六十三歳で没すると、義広が家督を継ぐ。義広の代がアイヌとの戦いが最も熾烈を極めた時期である。まさに戦いの連続であり、大規模なものでは享禄元年（一五二八）のアイヌ蜂起、同二年のタナサカシの戦い、同四年のアイヌとの戦闘、天文五年（一五三六）のタリコナの戦いなどが挙げられる。ただ、義広時代は史料が乏しかったのか、『新羅之記録《しんらのきろく》』（以下『新羅』）には詳細な記述は見られず、嫡男である季広の動向もまったく記されていない。タナサカシとタリコナは、義広が和睦と偽って館内に招き騙し討ちにしている。武力で圧倒的に劣っていた蠣崎氏は、騙し討ちに頼るしか勝利する方法がなかったのであろう。

義広が戦争以外に行った唯一の事跡は、蠣崎氏のルーツであるとされる若狭武田《たけだ》氏との交流を開いたことである。蠣崎氏は祖の信広《のぶひろ》が若狭武田氏の出身であるとされていた。天文十三年に義広は家臣の小《こ》林《ばやし》良道《よしみち》を若狭守護武田信豊《のぶとよ》に派遣し、若狭武田氏と書状や品物のやり取りを行っている。

家督継承と安東氏への軍役

アイヌとの戦いに明け暮れた義広は天文十四年（一五四五）八月十九日に死去した。享年六十七。母もまた同年九月八日に後を追うように没した。おそらく、義広死去のタイミングで季広は家督を継いだと思われる。季広は三十九歳になっていた。

季広がいつ結婚したのか不明であるが、天文八年には長男の舜広《としひろ》が生まれているので、それまでには

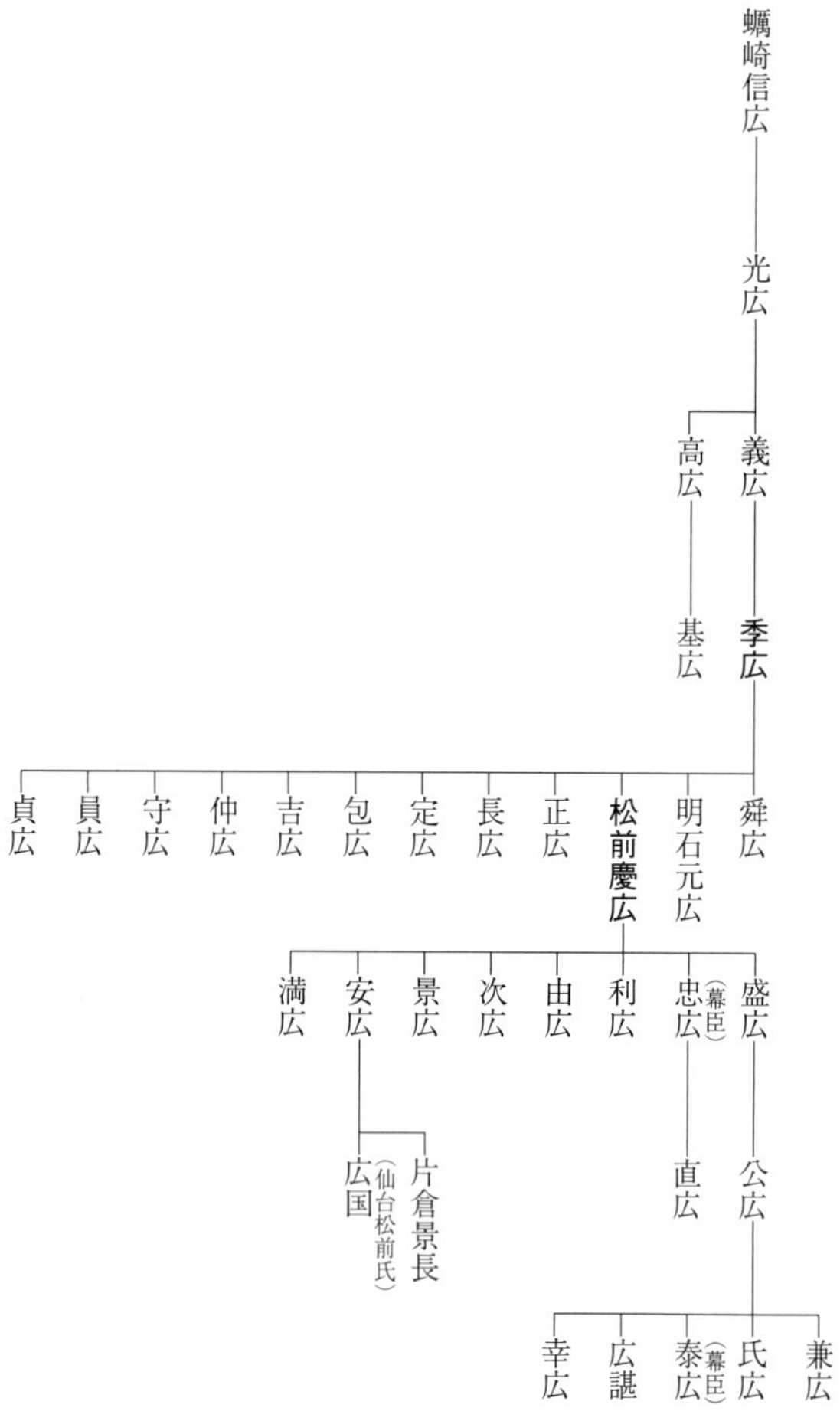

蠣崎・松前氏略系図　『新羅之記録』『寛政重修諸家譜』をもとに著者作成

結婚していたのだろう。妻は箱館《はこだて》館主河野《こうの》季通《すえみち》の娘で、三男三女が生まれている。『松前家記《まつまえかき》』によると季広には九人の側室がおり、子供は全部で二十七人もいた。

天文十五年春、深浦《ふかうら》（青森県深浦町）の森山《もりやま》館主森山季定《すえさだ》が、主君である安東尋季《あんどうひろすえ》に対して叛旗を翻した。尋季は松前の季広に援軍を命じており、それに従い出陣をしている。

蝦夷地は檜山《ひやま》安東氏の領地であり、蠣崎氏は現地に駐在する代官のような地位にあった。ただ注意をしなければならないのは、広大な蝦夷地全土を檜山安東氏が実効支配していたわけではなく、渡島《おしま》半島南端の和人《わじん》のみを支配下に置くにすぎなかった。つまり、アイヌはその統制から除外されており、あくまで交易相手として認識されていたのである。

さて、季広は松前を出陣して船を連ねて津軽海峡を渡り、陸奥国小泊《こどまり》（青森県中泊町）に着岸、三月五日には森山館に到着している。『厚谷家録《あつやかろく》』によれば、季広の軍勢は八十四人であった。総大将の尋季は正面に陣し、季広は搦手《からめて》の大将として森山館を包囲した。

三月十五日、森山館内から水桶を担いで出入りする者を季広が目撃し、遥か麓から矢で狙撃する。その矢は命中し背部から胸板を貫通させていた。それからしばらくして森山館は落城し、季定は自害した。生け捕られた敵兵は「館内には水がなく、敵に悟られないように桶で水を汲む真似をしていたところ季広に射殺された」と言った。季広の矢一本で敵の大将を自害させたことになる、と『新羅』は季広の武勇を誇示している。

季広の代になると、檜山安東氏の蝦夷地支配は形骸化しており、蠣崎氏が事実上「蝦夷島主」となっていた。それでも檜山安東氏の伝統的な権威は強固であり、その後ろ盾があってこそ蠣崎氏は蝦夷地を治めることができたのである。したがって、尋季からの軍役を無視することはできなかったのであろう。後述するが、檜山安東氏からの軍勢催促には、その後も季広は応じている。

蠣崎一族の内訌

義広の代まではアイヌや他の和人館主を抑えて、蠣崎氏の蝦夷地における権力を磐石にすることが課題であったが、季広の代になると蠣崎一族の内訌も表面化してくる。その最初の事件が、勝山館の蠣崎基広《もとひろ》の謀反である。

前述したように、勝山館は松前に移住する前の蠣崎氏の居城であり、宗家が離れたとはいえ依然として重要であった。一族の蠣崎高広《たかひろ》が留守居を任されており、季広の代は高広の嫡男である基広が守っていた。季広と基広は従兄弟同士である。

ところが、基広は密かに家督を狙っており、季広が帰依している賢蔵坊《じんぞうぼう》という修験者を抱き込み、呪《じゅ》詛《そ》調《ちょう》伏《ぶく》を行わせていた。そのような状況の中、天文十七年（一五四八）三月、季広は勝山館に所用のために向かう。呪詛の効果がまったくないことに苛立っていた基広は、季広に供奉している賢蔵坊に、松前と上之国間の山中で季広を討ち果たせと命じる。しかし、賢蔵房はなかなか季広を討てないでいた。悩んだ賢蔵坊は、天の川（北海道上ノ国町）の毘沙門天《びしゃもんてん》（武田信広が建立）参詣後に、基広の密命を季広に打ち明けてしまう。それを知った季広は、松前に戻った後に家臣の長門《ながと》広益《ひろます》を上之国に出陣させ基広を滅ぼしている。

「独自外交」の推進

天文十七年（一五四八）夏、季広は冨田広定《とみたひろさだ》を使者として若狭守護武田信豊のもとに派遣した。四年前に義広が信豊との交流を推し進めたものの、森山出陣や基広討伐のために途絶えていたのを復活させたのであろう。若狭武田氏との書状のやりとりは、信豊の次代である武田義統《よしむね》まで続いた。義統は若狭国内での家臣の謀反に悩まされ、蝦夷地の一豪族の相手をする暇がなくなってしまったのであろう。自然と交流はなくなってしまったようだ。

若狭武田氏は代々若狭守護に任じられており、足利《あしかが》将軍家とも非常に近い関係にある清和源氏《せいわげんじ》の名門である。立場的には檜山安東氏の一家臣にしかすぎない季広が、「同族の誼《よしみ》」を強調して若狭武田氏に接近するのは、安東氏を介さない独自なコネクションを築こうとしていたからだと考えられる。さらに、若狭武田氏は三条西《さんじょうにし》家をはじめとして公家とも交流が頻繁にあった。若狭武田氏は朝廷工作を季広が行うにはかなり有効な存在であり、接近する価値は大いにあったのである。

季広は、若狭武田氏以外にも積極的にアプローチしており、出羽庄内《しょうない》の大宝寺《だいほうじ》氏の家臣「土佐林入道静林」（『新羅』）なる人物と交流をもっている。おそらくこの人物は、土佐《とさ》林 杖林斎禅棟《ばやしじょうりんさいぜんとう》ではないかと推定される。禅棟は当主大宝寺義増《よします》に代わって政務を取り仕切っており、また室町幕府政所《まんどころ》執事《しつじ》伊勢《いせ》氏とも交流があった。禅棟から季広は、十二代将軍足利義晴《よしはる》より下賜された茶釜を譲り受けており、土佐林氏とも深い関係を築くことに成功していたようだ。ところが、土佐林氏は義増の後を継いだ大宝寺義氏《よしうじ》によって滅ぼされてしまう。大宝寺氏は檜山安東氏とは対立関係にあったからであろうか。季広の「独自外交」がよくわかる事例である。

天文十七年の九月三日に、季広の三男天才丸が誕生している。後の松前慶広《よしひろ》である。

夷狄の商船往還の法度

蝦夷地の和人勢力を統一した蠣崎氏にとって、最大の懸案事項はアイヌの存在であった。そもそも、アイヌは蠣崎氏にとって敵ではなく交易相手であり、ビジネス上きわめて重要な存在であった。交易の売上によって利潤を得ていた蠣崎氏にとって、アイヌとの敵対関係が続くことは好ましいことではない。季広は、アイヌとの交易を安定的に行う体制を構築する必要があった。

天文十九年（一五五〇）六月二十三日、檜山安東氏の当主舜季が蝦夷地にわたってきた。「東公の嶋渡り」と呼ばれるが、おそらく季広の招きに応じたものと考えられる。このときにいくつかの約定が成立した。まず、季広の六女が舜季の嫡男安東茂季《しげすえ》に嫁し、三女が津軽の北郡司喜庭秀信《きにわひでのぶ》に嫁ぐことが決定した。明らかに舜季の権威を背景にして、季広は津軽の諸勢力とも関係を深めたといえる。

天文二十年、さらに季広は檜山安東氏の権威を利用して、東西のアイヌの首長を松前に招き「法度《はっと》」

を定めた。季広はアイヌが喜びそうな「宝物」を数多く用意し、東西のアイヌ首長は季広を「カムイトクイ」（神のような友人）と賞賛して喜んだ。季広はセタナイ（北海道せたな町）のアイヌ首長ハシタインを召し寄せ、上之国天の川の郡内に据え「西夷の尹」とし、また、シリウチ（同知内町）のアイヌ首長チコモタインを「東夷の尹」とし、両者と「夷狄《いてき》の商船往還の法度」を締結した。その内容はこうである。①蠣崎氏は諸国から松前に来る商船から「年俸」を出させ、それを「夷役」として両首長に配分する。②アイヌ側は西より来る船は天の川沖にて帆を下げて一礼し、東から来る商船はシリウチ沖で帆を下げて礼をすることとした。これは「法度」としながらも、内容はアイヌにとってかなり有利なものであった。

またこの法度により、それまで曖昧であった和人とアイヌとの居住地域の線引きが行われ、西は上之国の天の川、東はシリウチまでを和人が住む地域とした。これが近世の松前藩領の原形となったのである。

夷狄の商船往還の法度により、蠣崎氏はアイヌとの交易を安定的に行うことができるようになり、アイヌ蜂起も極端に減った。アイヌ側からいうと、交易相手は蠣崎氏以外に南部《なんぶ》氏や浪岡御所北畠《なみおかごしょきたばたけ》氏など北奥の諸勢力もおり、さほど影響は受けなかったと思われる。

天文二十二年、安東舜季が死去し季広は剃髪して永安《えいあん》と号した。主君である舜季の死を悼んだのであろう。

永禄元年（一五五八）夏には、「奥蝦夷」（千島列島《ちしまれっとう》）のアイヌから絶品の鷲尾が交易によってもたらされている。大変貴重なものであり、季広は紀伊国熊野権現《くまのごんげん》に奉納している。アイヌ交易も順調であったようだ。

浪岡御所への接近

永禄三年（一五六〇）、三男の天才丸が十三歳になった。季広は天才丸を浪岡城（青森市浪岡）の北畠具運《ともかず》（顕慶《あきよし》）に拝謁させている。史料には記されていないが、年齢から考えると、天才丸は具運に烏帽子親《えぼしおや》になってもらい、元服をしたと考えられる。天才丸は名を慶広と改めた。さらに具運は、船着場として陸奥国野田玉川村の潮潟（青森市後潟）を慶広に与えている。

浪岡北畠氏は、北畠顕家《あきいえ》もしくはその弟顕信《あきのぶ》の後裔とされ、南北朝期に浪岡城を築き浪岡御所と呼ばれていた。戦国期においても、京都の山科言継《やましなときつぐ》に使いを出して叙位任官を朝廷から受けている。ただ、一次史料によって北畠氏の子孫であることは立証されていない。浪岡北畠氏の支配領域、統治構造などの詳細は不明であるが、糠部《ぬかのぶ》地方を領する南部氏と津軽を領する檜山安東氏という二大勢力の中間に位置しており、戦略的に重要な存在であった。

慶広を檜山安東氏に仕えさせずに浪岡北畠氏に直属させたのは、安東氏に対する牽制も意味していたのであろう。また、浪岡北畠氏もアイヌ交易に従事しており、浪岡城内にはアイヌの遺物も出土している。蝦夷地に勢力を張っている蠣崎氏の子弟と好《よしみ》を通じることは、いろいろと浪岡北畠氏側にとってもプラスであった。

両者ともに利益が見込まれることから、友好な関係が築けたわけであるが、それは長くは続かなかった。浪岡北畠氏は永禄五年の川原《かわはら》御所の乱によって勢力が減退し、ついに天正六年（一五七八）七月に津軽（大浦《おおうら》）為信《ためのぶ》の攻撃を受け浪岡城が落城してしまい、宗家は断絶した。

季広長女の陰謀

アイヌと「法度」を取り交わし、慶広を浪岡北畠氏へ接近させた季広であったが、蠣崎一族の内訌は完全に収まったわけではなかった。季広に極めて近い意外な人物が暗殺事件を引き起こすのである。季広の長女である。

長女の名前は伝わっていないが、季広の初めての子どもであった。長子であったわけである。長女は成長すると、脇本《わきもと》館主南条季継《なんじょうすえつぐ》の子孫である広継《ひろつぐ》に嫁いだ。これも季広の対外政策の一環であろうが、長女はこのことにひどく不満を覚えていた。自身が男子であれば蠣崎宗家の家督を継げる立場であったが、叶わなかったからである。長女は基広に期待をしていたが、それも季広によって討伐されてしまった。次に長女が希望を見出したのが夫の広継である。そのためには後継者になりえる季広の息子たち、つまり実の弟たちが邪魔になった。

長女は季広の近習丸山という者を抱き込み、まず嫡男の舜広を永禄四年（一五六一）に鴆毒《ちんどく》（亜砒酸といわれる）で毒殺した。享年二十三。長女は舜広だけでは満足せず、次弟の明石元広《あかしもとひろ》も永禄五年に丸山に命じて毒殺させる（享年二十三）。もっとも元広は、丸山が個人的に怨恨を抱いていたと『新羅』には記されており、この点で利害が一致して丸山は長女の陰謀に加担したのかもしれない。元広は家臣の明石季衡《すえひら》の養子になり、明石家を相続していた。ちなみに、季衡の正室は季広の妹である。

陰謀は露見し丸山は斬罪、長女は自害した。長女の夫である広継はこの陰謀は知らなかったようだが、季広の命で自害させられている。

蠣崎正広の謀反

天正六年（一五七八）夏、季広五男（四男とも）の蠣崎正広《まさひろ》が熊野参詣のために上洛し、その途次に安土城《あづちじょう》（滋賀県近江八幡市）の織田信長《おだのぶなが》を訪れ、「御切紙《きりがみ》」を賜っている（『秋田藩採集文書　奥村立甫家蔵文書』）。この上洛はもちろん正広単独の行動ではなく、季広の承認のもとで安東愛季《ちかすえ》の家臣南部宮内少輔季賢《すえかた》と同道してのことであった。

愛季と信長との関係は、天正三年から始まっている。「天下統一」を狙う信長と檜山・湊《みなと》両家に分かれていた安東氏を統一した愛季との間には、親交を結ぶことにより生ずる利益が互いにあったのである。

蠣崎氏にとっても、「天下」を狙い破竹の勢いで各地に進撃している信長と直接交流をもつことは、決してマイナスではない。そのような判断から季広は正広を派遣したのであろうが、安土から帰国後に正広はまさかの行動に出る。謀反を起こしたのである。それが露見すると正広は松前から逃亡し、愛季のもとに身を寄せてしまう。

この一連の正広の行動はきわめて不可解である。なぜ季広の意向で安土まで行き信長に謁見したのに、謀反を起こさないといけないのだろうか。これを解明するには、嫡男が不在になってしまった当時の蠣崎家中のことを考えなければならない。家督継承の有力候補者には三男の慶広と五男の正広がおり、両者の家督争いが勃発していたと考えられる〔榎森二〇〇七、新藤二〇二三〕。慶広は毒殺された舜広、元広と同じ正室の子どもであり、対して正広は側室の子ではあるが慶広と同年であった。どちらが当主になってもおかしくはない状況だったのである。

正広は、蠣崎氏の主君である愛季にかなり接近しており、その家臣である南部宮内少輔と同道して信長に会い、「御切紙」まで賜っている。内容は不明であるが、慶広にとってはかなり不利な状況になってしまったことは疑いない。正広謀反の動機は不明であるが、織田信長が斃れた天正十年（一五八二）六月二日の本能寺の変の影響もあるかもしれない〔新藤二〇二三〕。

さて、安東氏のもとに逃れた正広のその後であるが、天正十四年に安東勢として仙北高寺《せんぼくたかてら》に出陣している。その陣中に悪性の腫れ物のため病死している。

檜山安東氏への軍役

天正初年の蠣崎家中は、当主季広を巻き込んで慶広と正広の家督争いに終始していたが、その間の北奥は戦乱が多発していた。

安東氏や浪岡御所北畠氏などの伝統的な勢力が大きく後退し、南部氏や新興勢力の津軽（大浦）氏などが攻勢に出ていた。安東家の当主が出陣する機会も増え、津軽海峡を挟んだ蝦夷地松前の蠣崎氏に援軍を要請する場面も多くなった。

天正六年（一五七八）七月、津軽（大浦）為信は浪岡御所を襲撃、当主の北畠具愛《ともちか》（顕村《あきむら》）は自害した。具愛の妻は愛季の娘で、浪岡城陥落後に秋田へ逃げている。愛季は浪岡御所滅亡を受けてすぐに出陣したようだが、十月には帰陣している。それを祝す書状が季広から愛季に届いている〔秋田藩採集文書　奥村立甫家蔵文書〕。

しかし、天正七年正月（一五七八年十二月）に愛季は再度浪岡に出陣したようで、七十三歳の季広は自らが援軍に赴く意思を書状に認めている〔秋田藩採集文書　奥村立甫家蔵文書〕。天正九年夏には、出羽国鹿角《かづの》（秋田県鹿角市周辺）で南部勢と合戦になり、季広十男（九男とも）の蠣崎仲広《なかひろ》が三騎を討ち取ったものの討ち死にを遂げている。享年二十一。翌年の天正十年六月二十九日付の「奥村宗右衛門宛蠣崎季広書状」によると、安東氏に敵対している出羽の大宝寺義氏《よしうじ》が由利《ゆり》郡（秋田県由利本荘市・にかほ市周辺）に侵入した場合は、季広自身が援軍に赴く用意があると記されている〔秋田藩採集文書　奥村立甫家蔵文書」。

現在残されている季広の安東家臣奥村宗右衛門宛書状を読むと、援軍に赴く用意があると記されてはいるものの、実際に出陣したかどうかは不明である。この時期の安東氏は敵に囲まれている状況であり、蠣崎にとってかなり高リスクの出陣になることはいうまでもない。しかし、「主君」であるので捨て置くこともできず、季広は出陣をする意思を愛季に見せていたと思われる。

愛季没後、安東実季《さねすえ》が後を継いだが劣勢を挽回することはできず、実季は後年に秋田と改姓して津軽の地を離れている。

隠居後の季広

慶広に家督を譲った季広は、松前で隠居生活を送ったようである。文禄二年（一五九三）、慶広は関《かん》白豊臣秀吉《ぱくとよとみのひでよし》に接近し蝦夷地支配を認める朱印状《しゅいんじょう》を賜り、安東氏の臣下から完全に独立して大名となった。季広はそれを大変喜び、「自分の代では檜山の安東氏に仕えていたが、貴殿は関白秀吉公の直忠臣となった」と言って、慶広を伏し拝んだという（『新羅』）。

文禄四年四月二十日に季広は逝去した。享年八十九。戒名は心田永安大居士。

（新藤透）

【主要参考文献】

青森県史編さん通史部会編『青森県史通史編Ⅰ原始・古代・中世』（青森県、二〇一八年）
入間田宣夫・小林真人・斉藤利男編『北の内海世界』（山川出版社、一九九九年）
榎森進『アイヌ民族の歴史』（草風館、二〇〇七年）
遠藤巌「戦国大名下国愛季覚書」（羽下徳彦編『北日本中世史の研究』吉川弘文館、一九九〇年）
海保嶺夫『中世の蝦夷地』（吉川弘文館、中世史研究選書、一九八七年）
新藤透『松前景広『新羅之記録』の史料的研究』（思文閣出版、二〇〇九年）
新藤透『北海道戦国史と松前氏』（洋泉社、歴史新書、二〇一六年）
新藤透「蠣崎正広謀叛に関する一考察」（『北海道の文化』九五、二〇二三年）
松前町史編集室編『松前町史通説編　第一巻上』（松前町、一九八四年）

松前慶広――「最北大名」の誕生

出生から浪岡御所北畠氏への出仕まで

安東《あんどう》氏の蝦夷《えぞち》地現地代官という身分から完全に独立し、大名となったのが松前慶広《まつまえよしひろ》である。蠣崎《かきざき》・松前氏は戦国大名や武将の中では有名とはいえず知る人ぞ知る存在であるが、この慶広のみは多少知れ渡った人物といえる。

慶広は天文十七年（一五四八）九月三日、蠣崎季広《すえひろ》の三男として松前（北海道松前町）に出生した。母は箱館《はこだて》館主の系譜である河野季通《こうのすえみち》の娘であり、季広の正室であった。季広と正室との間には三男三女が生まれている。慶広は正室との間の子どもとはいえ三男坊であったので、本来は蠣崎家を継ぐ立場にはなかった。幼名は天才丸、通称は新三郎と伝わっている。

永禄三年（一五六〇）春、十三歳になった天才丸は津軽浪岡《つがるなみおか》（青森市浪岡）の北畠具運《きたばたけともかず》（顕慶《あきよし》）に拝謁し、船着場として陸奥国野田玉川村潮潟（青森市後潟）を賜っている。浪岡北畠氏は「浪岡御所」と呼ばれ、南北朝期に活躍した北畠家の末裔と称され、伝統的権威があった存在である。三男坊である天才丸は蠣崎家の家督を継ぐ可能性は低かったので、外交の一環として季広の意向によって浪岡北畠氏に接近させられたのであろう。

天才丸は、ただ浪岡御所と謁見して領地を賜っただけではあるまい。十三歳という天才丸の年齢と、具運には「顕慶」という諱《いみな》も伝わっていることを考えると、おそらく元服式が浪岡御所で執り行われたと考えられる。烏帽子親《えぼしおや》は「顕慶」であり、一字を拝領して天才丸は「慶広」と名を改めたのであろう。もう一点付け加えるとするならば、筆者は慶広が具運（顕慶）の「猶子《ゆうし》」になったと考えている。松前家の家譜『新羅之記録《しんらのきろく》』（以下、『新羅』）にはそのように読み取れる箇所がある。

ところが永禄四年に、蠣崎家を震撼させる大事件が起こる。季広の嫡男蠣崎舜広《としひろ》が毒殺されてしまったのである。さらに、翌五年には舜広の次弟である明石元広《あかしもとひろ》も毒殺されてしまう。二人を手にかけたのは意外な人物で、家臣の南条広継《なんじょうひろつぐ》に嫁いでいた季広の長女であった。

嫡男がいなくなってしまったので、三男の慶広がにわかに注目されることになる。

家督継承前の混乱

季広の嫡男が殺されてしまったので、新たな後継者を決めなければならなくなった。有力な候補者とされたのが慶広と、異母弟の五男（四男とも）正広《まさひろ》である。おそらく慶広と腹違いの弟である正広との間で家督争いがあったと考えられる。正広は弟とはいえ慶広と同年であり、また蠣崎氏の主君である安東愛季《ちかすえ》に近しい関係にあった。

天正六年（一五七八）夏、正広は愛季の家臣南部《なんぶ》宮内少輔季賢《すえかた》と同道して近江の安土《あづち》城（滋賀県近江八幡市）に赴き、織田信長《おだのぶなが》と謁見している。その際に正広は信長から「御切紙《きりがみ》」を拝領している。「御切紙」の内容は不詳であるが、「天下人」たる信長から書状を送られるというのは、慶広にとって不利な形になってしまった。帰国後、正広は謀反を起こして失敗し、愛季のもとへ逃亡する。

さて天正初年は、安東氏が北奥羽で在地勢力と合戦を繰り返しており、そのたびに蠣崎氏も動員させられた。慶広の弟である蠣崎仲広《なかひろ》は天正九年に出羽国鹿角《かづの》（秋田県鹿角市周辺）で討ち死に、さらに正広も同十四年、安東勢として出陣したものの、病に罹り陣中で没している。

なぜか季広はなかなか家督を慶広に譲らなかったが、天正十年にようやく家督を譲った。そのとき慶広は三十五歳になっていた。

松前慶広木像　北海道松前町・阿吽寺蔵　画像提供：松前町教育委員会

安東氏の内紛と慶広の対応

当主になったとはいえ、蠣崎氏を取り巻く周囲の状況に変化はなかった。依然として、蠣崎氏は安東氏の蝦夷ヶ島の「現地責任者」にしかすぎなかったのである。慶広は愛季の命により、天正十一年（一五八三）三月二十七日に、檜山《ひやま》城内において比内《ひない》郡の浅利《あさり》勝頼《かつより》（義正《よしまさ》）を討ち取っている。勝頼は愛季からの独立を画策しており、愛季は機先を制したのである。

このように代替わりをしようが、蠣崎氏は依然として安東氏の忠実な臣下であった。弱体化している安東氏からの完全独立は蠣崎家代々の悲願であるのだが、なかなか達成できずにいた。

情勢が一変するのが、天正十五年九月一日の愛季の死である。愛季は南部氏や新興勢力の津軽（大《おお》浦《うら》）氏、それらに加勢する国人たちと合戦を繰り広げていた最中であった。後を継いだのが十二歳の実《さね》季《すえ》であり、安東宗家の求心力が低下したことは否めなかった。その機を逃さず、天正十七年二月に分家筋にあたる湊《みなと》安東家の通季《みちすえ》が、宗家の実季に対して謀反を起こしている（湊合戦）。

主君である安東家の内紛に対して、慶広はどのような動きを見せているのだろうか。実は慶広は居城がある松前を離れず、実季と通季のどちらにも味方していない。ところが慶広は、安東氏と敵対している南部信直《のぶなお》には書状を送り鷹を献上して、交誼を結ぼうとしている〔御当家御記録〕。これは豊臣政権が、北奥は南部氏を基軸として取りまとめさせようという動きに、慶広が素早く対応したものであると解する向きもある〔青森県史編さん通史部会二〇一八〕。

秋には通季の敗北という形で湊合戦は終息する。それを見極めたうえで、慶広は実季を主君として認めている。しかし、慶広の心は愛季死去の時点で決まっていたと思われる。安東氏が著しく弱体化している今こそが、完全にその支配から独立できる好機であると。慶広の視線は関白《かんぱく》豊臣《とよとみの》秀吉《ひでよし》に向いていた。

豊臣政権への服属と安東氏からの独立

天正十八年（一五九〇）二月二十三日付の秀吉発給朱印状によって、実季の知行は安堵されたが、その中に蝦夷地は含まれていなかった。この時点で事実上、蠣崎氏は安東氏の支配下から脱却したことになる。しかし、「天下人」たる秀吉の了承は得ておらず、慶広としては何としても秀吉に接近し、豊臣政権から正式に蝦夷地の領有者として認定される必要があった。

同年三月、秀吉は臣従を拒否した小田原の後北条氏に対して出陣する。小田原征伐である。さらに秀吉は、奥羽の諸大名に対して小田原に参陣するよう促す書状を送っている。秀吉の意向を汲んで、続々と奥羽の諸勢力が秀吉のもとに出仕する。三月十日に出羽国角館《かくのだて》（秋田県仙北市角館町）の戸沢盛安《とざわもりやす》、同二十七日には津軽（大浦）為信《ためのぶ》が秀吉に服属している。七月五日には北条氏直《うじなお》が秀吉に降伏して終戦となるが、翌六日には南部信直が秀吉と謁見している。奥羽の大名が服属したのを受けて、秀吉は七月晦日付朱印状で、奥羽両国、津軽・宇曽利《うそり》・外浜《そとがはま》に至るまで「足弱衆《あしよわしゅう》」（人質）の上洛を促している。また、このときに蝦夷ヶ島の慶広にも出仕を要請したと言われている〔青森県史編さん通史部会二〇一八〕。

さて、九月に実季が上洛したことを慶広が知ると、「心元なく思ひ」〔『新羅』〕初めて上洛の途に着く。同月十五日に津軽に着岸して前田利家《まえだとしいえ》と会い、その後秋田に渡って木村重茲《きむらしげこれ》、仙北《せんぼく》郡で大谷吉継《おおたによしつぐ》など、豊臣政権を支える重臣たちと謁見している。おそらく、上洛に向けての地ならしであろう。これらの大名が慶広の後ろ盾となるのである。さて、慶広は単独で上洛することをせずに実季と合流し、十月二十一日に湯河湊《ゆかわみなと》（秋田市）を出立している。

十二月十六日に慶広は入洛し、二十九日に慶広は初めて聚楽第《じゅらくてい》で秀吉と謁見した。秀吉は蝦夷地の現状について慶広に質問をしている〔『新羅』〕。さらに、慶広はこのときに従五位下民部大輔に叙位任官したというが〔松前家記〕、これは疑わしく、おそらく私称であると思われる。

慶広は京都で年を越し、天正十九年閏正月十四日には、里村紹巴《さとむらじょうは》主催の連歌会《れんがえ》に参加し、その場で慶広は紹巴に弟子入りしている。慶広が松前に帰国したのは三月二十八日であった。秀吉との初対面では、蝦夷地を安堵するとの書状は慶広に与えられず、したがって慶広としては秀吉に忠誠を誓っていることを証明する場が必要であった。

その機会は早くやってきた。三月に南部氏の家臣九戸《くのへ》政実《まさざね》が謀反を起こしたのである（九戸政実の乱）。すでに秀吉によって私戦を禁止する「惣無事令《そうぶじれい》」が出されており、九戸の行動は南部信直に対する謀反のみではなく、秀吉にも刃を向けたことを意味した。秀吉は諸大名に号令をかけ、豊臣秀次《ひでつぐ》を総大将とする六万の大軍を出陣させ、九月七日に九戸勢が籠城する九戸城（岩手県二戸市）を包囲した。この戦いで慶広はアイヌを引き連れて参陣し、アイヌは毒矢で九戸勢を攻撃している〔氏郷記〕。これはアイヌを慶広が支配下に置いている、あるいは家臣団に正式に編入している、というわけではなく、蠣崎氏と近い関係のアイヌに依頼して加勢してもらったと考えられる。慶広は豊臣の軍勢に参加したことで、秀吉への忠義をアピールしたのである。また、九戸勢もアイヌ二人を味方に引き入れ毒矢を放たせようとしたところ、豊臣勢の鉄砲に驚いてしまいうまくいかなかったという〔氏郷記〕。

九戸の乱の翌年、文禄元年（一五九二）十一月に慶広は早速大坂に赴いている。ところが、秀吉は朝鮮出兵のために肥前名護屋《なごや》城（佐賀県唐津市）に滞在していた。慶広は名護屋まで行き、文禄二年正月二日にようやく秀吉と謁見できた。

慶広の姿を見た秀吉は大層喜び、「これで朝鮮を手中に入れられることは間違いない」と言ったという〔『新羅』〕。秀吉は「馬飼所」として三千石を慶広に与えようとするがそれを固辞し、遠隔地のために参勤を五年もしくは七年に一回にしてもらった。さらに正月六日に「国政の御朱印」を秀吉から賜ることに成功した。これこそが慶広が長年待ち望んでいたものであり、この時点で名実ともに蠣崎氏が安東氏から独立した存在となったのである。このときに慶広は志摩守という官職を賜ったとされるが、私称とみられている〔徳川実紀〕。

さて「国政の御朱印」の内容は以下の三点に集約できる。①蠣崎氏の対アイヌ交易独占権を認め、諸国から来航する商人は蠣崎氏に船役（松前へ渡来する商船への課税）を支払わなければ交易を認めない、②諸国から来る船頭や商人は、百姓と同様にアイヌに対する「非分《ひぶん》」（道理に合わないこと）を禁止する、③これらを守らない者がいたら速やかに蠣崎に言上せよ必ず誅罰がなされる、というものであった。

寒冷地のために農業ができない蝦夷地にあっては、アイヌとの交易が蠣崎氏の最大の収入源であった。蠣崎氏は自らも交易に従事し、さらに家臣たちにアイヌとの交易権を認可することで、知行地に代替させていたのである。交易独占権を中央政権に認めさせることは、「本領安堵」に相当することであった。

正月八日、再び慶広は秀吉と謁見している。秀吉からは「急いで帰国し、宜しく狄《てき》を鎮めるべし」〔『新羅』〕と命じられている。秀吉の意向によって慶広は朝鮮に渡ることなく帰国することになる。秀吉は、朝鮮半島北部と蝦夷地が近接しているとの地理認識を有しており、北方ルートから朝鮮が侵攻する可能性を危惧していたと考えられている〔海保一九八四〕。

慶広は帰国途中に京都へ立ち寄り、里村紹巴から藤原定家《ふじわらのさだいえ》真筆の掛軸、連歌の新式目をもらっている。新式目の奥書には、紹巴によって「日のもとをはなれたる松前の嶋主蠣崎志州、和国の風雅に心をそめ……」〔『新羅』〕と認められていた。紹巴からみれば、慶広などは「松前の嶋主」であって「和国」の人ではないと思われていたのであろう。ちなみに、「日のもと」とは日本国のことでなく、太陽が登る地点、つまり東の最果てという程度の意味である。秀吉から「急いで帰国し」と命じられたが、京都の紹巴にも挨拶しているところをみると、慶広はそれほどの緊急性を感じていなかったようだ。

徳川家康への接近

肥前名護屋城で秀吉と謁見した翌日の文禄二年（一五九三）正月七日、慶広は徳川家康《とくがわいえやす》と名護屋で初対面をしている。家康との対面で慶広は大陸から渡ってきた「唐衣」（サンタンチミプ）を着用し、それに興味を示した家康に「ご所望ならば」とその場で脱いで献上している（『新羅』）。この慶広のパフォーマンスは、家康の脳裏に深く刻まれたのであろう。慶広と家康との関係はきわめて良好なものとなる。慶広は嫡男の蠣崎盛広《もりひろ》を家康に接近させ、盛広は慶長元年（一五九六）冬に初めて江戸で家康と謁見している。かつて季広が浪岡北畠氏に慶広を近づけたように、有力者に子息を充て親交を結ばせるというのは、蠣崎氏の常策であったようだ。

慶長三年八月十八日、太閤秀吉は逝去した。後継者豊臣秀頼《ひでより》はわずか六歳であり、豊臣の天下は磐石とはいえなかった。

慶長四年ごろから慶広は日本海航路の商人たちに盛んに書状を出し、諸役免除などの特別待遇を認めるという好条件を提示し、松前への入津を要請している。いずれも新潟湊などの越後の商人であり、今までは松前への入港実績はなかったようだ。慶広としては広範囲から商人を松前に集め、アイヌ交易を盛んにしようと種々行動をしていたのである〔功刀二〇一四〕。これも秀吉発給朱印状の効果であろう。

さて同年十一月七日に、慶広は次男の蠣崎忠広《ただひろ》を伴って大坂城に赴き、家康と謁見している。家康は「北高麗」（『新羅』）の状況について慶広に質問したという。「北高麗」とは朝鮮半島北部地域のことであり、家康も秀吉と同様に、大陸と蝦夷地は近接しているとの地理認識を有しており、それゆえ北方領域に関心を示したのであろう。慶広は蝦夷地の地図を持参し家康に説明をしている。続いて家康は蠣崎氏の家系について質問し、慶広は系図を示して答えている。このとき、慶広は自身と子息のみ「松前」と氏を改めている。

慶長五年四月二十八日に慶広は松前に帰国し、夏には築城を開始している。新城は慶長十一年に完成し「福山」と名付けられる。家康は「北高麗」の情勢を気にしていたので、北方の防備として松前氏を重視しており、築城を許可した（あるいは命じた）ものと考えられる。さらに慶広は武器も集めていたようで、（慶長五年推定）八月十九日付の越後屋兵太郎宛書状では、「大鉄砲」を松前に輸送してもらったことがうかがえる〔奥富市右衛門文書〕。

九月十五日に家康は関ヶ原の合戦で勝利している。

松前氏の居城・松前（福山）城跡　北海道松前町
現在の松前城天守閣は、幕末に築城されたものを戦後再建したもの

対アイヌ交易独占権の家康の追認

関ヶ原合戦後、慶広は嫡男盛広を名代として盛んに家康のもとに通わせている。すでに関ヶ原の戦い直前の慶長五年（一六〇〇）六月に、盛広は松前家の家督を慶広から譲渡されており〔松前家記〕、翌六年五月十一日には、家康の仲介で朝廷から正式に従五位下若狭守に叙位任官されている。これは蠣崎・

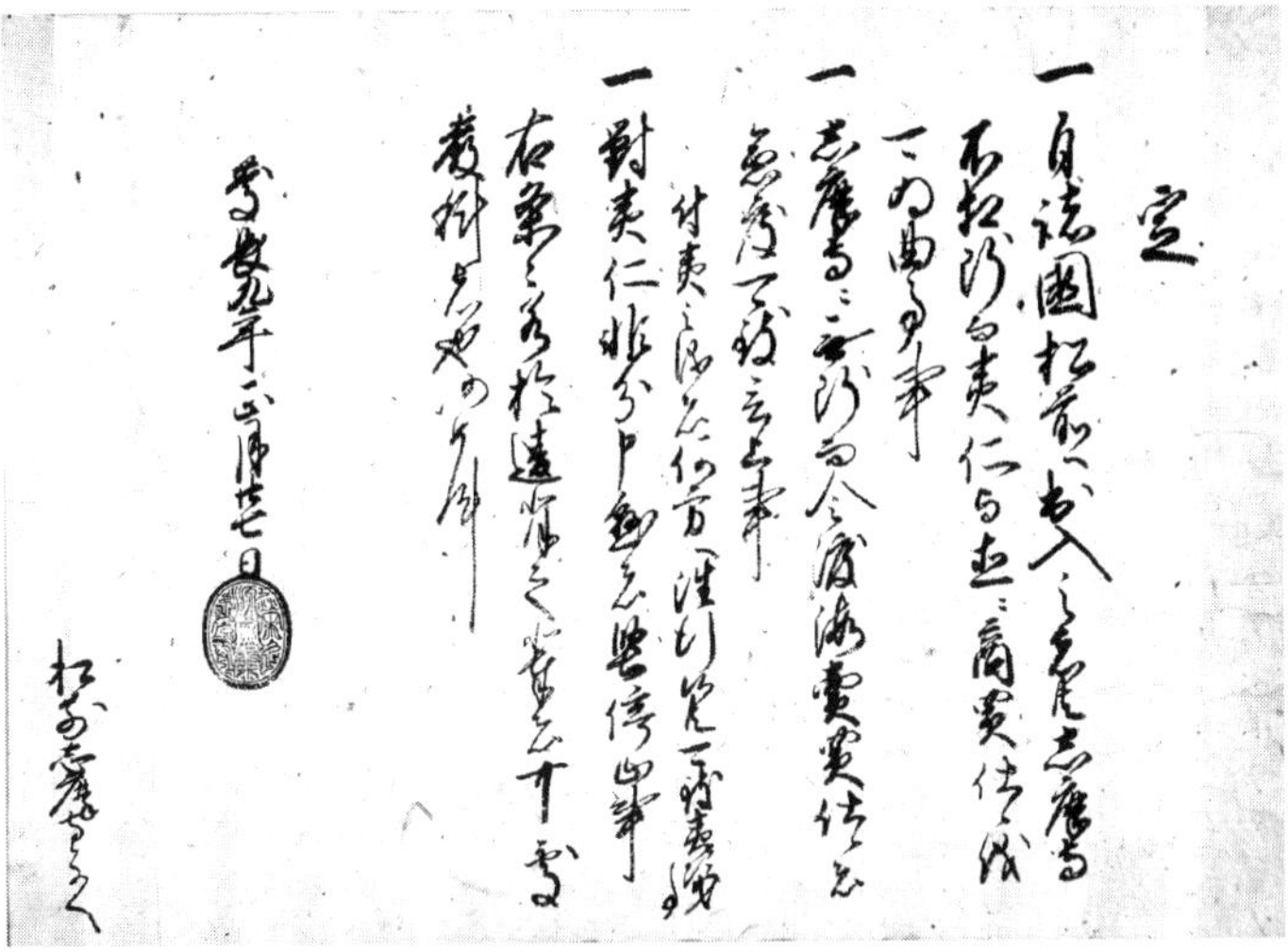
定
一 自諸国松前へ出入之者共、志摩守不相断而、夷仁与直ニ商売仕候儀、可為曲事
一 志摩守ニ無断而令渡海売買仕候者、急度可致言上事
付、夷之儀者、何方へ往行候共、可致夷次第事
一 対夷仁非分申懸者堅停止事
右条々若於違背之輩者、可処厳科者也、仍如件
慶長九年正月廿七日
松前志摩守とのへ

松前慶広宛て徳川家康発給黒印状　北海道博物館蔵

松前氏にとって初めての叙位任官である。それまではすべて私称であった。八月十一日に盛広は京都で里村玄仍《げんじょう》（紹巴の子息）主催の連歌会に参加しており、父の慶広ともども「和国の風雅」に心を寄せている。

盛広は、家督を継いだとはいえ国元にいることは少なく、頻繁に本州に渡り家康に扈従している。慶長八年春にも家康にしたがって上洛し、二月に家康は御所に参内して征夷大将軍に任じられるが、その際にも随従している。

盛広が長らく上方に滞在できたのは、松前家の実権は依然として慶広が握っていたからだと考えられる。慶長九年正月二十四日に対アイヌ交易独占を家康が認めた黒印状を松前氏に出しているが、その宛名には慶広の名前が記されてあった。盛広の家督は江戸幕府によって認められていなかったので、正式な代数に数えられていないという説もある〔徳川実紀〕。

さて、家康が慶広に発給した黒印状であるが、その内容はほとんど文禄二年（一五九三）の秀吉発給朱印状と同一である。ただ一点相違する点は、第二条附属に「アイヌはどこへ行こうがアイヌの自由であること」が加筆されている。これはアイヌが松前氏の統制下に置かれるものではなく、どこで誰と交易しようがアイヌの自由であることを江戸幕府が認めたことを意味している。松前氏に認められた権利は、松前城下での対アイヌ交易独占にすぎない。秀吉発給朱印状も同様の趣旨であったが、アイヌの扱いについては曖昧であった。それを家康発給黒印状は、はっきりさせたのである。

城下交易制

実際のアイヌとの交易の様子は、どのようなものであったのだろうか。最初期の交易はアイヌが松前城下まで出向き、和人と物々交換で交易を行っていた「城下交易制《じょうかこうえきせい》」である。その様子をうかがう史料は非常に少ないが、『新羅』には慶長二十年（一六一五）六月のこととして、メナシ地方（北海道道東地方）のアイヌが船を十数隻連ねて松前を訪れたことが記されている。首長ニシラケアインがラッコ皮を持参し、そのうちの一枚は白いラッコ皮であった。

アイヌからもたらされた珍しい品々は、将軍や公家、そして大御所家康に贈答品として松前氏から贈られている。例えば慶長十五年四月に慶広は駿府《すんぷ》（静岡市葵区）に参勤し家康と会っているが、その際に家康からオットセイを献上するよう要求されている。また、このときにアイヌを連れて行き、家康と謁見させたともいわれている〔蝦夷島奇観〕。翌五月、慶広は早速松前からオットセイの皮を取り寄せ、家康に献上している。家康は自ら調合して漢方薬をつくることを趣味としており、オットセイの皮は材料にしていたようだ。

徳川氏への軍役奉仕と慶広の外交

慶広は、次男の忠広を旗本として幕府に送り込むことに成功する。忠広は慶長二十年（一六一五）、大坂夏の陣に出陣して豊臣方の武将一名を討ち取っている。ところが、このときの傷がもとで忠広は若くして没してしまう。忠広の子孫は代々旗本として徳川将軍家に仕え、松前宗家を江戸から支えた。寛文九年（一六六九）に勃発したシャクシャインの戦いは、藩主松前矩広《のりひろ》が幼少であったため、忠広の系統ではないが、旗本松前泰広《やすひろ》が松前藩兵を指揮してシャクシャインを討っている。

慶広は徳川将軍家に接近するとともに、奥羽の諸大名とも交誼を結ぼうとしている。弘前藩の津軽氏、秋田藩の佐竹《さたけ》氏と友好関係を結び、また仙台藩の伊達《だて》氏には家臣として七男松前安広《やすひろ》を送り込むことに成功している。金沢藩の前田氏には五男蠣崎次広《つぐひろ》を養子とする約定を前田利長《としなが》と結ぶが、次広が早世してしまい叶わなかった。

慶広は、徳川将軍家をはじめとして奥羽の大名に自身の子弟を送り込むことによって、両家の親交を促進させるとともに、各地の情報を収集することを狙っていたのである。

松前一族の内訌と慶広の死

秀吉、次いで家康に接近して大名としての権力を確立させた慶広であったが、晩年には自身の子息の謀反に悩まされることになる。嫡男盛広が慶長十三年（一六〇八）正月二十一日に三十八歳で亡くなると、慶広は後継者として嫡孫松前公広《きんひろ》を指名するが、十歳と幼少であった。そのため、自身が政務を執っていた。

そのような状況のなか、慶広とはもともと仲がよくなかった四男松前由広《よしひろ》が豊臣家重臣片桐且元《かたぎりかつもと》や大《おお》野治長《のはるなが》と会見していたことが発覚する。慶広は慶長十九年十二月二十六日、家臣の工藤祐種《くどうすけたね》に由広を討たせている。慶長二十年三月三日、慶広は軍勢を率いて幕府方として大坂に出陣しており、家康に余計な疑念を抱かれないために素早く由広を討伐したものと思われる。また、これだけでは終わらず、慶広死去後に三男松前利広《としひろ》が藩主公広に対して謀叛を画策。発覚して利広は逃亡している。

松前氏は一族間の結束が弱く、江戸期には幼少な藩主が続いたため、お家騒動はなかば常態化することになる。慶広の二人の息子の謀反は、今後の松前家の運命を示唆するような事件であった。

元和二年（一六一六）四月十七日、大御所家康が逝去する。慶広がそれを知るのは一ヶ月後の五月二十九日であった。慶広は家康の死を悲しみ、その夜に出家して「海翁《かいおう》」と名を改めた。しかし、慶広の気力はみるみる衰え、十月十二日に背中にできた悪性腫瘍のために六十九歳で世を去った。戒名は慶広院殿海翁永泉大居士。

（新藤透）

【主要参考文献】
青森県史編さん通史部会編『青森県史通史編Ⅰ原始・古代・中世』（青森県、二〇一八年）
榎森進『アイヌ民族の歴史』（草風館、二〇〇七年）
海保嶺夫『近世蝦夷地成立史の研究』（三一書房、一九八四年）
功刀俊宏「中近世移行期における北方市場」（『東洋大学人間科学総合研究所紀要』一六、二〇一四年）
新藤透『松前景広『新羅之記録』の史料的研究』（思文閣出版、二〇〇九年）
新藤透『北海道戦国史と松前氏』（洋泉社、歴史新書、二〇一六年）

九戸政実――豊臣政権最後の一揆を起こした男

実はほとんど残っていない発給・受給文書

豊臣《とよとみ》政権に弓を引いた人物として九戸《くのへ》政実《まさざね》の名が全国的に知られるようになったのは、高橋克彦《たかはしかつひこ》著『天を衝く　秀吉に喧嘩を売った男・九戸政実』（講談社、二〇〇一年）の影響が大きいだろう。それまでは地元では知る人ぞ知る人物だったが、全国区ではなかった。ただ、江戸時代には『奥羽永慶軍記《おううえいけいぐんき》』や『九戸軍記』などで政権下における国内最後の戦いとして取り上げられ、一躍有名となった。豊臣秀吉《ひでよし》政実の事績がまとめられ、歴史を知るものは注目する人物であった。周辺地域出身の芥川賞受賞作家である三浦哲郎《みうらてつお》は『贋まさざね記』（『歴史読本』新人物往来社、一九六三年）の話の入りとして、居酒屋で郷土人が政実について酒の肴として熱く語っている描写をしているが、まさにその程度の人物評価だったのである。

これが『天を衝く』で有名になり、現在は街おこしの一環として観光資源的に取り上げられている。郷土の偉人としての知名度では、みちのく忠臣蔵《ちゅうしんぐら》と呼ばれる事件を起こした相馬大作《そうまだいさく》（下斗米秀之進《しもとまいひでのしん》）と人気を二分する人物となっている。

そんな政実であるが、研究しようと古文書を探してみると発給・受給文書が皆無であり、唯一、九戸宛と思われる伊達政宗《だてまさむね》の発給文書が『伊達家文書』に残るのみである。同時代史料をみても九戸氏の動向は読み取れるが、政実の名は記されることがなく、唯一、九戸村に残される棟札《むなふだ》に記されるのみである。そんな政実について、後世の編さん物も交えながら、できる限りの人物像を紹介したい。

九戸家の成り立ち

政実の一族である九戸家は、糠部《ぬかのぶ》郡九戸（岩手県九戸村）を本領とした一族で、大名館《だいみょうだて》（同九戸村）を本拠地としたといわれる。これが十五世紀末頃に同郡二戸《にのへ》（同二戸市）に進出し〔実相寺由来記〕、本拠地を九戸城（同二戸市）に移したといわれる。天正十九年（一五九一）、九戸一揆を起こし、豊臣政権によって鎮圧されるまで、糠部で大きな勢力を築いていた。

九戸家の成り立ちは、実は明確になっていない。その血脈からして定かではなく、若松啓文氏が「九戸一族の軌跡」〔若松二〇二二〕で苦労してまとめられているとおり、数少ない史料から推察することしかできない。九戸家の祖先については、いくつかの説があるが、その中でも主要なものを紹介する。

まず、結城《ゆうき》氏の家臣小笠原《おがさわら》氏を祖先とする説である。これは、九戸家の本拠地九戸にある九戸神社に伝わる系図によるものである〔小笠原系図〕。この系図の根拠となったと考えられる史料が、結城神社（津市）に残された元弘三年（一三三三）十二月十八日付「北畠顕家下文《きたばたけあきいえくだしぶみ》」である。九戸が結城親朝《ちかとも》に

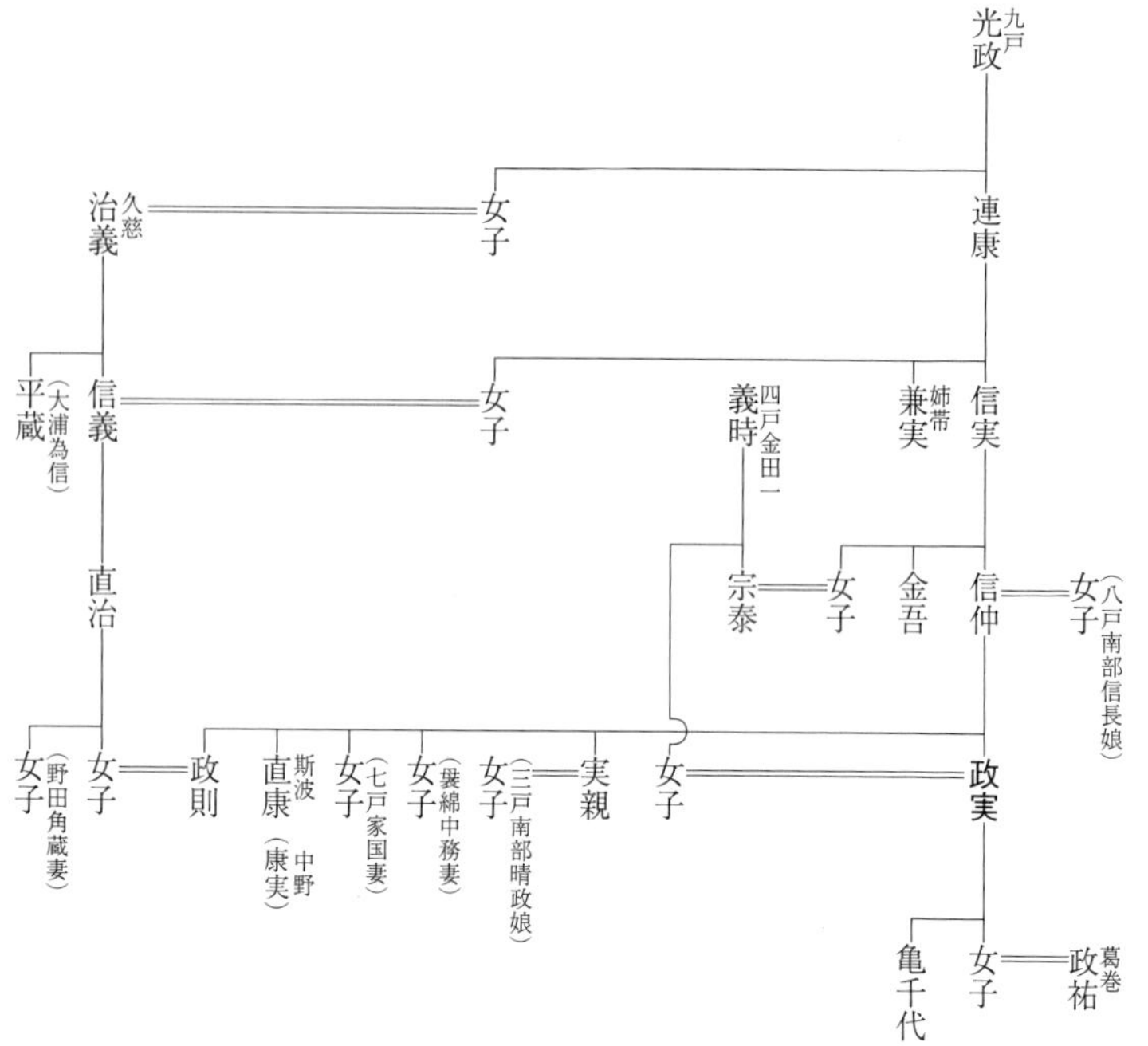

九戸政実関係図

宛がわれたことを根拠としていると考えられる。結城氏の代官として派遣された人物を小笠原氏と仮定し、その子孫が九戸家であると主張したいのだろう。この説は奥浄瑠璃《おくじょうるり》の『九戸軍談記』などに引用され流布した。

なお、結城氏では、この後も九戸の所領を保持していたことを記しており、結城親朝の子息朝常《ともつね》への譲状《ゆずりじょう》では、「糠部内九戸」と記されている〔結城親朝譲状案〕。しかし、実際に九戸での結城氏の活動は同時期も、その後も見えない。『楓軒文書纂所収白河証古文書』（国立公文書館蔵）の「建武二年以前新恩所領注文」の写しでは、国《こく》宣《せん》（国主などが発する公的な文書）を受けた領地として九戸が記されているが、同史料の東北大学日本史研究室所蔵の写しでは、九戸が記されるところに「不知行《ふちぎょう》」とあり、国宣を受けてはいるものの領地としていなかったとしている。

次に、南部《なんぶ》氏に依るものである。九戸家は南部氏の一流であり、南部氏の祖である南部光行《みつゆき》の子五郎行連《ゆきつら》の流れを汲む一族という説である。これは、九戸家の血縁で唯一生き残った中野《なかの》家（後述）の系図によるものである〔系胤譜考〕。南部氏は、三戸《さんのへ》家や八戸《はちのへ》家など一族の違いにかかわらず、系図作成の際には行連のところに九戸祖と書くことを基本としている。光行の子供が祖となるのは、九戸家に限らず、一戸《いちのへ》・三戸・四戸《しのへ》・七戸《しちのへ》・八戸の戸《へ》の領主たちは、皆組み込まれていた。これは、三戸が宗家で、他戸の領主は諸家の流れであると家格の違いを明確にするためのもので、江戸時代に創作されたものと考えられる。江戸時代、盛岡藩で家老職を務めていた中野家は、この流れから外れることなく、先祖を光行の子に定めた。

最後に、二階堂《にかいどう》氏の流れを汲むとする説もある。これは永禄六年（一五六三）の「光源院殿御代当参衆并足軽以下衆覚」〔群書類従〕に「九戸五郎　奥州二階堂」とあることと、九戸家と縁戚関係にあった久慈《くじ》氏の領地が、建武元年（一三三四）に二階堂氏に宛がわれていたことに拠るものだった〔元弘四年二月十八日付陸奥国宣〕。この九戸五郎は政実に比定されている。しかし、「光源院殿御代当参衆并足軽以下衆覚」では、九戸を含む関東衆の部分が後世の加筆である可能性が指摘され、説としては弱くなった。さらに、久慈を宛がわれた二階堂氏は、後に受け取りを辞退したこともわかり〔六月十二日付北畠顕家袖判御教書〕、説として成り立たなくなった。

　なお、若松氏は「奥州二階堂」について「奥州二戸」の誤記の可能性を挙げているが、筆者としては、後世加筆の際に南部氏の史料を基にした可能性を指摘したい。

　まず「九戸五郎」は、南部氏系図に記される九戸祖が「五郎」行連であることを元にしたと考えられる。これは「光源院殿御代当参衆并足軽以下衆覚」の関東衆について年代比定を行った黒嶋敏氏も、九戸や氏家など特段の活躍や強い中央との繋がりが無い一族については、系図上の祖を元にしていることを指摘している〔黒嶋二〇〇四〕。次に「奥州二階堂」は、政実期には久慈家と婚姻関係が深かったことや、九戸一揆に久慈家の一族が参加していたことから、久慈が九戸家の領地と加筆者が捉えたと思われる。その久慈は、二階堂氏に宛がわれたことを元に、久慈を支配している九戸家を二階堂氏の子孫として「奥州二階堂」としたのではないかと考える。実際、南部に残される後世の史料『奥南落穂集《おうなんおちぼしゅう》』では、「九戸五郎行連が九戸郡久慈城を賜り代々住す」などとも記されている（九戸郡は江戸時代にできた郡）。

　結論としてはやはり、出自はわからないということになるが、一つ推論を掲げておきたい。九戸は、小笠原氏の流れを汲んでいた可能性が高いと思う。ただしそれは、結城家臣ではなく鎌倉時代に北条《ほうじょう》家臣として派遣されていた小笠原氏である。先の「北畠顕家下文」で結城に宛がわれる土地が、もと北条茂時《しげとき》の領地であったことが記されており、代官が派遣されていたことが推察される。その後の結城氏は、代官を派遣した形跡は確認できず、茂時の代官が建武政権に降伏していれば、仮の代官として据え

九戸城空撮写真　岩手県二戸市　画像提供：二戸市教育委員会

置かれていた可能性があるだろう。そして、九戸と近親と捉えられる久慈氏は、小笠原氏の流れと主張している。

本拠地の移動

九戸家は、糠部にいた「戸」の領主たちの中で、唯一「戸」の領域を超えて本拠地を移している。もともと九戸家は、その名字とする九戸の大名館を本拠地としていた。これが二戸に進出し、九戸城を築くのである。進出した年代ははっきりとしていない。伝承として後に紹介する永禄九～十一年（一五六六～六八）に起こった鹿角《かづの》郡合戦の戦功として政実が同地を有したとする説や、政実の四代前の光政《みつまさ》の頃に移ったという説が伝わっている。

鹿角郡合戦説では、戦功を賞する側と思われる三戸家が、この時点で二戸を差配できていたとは考えられない。逆に九戸側が戦功として領有を主張したとしても、三戸側にそれを許可する権限があったとは考えられない。いまだこの頃は、戸の領主の領域にまで三戸家が干渉することはできなかったと考えられる。

一方、光政時代とする根拠は、一戸の寺院実相寺《じっそうじ》（岩手県一戸町）に残された由緒書によるものである。この由緒書では、光政とは記されていないが、明応二年（一四九三）の実相寺の中興において、九戸家の寄進が記されており、この頃には二戸に移っていたようである。

なお、九戸家が移る以前に二戸を支配していた一族については、わかっていない。ただし、推察するならば、九戸城となる以前、同城が白鳥《しらとり》城や宮野《みやの》城と呼ばれていたことに鑑み、領主は白鳥家や宮野家と呼ばれた一族だったと思われる。そして、九戸一揆に加担した人物として白鳥・宮野を名字とする人物が記されていることを考えれば〔奥南落穂集〕、元二戸の領主を九戸家が配下とし、より優れた土地であった二戸の城に本拠を移し、九戸城を築いたと考えられる。

政実の血縁関係

九戸家最後の当主となった政実の血縁関係をまとめておく。政実は、九戸家当主の信仲《のぶなか》と八戸家から嫁いできた女の間に長男として誕生する。誕生年は、天文五年（一五三六）とするものもあるが、確かなことはわからない。ただ、九戸神社に残された「大檀那源政実」と記される棟札は天文七年（一五三八）

に比定されるものである。これが九戸政実だとするならば、この時点ですでに九戸家督を継承して政実を名乗っていることから、誕生年は少なくとも十年以上は遡ると思われる。

弟妹は五人とされ、弟は三人で、実親《さねちか》は三戸家の女子を嫁としてもらい、直康《なおやす》（康実《やすざね》）は、斯波郡の高水寺《こうすいじ》斯波《しば》家に婿養子に出るが、のちに南部と斯波の争いに際し、南部に帰参している。その後は中野を名字とし、九戸一揆でも三戸方として生き残る。その子孫は、盛岡藩で家老を務めるなど、大身となっていった。政則《まさのり》は、久慈家に婿養子に出て家督を継いでいる。妹二人は、それぞれ®綿《ほろわた》家と七戸家に嫁いでいる。

政実の妻は、四戸金田一《きんだいち》家の娘で、子供は二人いた。長女は葛巻政祐《くずまきまさすけ》に嫁いでおり、長男亀千代《かめちよ》は、九戸一揆時点で十一歳だったと伝わる。

安東氏と戦った鹿角郡合戦

政実が活躍したと思われる合戦として、永禄九年（一五六六）から三年間続いた鹿角郡合戦があった。これは、南部氏と安東《あんどう》氏の合戦だった。南北朝時代から両氏は幾度となく衝突した因縁の間柄で、この頃の安東家は、出羽河北《かわきた》郡檜山《ひやま》を本拠地とし、下国《しものくに》（檜山）安東家といった。この下国家と南部氏の間には、鹿角郡・比内《ひない》郡という領地があった。

鹿角郡では、安保《あぼ》・成田《なりた》・奈良《なら》・秋元《あきもと》という四氏が領主として一揆を結んでいたが、次第に南部氏が進出し、影響力を強めていった。一方、比内郡では浅利《あさり》氏が領主であったが、安東氏が進出し、浅利氏を従属させている。これにより、再び南部・安東の境が接近し、合戦へと発展する。

鹿角郡合戦は、永禄九年の安東氏による鹿角諸氏の調略から始まった。調略を成功させると安東氏は鹿角へ進軍、南部氏の拠点であった鹿角郡南方にある石鳥谷《いしどりや》城（秋田県鹿角市）を攻め落とし、近隣の長牛《なごうし》城（同鹿角市）へ進軍した。南部氏は田子《たっこ》城主南部信直《のぶなお》を派遣するが、援軍は敗北し撤退した。それでも、長牛城は持ちこたえた。翌十年、再び長牛城で合戦となり、南部氏は再び援軍を派遣するも、また敗北し、今度は長牛城を放棄することになる。翌十一年、南部氏が攻勢へと転じ、鹿角へ侵攻した。鹿角郡北方にある小坂《こさか》城（同鹿角市）へ南部信直を、南方の長牛城へは「九戸殿」を派遣し、両面作戦を展開した。この南方を担った九戸殿が九戸政実にあたると考えられている。政実は、久慈・閉伊《へい》・浄法寺《じょうほうじ》の軍勢を率い長牛城へ進軍するが、攻め懸ける前に使者を派遣し交渉の末、長牛城に籠城した奈良大湯《おおゆ》家らを降伏させた。降伏した大湯家ら鹿角勢は、これを契機に九戸家との関係を深めたようで、九戸一揆に際しては、一揆勢として蜂起することになる。

三戸家との関係

政実に関する有名なエピソードとして後世の史料に記されるのが、三戸家督への介入である。詳しくは「南部信直」の項をご覧いただきたい。簡潔に述べると、信直と実親が二十六代当主候補者として対立しており、信直側に味方した北家《きた》が武力によって信直を家督につけたのである。信直の家督相続は天正九年（一五八一）のため、この頃の出来事となる。

さて、この件で九戸家の評価は二つに分かれている。一つは、政実が弟実親を三戸家督に据えることにより、南部惣領家となっていた三戸家への影響力を増し、いずれ九戸家が惣領家となるよう画策したという説。もう一つは、実親の妻は南部晴政《はるまさ》に寵愛されており、実親も晴政とは良好な関係だったので、三戸家中としては晴政と対立していた信直よりも実親を推す声が多かったとする説である。

前者の説は、政実が野心家であり、南部の惣領になろうとしていたと想定している。そのため、家督問題で信直に敗れた政実は、信直を恨み三戸家と対立、九戸一揆に繋がるという流れになっている。これは、わかりやすく政実を悪役として、最後には成敗されるという物語性に満ちたもので、創作感にあふれている。この前日譚として天正元年の晴政の在期に三戸と九戸が合戦直前まで関係が悪化し、和睦として人質交換を行ったと記す編さん物もある〔祐清私記〕。九戸からは政実の母と弟直康が、三戸からは晴政の次女を実親に嫁がせたという。

一方、後者の説は、考えさせられることが多い。『南部根元記』などで、最有力として実親が三戸家中に認められていたように記すが、三戸と同じ「戸の領主」である九戸家の人物が三戸家中に支持を受け家督候補とみられるとは考え難い。後世の編さん物では当たり前のように記しているが、これは菅野文夫氏が『二戸市史』で「三戸中心史観」と論じているようなことによる。編さん物は、三戸家が他の「戸の領主」を完全に家中に組み込んでおり、支配していたという観念から記されているとするもので、実状は違っていた。三戸家は「戸の領主」のまとめ役としての地位を築いてはいたが、それでも各「戸の領主」は独立しており、他家の家督問題に介入することはほとんどなかったのが実情と考えられる。これを踏まえると、実親が三戸家督候補とみられていたとするならば、実親は婿養子として三戸家に来ていたのではないかと思われる。それならば、三戸家中でも実親の人となりを知る機会もあり、候補として支持することもあったかもしれない。

ただし、いくら婿養子として三戸家内にいたとしても、実親が家督を継承した場合、九戸家の影響力は大きくなったことだろう。北信愛《のぶちか》がこれを危惧し、強引に信直を家督に据えたことは、歴史的評価としては正しかったのかもしれない。

九戸一揆の首謀者

編さん物では、家督就任で対立したのは信直と実親であるが、実親の背景には兄政実がいたとして、信直と政実の対立が大きく取り上げられている。

その最たる出来事が九戸一揆である。簡単に経緯を追うと、天正十八年（一五九〇）、南部信直が豊臣秀吉より南部惣領として定められ、他の領主は三戸配下へと位置付けられる。これを嫌った政実が一揆を起こす。信直は自力で鎮圧できず、豊臣政権へ救援を求める。豊臣政権は奥郡仕置軍を派遣。一揆は鎮圧され、なで斬りにされる。以上のような流れになる。順に詳しく見ていきたい。

天正十八年、小田原《おだわら》合戦に参陣し、南部の領主と定められた信直は、朱印覚書を受け領主として仕置を指示される。仕置の内容は、従来南部では行われていなかった、検地を実施して三戸家が領内すべてを把握すること、家臣の諸城を破却し妻子を三戸城下に集住させることが記されていた。それまで三戸家がまとめ役ではあったものの、戸の領主たちは独立しており、領地への介入はほとんどなかったものが、突然検地で収入を把握され、かつ妻子を人質として差し出さなければならないという方策は、領内に不満を募らせた。ただでさえ天正十七年から、津軽《つがる》で大浦為信《おおうらためのぶ》が独立の動きを見せ、十八年に秀吉より津軽の領主として定められており、三戸家の支配力が低下していたところへの仕置は、一揆蜂起へ駆り立てた。

一揆の首謀者となった政実は、為信と繋がりがあったともいわれている。天正十七年に津軽で為信が蜂起した際、南部方は三戸家が各家に協力を要請し派兵する予定だったが、七戸・九戸家は応えなかった。これにより、派兵が遅れ為信の独立を許すことになるのである。為信と政実は、共に血縁関係のある久慈氏を通して繋がっていたと考えられる。

為信が先に独立を果たしたように、政実も蜂起した。しかし、たった一年で時代は変わっていた。政実は、三戸家を相手として蜂起したはずであるが、すでに豊臣政権下に組み込まれていた糠部において蜂起するということは、私的な紛争を禁止していた豊臣政権に反するという意味になっていたのである。

豊臣秀吉画像　佐賀県立名護屋城博物館蔵

天正十九年二月、九戸一揆が蜂起する。九戸家を中心として、七戸・四戸櫛引《くしひき》・四戸金田一・一戸（諸流）・久慈備前・姉帯《あねたい》・大湯・大里《おおさと》などの家が蜂起した。これは、九戸家と血縁関係があった家と、一戸・二戸・四戸・九戸・久慈を領地とした地縁的に繋がりのある家だった。また、大湯・大里は鹿角郡合戦で九戸と繋がりができた鹿角領主だった。

蜂起の理由について、南部信直や浅野忠政《あさのただまさ》は、ともに「京儀《きょう》を嫌い」と表現し、共通認識を持っていた。しかも、信直は「糠部郡の侍や百姓が悉く」と記し〔三月十七日付南部信直書状〕、忠政は「当地（糠部）の誰もが」〔二月廿八日付浅野忠政等連署書状〕や「糠部郡の諸侍や、下々の者まで」〔三月十七日付浅野忠政等連署書状〕と記し、蜂起した者だけでなく、皆が「京儀」を嫌っていると認識していた。この「京儀」とは、豊臣政権の方策のことで、具体的には、先に述べた仕置のことを指していた。

一揆蜂起から豊臣の奥郡仕置軍が着陣する九月までの七ヶ月間、三戸勢と九戸勢の攻防が展開された。簡単に両陣営の動きをみてみると、二月に九戸勢が蜂起し、それに対し三戸勢が櫛引や一戸へ攻めかかった。三月、九戸勢は一戸や苫米地《とまべち》（青森県南部町）、伝法寺《でんぽうじ》（同十和田市）へ派兵した。また、三戸勢で一戸城に詰めていた者を調略し、内部から一戸城を落とした。四月、三戸勢は豊臣秀吉に援軍要請の使者を立てつつ、小軽米《こかるまい》（岩手県軽米町）を落とす。五月は、信直が「五月なので、戦わせず」と記しており〔五月十八日付南部信直書状〕、特別な理由があるのか小康状態となる。六月、合戦が再開し、中央では、「奥州奥郡仕置」が決定する。七月、三戸勢が島森館《しまもり》（青森県八戸市）を落とす。そうして、八月末に奥郡仕置軍が到着するのである。

奥郡仕置軍は、九月一日に行動を開始する。九戸城の南方に位置する一戸の各城を、一日の内に数ヶ所陥落させた仕置軍は、二日に九戸城を包囲し昼夜攻め懸け、四日に落城させる。籠城していた百五十人余りは首を切られ、政実ら首謀者たちは、仕置軍の総大将であった豊臣秀次《ひでつぐ》が詰める二本松《にほんまつ》（福島県二本松市）に送られた。しかし秀次は、政実らに会うことはせず、政実らは途中の三迫《さんのはさま》（宮城県栗原市）で斬首された。政実の首は、秀次に実見された後、京都に送られたものと思われる。

こうして、九戸家は滅亡するわけであるが、はたして政実は自ら進んで一揆を起こしたのだろうか。筆者としては、周囲の鬱憤晴らしのため、止むに止まれず蜂起したのではないかと考えている。しかも、終結方法として和睦を考えていたと考える。理由をみていこう。

まず、政実の年齢についてである。先に紹介した九戸神社の棟札が、本当に政実のことだとするならば、天文七年（一五三八）で若くても十歳と考えられ、一揆時点で六十三歳の老齢である。また、一揆時点で十一歳の長男亀千代が実在したならば、年を重ねてからの子となる。この亀千代がいる状況で、政実の年齢を考えると、本当に自ら一揆を起こしたのか疑問に思える。さらに、文禄二年（一五九三）に南部信直が一揆について「九戸の親類どもが、主を引き倒した」と評しており〔五月二十七日付南部信直書状〕、先に述べた通り糠部郡中で不満が起こっていた中で、親類に押されて政実が蜂起したのではないかと考える。

次に、止むに止まれず蜂起した政実は、その落としどころとして当時の奥州で行われた和睦方法である中人制《ちゅうにんせい》を考えていたと思われる。中人制は第三者（中人）が間に入って和睦を取り持つものであるが、三戸家と九戸家が戸の領主を巻き込んで戦ったため、中人は外に求めなければならなくなった。しかし、隣接する和賀《わが》家・稗貫《ひえぬき》家・葛西《かさい》家は領地を没収されており、葛西家南方の大崎《おおさき》家も同様であった。そのため政実は、さらに南方の伊達政宗《まさむね》に中人を頼んだ。これに対する返答が、九戸宛と考えられる七月二十日付「伊達政宗朱印覚書」である。ここでは、信直との調停を取り持つこと、そのため使者を一人派遣することが記されている。実際、信直も調停を受け入れ、和睦を結ぶつもりだったのか、使者の便宜を図るよう家臣に命を下していたが、なぜか使者は南部領に入るも途中で引き返し「九戸一和」は実現しなかった。しかしこのことから、政実が従来の奥州の戦いの終結方法である中人制による和睦を目指していたことがわかる。以上のことから、政実は鬱憤晴らしのために、中人制を用いての和睦を終着点として、一時的な蜂起を行ったのではないかと考える。しかしそれは、豊臣政権下においては許されず、九戸家は滅亡してしまったのである。

（滝尻侑貴）

【主要参考文献】

黒嶋敏「「光源院殿御代当参衆并足軽以下衆覚」を読む―足利義昭の政権構想―」(『東京大学史料編纂所研究紀要』一四、二〇〇四年)
熊谷隆次・滝尻侑貴ほか著『戦国の北奥羽南部氏』(デーリー東北新聞社、二〇二一年)
若松啓文「九戸一族の軌跡」(斉藤利男編著『戦国大名南部氏の一族と城館』戎光祥出版、二〇二一年)
『二戸市史』第一巻　先史・古代・中世(二戸市、二〇〇〇年)
『九戸村史』第一巻　先史・古代・中世編(九戸村、一九九三年)
『青森県史』資料編中世Ⅰ南部氏関係資料、解題(青森県、二〇〇四年)
『青森県史』資料編中世Ⅲ北奥関係資料、解題・註釈(青森県、二〇一二年)
『青森県史』資料編中世Ⅳ金石文・編さん物・海外資料・補遺、解題・註釈(青森県、二〇一六年)
『新編八戸市史』中世資料編、註釈(八戸市、二〇一四年)

津軽為信——南部氏から独立し大名となった野心家

地域により真逆の評価

津軽為信《つがるためのぶ》は、南部《なんぶ》氏の支配地であった津軽において独立し、豊臣秀吉《とよとみひでよし》によって津軽の領主と認められ、弘前《ひろさき》藩の祖となった人物である。独立当時、大浦《おおうら》家の家督を相続していたため、戦国時代では大浦為信と呼ぶのが妥当であるが、のちに領地「津軽」を名字としたため、津軽為信の名が一般的には有名となっている。

為信について江戸時代の北奥地域では、真逆の評価がされていた。藩祖として奉った弘前藩では、智・仁・勇を兼ね備えた人物として褒めたたえている〔津軽一統志〕。一方、盛岡《もりおか》藩では、姦計百端をめぐらせ逆意を企てたものとして貶している〔文化七年御書上〕。それぞれの立場に鑑みれば当然の評価であるが、実際はどうだったのだろうか。同時代の史料として残るのは、文禄元年（一五九二）に肥前名護屋《なごや》（佐賀県唐津市）に在陣していた南部信直《のぶなお》が国元の家臣に宛てた書状で、為信が信直との和睦を徳川家康《とくがわいえやす》に仲介を頼み、家康が信直の取次であった前田利家《まえだとしいえ》に相談した際、利家が「右京 表裏仁《うきょうひょうりのじん》」（為信は裏表のある人物である）と評したと記す。結果、和睦は成らなかったが、これが当時の為信の評価だった。

為信の動向について、後世の津軽氏と南部氏の記録では、まったく異なる記述をしている。本書では、なるべく同時代に近い史料を用いて、為信の動向をみていきたい。

津軽為信木像　青森県弘前市・長勝寺蔵　画像提供：弘前市教育委員会

領地・津軽と不透明な系譜

津軽は、糠部《ぬかのぶ》と同様に広域地名であり、戦国時代には山辺《やまのべ》郡（青森県黒石市・青森市浪岡町）・田舎《いなか》郡（同黒石市・田舎館村）・平賀《ひらか》郡（岩木川《いわきがわ》上流域）・鼻和《はなわ》郡（津軽半島南部）を総称して津軽と呼んでいた。鎌倉時代から室町時代中頃までは、安東《あんどう》氏が支配していたが、のちに南部氏が侵攻、勝利して支配することとなる。南部氏は自領から代官を派遣し拠点を置き、津軽の支配を始めた。北門田子《きたのかどたっこ》（同田子町）から派遣され外浜《そとのはま》に配された堤《つつみ》家（横内《よこうち》城）、平賀郡に配された大光寺《だいこうじ》家（大光寺城）、久慈《くじ》郡から派遣され鼻和郡に配された大浦家（種里《たねさと》城・大浦城）などである。

津軽系の史料で、大浦家の祖とされるのが、延徳三年（一四九一）

に種里（青森県鯵ヶ沢町）へ派遣された、南部光信《みつのぶ》である（津軽之屋形様御先祖之覚」。光信は文亀二年（一五〇二）、大浦城（同岩木町）を築城し嫡子盛信《もりのぶ》を配している。のち政信《まさのぶ》、為則《ためのり》、為信とつづく。

しかし、光信・盛信の名前は南部系の史料では一切記されない。津軽系の史料『前代歴譜』では、光信は南部に復讐しようと重臣と計り、下久慈から種里に入ったなどと記しているが、津軽地方へ支配強化を図っていた南部氏の情勢を考えれば、一代限りならばともかく、後に続く大浦家を考えればあり得ない動きである。ただし、下久慈の出身というのは、正しいのかもしれない。

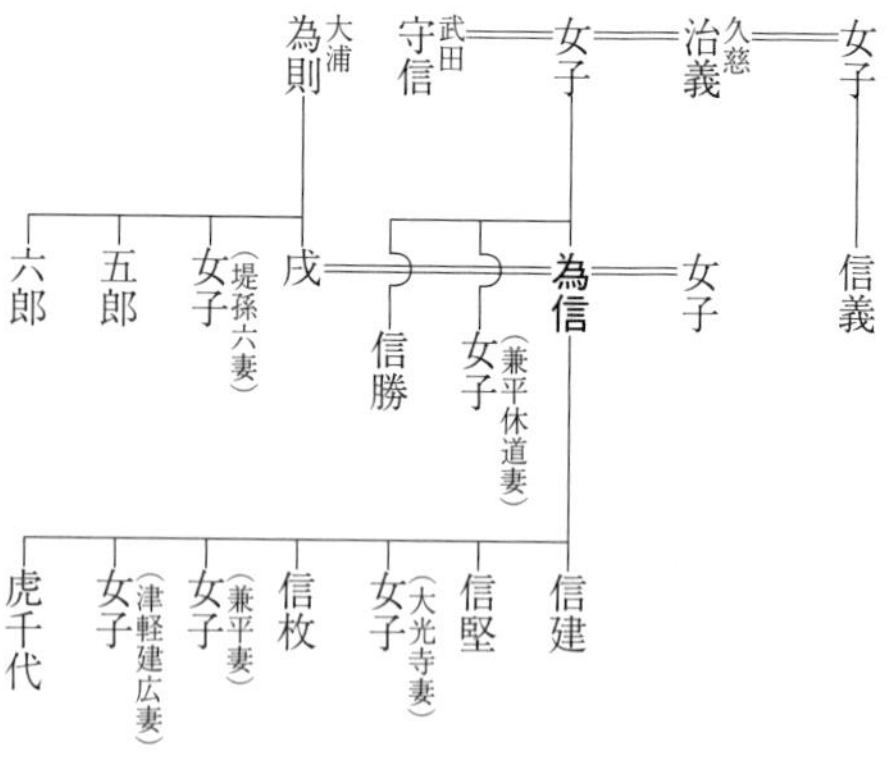

津軽為信関係図

久慈氏の一族であった下久慈家は、十五世紀末に三戸《さんのへ》南部家（以降、三戸家）から出された婿養子が当主となっており、三戸家に吸収されていた。この婿養子は三戸南部信時《のぶとき》の弟行実《ゆきざね》だった。行実の息子光康《みつやす》は田子に配され、後に外浜の押さえとして派遣され、後裔は堤家と称する。また、光康の子経行《つねゆき》は、外浜から平賀郡に拠点を分け大光寺家となる。これを考えれば、大浦家も行実の後裔と考えるのが妥当ではないだろうか。三戸家の政策として親類三家を、津軽支配強化のため派遣したと考える。

近衛家とつながるためになされた家系図の加筆修正

近年は、津軽大浦家が久慈氏の流れをくむ家であることが定説化している。しかし、江戸時代に編纂された津軽家の系図では、近衛《このえ》家の末裔であることを強く主張している。むろんこれは創作であるが、津軽家では近衛家との血縁を強固にするため、何度も系図を加筆修正している。その過程は斉藤利男氏・若松啓文氏が『青森県史』資料編中世Ⅱで詳しくまとめられているため、ここでは簡単に確認しておく。

津軽家と近衛家のつながりは、初代弘前藩主為信が、近衛前久《さきひさ》の猶子《ゆうし》となったことに始まる。しかし、為信の子二代信牧《のぶひら》が、為信の祖父大浦政信を近衛前久の祖父尚通《ひさみち》の猶子と修正する。

次いで、四代信政《のぶまさ》が祖先を奥州藤原氏と結び、平安時代から津軽を治めていたとして加筆した。これにより、政信の父盛信までが奥州藤原系、政信からが近衛系として、代々藤原氏の系統であるという主張となった。

十一代順承《ゆきつぐ》の頃になると、政信が尚通の猶子ではなく実子と修正している。

津軽家は、当主の代替わりごとに京都の近衛家まで系図を持ち込み、加筆を依頼している。この出来事は、行列を組んで参勤交代のように向かったとされ、「系図道中《けいずどうちゅう》」と称する儀式となっていた。

このように、津軽家の家系は後世になるほど改変が進み、実態からは離れていく。津軽の系図を確認するためには、なるべく古いものを見て、かつ当時の情勢と合わせて考えていく必要がある。

為信の出自と異なる事績

さて、為信の出自について津軽家の主張は、前述のとおり近衛家に拠っているが、実際は南部一族の出身である。豊臣秀吉・秀次《ひでつぐ》・織田《おだ》信雄《のぶかつ》からの書状で「南部右京亮《うきょうのすけ》」と記されているため、これは動かしようのない事実である。では、南部氏のどの一族かというと、久慈家の出身と考えられているが、久慈家は宗家が九戸一揆で滅亡しており、確かな史料が残されていない。残されているのは、久慈の庶流・接待《せったい》家が江戸時代に盛岡藩に提出した家系図である〔系胤譜考〕。ここに、久慈郡の領主久慈治義《はるよし》の次男だったが出奔、津軽の押さえとして派遣されていた大浦家の婿養子になったと記している。

この久慈家は、接待家系図では南部光行《みつゆき》に従って甲斐国から糠部にやってきた光行の弟・小笠原光清《おがさわらみつきよ》の子孫であるとしている。しかし、光行の糠部下向は否定されており(『南北朝武将列伝 南朝編』を参照のこと)、光清の下向も当然否定される。また、建武期に一度、久慈が二階堂《にかいどう》氏に与えられそうになったことがあり、二階堂氏の末裔とする説もあるが、実際には領地としなかったため、これも否定される。おそらく久慈家は、鎌倉時代以来の久慈の代官の末裔と思われる。確かな史料は残されていないが、もし代官が小笠原氏だったとすれば、接待家系図は何の根拠もなく編纂されたわけではないのかもしれない。

さて、為信の最も大きな事績は、南部氏からの独立である。この独立の年代について、津軽方と南部方、双方の伝承はまったく異なる。

津軽方の伝承は、元亀二年（一五七一）に動き始めたとされ〔東日流記《つがるき》など〕、天正十八年（一五九〇）に豊臣政権により津軽の領主と定められるまで、南部氏と対立を続けたとする。主な事績として、元亀二年の蜂起に際し南部方の石川高信《いしかわたかのぶ》を自害に追い込む。天正三年、大光寺城を攻め、城代滝本重行《たきもとしげゆき》を敗走させる。天正六年、浪岡御所《なみおかごしょ》を滅ぼす。以上のようなことが記される。

一方、南部方の伝承は、天正六年、逆臣によって浪岡御所が滅ぶ。天正九年に津軽郡代の石川高信が病死、跡を子政信が継ぐ。政信は浪岡城で政務を執り、補佐役として為信と大光寺光愛《みつちか》が付いた。天正十六年頃、為信は光愛に謀反の動きがあると政信に注進し、光愛を追放させる。その後政信を毒殺し、津軽で蜂起する。以上のようなことが記される。

似たような出来事を内包しながら、年代がまったく異なる歴史を伝える双方の伝承は、研究者を大いに悩ませているが、近年、同時代史料から為信の蜂起を天正十七年三月とした説が出された。本書ではこの説に拠って為信の事績を確認していく。

浪岡を滅ぼす

天正六年（一五七八）、為信は浪岡御所を滅ぼしている。浪岡北畠《きたばたけ》家は北奥において「御所」と尊称された格式の高い家で、北畠親房《ちかふさ》の子孫の家系として、南部氏・安東氏から敬意を受けていた。津軽一帯を南部氏が治めた後も、南部氏の保護を受けていたと考えられる。為信は、元亀二年（一五七一）から起こした津軽独立を目指した動きの一環として浪岡当主を自害に追い込み、浪岡御所の領地を奪った、というのが通説である。その後の動きとして、浪岡家と婚姻関係にあった安東氏が、報復として津軽に侵攻し、為信を窮地に追い込んだとされている。

　しかし、為信の蜂起を天正十七年三月として浪岡滅亡を改めて考えると、このときまだ為信は南部氏に従っていたはずである。そうであるならば、為信は作戦の実行者であり、指揮者は南部晴政《はるまさ》であったと考えることができる。浪岡滅亡は南部氏の作戦だった可能性が生まれる。

浪岡城跡　青森市

　では、なぜ南部氏は保護していた浪岡家を滅ぼすに至ったのか。保護していた理由と共に確認したい。

　天文二十一年（一五五二）に、浪岡北畠具永《ともなが》が従四位下・左中将に叙爵されている（言継卿記、歴名土代）。これは、伊勢国司北畠氏と同族であることや、山科言継《やましなときつぐ》との交流を深めるなど、中央とのつながりを強めていたためである。南部氏が浪岡家を保護していた理由がここにある。当初は、北畠顕家《あきいえ》・顕信《あきのぶ》に従い北奥で南朝勢力の中心となっていた八戸家子孫が、北畠子孫を崇敬していたことが理由だったが、八戸家より三戸家が勢力を拡大させていたこの時期の理由は、浪岡家を通した中央とのパイプということが大きかったのだろう。

ところが、永禄五年（一五六二）に一族内で争いが起き、当主具運《ともゆき》が殺害されてしまう（川原《かわはら》御所の乱）。跡を継いだのは幼少の顕村《あきむら》だった。次いで天正四年（一五七六）、織田信長によって伊勢国司北畠氏の養嗣子となり家督を継いだ信雄が北畠氏を滅亡させてしまい、中央とのつながりが薄弱化した。同時期に顕村は、安東愛季《ちかすえ》の娘を妻として婚姻関係を結んだり、山科言継や織田信長へ安東氏と合同で使者を派遣したりと、安東氏寄りの動きを見せていた。

南部氏にとって因縁の深い安東氏に寄った浪岡家は、中央とのつながりが薄弱化したこともあり、南部氏に切り捨てられたのではなかろうか。その南部氏の先鋒となったのが、鼻和郡の押さえである大浦家の家督を継いでいた為信であった、というのが為信が浪岡を滅ぼすに至った背景と考えることもできるだろう。

為信はこの後、安東氏による報復を受ける。永禄六年十月四日付で蠣崎季広《かきざきすえひろ》から安東愛季の家臣に送られた史料に、津軽へ出陣して無事帰還したことを祝う内容が記されている。また、上洛する途中で会いたいため、「糠部口」に向かうことが記されており、糠部へも派兵していることが読み取れ、浪岡家滅亡に南部氏が関わっていたことも示す。翌七年正月には、季広と子慶広《よしひろ》からそれぞれ書状が送られ、「波岡御弓矢之事《おんゆみやのこと》」と浪岡で合戦があったことを記し、領地（北海道）は落ち着いているので、季広が浪岡口に援軍を派遣すると記し、為信は北と南から挟み撃ちにされる事態に陥っていた。

また、これまで為信宛として扱われていた菅江真澄《すがえますみ》『のきのやまぶき』所収の三月十六日付「大宝寺《だいほうじ》義氏《よしうじ》書状写」は、浅瀬石《あせいし》（青森県黒石市）や大光寺（同平川市）へ攻め込んだ記述から、為信が南部氏に対して蜂起した出来事を記した物として、天正四年や十年頃に比定され、大浦氏と大宝寺氏の交流を示すものと扱われてきた。しかし、宛所があるわけでもなく、菅江が史料を見たのは秋田である点、本文に記された合戦の結果を知らせた書状が十月二十日付である点などから、これは天正七年の安東氏宛で、南部への報復戦のことを記した書状であると考えられる。

南部氏からの独立

為信が津軽で独立の動きを見せたのは、天正十七年（一五八九）三月頃であった。三月二十四日付の南慶儀《みなみのりよし》が八戸政栄《まさよし》に宛てた書状で、「津軽郡相破候《あいやぶれそうろう》」と伝えている。そこでは為信が、本拠地である鼻和郡大浦から平賀郡大鰐《おおわに》（青森県大鰐町）に攻め入ったと記す。為信は、続けて鼻和郡の石川や大光寺を攻略したはずで、その後は北上し田舎郡浪岡を攻略している。天正六年に一度攻略している浪岡への再攻は、容易なことだったろう。このとき、浪岡近くの八戸家の領地があった黒石《くろいし》（同黒石市）も手中に収めている。

為信蜂起の背景には、天正十七年二月から起こった安東氏の内紛「湊合戦《みなとかっせん》」があった。同年八月二十日付の前田利家《まえだとしいえ》より南部信直への書状では、秋田での戦いが津軽まで及んで、南部家中にも叛逆の族《やから》がいることを聞いていると記している。この家中叛逆の族が為信のことを指している。湊合戦に関しては、南部氏も隙に乗じて比内郡に侵攻したとする後世の記事もあり、為信もこの機に乗じたのかもしれない。また、利家の書状より為信蜂起が豊臣政権に伝わっており、本来ならば私戦を行った為信は処罰の対象となるところであったが、為信はすぐに中央との関係強化を図った。同年十月頃から鷹の進上を始めたようで、十二月二十四日に秀吉、翌正月二十八日に織田信雄、四月十一日に豊臣秀次からの礼状が残されている。なおこれらの宛所は、すべて「南部右京亮」であり、独立当時は「南部（大浦）為信」であったことがわかる。

この奔走は功を奏し、翌十八年、小田原参陣に際して為信は、南部信直より早く秀吉と謁見し、津軽の領地を認められることに成功する。これを機に名字を「津軽」に改め、天正十九年六月二十日の秀吉よりの書状では、「津軽右京亮」と記されるようになる。

しかし、認められた領地の内には、太閤蔵入地《たいこうくらいりち》が設定されていた。安東氏が私戦・湊合戦を起こした罰則として太閤蔵入地が定められたことと同じように、津軽で蜂起した為信にも罰則として太閤蔵入地が定められた。ただ為信に関していえば、もともと南部領だった津軽のうちに太閤蔵入地が定められたとしてもさほど重荷ではなく、むしろ蔵入地の代官として据えられたことで、公権力を背景として津軽地方の差配が可能となっていた。

もともと津軽地方は、鎌倉時代から安東氏の支配地域であり、建武の新政期に南部氏の管理下に組み込まれかけて以降、長く南部氏と戦い続けていたが、最終的に安東氏は敗走、津軽を含む北奥地域は南部氏の支配下に置かれ、津軽在地の者も南部氏に従属したと考えられる。為信は、鼻和郡の代官として旧安東家臣と接触が多かったはずであり、反南部の気風を感じ、独立に踏み切ったのかもしれない。

津軽の領主として

豊臣政権下で津軽の領主と認められた為信は、天正十九年（一五九一）に軍事行動をとることになる。九戸《くのへ》一揆《いっき》への参陣である。為信は、大谷吉継《おおたによしつぐ》の差配で行動し、七月二十二日前に平泉《ひらいずみ》（岩手県平泉町）に向かい、上方勢と合流し北上した。九戸城を囲む軍勢の一員となった為信だが、その胸中はどのようなものだったのだろうか。後世の南部側の記述では、津軽独立の際には九戸一揆を主導した九戸家と七戸《しちのへ》家が同調して動きを見せていたと記す。本来、糠部から七戸を経て津軽に派兵、為信を鎮圧する予定だったが、領主七戸家が協力しなかった。また、同時期に九戸家が怪しい動きを見せており、軍勢を満足に派遣できなかったとも記す。実際、天正十七年六月一日付けの三戸家臣から八戸家への書状では、津軽への対応について、八戸から七戸・九戸に協議を呼びかけるように伝えており、三戸からの呼びかけに両家は答えていなかった。このことから、七戸・九戸家が為信に協力していたと捉えることができる。九戸一揆の経緯からは、両家が為信同様独立を目指していたとまでは読み取れないが、少なくとも南部惣領としての三戸家に対し不満があったのは確実だろう。為信蜂起に続いて十九年に蜂起した両家は、為信と違い、豊臣政権に定められた南部惣領三戸家に刃向かったとして、討伐されることになってしまった。為信は、独立時の協力者討伐のために出陣しなければならなくなったのである。

一揆鎮圧後は、肥前名護屋に参陣している。ここで為信は、社交性を発揮し人脈の構築に力を入れていた。南部信直が、名護屋での「日本之つき合」に恥をかくと家の恥になると、他家との接触を最低限にしていたこととは正反対に、為信は誼を得ようと各所に顔を出していた。その一環として、因縁深い間柄であった南部氏と安東氏が、それまでの確執を忘れ「入魂《じっこん》」になったことを聞いた為信は、徳川家康に仲介を願い、南部氏と和議を結ぼうとした。しかし、前田利家が家康に、為信は「表裏仁」であるため、秀吉の了解を得たほうがいいと忠告した。利家は、仕置から妻子上洛まで為信と接しており、為信を知る利家からの忠告を家康は重く受け止めたのか、結局和睦は実現しなかったようである。

為信はその後、利家との関係修復に励んでいたようだが、しつこすぎたのか利家の家臣に怒られ、利家のもとに顔を出せなくなってしまった。これにより為信は、豊臣政権内で親密になる派閥の路線変更を余儀なくされ、以降は家康との関係強化を図っていったようである。

また、公家衆とも誼を通じることも考えていたようで、慶長六年（一六〇一）に近衛《このえ》信尹《のぶただ》の『三藐《さんみゃく》院記《いんき》』に献上品が見えたり、西洞院時慶《にしのとういんときよし》の『時慶卿記』および「時慶卿記紙背文書」にも同年から津軽家の記述が見えたりする。近衛家との関係は、前述のとおり縁戚関係に組み込まれていくもので、もしかすると南部氏との関係修復ができなった為信は、反南部氏の多い津軽での領主権を確たるものにするため、南部氏の血統からの脱却を目指していたのかもしれない。

（滝尻侑貴）

【主要参考文献】

熊谷隆次・滝尻侑貴ほか著『戦国の北奥羽南部氏』（デーリー東北新聞社、二〇二一年）
長谷川成一『弘前の文化財　津軽藩初期文書集成』（弘前の文化財シリーズ一四、弘前市教育委員会、一九八八年）
長谷川成一『弘前藩』（吉川弘文館、二〇〇四年）
『新編弘前市史』通史編一（古代・中世）（弘前市、二〇〇三年）
『青森県史』資料編中世Ⅱ安藤氏・津軽氏関係資料、解題・註釈（青森県、二〇〇五年）
『青森県史』資料編中世Ⅲ北奥関係資料、解題・註釈（青森県、二〇一二年）
『青森県史』資料編中世Ⅳ金石文・編さん物・海外資料・補遺、解題・註釈（青森県、二〇一六年）
『青森県史』通史編Ⅰ原始・古代・中世（青森県、二〇一八年）
『新編八戸市史』中世資料編、註釈（八戸市、二〇一四年）

南部晴政——不当に貶められてきた三戸南部家二十四代当主

悪者として描かれることが多い人物像

三戸《さんのへ》南部《なんぶ》家の二十四代当主晴政《はるまさ》は、江戸時代の編さん物では悪者として描かれることが多い。これは、南部氏の惣領となる二十六代信直《のぶなお》との関係が良好ではなかったためである。編さん物は、盛岡《もりおか》藩祖となる信直を称賛することを基本としており、相対的に信直の先代であり（二十五代晴継《はるつぐ》については後述）、確執のあった晴政を貶める傾向が強い。しかし実際は、室町幕府とのつながりを持ち、当時の風潮を学び本拠地を平城から山城に移すなど、当主として歴史的評価は悪いものではない。本稿では晴政について、改めてその人物像を追っていく。

晴政と家族

晴政は、二十三代安信《やすのぶ》の嫡子として生まれる。兄弟姉妹はいなかったようで、安信の跡を継いで二十四代当主となる。三戸家の系図で、晴政の弟として田子《たっこ》（石川《いしかわ》）高信《たかのぶ》や南信義《みなみのぶよし》、石亀信房《いしがめのぶふさ》、毛馬《けま》内信次《ないのぶつぐ》（秀範《ひでのり》）が記されることがある。これは、高信の子で二十六代当主となる信直を、少しでも本家

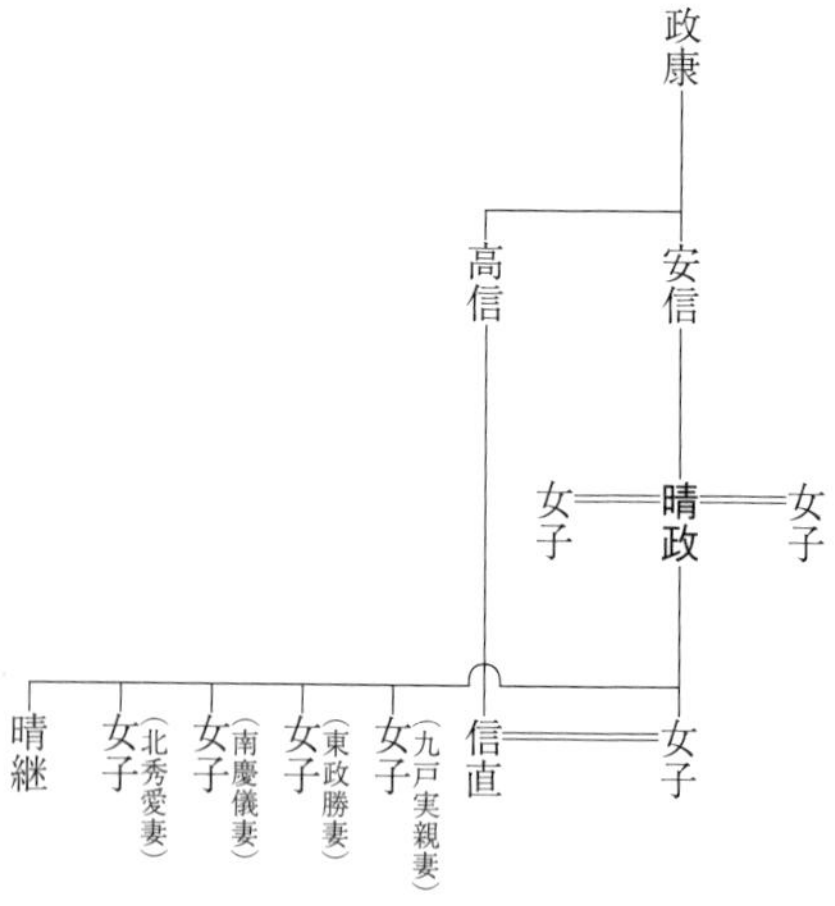

南部晴政系図

との血縁を近いものにするために近世初期に創作された系図で、本来高信たちは、安信の弟だったと考えられている。

晴政の生まれは、永正元年（一五〇四）と記すものがある〔南部家御代数書写ニ付新田政父覚書〕。永正五・六年成立の「卜純句集《ぼくじゅんくしゅう》」に、幼名である亀千代《かめちよ》が登場するため、おそらくそのくらいの生まれと思われる。亀千代の後は、彦三郎《ひこさぶろう》と名乗っていた。

子供は六人で、女五人と男一人である。長女は田子信直妻、次女は九戸《くのへ》実親《さねちか》妻、三女は東政勝《ひがしまさかつ》妻、四女は南慶儀《のりよし》（盛義《もりよし》）妻、五女は北秀愛《きたひでちか》妻としてそれぞれ嫁いでいる。最後に生まれた長男鶴千代《つるちよ》（のち晴継）は、二十五代当主と数えられるが、早世してしまう。この子供たちを生んだ晴政の妻については、ほとんど記されていない。記録が残るのは晴継の生母についてで、『祐清私記《ゆうせいしき》』では、三戸近辺の農民の娘とし、その出会いは晴政が鳥狩に出た際、畑仕事をしていた娘が寄ってきて、大猟祈願のためか晴政の着物や顔に泥を擦り付けた。本来不敬な行為であったが晴政は笑って許し、そのまま狩に行ったところ大猟で、これを機に娘は城へ召し抱えられ、後に晴継を生んだとする。また『聞老遺事《もんろういじ》』では、家臣三上《みかみ》何某の娘としていたり、『御当家御記録』では里見《さとみ》の娘としていたりもする。いずれにせよ、最後の子晴継の生母は側室であると思われ、少なくとも二人の妻がいたと考えられる。

晴政が亡くなった年に関しては諸説あり、永禄六年(一五六三、『寛政重修諸家譜』)、元亀三年(一五七二、『聞老遺事』)、天正八年(一五八〇、『御当家御記録』)、天正十年(一五八二、『祐清私記』)などと記され、明確になっていない。

否定的な編さん物と実際の事績

晴政の祖父二十二代政康《まさやす》は、兄信義《のぶよし》の死去によって家督を継承した。信義には子供がいなかったため、政康の子安信が二十三代当主を継いでいる。これにより、三戸家の血統が薄くなり、当主権が弱まることを危惧してか、安信の弟たちに別家を立てさせ、三戸家を補佐することを望んだようである。そのため、安信の代では家中が安定し、対外勢力から侵攻を受けるということもなかった。その分、晴政の代で事件が起こった。

編さん物では、『南部耆旧伝《きききゅうでん》』に一代のうちに領地を他国にとられた、『信直記』にわずかな領地を従えるのみで威勢を失った、などと記される根拠になったと思われる、安東《あんどう》氏の領地侵攻「鹿角郡合戦《かづの》」である。詳細は「九戸政実」の項をご覧いただきたいが、永禄九年(一五六六)から三年間かけて鹿角郡を舞台に起こった戦いで、最終的には安東氏を追い返して、鹿角は南部氏の手に戻った。そのため、失ったわけではないのだが、編さん物ではこれを大袈裟に書いたものと思われる。その他、領地争いについては、南方の斯波《しば》氏との争いもあり、このときはむしろ支配領域が広がったが、これは後述する。

次に、偏諱《へんき》について触れたい。晴政の名について『御当家御記録』などで、天文初期に甲斐の武田晴《たけだはる》信《のぶ》（信玄《しんげん》）より「晴」の一字をもらったと記す。編さん物ではよく記される事績だが実は誤りで、実際には室町幕府十二代将軍足利義晴《あしかがよしはる》から拝領したことが、義晴の内談衆《ないだんしゅう》（側近）であった大館尚氏《おおだちひさうじ》の記し『大館常興日記《おおだちじょうこうにっき》』からわかっている。『大館常興日記』では、天文八年（一五三九）七月に南部彦三郎が上洛し一字を拝領したことが記される。中世南部氏のなかで、唯一将軍から偏諱を受けた出来事で、家の誉れとして伝えてもおかしくない事績なのだが、編さん物ではなぜか、格の下がる武田晴信からもらったことになっている。ちなみに、偏諱を受ける前の晴政の名は、「政」はそのままで、上の字を父安信からもらい「安政《やすまさ》」と名乗っていたのではないかと思われる。

そして、本三戸城《もとさんのへ》（聖寿寺館《しょうじゅじだて》、青森県南部町）炎上である。『寛永緒家系図伝』『寛政重修諸家譜』では、天文八年に三戸居城が炎上し、相伝文書が焼失したと記す。『御当家御記録』では、天文八年六月十四日に家臣赤沼《あかぬま》備中による付け火で三戸の本城と二、三の郭が燃え宝物などが焼失したとし、『奥南旧指《おうなんきゅうし》録《ろく》』では、はからずも失火とする。『祐清私記』では「乾」で天文八年六月、赤沼備中の所領が奥瀬《おくせ》安芸へ渡されたことで、差配した晴政を恨んだ赤沼による付け火で、三戸御城が焼失したとする。しかし、同書の「坤」は、赤沼備中の妻が美人だったため、好色であった晴政が城に呼んだ後、行方不明になったため晴政の仕業と恨み、倉に火矢を放ったと記す。いずれにしろ火災によって本拠地を三戸城（同三戸町）へと移したという結末に帰結する。聖寿寺館の発掘成果から、実際に火災があったことは確かなようであるが〔布施二〇二一〕、館が使用不可能になるほどの火災とはいえないようである。これらの記事も後世に晴政の評価を下げるための創作と考えられる。

実際、たびたび記される天文八年六月というのは、晴政が三戸にいなかった可能性が高い。先の偏諱について記した『大館常興日記』は天文八年七月十五日・十六日の記事で、当然この前後に晴政は京都にいる。さらにこの年は六月が閏月で、『蜷川親俊日記《にながわちかとしにっき》』の閏六月二十四日条に、南部の商人が幕府政所執事《まんどころしつじ》の伊勢貞孝《いせさだたか》に贈り物を届けた記事があり、この頃には京都で偏諱拝領に向けて活動していることもわかる。そのため、移動時間や政治工作・準備等を考えると、六月は三戸にいなかった可能性が高い。

一族を巻き込む内紛

晴政は、三戸当主で発給文書（正文）が残る最初の人物である。永禄十年（一五六七）九月、晴政は、八戸家十八代当主に「政」の字を与え政吉《まさよし》（政儀、のち政栄《まさよし》）と名乗らせている。この頃の八戸家は当主の早世が相次ぎ、政栄は一族新田《にいだ》家から五歳で婿養子に来て当主となった人物で、このときは二十三歳である。家の弱体化を招いていた八戸家に、三戸家が干渉を始めたことがわかる史料であるが、三戸家側にも八戸家との関係を密にする必要があった。

南部晴政画像　もりおか歴史文化館蔵

後に重臣となる分家、北家・南家との関係悪化である。理由は定かではないが、晴政・東家が北家・南家と合戦をしている様子が、晴政・東政勝から八戸家に送られた六通の書状からうかがえる（六月二十四日、七月二十一日、七月二十六日、九月十六日、十月十六日二通）。年代表記がないが、永禄年間のもの、特に末年と考えられている。

戦いの様子を順に見てみよう。まず六月二十四日、晴政から八戸家に南家との交戦支援を求め、さらに八戸家と親戚関係にある七戸《しちのへ》家に協力の呼びかけを頼んでいる。この時点で前年から続く戦いであることが記される。ついで七月二十一日、晴政が南家の領地を攻めていることを知らせ、八戸・七戸家に攻撃先を明示し具体的な軍事協力を要請している。ここまでは敵対者は南家しか見えない。

七月二十六日、今度は東政勝からで、月末に合戦を予定していること、晴政が四戸《しのへ》家にも援軍を要請したことが記され、四戸・七戸・八戸の出陣日程の調整を政勝が命じられたため、相談したいと伝えている。二十六日時点での月末出陣の相談というのは、日程的に厳しいものがあるが、これは政勝も感じていたようで、追而書《おってがき》（追伸）で出陣まで日がないことを謝っている。九月十六日、同じく政勝から、晴政とともに南家・北家と合戦したこと、八戸・七戸家への援軍要請と作戦内容を伝え、四戸家の戦果報告もしている。合戦の様子は、北家・四戸家が参戦し、騒動が広がっている。

十月十六日、政勝・晴政それぞれから書状が出されている。政勝は、北家と日々合戦をしている現状を伝え、四戸家も参戦していることを知らせている。また、先の戦いで、四戸と協力して、南・北家へ攻撃を仕掛けたことに礼をするとともに、次の攻撃要請をしている。晴政からは、政勝と同内容が記されているがより具体的で、四戸家が北家を、八戸・七戸家が南家を攻めていた戦況を記している。また、「一家同意《いっかどうい》」について、八戸一族の新田家にも手紙を送り、共に同意してくれると嬉しいと記している。何についての同意だったのかは記していないが、もしかすると停戦に関することだったのかもしれない。

以上六通より、三戸・東家と南・北家が争い、三戸側は、四戸・七戸・八戸家に援軍を要請し、合戦していたことがわかる。後々、三戸重臣となる南・北家が、三戸家と争い、かつ三戸家だけでは治めることができず、戸の領主の援軍を請うという状況から、いまだ三戸家が南部氏惣領になれていなかったことが見て取れる。また、書状では、戸の領主に奉公をお願いする、働きに対しては謝礼するといった内容があり、戸の領主が三戸家臣として位置付けられておらず、独自の領主権をもつ別の家として捉えられていたことがわかる。

なお、これらの出来事の年代比定であるが、筆者としては永禄年間の早い段階ではないかと考えている。それは、永禄七・十年（一五六四・六七）に八戸家と四戸家が対立すること、永禄九〜十一年に三戸家は鹿角郡に攻めてきた安東氏の対処に追われていたことなどから、末年とは考え難いためである。

岩手郡をめぐる斯波氏との対立

晴政期の南部氏は、現在の青森県全域と岩手県北、秋田県北東を領地としていた。境が接するのは、北方の浪岡《なみおか》氏、西方の安東氏・浅利《あさり》氏、南方の斯波氏・和賀《わが》氏・稗貫《ひえぬき》氏、阿曽沼《あそぬま》氏・葛西《かさい》氏などであった。特に安東氏と斯波氏とは境目争いが起こっていた。先に触れた永禄九年（一五六六）から三年間起こった鹿角郡を取り合った安東氏との争いや、天文年間（一五三二〜五五）と元亀三年（一五七二）に起こった岩手郡《いわてぐん》（盛岡市周辺）を取り合った斯波氏との争いである。斯波氏との争いは、南部氏が勢力を南下させ、糠部《ぬかのぶ》南方の岩手郡不来方城《こずかたじょう》（盛岡市）まで手中に収めたこと、斯波氏は勢力を北上させ、斯波郡（岩手県紫波町）北方の岩手郡に領地を広げたことで、雫石川《しずくいしがわ》・北上川《きたかみがわ》を挟んで両者の領地が接したことによる。

天文年間の戦いは、斯波氏が侵攻してきたということで、田子（石川）高信が、岩手郡の諸氏や九戸家と協力して追い返し、そのまま斯波領まで攻め込んだ。岩手郡南を切り取るも、稗貫氏が間に入って和議を結び、切り取った領地を返還している。これは、中世において紛争が起こった際、第三者が間に入り仲裁する「中人制《ちゅうにんせい》」によるもので、斯波郡南の稗貫郡（岩手県北上市周辺）領主稗貫氏が中人として仲裁したものである。

岩手郡は、一時平穏となるも元亀二年に南部・斯波両方の百姓が諍いを起こし、翌三年に両氏が衝突する事態に広がった。前回と同じく、高信が岩手郡の諸氏や九戸家と共に出陣し、岩手郡南の拠点を落としていった。そして同じく稗貫氏が中人として間に入ったが、今度は南部氏が奪った領地の取得を和睦の条件としたため、岩手郡南のいくつかの地が南部氏の手に渡った。また、条件には婚姻関係を結ぶことも含まれ、南部氏から九戸政実《まさざね》の弟康実《やすざね》（直康《なおやす》）が斯波氏に婿養子として出されることになった。

これらは、編さん物の『祐清私記』や『奥南落穂集』に記されていることで、同時代史料は残されていないが、その後の出来事から南部氏と斯波氏の争いがあり、南部氏が勝利し、九戸康実が婿養子なったのは確かだと思われる。同様の編さん物では、晴政期は威勢がなくなり、領地も少ないなどの記載があるが、実際は領地が増えているのである。

晴政は、周辺地域だけでなく、中央政権ともつながりを維持していた。永禄十一年（一五六八）、室町幕府十五代将軍足利義昭《よしあき》に将軍就任の祝いとしてか、上洛翌月に献上品を贈っている。

信直との確執

先に述べたとおり晴政の子は女子ばかりで、跡継ぎが問題となっていた。そこで晴政は、叔父である田子（石川）高信の子を、長女の婿養子として嗣子に据えた。田子信直である。信直は、継嗣として田子城（青森県田子町）から三戸城に移り住んでいたが、晴政に実子晴継が生まれてしまった。晴継を次期当主としたい晴政は、信直を廃嫡した、というのが簡単な経緯である。

後世の編さん物では、この晴政の行為を悪し様に記している。『御当家御記録』では、晴継が生まれたことで、晴政と信直の関係が悪化し、ついには信直を殺そうとしたと記す。『八戸家伝記』ではさらに詳しく、晴政は晴継が生まれたことで、信直が邪魔になり殺そうとした。そのため北信愛《のぶよし》《のぶちか》が信直を匿ったが、晴政は一族のものを率いて居城を攻撃した。その後、和睦となったが、信直が寺社を参詣した際に襲撃、信直は田子城に逃れた。後に追撃を逃れるため八戸家を頼って身を隠した。そうしているうちに晴政は病死したと記している。

他の編さん物もおおむね似たような記事で、基本的に晴政が信直を排除しようとしている。『八戸家伝記』に関しては、先の南・北家との戦いを、晴政・東家と信直・南・北家の戦いと記し、相伝文書についても、援軍を要請されたが従わなかったと解釈して、信直に忠節を尽くしたという方向でまとめている。

どこまでが史実か定かではないが、少なくとも晴政と信直の間に不和があったことと、そのとき信直は田子にいたことを記す史料が残されている。そこでは、晴政と信直の「和談」のために、晴政のもとへは久慈《くじ》家が、信直のもとへは父高信の時代から相談役だった一戸《いちのへ》家がそれぞれ「無事」のため調整に向かったと記している。年代が比定できないため、いつの史料かわからないが、少なくとも高信が死んだ後ということが読み取れる。もし廃嫡から対立までが連続していた場合、信直の廃嫡は、一戸など糠部南方や閉伊《へい》郡（岩手県三陸沿岸）、岩手郡、津軽鼻和《はなわ》郡（青森県弘前市西部・北部、鰺ケ沢町、深浦町、西目屋村）と広い地域に影響力があった田子（石川）高信が亡くなったために、踏み切ることができた出来事と考えることもできるだろう。

三戸城跡　青森県三戸町

二十五代晴継の謎と晴政の死亡時期

信直が廃嫡された原因となった晴継であるが、その存在には謎が多い。基本的に若くして亡くなったため、事績は残されていないうえ、死亡年代もはっきりとしていない。一つずつみていこう。

まず名前であるが、幼名は鶴千代で、のち彦三郎晴継となる。彦三郎は父晴政と同じであるが、「晴」の字は、晴政が将軍足利義晴から偏諱を受けたものであり、通字ではない。

次に死去について、死因はほとんどが疱瘡《ほうそう》としているが、『祐清私記』では、晴政の葬儀の際に暗殺されたとも記す。死亡年月日は『御当家御記録』では天正六年（一五七八）正月二十四日とする。『信直記』では十三歳で死去、『奥南旧指録』では十二歳で当主となり、十三歳で死去。『祐清私記』では、天正十年正月四日に十三歳で死去と記す。

死亡時期と関係する、晴継の次の当主信直の家督就任時期については天正九年というのが最新研究の見解である。これを踏まえると、天正六年では三年間の空白が生じ、天正十年では存命のうちに家督交代がなされたことになる。

父晴政の死亡時期についても諸説あることは述べたが、永禄六年（一五六三）は事績的にありえず、天正十年は信直の家督就任から考えられない。残る元亀三年（一五七二）と天正八年説だが、筆者としては天正八年説を推したい。晴継の死亡時期に関しても天正六年のことと考えたい。そして、十二・三歳での死亡から考え、死亡時は元服前で当主にはなっていなかったのではないかと考える。名前についても実名が付けられる前で、亡くなった後に付けたため、偏諱の晴の字を使用した名前になったのではないかと考える。

これを踏まえて、晴継誕生からの流れを整理すると、永禄八年に晴継が誕生、元亀年間に高信が死去、ほどなくして信直の廃嫡、天正初期に晴政と信直の関係悪化、天正六年に晴継死去、天正八年に晴政死去、一年間の相続争いを経て、天正九年に信直が家督就任となるだろう。

（滝尻侑貴）


【主要参考文献】

熊谷隆次・滝尻侑貴ほか著『戦国の北奥羽南部氏』（デーリー東北新聞社、二〇二一年）

布施和洋「三戸南部氏の本拠地・聖寿寺館と北奥羽の流通経路」（仁木宏編著『戦国・織豊期の地域社会と城下町 東国編』戎光祥出版、二〇二一年）
『青森県史』資料編中世Ⅰ南部氏関係資料、解題（青森県、二〇〇四年）
『青森県史』資料編中世Ⅱ安藤氏・津軽氏関係資料、解題（青森県、二〇〇五年）
『青森県史』資料編中世Ⅲ北奥関係資料、解題（青森県、二〇一二年）
『青森県史』資料編中世Ⅳ金石文・編さん物・海外資料・補遺、解題（青森県、二〇一六年）
『青森県史』通史編Ⅰ原始・古代・中世（青森県、二〇一八年）
『新編八戸市史』中世資料編、註釈（八戸市、二〇一四年）

南部信直――激動の時代を生き抜いた南部家中興の祖

信直が生きた激動の時代

三戸《さんのへ》南部《なんぶ》家の二十六代当主信直《のぶなお》は、南部惣領《そうりょう》として豊臣《とよとみ》政権に認められた人物である。江戸時代には、息子利直《としなお》が藩主となり、以降、三戸家が幕末まで広く南部領を支配していた。この礎となったのが信直である。そのため、江戸時代に編さんされた家史では、信直を褒めたたえることが多い。同時代史料も数多く残されており、南部一族の人物で動向から本人の気質まで、詳しいことを知ることができる初めの当主である。

信直の家督期は、日本全体が大きく変化する時代でもあった。家督就任後まもなく、本能寺の変で織《お》田信長《だのぶなが》が亡くなり、豊臣秀吉《ひでよし》が関白《かんぱく》になった頃から誼を通じる。斯波《しば》氏を滅ぼし領地を広げるも、津軽《つがる》氏が蜂起する。豊臣政権に臣従を誓い、南部惣領となるも九戸《くのへ》一揆《いっき》が起こる。一揆鎮圧後、すぐに肥前名護屋《なごや》（佐賀県唐津市）に参陣、以降は伏見《ふしみ》（京都市伏見区）と国元を行き来する。そして、豊臣秀吉が亡くなった翌年、信直も亡くなるのである。

信直の家族

信直は、天文十五年（一五四六）に田子《たっこ》（石川《いしかわ》）高信《たかのぶ》の子として、岩手《いわて》郡の一方井《いっかたい》村（岩手県岩手町）で生まれた。母は側室で、一方井安正《やすまさ》の娘・関だった。この頃高信は、糠部《ぬかのぶ》の南方政策を任せられており岩手郡に進出していた。一方井氏は、その過程で臣従した一族だった。この婚姻に関して『祐清私記《ゆうせいしき》』では、一方井氏が南部氏と長く対立している安東《あんどう》氏の末裔であり、三戸家に仕えるにあたり、疑念を晴らすため嫁を差し出したと記す。

一方井氏の娘は、田子城に入るも正室より先に懐妊したため、正室との関係が悪化、実家の一方井に戻り信直を出産した。一説には幼名を亀九郎《かめくろう》といい、二・三歳（十二・三とも）まで一方井で過ごしたのち、田子に移ったとされる。のちに田子九郎信直と名乗る。

弟として彦二郎政信《ひこじろうまさのぶ》がいる。永禄元年（一五五八）に生まれ、天正九年（一五八一）に田子の家督を相続する〔参考諸家系図〕。後に父高信の役職を継ぎ、津軽郡代《つがるぐんだい》として浪岡《なみおか》城（青森市）に派遣される。

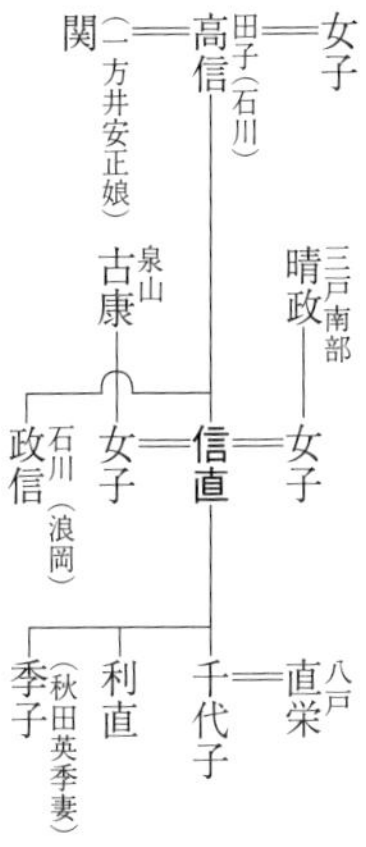

南部信直関係図

妻は二人で、正室は従兄である三戸家二十四代晴政《はるまさ》の娘である。側室は、三戸家譜代の家臣泉山古康《いずみやまふるやす》の娘である。

子供は三人で、正室の子は、八戸《はちのへ》家十九代当主直栄《なおよし》の妻となる千代子である。側室の子は、次代当主となる彦九郎《ひこくろう》利直と、秋田《あきた》（湊《みなと》）英季《ふさすえ》の妻となる季子である。

死亡時期は、慶長四年（一五九九）十月五日で享年五十四。福岡城《ふくおか》（岩手県二戸市）で亡くなり、現在は青森県南部町の三光寺《さんこうじ》に夫婦の墓石が残されている。

紆余曲折を経た家督就任

信直は、三戸二十四代当主晴政に男子がいなかったため、晴政長女の婿として養嗣子となり、田子より三戸に入った。しかし、その後晴政に実子晴継《はるつぐ》が誕生したことにより廃嫡、田子に戻ることになった。一度は三戸家から離れた信直であったが、晴政・晴継が亡くなり、三戸家に男子がいなくなったことで、再び関わることになる。

次期家督を選定するため、三戸家中で評定《ひょうじょう》が開かれることになった。そこで候補となったのが、晴政長女の婿・田子信直と、次女が嫁いでいた九戸政実《まさざね》の弟実親《さねちか》の二人であった。評定の参加者は、東《ひがし》・南《みなみ》・北《きた》・石亀《いしがめ》・七戸《しちのへ》・毛馬内《けまない》、石井《いしい》・桜庭《さくらば》・楢山《ならやま》・吉田《よしだ》・福田《ふくだ》・種市《たねいち》・浄法寺《じょうほうじ》・久慈《くじ》・野《の》田《だ》・葛巻《くずまき》だったとされる（編さん物によって参加者に異同がある）。このうち七戸家は、三戸家中ではないが、晴政の娘が嫁いだ先であるため、もしかすると予備候補として参加したのかもしれない。

評定は、実親優勢で進んでいたとされる。しかし、信直を推していた北信愛《のぶよし》《のぶちか》が兵を率いて信直を田子城（青森県田子町）から三戸城（同三戸町）へ招き入れたことで、強引に信直を家督に据えたという。この年次については諸説あったが、最近の研究では、天正九年（一五八一）に信直の当主としての行動が確認されているため、この頃の出来事とされている。

評定を無視して家督についた信直は、南部一宮と称される櫛引八幡宮《くしひきはちまんぐう》（青森県八戸市）の遷宮や、家臣に一字を与えるなど、当主権強化のために動き出した。一方、編さん物では、強引な家督就任に反発してか、就任後晴継の葬儀を行った際に襲撃され、川守《かわもり》田館《ただて》（同三戸町）で応戦したという暗殺未遂の記事も記される。ただしこの襲撃事件は、晴政が存命のとき、晴継を後継者にするため邪魔になった信直を襲撃した事件として記す編さん物もあり、創作された出来事と考えられる。

南部信直画像　もりおか歴史文化館蔵

斯波氏を攻略し領地を拡大

信直の家督在任期で領地を拡大した戦いの一つとして、南方の斯波氏を滅ぼした戦いがある。斯波氏との因縁は実父高信の頃から続くもので、家督就任後は天正十一年（一五八三）から断続的に戦が起こっていた。天正十一年には、斯波郡大萱生《おおがゆう》村で戦いがあったとする。天正十四年、斯波氏の北西の拠点雫石御所《しずくいしごしょ》（岩手県雫石町）を攻め落とした。このとき、出羽仙北《せんぼく》の小野寺《おのでら》氏より攻略を祝する手紙が送られている（十月三日付小野寺輝道書状写」）。また、天正十六年に斯波御所（高水寺《こうすいじ》城、同紫波町）を落とした際にも、出陣前に斯波領南方の葛西《かさい》氏と連絡を取っていたようで、斯波侵攻に対して「異議」がない旨を伝えられており、合戦後には、小野寺に従属する本堂《ほんどう》氏から斯波攻略を祝われている（「八月五日付本堂道親書状写」）。このことから、南部氏が斯波攻略に際し周辺領主に根回しし、参戦させない、または中人《ちゅうにん》として、仲裁に入られないようにしていたことがうかがえる（第三者を中人として和睦する方策として中人制があった）。

また、本堂氏からの書状には、この時期に仙北で起こっていた仙北干戈《せんぼくかんか》に関する記述がある。仙北干戈は、小野寺氏に従属していた六郷《ろくごう》氏、そして山田氏が反旗を翻した争いで、そこに南方の最上《もがみ》氏が和睦のために仲介をしていた。書状では小野寺と六郷の和睦が成っていないことに加え、最上氏方から色々な噂話が聞こえてきたため、様々南部氏を頼るほかないと伝えられている。斯波郡を入手したことで、南部氏が仙北まで影響力を持ち始めたことがわかる。

斯波攻略に際して、重要な役割を果たしたのが、九戸家から斯波氏に婿養子に出ていた康実《やすざね》だった。斯波当主の娘婿となり高田《たかだ》村（岩手県矢巾町）を与えられ、高田康実と名乗っていた。康実は、南部氏と斯波氏の戦いにあたり、斯波氏家臣の調略を行った。このとき内応したのは、重臣だった簗田《やなた》・岩清《いわし》水《みず》をはじめ、手代森《てしろもり》・栃内《とちない》・乙部《おとべ》・大釜《おおがま》・多田《ただ》・長岡《ながおか》・宮手《みやで》・中島《なかじま》・小屋敷《こやしき》・山王《さんのう》だったとする（『奥南落穂集』）。このこともあり、斯波滅亡後は、降伏した斯波家臣の多くが康実配下となったようである。

康実は、後に中野直康《なかのなおやす》と改名する。もしかすると信直から「直」の字を与えられ、かつ九戸兄弟に共通する「実」の字を廃したのかもしれない。

豊臣政権への接近

信直が豊臣政権に近づいたのは、家督就任から五年後の天正十四年（一五八六）だった。加賀の前田《まえだ》利家《としいえ》を通じて、秀吉に鷹・太刀・馬を献上するとともに臣従を伝え、八月十二日付で秀吉から朱印状を受け、同二十八日には利家から副状《そえじょう》を受けている。このときの宛名が興味深い。秀吉よりは「南部大《だい》膳大夫《ぜんのだいぶ》」であるのに対し、利家からは「三戸」となっている。秀吉へ取り次いだ利家のもとには、南部から北信愛が使者として向かっており、直接の交渉があったことを考えると、信直は南部一族であるが南部惣領というよりは、あくまで三戸家の当主という自己認識だったのではないかと考える。

その後も豊臣政権との交流は続き、翌十五年には利家と起請文を交わしたり、鷹取の使者が南部に来たり、天正十六・十七年（一五八八・八九）には、豊臣秀次《ひでつぐ》から鷹取の使者が南部に来たり鷹を献上したりしている。この頃の上洛・下向の道筋は小野寺氏を経由していたようで、利家の鷹取の使者通行について〔三月七日付小野寺輝道書状〕や、北信愛の通行について〔三月七日付小野寺光道ヵ書状〕を記した書状が残されている。

天正十七年三月、津軽で大浦為信《おおうらためのぶ》が蜂起し、鎮圧できないでいた頃、八月二十日に利家より書状があり、家中に「叛逆之族《はんぎゃくのやから》」がいることは聞き及んでいる、秀吉が秋か来春に出羽・奥州に仕置のために出馬予定で、先陣として自分が向かうと伝えている。ここから信直が、為信鎮圧に関して、豊臣政権から助力を得ようとしていたことがわかる。

しかし翌十八年、小田原参陣に際し為信に先を越され、津軽が正式に為信の領地となってしまった。のちに白河《しらかわ》（福島県白河市）で秀吉の朱印覚書（天正十八年七月二十七日付豊臣秀吉朱印状）を受け取った信直は、津軽以外の「南部内七郡」を領地として認められた。この七郡については、糠部、鹿角《かづの》、岩手、斯波、閉伊《へい》、遠野《とおの》、久慈（青森県東部、岩手県北部、秋田県北東部）だと考えられている。ここに至り、信直は南部惣領として内外に認められることになる。

朱印覚書で指示された南部の奥羽仕置は、信直妻子の在京、領内の検地、家中の諸城破却と妻子の三戸集住であった。これらは自分仕置で、信直の差配によって行われることであった。これまで南部領内で行われていなかった、三戸家による検地・人質の確保という政策は反発を招き、九戸一揆へとつながる。

九戸一揆と新たな居城

九戸一揆については「九戸政実」の項をご覧いただきたいが、信直の動向を簡単に見ておきたい。

九戸一揆の前段として、和賀《わが》・稗貫《ひえぬき》一揆が起こる。天正十八年（一五九〇）十月二十三日に和賀郡（岩手県北上市周辺）、稗貫郡（同県花巻市周辺）で蜂起した。一揆鎮圧のため信直は、二十五日に出陣した。

前日に葛西・大崎一揆鎮圧に参加していた江刺《えさし》氏へ書状を送り、「和稗一揆」を鎮めるとともに、「家風中一揆《かふうちゅう》」と南部領内でも一揆が起こりそうだと伝えていた〔十月二十四日付南部信直書状写〕。

信直が感じていた通り、翌十九年二月に九戸一揆が蜂起する。上杉《うえすぎ》家臣色部《いろべ》氏に出した書状では、「同名共《どうみょうども》、二・三人逆心《ぎゃくしん》」〔同じ南部の一族、二・三人が逆心した〕と伝えるとともに、二十里・三十里の距離を駆けて毎日合戦していると伝えている〔二月二十八日付南部信直書状〕。上方へは、三月一日に一揆蜂起を知らせる使者を遣わしたようだが、自力で鎮圧はできないと判断した信直は、四月十三日に援軍を求める使者として嫡子利直を派遣した。

九戸一揆を含めた東北の一揆鎮圧のために派遣された豊臣政権の「奥州奥郡仕置《おうしゅうおくぐんしおき》」軍〔以降、仕置軍〕が到着し、攻撃を始めたのが九月一日だった。一日で周辺の城を鎮圧した仕置軍は、二日に九戸城を取り囲み、たった三日間で落城させる。

一揆鎮圧後、信直は一揆勢に加担し成敗された者たちの土地〔闕所《けっしょ》〕に新たな家臣を配置し、領内の再掌握を行っている。これは十二月頃までかかっている。一方、仕置軍は落城させた九戸城の改修に取り掛かっていた。九月四日に落城させ、戦後処理を行った仕置軍は、十日には九戸城の普請に取り掛かっていたようで、あと二日のうちに本丸を終わらせ、その後は小丸に取り掛かる予定だった。また、外丸には手を付けないつもりだった〔九月十日付蒲生氏郷書状〕。普請は迅速に行われ、十三日の書状では、数日のうちに完成すると伝えており〔九月十三日付浅野長吉書状土代〕、二十日には氏郷が普請を終えて沼宮内《ぬまくない》（岩手県岩手町）まで移動しているため、十日前後で改修が終了したようである〔九月二十日蒲生氏郷書状〕。改修後、九戸城は福岡城と改名し、信直の新しい居城となっている。

信直は、天正十八年の朱印覚書で指示されたものの、一揆蜂起によって行えなかった仕置を改めて始める。領内の検地は、闕所の宛行と同時並行で行ったと思われる。家中の諸城破却は、天正二十年六月十一日付で破却案がまとめられている。そして家臣の妻子集住は、当初三戸城で行われる予定だったが、本拠地が移ったことで福岡城に集住することが計画されたと思われる。

人付き合いの苦労

文禄元年（一五九二）、朝鮮出兵の一環として、信直は肥前名護屋に参陣する。信直には渡海の命は下らなかったため、名護屋にしばらく在陣していたが、そこでは今まで経験のない大名同士の交流が図られた。

まず、秋田（安東）氏との和睦である。秋田氏とは建武新政期から長く対立しており、南部氏にとって因縁深い相手だったが、信直としては時代遅れの対立と思っていた。豊臣政権下では大名同士の争いはもはやできず、対立し続けることの無意味さを感じ取っていたのだろう。また、義父晴政は対立姿勢をとっていたが、実父高信は、それを迷惑に感じていたというのも影響していたのだろう。徳川家康《とくがわいえやす》の仲介で、秋田実季《さねすえ》と「入魂《じっこん》」の関係となり、のちに娘を実季の弟英季に嫁がせることになる。ただし、信直の周囲は遺恨を忘れられないようで、以前からの恨み言を言うたびに、豊臣政権に臣従した者たちを例に出し、言い聞かせていた。

南部・安東和睦の流れに乗じて、津軽為信も家康を介して遺恨の解消を目指したが、前田利家の忠告で実現はしなかった。ただし、信直は話があれば受け入れるつもりだったようで、国元の重臣楢山義実《よしざね》に宛てた手紙では、「以前の心づもりでは迷惑なだけである」と伝えている。

名護屋城跡　佐賀県唐津市

次に、豊臣政権において東北の押さえとなっていた蒲生《がもう》氏郷《うじさと》との付き合いである。前年から起請文を交わしたり、嫡子利直と氏郷の娘の縁組について相談をしたりと、関係強化を図っていたが、名護屋でもそれは続いていた。信直の書状では、氏郷の姉の娘を氏郷の養女として利直に嫁がせる話が伝えられている〔十二月晦日付南部信直書状写〕。

また、噂話も多かったようで、永禄二年の正月に、唐《から》（明《みん》）が降伏し「日本之唐」になるという話が出回っていたため、早く知らせようと国元の娘婿八戸直栄に手紙を送っている〔正月七日付南部信直書状〕。五月には、渡海していた大名衆が帰ってきたが、皆疲れ果てている。しかし、それを秀吉に注進すると処罰されるため、恐れ戦き誰も何も言わないと伝える〔五月二十五日付南部信直書状〕。

交流から学んだ当時の風潮も伝え、血統の重要性は廃れており、個人の才覚によって生きる時代である。信直も当初は、長く続く血統であることを自慢して馬鹿にされたようで、後悔しているとし、上衆と付き合って心変わりをしたという。小物から大身へとなった者の多い上衆は、長く続く家の多い遠国衆を馬鹿にしている。そのような者たちを相手にした「日本之つき合」で失敗し恥をかくと、家の恥になるため、信直も月に一度前田利家に挨拶に行く以外は、引き籠もっていると伝え、気遣いばかりだと締めくくっている〔五月二十七日付南部信直書状〕。

娘と孫娘に宛てた手紙からみる信直の姿

現存する信直の書状で多いのが、娘千代子に宛てた手紙である。ここからは、当主ではなく父・祖父としての信直の姿が見えてくる。

八戸にいる千代子に対しては、妹季子が結婚するため、準備を手伝ってほしい。梅がたくさん届いた、体調を崩していた千代子の夫直栄の身体に良いので送る。八戸から福岡〔岩手県二戸市〕に来る際は事前に連絡をくれれば迎えに人を出す。何かあったらとにかく手紙をよこしなさいなど、娘を気にする父親としての様子が見える。

また、千代子の娘で孫となる「ねね」（のちの八戸二十一代当主清心尼《せいしんに》）に対しても、京都より染め物を送ったり、上洛の途中で関東から八十個の蜜柑を送ったりしている。このときは、息子利直にも蜜柑を送っているが、その数は七十個と「ねね」より少なく、息子より孫娘を可愛がる信直の様子がわかる。

さらに、慶長二年（一五九七）十二月六日に、正月になったら孫へ京の誂え物を送ると伝えてからの連続する書状では、買い物に苦労し、娘や孫に言い訳を重ねる様子がうかがえる。順番に見ていくと、二十五日に伏見に到着した信直は、二十八日に今は物価が高いため年明けに買うと伝えた。明けて正月四日にいまだ物価が高いため落ち着いてから買うと伝える。七日になり、すぐに買って送りたいが物価が高いと言い訳し、九日に「ねね」の様子を尋ねている。もしかすると孫「ねね」の機嫌が悪くなることを心配したのかもしれない。

二十四日に正月中は物価が高く、周辺の大名たちも二月に買い物をするというので、誂え物の購入は二月になると伝え、代わりなのか家康から貰った唐織などを「ねね」に送っている。二月一日になり、予定どおり明日買いに出ると伝えた。十一日に無事買えたようで、その際、金を白銀に換えて購入したと伝え、同時に購入したものの金額を記し、以前よりも物価が高いと伝えている。

この後、三月一日、八日、二十一日と続けて「ねね」と誂え物の話が続く。一連の買い物には、購入したら国元に送ると記すと同時に、自分が国元に下れるようなら持っていくと何度も伝えている。孫に土産を手渡したい祖父の心情が読み取れる。

残念なのは、送り先である娘千代子からの返信が残ってないことである。伏見から八戸まで送られた手紙を読んで返信することを考えると、あまりに連続して出された信直の手紙に、一通一通返信できたとは考えにくく、過干渉とも思える父に娘はなんと返事を出したのだろうか。

（滝尻侑貴）

【主要参考文献】

熊谷隆次・滝尻侑貴ほか著『戦国の北奥羽南部氏』（デーリー東北新聞社、二〇二一年）
『青森県史』資料編中世Ⅰ南部氏関係資料、解題（青森県、二〇〇四年）
『青森県史』資料編中世Ⅲ北奥関係資料、解題・註釈（青森県、二〇一二年）
『青森県史』資料編中世Ⅳ金石文・編さん物・海外資料・補遺、解題・註釈（青森県、二〇一六年）
『青森県史』通史編Ⅰ原始・古代・中世（青森県、二〇一八年）
『新編八戸市史』中世資料編、註釈（八戸市、二〇一四年）
『乱世の終焉―根城南部氏と城―』展示図録（八戸市博物館、二〇二一年）

和賀信親・稗貫輝家
――奥羽仕置に反発した一揆の首魁という虚実

和賀氏と稗貫氏

和賀《わが》氏は、陸奥国和賀郡を本拠とする一族。稗貫《ひえぬき》氏は、和賀郡の北に隣接する稗貫郡を本拠とする一族。両氏については、近世に入ってからさまざまな由緒書・系図類が作成されており、その系譜が混乱している。

しかしながら、研究の進展により、両氏はともに武蔵国の武士団小野横山党《おのよこやまとう》出身の小野姓中条《ちゅうじょう》氏から分かれた一族で、稗貫氏の先祖を辿ると鎌倉幕府御家人の中条家長《いえなが》に、和賀氏の先祖を辿るとその弟の苅田義季《かったよしすえ》にそれぞれ繋がることがわかっている〔吉井一九八八〕。このように、両氏は所領が隣接しているのみならず、先祖が兄弟という極めて近い血縁関係にあり、歴史的にも両氏の関係は非常に深い。

一例を挙げると、永享七年（一四三五）に和賀・稗貫両郡に跨って起きた戦乱では、和賀一族内の争いに稗貫氏が介入し、そこからさらに周辺勢力を巻き込むという経過で戦乱が拡大している〔稗貫状〕。ここでも、和賀郡の争乱が初めに波及したのは稗貫郡であり、他の隣接地域よりも、両地域の関係が深かったことを物語っている。そして、このような密接な関係は戦国期まで続く。

なお、和賀・稗貫両氏ともに戦国期及び統一政権期の彼らの活動を示す残存史料が極めて少ない。そのため、叙述は断片的になってしまうが、最近の自治体史編纂などによる新知見を活用し、この時期における彼らの動向を見ていくこととしたい。

稗貫義時の上洛

弘治元年（一五五五）、「稗貫大和守義時」が「十二町目下野守」・「万町目」・「駒牧内膳助」・「栃内出雲守」・「湯口大蔵丞」を率いて上洛した〔讒拾集〕。十二町目《じゅうにちょうめ》・万町目《まんちょうめ》・栃内《とちない》・湯口《ゆぐち》各氏はいずれも稗貫郡の地名を名字とする人物であり、駒牧《こままき》氏も同様と推測されることから、彼ら稗貫郡の諸氏を率いて上洛した義時《よしとき》は当時の稗貫氏当主と見做される。このとき、義時は将軍足利義輝《あしかがよしてる》から偏諱《へんき》を賜り「輝時《てるとき》」と諱《いみな》を改める〔熊谷二〇一四〕と同時に、政所代《まんどころだい》の蜷川親俊《にながわちかとし》から故実《こじつ》の手解きを受けている〔蜷川家文書〕。

この「義時」・「輝時」という諱の人物は、近世に成立した稗貫氏の系図類には登場していない。その一方で、近世成立の系図類には「稙」・「晴」・「輝」といった、将軍から偏諱を与えられたと思しい諱を名乗る当主が掲載されている〔稗貫家譜ほか〕。これらの系図類の記載によれば、輝時以前にも稗貫氏の当主で将軍から偏諱を与えられた人物が存在していたことになるが、残念ながらその事実を証明する史料は管見に触れない。むしろ、輝時が上洛した際に親俊に対して故実を細かく問い合わせているところをみると、それまでの稗貫氏には故実に関する情報の蓄積がなかったと考えられる。ここから、彼は稗貫氏の当主として初めて将軍から偏諱を賜り、かつ、以後の京都での活動に備えて故実の知識を得ようとした人物であった可能性が高いと言えよう。

さて、輝時は、領国に帰った後も政所執事伊勢貞孝《いせさだたか》や親俊に書状を出しており、幕府要人と連絡を取っている〔蜷川家文書〕。彼は、先年に教えを乞うた故実について、「巻物」にして送ってほしいと親俊宛とみられる書状で依頼している〔蜷川家文書〕。このとき彼がわざわざ巻物に仕立てられた故実書を入手しようとしたのは、近隣に同様の巻物を所有している氏族が存在する事実から推測すると〔柏山文書ほか〕、上洛して故実の相伝《そうでん》を受けたことを地域で示すために、目に見える形のもの、ここでは巻物となった文書が必要だったのではないかと考えられる。先にみた将軍からの偏諱と、以上のような地域での故実書の誇示から考えると、輝時は幕府に接近し、その権威を得ようとしていた人物と評価することができる。

では、なぜ輝時は幕府の権威を得る必要があったのであろうか。これについては、改名前の「義時」という諱から考えてみよう。まず、義時・輝時に共通する「時」の字である。史料が少ないところではあるが、南北朝期に稗貫の名字を名乗っていたことが初めて確認される稗貫時長《ときなが》〔南部光徹氏所蔵遠野南部家文書〕やその後に稗貫氏の当主を継いだとみられる時義《ときよし》〔別当高橋家文書〕の諱からみると、「時」は稗貫氏当主の通字であった可能性が高い。つまり、通字である「時」が二字目に位置しているということは、「輝」が将軍義輝からの偏諱であったように「義」もまた何者かからの偏諱だったと判断されよう。

ここで諱に使用される「義」の字については、同時代では足利将軍家の通字が有名である。しかし、「義」の字は義輝の諱の一字目で、二字目よりも権威の高い将軍家の通字であるため〔二木一九八五〕、わざわざ義輝二字目の「輝」に改名しているのは不自然である。となると、「義」は別の氏族からの偏諱と考えざるをえない。ここで周囲の氏族で「義」を通字としている一族を探すと、実は和賀氏が当てはまる。

和賀一族は、鎌倉期から南北朝期には「義」を通字として用いる人物が多く〔鬼柳文書〕、戦国期も同様であった可能性が高い。これは、和賀氏と祖を同じくする和賀郡安俵《あひょう》地域の安俵氏が、南北朝期から戦国期に至るまで「義」の字を通字として用いていることからも推測可能である〔高橋二〇一九〕。すなわち、義時の「義」の字は和賀氏からの偏諱によるものと考えられる。

このように推定すると、輝時は上洛を機に、和賀氏からの偏諱を取り除いて、新たに将軍義輝から与えられた偏諱を使用したことになる。先に和賀・稗貫両氏は血縁関係にあり、歴史的につながりが深いことを紹介したが、この「義」字の偏諱から見えてくるのは、この時期の稗貫氏が和賀氏の強い影響下にあったという構図である。史料上の所見がこれ以上なく、想像に頼ってしまうことになるが、輝時は和賀氏の影響下からの自立を画策しており、その手段として利用したのが幕府の権威だったのではなかろうか。そのように考えると、この時期の和賀氏と稗貫氏の関係は、稗貫氏が和賀氏の影響を強く受けている一方で、稗貫氏がその状態から脱しようとしていたという微妙なものであったと言えよう。

稗貫氏と葛西氏

稗貫氏に関する史料をみていくと、葛西《かさい》氏との関係を示すものが残っている。話は若干遡るが、戦国期で最も古い葛西氏と稗貫氏の関係を示す出来事は、永正九年（一五一二）に桃生《ものう》郡で起こった葛西宗《むね》清《きよ》と山内首藤《やまのうちすどう》氏の合戦における、宗清方への稗貫氏の援軍である〔桃生山内首藤氏系譜〕。この合戦には、葛西領内各地から軍勢が動員されているが、他領からの援軍は南部《なんぶ》氏と稗貫氏、そして大崎《おおさき》氏配下の石川《いしかわ》氏のみであるため、特別な存在である。

なぜ稗貫氏が葛西氏に援軍を送ったのか、理由は判然としない。一方で、近世に成立した稗貫氏の系図類には宗清の子息が稗貫氏の養子に入ったと記すものもあり〔稗貫家譜〕、これが史実か否かは確証を得ないものの、葛西氏と稗貫氏の縁戚関係に基づいて稗貫氏が援軍を送った可能性もある。

この後しばらく経って、再び葛西氏と稗貫氏に関する出来事が史料にみえる。その出来事とは、永禄十年（一五六七）～元亀元年（一五七〇）頃に、葛西晴胤《はるたね》が稗貫郡を攻撃しようとして出陣したところ、葛西一族の意見によって晴胤が撤退したというものである〔伊達家文書〕。このときの晴胤の狙いは「稗貫郡破壊」、つまり稗貫郡への侵攻であった。なぜ、葛西氏と稗貫氏の間にこのような対立状況が生じたのか、この前後の状況を示す史料がなく不明であるが、葛西氏当主の晴胤が自ら軍勢を率いて他領へ侵攻しようとしていたこと自体、極めて重大な事態であったと推断される。

右のように、晴胤の稗貫郡への出陣については不明な点が多い。ただし、ここで考えておきたいのは、晴胤の侵攻経路である。実は、葛西領北端の胆沢《いさわ》・江刺《えさし》両郡は稗貫郡と直接境を接していない。そのため、葛西領から稗貫郡に侵攻するには、和賀郡か遠野保《とおのほ》を通過する必要がある。晴胤が遠野氏と連携を図っていたことがわかる史料も残されていること〔阿曽沼興廃記所収文書〕から、おそらくこのときの侵攻も遠野保を通過する計画だったと推測される。

その一方で、葛西領と直接境を接する和賀郡については、この侵攻前後の状況はまったく不明である。和賀氏などの和賀郡内の勢力が稗貫氏に味方したのか、あるいは葛西氏に味方したのか、これを示す史料が何も残されていない。ただし、これ以前の時期に、先述のように輝時が和賀氏から自立しようと動いていた形跡もあり、これが原因となって和賀氏は稗貫氏に味方しなかったのかもしれない。いずれにせよ、このときの晴胤による稗貫郡への侵攻は実現せず、稗貫氏も戦闘を回避することができた。

和賀氏と出羽国

ここまで、稗貫氏に焦点を当てて論を進めてきたが、戦国期の和賀氏についても述べておきたい。戦国期の和賀氏に関する史料は稗貫氏に比べると非常に少ないが、出羽国方面に和賀氏が登場する史料が二点残されている。

一点目は、出羽国庄内《しょうない》地域の土佐林禅棟《とさばやしぜんとう》が、同国仙北《せんぼく》地域の小野寺《おのでら》氏の宿老西野《にしの》氏に宛てた元亀二年（一五七二）の書状である。ここでは、禅棟が上洛途上の「和賀殿」と面会した旨を西野氏に報じている〔増田五郎兵衛文書〕。この「和賀殿」が和賀一族の何者であったのかは不明なものの、和賀一族にも稗貫氏と同じく、戦国期に上洛していた人物が存在していたのである。なお、和賀郡内の氏族の上洛についてはこれ以前にも徴証がある。すなわち、元亀元年に小田島親光《おだしまちかみつ》（小田島氏も苅田義季の子孫）が京都で蜷川親長《ちかなが》から授けられた故実書が伝わっており〔石鳥谷町史編纂委員会一九七九〕、「和賀殿」上洛に先立って小田島氏が上洛していたことが知られる。ここから、和賀郡内にも上洛して幕府要人と誼を通じていた人物が存在しているという事実が確認できる。

二点目は、天正十年（一九八二）に出羽国庄内地域の大宝寺義氏《だいほうじよしうじ》が、同国仙北地域の金沢《かなざわ》氏に送った書状で、仙北地域での争乱において、金沢氏に和賀氏が味方したことを義氏が賀しているものである〔秋田藩家蔵文書〕。地理的には和賀郡と仙北地域は奥羽山脈を挟んで隣接していることに加えて、和賀一族が南北朝期に仙北地域内に所領を保有している〔鬼柳文書〕ことからもわかるように、この地域での争乱は和賀郡の氏族にとって無関係の出来事ではなかった。ちなみに、和賀郡と仙北地域の間での戦乱を伝える後世の軍記物語もあり、詳しい時期は未詳ながら、和賀義忠《よしただ》という人物が仙北地域に攻め込み、仙北遠江守（小野寺輝道《てるみち》か）と合戦して敗北したとされている〔奥羽永慶軍記〕。このように、和賀氏は仙北地域とも関係が深かったのである。

以上みてきたとおり、戦国期の和賀氏に関しては一次史料に残されているのは出羽国仙北地域に関係

浅野長政画像　東京大学史料編纂所蔵模写

するものである。これ以外の陸奥国方面の史料は皆無といってよい状況で、ごくわずかに安俵氏の人物が知られる程度である〔高橋二〇一九〕。

和賀・稗貫一揆の勃発

話は、天正十八年（一五九〇）の小田原《おだわら》攻めに飛ぶ。小田原攻めには、和賀・稗貫両氏ともに参陣せず、その結果、豊《とよ》臣秀吉《とみひでよし》による奥羽《おうう》仕置《しおき》で両氏は改易、所領は太閤蔵入地《たいこうくらいりち》とする裁定が下された。このとき、近隣の大崎義隆《よしたか》や葛西晴信《はるのぶ》といった大名も改易されている。彼ら中奥地域で改易された大名・国衆の所領に対する仕置は、浅野《あさの》長吉《ながよし》（後に長政）が担当した。長吉は葛西・大崎旧領から仕置を行いながら北上し、同年八月から九月には和賀・稗貫郡に到達、稗貫郡では検地や村への禁制《きんぜい》の発給などの仕置を行っていることが確認できる〔宝翰類聚ほか〕。

この間、稗貫氏は石田三成《いしだみつなり》などと交渉を行い、仕置の指示を受けつつ、所領の維持を目指している。また、改易決定後には稗貫氏の「稗孫」と和賀氏の「和又」が伊達政宗《だてまさむね》と連絡を持ち、今後の方策を相談している〔稗貫家譜所収文書〕。しかしながら、豊臣政権の裁定が覆ることはなかった。長吉による仕置は九月下旬には目途がつき、彼は中央に帰還するため稗貫郡を離れる。長吉出発後の和賀・稗貫両郡には代官が置かれ、稗貫郡の鳥谷ヶ崎城《とやがさき》（稗貫氏の本城、岩手県花巻市）に入った浅野忠政《ただまさ》が彼ら代官を統括した〔済美録所収川嵜多左衛門覚書〕。

しかしながら、長吉の出発直後に事態は急転する。発端は、新たに豊臣家臣の木村吉清《きむらよしきよ》が封ぜられていた葛西・大崎旧領で、この地域で一揆が起こった（葛西・大崎一揆）。この一揆が波及して、和賀・稗貫旧領でも一揆が蜂起した。いわゆる和賀・稗貫一揆である。蜂起の時期については、葛西・大崎一揆が十月十五日、和賀・稗貫一揆が同月十七日とされる〔済美録所収川嵜多左衛門覚書〕。

和賀・稗貫一揆の蜂起について、後世に成立した軍記物語である『信直記《のぶなおき》』では、「和賀ノ本領主多田又次郎」・「稗貫孫次郎」・「根子内蔵」の三名を首謀者として挙げ、彼らのもとに旧臣たちが集まり、鳥谷ヶ崎城を攻撃したことを一揆の端緒としている。また、鳥谷ヶ崎城だけでなく、吉清の預りで浅野氏の代官も入っていた和賀郡の「鬼柳之城」も一揆の標的となり、籠城戦の末に落城したという〔済美録所収川嵜多左衛門覚書〕。これら蜂起直後の様子については、一次史料がなく判然としない部分も多い。少なくとも、稗貫郡に残った忠政が標的として狙われたことは事実であり〔色部文書〕、同様に他の代官が入った城が標的となったという話も肯けよう。

ここで、『信直記』で首謀者として挙げられた三名について検討してみよう。「和賀ノ本領主多田又次郎」は、和賀氏の当主とされる人物である。和賀氏が「多田」氏の分流であるという歴史認識は近世史料に見えるもので、同時代史料で彼らが多田を名乗るものはない。そのため、この多田は除いて和賀又次郎という人物について考えるべきであろう。近世の由緒書では、和賀又次郎の諱を「義忠《よしただ》」とするものがあるが〔奥南落穂集ほか〕、同時代史料には見えないためここでは採らない。同時代史料では、伊達政宗が九戸《くのへ》一揆調停のための使者を派遣した際に、使者の和賀郡通行を保証した「和賀又二郎信親《のぶちか》」という人物が存在している〔伊達家文書〕。彼は先に政宗との交渉を行っていた「和又」に比定されることから、和賀氏の当主と見做される〔小林二〇〇三〕。つまり、ここでの和賀又次郎は信親のことを指していると言えよう。

「稗貫孫次郎」は、「和又」とともに政宗と交渉を行っていた稗貫氏当主「稗孫」に比定できることから、稗貫氏の当主として登場したものとみられる。孫次郎については、諱が広忠《ひろただ》〔奥南落穂集ほか〕、重綱《しげつな》〔稗貫家譜〕などと伝わっている。彼は、和賀氏からの養子として稗貫氏を継いだ人物だったとする史料が多いが〔奥南落穂集ほか〕、これら諱・出自に関する後世の伝承を裏付ける同時代の史料はなく、いずれも確証を得ない。なお、同時代には、「稗孫」の他にも政宗から書状で稗貫郡での使者の通行保証を求められている「稗備」〔稗貫備中守か〕〔稗貫家譜所収文書〕、この書状への返書で政宗に対して通行保証の旨を知らせた「稗貫輝家《てるいえ》」〔伊達家文書〕、という別の名前の稗貫氏の人物も確認される。

このうち、輝家については輝時と同一人物で、輝家は輝時の改名であるとの説がある〔熊谷二〇一四〕。しかし、輝家を元亀頃の当主輝時の改名後の諱とすると年代が離れすぎている。むしろ輝時・輝家の諱は、葛西晴胤・晴信《はるのぶ》親子の諱の事例〔石田一九九二〕と同じく、本来は先例に則って将軍から一字を下賜されて諱を決めるところを、幕府が滅亡したために一字を下賜されず、先代が与えられた一字を継続して用いたものと考えられる。ここから、輝家は輝時と別人で、輝時の跡を受けて稗貫氏の当主を継いだ人物であったと推定できる。

とすると、「稗備」と「稗貫輝家」は政宗との書状のやり取りからみて同一人物であり、政宗使者の稗貫郡通行を保障していることから、稗貫氏の当主と判断される。つまるところ、史料によって名前こそ異なるが、同時期に文書の宛所・差出に見える稗貫氏の人物は、「稗孫」も含めてすべて同一人物なのである〔小林二〇〇三〕。実際、「稗貫家譜」所収文書には「稗貫殿」宛の文書が主として掲載されているが、それらとともに「稗孫」・「稗備」の文書が一括で伝わっており、文書の伝来からみても、この時期の文書はすべて同一人物に宛てられたものであるという推測が成り立つ。以上のことから、和賀・稗貫一揆前後の文書に表れる「稗貫殿」・「稗孫」・「稗備」・「稗貫輝家」は同一人物で稗貫氏の当主と考えられる。

残る「根子内蔵」についてもみていこう。根子氏は稗貫氏の一族で、南北朝期にはすでに分立している〔鬼柳文書〕。そのため、和賀・稗貫一揆の首謀者として、稗貫一族が二名記されていることになる。なぜ和賀・稗貫両氏の当主と並んで彼の名前が挙げられているのか判然としないが、彼の本拠である稗貫郡根子地域は和賀郡との境であるため、両氏の橋渡し的な役どころとしての登場だったのかもしれない。なお、実際に根子氏が一揆に関与していたのかどうかは一次史料がなく不明である。

以上のように、『信直記』では和賀・稗貫一揆の首謀者を和賀・稗貫両氏の当主と、その境界地域を領していた氏族の人物としている。この中で、和賀氏当主信親と稗貫氏当主輝家は実在が確認できる人物であり、一揆を主導していたのが事実か否かが問題となろう。次に、この後の一揆の経過をみつつ、彼らが一揆とどのように関わっていたのか検討していくこととしたい。

一揆の鎮圧と和賀・稗貫氏のゆくえ

和賀・稗貫一揆については、一揆勢が鳥谷ヶ崎城を攻撃し戦闘が続く中、忠政への南部信直の援軍が到着したことで状況が一変する。信直は一揆蜂起直後の十月二十四日付の書状で、自身が明日にも出陣して和賀郡まで攻め上がり一揆を鎮めるという計画を述べている〔宝翰類聚〕。実際に信直は計画通り和賀郡まで進軍し、長吉の代官たちを救出している〔盛岡南部家文書ほか〕。『信直記』でも同様で、一揆勢が鳥谷ヶ崎城を攻めあぐねていたところに信直の軍勢が到着し、忠政を救出したとされる。これ以後の和賀・稗貫両郡での戦闘を記す一次史料は管見に触れないが、後世の軍記物語などでは鳥谷ヶ崎城や二子《ふたご》城（和賀氏の本城、岩手県北上市）で戦闘が続いていたとするものもある〔北上市博二〇一二〕。

信直が和賀・稗貫一揆の鎮圧を行っていたころ、彼の本拠である糠部《ぬかのぶ》郡では九戸政実《まさざね》が蜂起する（九戸一揆）。そのため、今度は信直がその鎮圧のため三戸《さんのへ》城（青森県三戸町）に戻った。これらの事態を受け、豊臣政権は奥羽仕置以後に蜂起した一揆の鎮圧と奥羽の再仕置のため、天正十九年（一五九一）六月二十日に各大名に対して再度陸奥国への進発を命じた〔伊達家文書ほか〕。八月二十三日には蒲生《がもう》氏郷《うじさと》が和賀郡に着陣しており〔伊達家文書〕、このときにはすでに一揆は完全に鎮圧されていたとみられる。

この奥羽再仕置の最中、信親と輝家は所領・身分の回復を目指して豊臣政権の要人たちと連絡を取っていた。特にも輝家は小野寺義道《よしみち》を通じて大谷吉継《おおたによしつぐ》と連絡を取っているほか、浅野長吉や蒲生氏郷とも交渉していることが確認できる。さらに、信親と輝家は江刺氏とともに九戸一揆への参陣をも求められている〔稗貫家譜所収文書〕。また、先に触れたように、信親・輝家ともに政宗の使者派遣に協力している。これらの動きからみると、信親や輝家は一揆には加担しておらず、むしろ豊臣政権側に協力的だったという事実が浮かび上がる。彼らは一揆蜂起前から一貫して豊臣政権と所領維持の交渉を続けており、政宗の仲介もあってか〔稗貫家譜所収文書〕、それに反するような武力蜂起による旧領回復という手段とは距離を置いていたとみられる。結局のところ、旧領での一揆発生の影響により信親・輝家の願いは叶わず「牢人」することとなったが〔正法年譜住山記〕、『信直記』に記されるような両当主が組んで一揆を首謀したというのもまた事実ではないと言えよう。

最後に、一揆鎮圧後の信親・輝家の消息を述べて稿を閉じることとする。輝家については、文禄元年（一五九二）八月十四日の時点で死去していることが知られる〔広田文書〕。信親については消息が不明で、寛文二年（一六六二）に和賀帯刀が上申した先祖書によると、帯刀の祖父で和賀氏の当主であった「主《しゅ》馬《め》」は一度出羽国仙北地域に逃れた後に伊達政宗に招かれて仕官し、慶長五年（一六〇〇）に岩崎《いわさき》一揆を起こした人物なのだという（茂庭家記録所収和賀帯刀先祖書）。主馬が信親にあたるのかは明証を得ないが、和賀氏の嫡流を称する一族の証言であるので、その可能性があることだけ付言しておく。

（高橋和孝）

【主要参考文献】

石田悦夫「戦国大名」（石巻市史編さん委員会編『石巻の歴史』第六巻　特別史編所収、石巻市、一九九二年）
石鳥谷町史編纂委員会編『石鳥谷町史』上巻（石鳥谷町、一九七九年）
石巻市史編さん委員会編『石巻の歴史』第八巻　資料編二　古代・中世編（石巻市、一九九二年）
北上市史編さん委員会編『新編　北上市史』資料編　古代・中世（北上市、二〇二二年）
北上市立博物館編『史料が語る和賀氏の時代』（担当者：小原茉莉子、北上市立博物館、二〇一二年）
熊谷隆次「奥羽仕置と稗貫氏―『稗貫家譜』の分析から―」（『弘前大学國史研究』一三七、二〇一四年）
小林清治『奥羽仕置と豊臣政権』（吉川弘文館、二〇〇三年）
高橋和孝「平姓安俵氏と源姓小原氏」（『北上市立博物館研究報告』二一、二〇一九年）
二木謙一『中世武家儀礼の研究』（吉川弘文館、一九八五年）
吉井功兒「小野系中条氏研究へのアプローチ―鎌倉・南北朝期を通して―」（『ヒストリア』一一八、一九八八年）

安東愛季・実季
――二つの安東家を統一した秋田の雄

野代湊と檜山安東氏

出羽北部には、津軽《つがる》の下国安藤《しもくにあんどう》氏に由緒を持つという、二つの家が存在した。檜山安東《ひやまあんどう》氏と湊《みなと》安東氏である。安藤氏は、戦国期の史料には安東氏と見え、天正末年に秋田氏を称するようになる。

津軽十三湊《とさみなと》（青森県五所川原市）に拠点を置き、蝦夷ヶ島《えぞがしま》とも交易をしていた下国安藤氏は、鎌倉時代には幕府から「蝦夷管領」として蝦夷支配を任されていたとされる。だが、十五世紀半ば、下国安藤氏は糠部《ぬかのぶ》の南部《なんぶ》氏との戦いに敗れ、嫡流の家は断絶した。南部氏によって庶家の政季《まさすえ》（師季《もろすえ》）が下国安藤家を継ぎ、田名部《たなべ》（下北半島）に入ったという。

しかし、下国安藤政季は南部氏の許を離れて渡島《おしま》（北海道南部）へ逃れ、家臣であった蠣崎《かきざき》氏の支援を受けた。その後、政季の嫡男忠季《ただすえ》は出羽国秋田地方北部へ進出し、河北《かわきた》郡（現山本《やまもと》郡）を支配したとされる。

このような由緒をもつ安東氏は、米代川《よねしろがわ》（野代川《のしろがわ》・野城川）河口の野代湊（秋田県能代市）をおさえ、そこから一〇㎞ほど南東に位置する山城の檜山城（同能代市）を拠点とした。そのため「檜山屋形《やかた》」と称したともいい〔新羅之記録〕、支配した地域を檜山郡、この家を檜山安東氏と呼ぶ。

米代川沿いには、川湊と一体となった城が点在していた〔市村二〇〇二〕。現在の秋田県鹿角《かづの》にある毛馬内《けまない》には毛馬内氏、比内《ひない》扇田《おうぎた》には浅利《あさり》氏、阿仁《あに》にある米内沢《よないざわ》には嘉成《かなり》氏などがおり、河川流通を保障する一方、流通によって利益を得ていたと思われる。比内では馬、阿仁では金銀銅といった鉱山資源、山では材木が産出され、米代川水運を利用して運ばれたと考えられる。野代には羽州街道も通っており、檜山安東氏は水陸交通の要衝を掌握していた。

十四〜十五世紀には、米代川流域とその周辺地域で時宗《じしゅう》の布教活動も行われていた〔時宗過去帳〕。また、流域沿いでは能登珠洲《すず》産の陶器が出土している。これらから、野代湊と米代川沿いの地域をつなぐ日本海交易が展開されており、人々の信仰・生活圏が広がっていたことをうかがえる。檜山に浸透していた時宗や、一向宗門徒には、海運に携わる者も多かった。

天文十九年（一五五〇）頃には、檜山安東氏が日本海交易に関わっていた様子もみられる。檜山安東氏が小浜《おばま》（福井県小浜市）に置いた代官だとされる関戸《せきど》豊前守が、糠部産の馬を若狭国の守護武田《たけだ》氏に献上し、小浜の本鏡寺《ほんきょうじ》に対する役銭《やくせん》の免除を認められている〔組屋文書〕。

また、檜山安東氏は、蝦夷ヶ島の支配を蠣崎氏に認める一方、各地から松前に来た「商船旅人」に蠣崎氏が課税した税の過半を上納させたという〔新羅之記録〕。天文十五年には、蠣崎氏を軍事動員するなど従属させていたことがうかがえる。

土崎湊と湊安東氏

檜山安東氏が支配する河北郡の南、雄物川《おものがわ》河口の土崎《つちざき》湊（秋田湊、秋田市）には、湊城を築いて湊氏を称する安東氏一族がいた（湊安東氏）。湊城は古代の秋田城に近い場所にある。湊安東氏は、十四世紀末に下国安藤盛季《もりすえ》の弟鹿季《かのすえ》に始まるとされる。だが、湊安東氏との直接的な関係は不明なものの、すでに十四世紀半ばまでには小鹿島《おがしま》（男鹿《おが》半島）に安藤（安東）氏を称する一族がいた〔斉藤文書など〕。

雄物川流域では、十四〜十五世紀の青磁、瀬戸・美濃や珠洲の陶器、古銭が出土している。これらは、海運で土崎湊へもたらされて流通していた。雄物川沿いにも、近世の主要河岸・船着場近くには中世の城があり、やはり流域の領主たちが河川流通に関与していたと考えられる〔市村二〇〇二〕。湊安東氏は、そのような川の河口を拠点としていた。十五世紀末〜十六世紀中頃にかけて、湊安東氏は角館《かくのだて》（秋田県仙北市）へと進出してきた戸沢《とざわ》氏と対立したと伝わっており、これは雄物川水運をめぐる争いであったと指摘されている。

大永二年（一五二二）頃、湊左衛門佐入道が室町幕府管領の細川高国《ほそかわたかくに》へ鷹を贈るなど〔湊學氏所蔵文書〕、幕府との関係を築き、京都扶持衆《きょうとふちしゅう》となって「屋形」と称されたという。また、十五世紀末から十六世紀初めには浄土真宗が北方へ布教範囲を広げており、湊安東氏と石山本願寺《いしやまほんがんじ》の証如《しょうにょ》との交流も知られる。天文十五年（一五四六）七月、高国へ鷹を贈った湊左衛門佐入道は、蝦夷錦《えぞにしき》と思われる錦を本願寺へ贈っている〔証如上人日記〕。湊安東氏も蝦夷ヶ島をも含む日本海交易に携わっていたのであろう。

近世に土崎湊の問屋《とんや》となる間杉《ますぎ》家は、永禄二年（一五五九）に越前から戦乱のため移住したと伝わる〔間杉家文書〕。そのため、現在の福井県敦賀に所縁のある者がいるといい、土崎湊—敦賀—京都の交流や交易が定着していたことをうかがわせる。

また、永禄八年一月のルイス・フロイス書翰には、アイヌを意味すると思われる北方の人々に、「出羽の国の大なる町秋田と称する日本の地」に来て交易をする者が多かったとある〔イエズス会士日本通信〕。十五世紀のイタリア人が作った「東洋地図」にも、日本海岸に「AGUDA（秋田）」と見え、大きな町として広く知られていた。これらは中世の土崎湊を指すと考えられている。

雄物川河口近くでは、中世後期の商業区域と思われる住居群が発掘されており、湊氏の湊は、商いのために遠方からも多くの人や物が集まる交易・交流の場となっていた。

愛季の外交力

檜山と湊の二つの安東家を統一させることになるのが、湊安東堯季《たかすえ》の娘を母にもつ檜山安東愛季《ちかすえ》である。

天文二十三年（一五五四）八月、檜山安東舜季《きよすえ》が死去したことにより、愛季が檜山城主となる。十六歳のときだったという〔秋田市史〕。家督を継いでからしばらくは、内政に力を入れた様子が見える。

弘治二年（一五五六）、材木方と野代の町支配を清水《しみず》治部兵衛政吉《まさよし》に与えている〔八幡神社文書〕。野代湊には清介町・後町といった町が成立し、材木が多く産出されて重要な交易品となっていた。

海運で栄えた野代湊の繁栄は、愛季の外交力にも支えられていた。愛季は、砂越《さごし》（山形県酒田市）城主の砂越入道也足軒宗順《やそくけんそうじゅん》の娘を妻とした。砂越氏の先祖は、庄内《しょうない》の大宝寺《だいほうじ》氏から分かれたといい、北を由利《ゆり》郡、東を最上《もがみ》郡、西を庄内・日本海に接する地域を支配しており、各地に顔が利く存在であった。

永禄四年（一五六一）、愛季が上杉輝虎《うえすぎてるとら》へ通交を求めて鷹を贈った際には、砂越宗順が仲介に立っている。その後、輝虎家臣の直江政綱《なおえまさつな》は、愛季領の諸浦へ上杉方の船が無事に出入りできるよう保障を求め、愛季もこれを承認したと思われる〔八戸湊文書〕。同じ頃、大宝寺氏と対立する山形の最上氏も、越前朝倉《あさくら》氏の関係者も、愛季への取り成しを砂越氏に頼んでいる。砂越氏の縁も活かしつつ、愛季は他家と

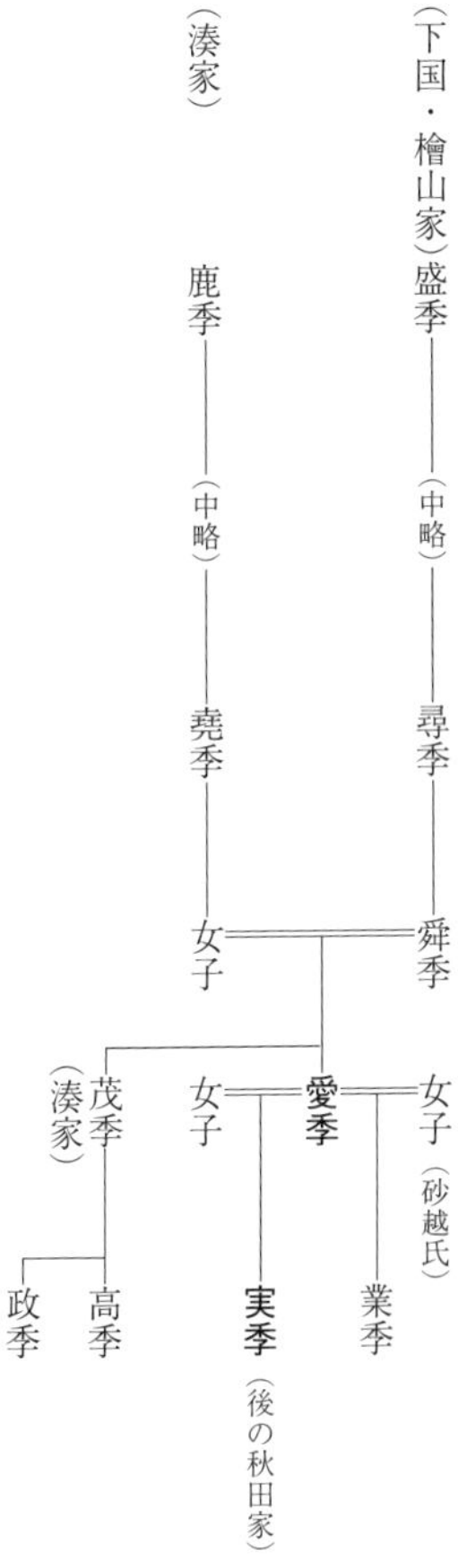

安東氏略系図

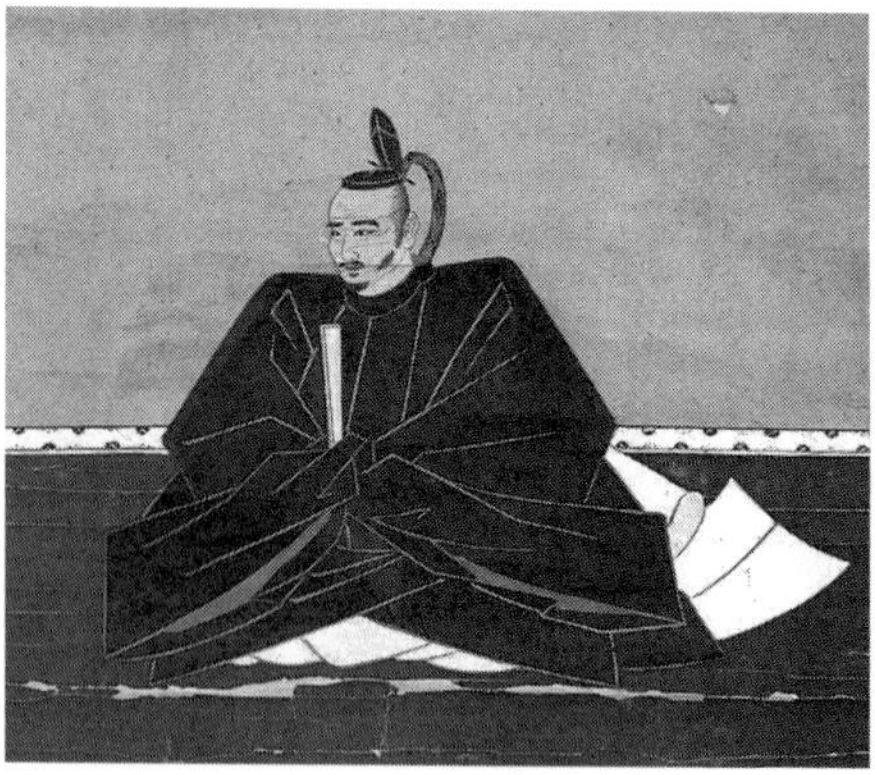

秋田愛季画像　東北大学附属図書館蔵

の外交関係を築いていた。

大宝寺氏下にあった土佐《とさ》林《ばやし》氏（山形県田川郡藤島《ふじしま》城主）も、愛季の重臣大高《おおたか》四郎衛門を取次として愛季へたびたび書状を送り、羽黒山《はぐろさん》造営用の杉材調達のために小舟を下すので、湊や川の口、山の口での諸役賦課を免除してほしいと依頼している（市川湊文書）。檜山の杉材は庄内まで流通しており、愛季は湊や川・山の口を往来する者に税を課して財源としていたようだ。

湊・檜山両安東氏の統一

湊安東家では、堯季死去にともない茂季《しげすえ》が家を継ぐこととなった。茂季は、檜山安東舜季の子で愛季の弟である。茂季の入嗣時期は天文十八年（一五四九）ともいうが、一五五〇年以降の堯季死去後ともいい、定かではない。

そのようなか、湊安東家で事件が起きた。永禄十三年（一五七〇）、雄物川と岩見川《いわみがわ》が分岐する地域を支配する、豊島《としま》城（秋田県河辺町）の豊島氏が挙兵したのである。茂季の入嗣に反対したためとも、河川流通をめぐる問題が背景にあったためともいわれる。この争いには湊氏家臣だけではなく、由利・仙北《せんぼく》の領主たちも介入し、愛季も茂季を助けるため出陣した。

結局、豊島氏は敗北し、親戚である由利郡の仁賀保《にかほ》氏を頼って落ち延びた。愛季は土崎湊をも支配して、弟の茂季を豊島城に移し、湊安東家を併合したのである。

その後、日本海交易で重要な位置にあり、湊安東氏下にあった男鹿半島も、愛季は支配下に置いた。天正五年（一五七七）には半島の南側付け根部分にあった脇本城《わきもとじょう》（秋田県男鹿市）を修復して居城を移す。同時に、嫡子の業季《なりすえ》（天正十年没）に檜山城と湊城を譲っている。脇本城は水陸交通の要所であり、同城からは檜山方面や八郎潟方面が見渡せる。城下には町場が形成され、十六世紀後半の中国染付や唐津《からつ》焼《やき》も発掘されている〔青森県史〕。

織田信長と愛季の官位

織田信長《おだのぶなが》との関係は、天正三年（一五七五）二月に信長が愛季に鷹を求めたことに始まる。愛季は信長やその家臣に鷹・ラッコ皮・熊皮・馬・白鳥など北方で採れる品々を贈り、信長方からは太刀・緞《どん》子《す》・錫《すず》・縮羅《しじら》・虎皮などが贈られた。信長と愛季の遣り取りには、越前の柴田勝家《しばたかついえ》や日本海交易に関わっていた牛田《うしだ》助左衛門尉の名が見えるので、やはり日本海を経由した往来であったと考えられる。

愛季は、信長の推挙を得て天正五年七月に従五位下《じゅごいのげ》に叙され、同八年八月には従五位上・侍従《じじゅう》に叙任された〔秋田家文書〕。公家の三条西実枝《さんじょうにしさねき》が信長に宛てた書状によれば、安東家先祖の勅勘《ちょっかん》（天皇から受けるとがめ）は証拠不分明なため、叙爵《じょしゃく》が許されたとある〔秋田家文書〕。勅勘の詳細は不明だが、愛季は天皇の許しを得られたことを喜んでいる。

このとき、愛季が侍従に任じられた理由に、浪岡城《なみおか》（青森市）を居城とする浪岡御所北畠《きたばたけ》氏の滅亡が関わっているとされる。愛季の娘は、北畠具愛《ともちか》（顕村《あきむら》）に嫁いでいた。だが、天正六年、津軽の大浦《おおうら》為信《ためのぶ》が浪岡御所を攻撃し、具愛を自害に追い込んだ。そのため愛季は浪岡へ向かって出陣し、安東氏に従っていた松前の蠣崎氏も援軍を送った。しかし、浪岡奪還には至らなかった。

浪岡御所は、安東氏と同じく松前《まつまえ》（北海道松前町）との交易に関与し、北方において高い家格を保持して侍従に任じられていた。愛季は浪岡御所の継承者を自認し、侍従を望んだのではないかと考えられている〔青森県史〕。

鹿角・比内をめぐる戦い

野代の東方、米代川の上流に位置する鹿角地方（秋田県鹿角市・小坂町）には、村ごとに小規模な領主がおり、互いに連携しつつも自立的な動きを見せていた。当初は、大湯《おおゆ》・毛馬内・大里《おおさと》・秋元《あきもと》氏とその一族らがおり、南部氏と安東氏の緩衝地帯となっていた。だが、十五世紀になると鹿角南部から糠部の南部氏一族が進出してきた。一方、安東愛季は永禄元年（一五五八）、鹿角と安東領の中間にあり、安東氏に従属していた比内の浅利氏を通して鹿角の大湯氏らを味方につけた。

そして永禄九年九月頃、愛季は由利衆・蠣崎氏・阿仁（秋田県北秋田市）の神成氏・浅利氏の軍勢を率いて鹿角へ進軍した〔鹿角由来記〕。津軽の大光寺《だいこうじ》氏（青森県平川市の領主）や浪岡の北畠氏は、安東氏に援軍を送れなかったようだ。結局、この戦いは三年ほど続き、最終的には南部氏が鹿角を支配することになった。

浅利氏は、鹿角をめぐる争いでは愛季に従っていた。だが、その後の経緯は不明なものの、天正中頃には愛季と対立し、天正十一年（一五八三）頃になって和睦が結ばれようとしていた。しかし愛季は、檜山へ招いていた浅利勝頼《かつより》（または義正《よしまさ》とも伝わる）を殺害する〔新羅之記録〕。そのため、嗣子の浅利頼平《よりひら》は津軽の大浦為信を頼って逃れ、後に比内奪還を何度も試みていくこととなる。

由利・仙北をめぐる戦い

天正十年（一五八二）頃には、南方の由利郡や秋田東方の仙北郡でも争いが生じ、近隣の大宝寺氏・大浦氏・最上氏なども絡んだ複雑な争いへと展開していく。

同年四月、大宝寺義氏《よしうじ》は小野寺《おのでら》氏（横手《よこて》城主）の家臣である前田《まえだ》氏（仙北大曲《おおまがり》の領主）に、由利へと攻め込むつもりだと伝えている〔田川八幡神社文書〕。七月には争いが生じ、大宝寺氏方の由利郡中部の諸氏が、同郡赤尾津《あこうづ》（赤宇曽）や岩屋口《いわやぐち》（秋田県由利本荘市）を攻めている。由利衆は二つに割れ、小介川（赤尾津）氏が安東氏に従って大宝寺氏方の勢力と対立していたのである。大宝寺氏は津軽の大浦氏とも連携し、秋田へ攻め入る計画を立て、仙北の戸沢氏や小野寺氏をも味方につけていた〔秋田藩家

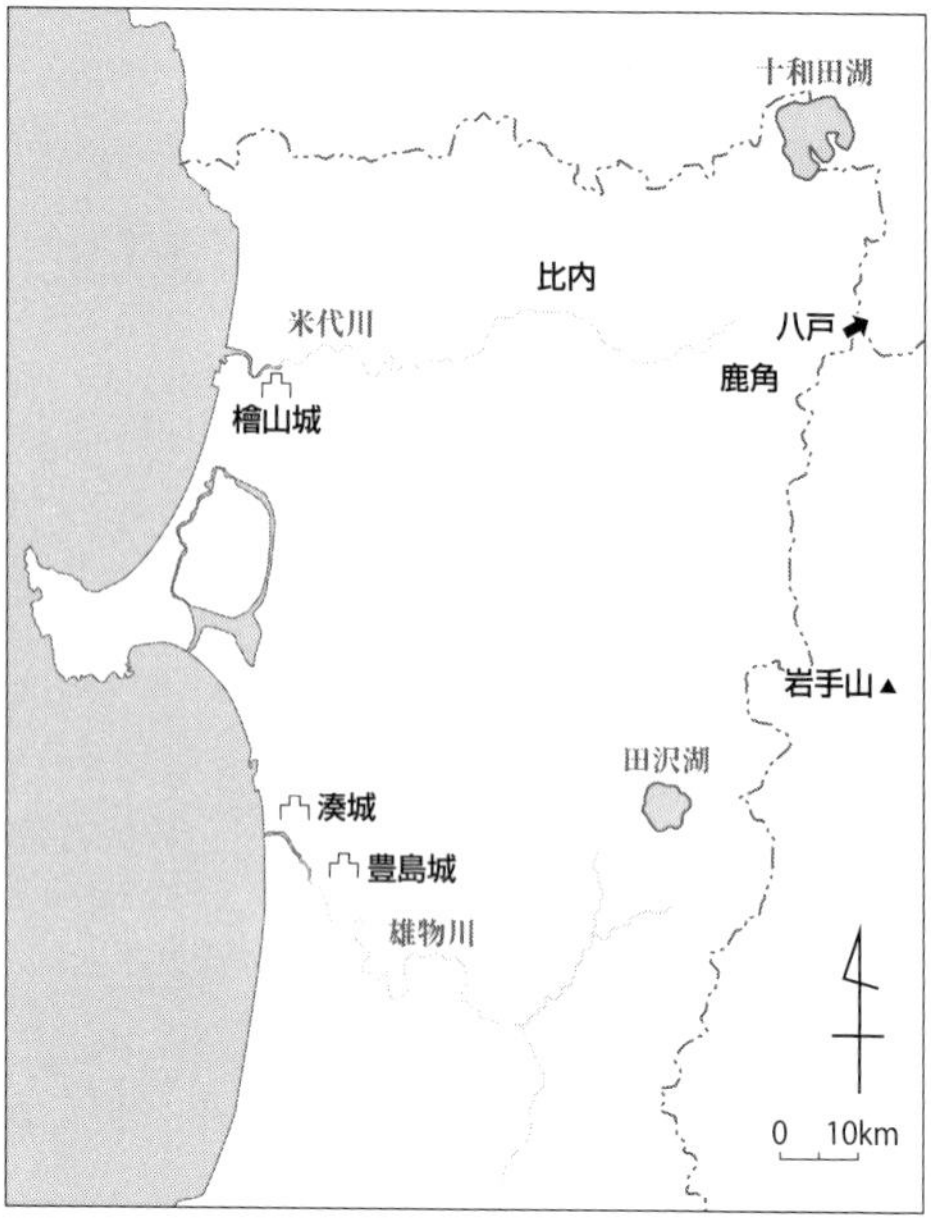

戦国期秋田関係図

蔵文書　小介川家蔵文書」）。

　このような大宝寺氏方の動きに対し、愛季も松前の蠣崎季広《すえひろ》に軍事援助を求めて備えた。また、同じく大宝寺氏を共通の敵とする山形の最上義光《よしあき》は、砂越氏を通じて愛季に大宝寺氏の挟撃を提案する。両陣営は由利郡の芋川《いもがわ》流域で激戦を繰り広げたらしく、翌十一年の正月には、愛季は小介川図書助の軍功を賞している。

　事態が大きく動いたのは、同年三月のことである。大宝寺義氏の家臣で、義氏の娘を妻に迎えていた前森《まえもり》蔵人氏永《うじなが》が、最上義光に内通して謀反を起こした。これにより、義氏は自害する。氏永は東禅寺《とうぜんじ》城（亀ヶ崎《かめがさき》城、山形県酒田市）主となり、後に愛季へ太刀を贈っている。

　さらに、愛季は角館の戸沢盛安《もりやす》との戦いを展開する。両者は天正十五年、雄物川支流の淀川《よどがわ》沿いにある唐松野《からまつの》（秋田県協和町）で激突した（唐松野合戦）。同地域は、雄物川と羽州街道、角館へ通じる街道の分岐点に近く、水陸交通をめぐる対立も背景にあったと思われる。

だが、この前年末から愛季は病に伏していたらしく、戦いの最中に病死した。そのため安東勢を率いたのは、天正四年生まれで、年若い愛季嫡子の実季《さねすえ》であった。唐松野の戦いは、三日間の激戦の末、戸沢氏の勝利で幕を閉じる。

湊合戦――実季と通季

愛季が死去した翌天正十六年（一五八八）の末頃、すでに安東領では不穏な動きが見えはじめていた。そして翌年の二月、秋田湊城周辺の領主たちや戸沢氏に推戴されて、豊島城主であった茂季《しげすえ》（愛季の弟）の嫡男通季《みちすえ》（道季）が反旗を翻した。湊合戦、または檜山・湊合戦と呼ばれる戦いが勃発したのである。

実季は湊城を逐われ、檜山に戻って籠城した。戦いは檜山の南西、八郎潟《はちろうがた》付近で展開された。また同じ頃、南部氏が鹿角勢を率いて安東氏下にあった比内の浅利領を奪うなど、南部氏への対応も迫られた。追い込まれた実季は、通季に船越《ふなこし》（秋田県男鹿市）・湊を譲渡することを条件に、三月頃に和睦を結んだ。

しかし、四月に入ると争いが再燃する。実季は、再び由利衆らとむすび、通季を挟撃するよう要請して湊城を攻撃した。戦いの末、通季方の諸氏は降伏し、通季も仙北へと逃げていった。

この頃、津軽では大浦為信が挙兵し、南部氏と戦いを繰り広げていた。かつて為信と安東氏は対立していたが、ともに南部氏と敵対する関係になったため、両者はここで結束する。為信の協力もあって、天正十八年三月には、再び実季が比内を奪い返した。これにより、大浦氏の許にいた浅利頼平は、よう

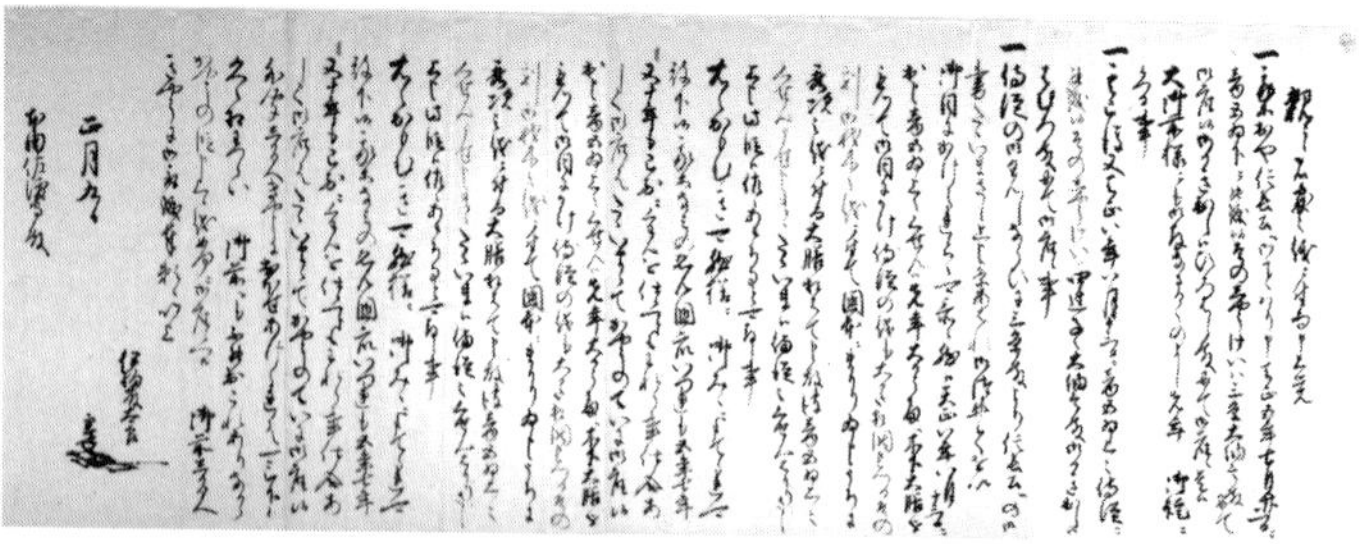

秋田実季書状　東北大学附属図書館蔵

秋田実季花押

やく比内へ戻ることができたのである。

　湊合戦を経て、実季は湊の交易を支配し、秋田平野全体を掌握することができた。だが、戦いの最中に、豊臣《とよとみ》政権からは上洛を求められており、実季は新たな難題に向き合うこととなる。

豊臣政権下での生き残り

　安東氏と羽柴《はしば》（豊臣）秀吉《ひでよし》との通交は、天正十年（一五八二）に始まる。六月に起きた本能寺の変の知らせは、遅くとも八月には伝わっていた。それを受けて、安東愛季は丹羽《にわ》長秀《ながひで》と秀吉に書状を認める。長秀からは九月二日付で、秀吉からは九月二十日付で返書が送られてきた〔秋田家文書〕。愛季が長秀に書状を送ったのは、安東氏が日本海経由で上方と通じていたため、若狭の領主である長秀を窓口にしようとしたからだと考えられている。また、同じ理由から、越前の柴田勝家にも書状を送っていた可能性が指摘されている〔青森県史〕。

　その後、しばらく豊臣政権との遣り取りは確認できない。だが、豊臣政権は安東氏に対しても、秀吉の指示に従って、通季などとの争いを停止し、上洛するよう求めていたと思われる。とはいうものの安東氏は近隣との争いや、愛季の病死で若年の実季が家督を継承したばかりだったため、上洛は難しい状況であった。

一方、対立する南部信直《のぶなお》は、天正十七年七月頃に上洛する意志を秀吉に伝えていた。しかも、その際には南部氏一族だけではなく、実季を「同心させて」（同意させて、もしくは同道して）上洛したいと述べたようだ〔祐清私記〕。このような信直の主張によって、豊臣政権は南部氏が安東氏を支配下に置いていると捉えてしまったらしい。秀吉側の取次である前田利家《まえだとしいえ》は、秋田へ由利の赤生津氏が攻め入り、それと連動して大浦為信が蜂起したことを心配し、秋か来春には秀吉が奥羽の仕置を行って、北国の軍勢が秋田へ出馬すると知らせている。さらに、同年は秋田領を豊臣政権の蔵入地《くらいりち》とし、信直と上杉景勝《うえすぎかげかつ》が管理するよう命じている〔南部家文書〕。

このような事態は、実季も寝耳に水の話だったようで、それを知った石田三成《いしだみつなり》が秀吉に働きかけた。そのお陰で、天正十八年二月二十三日、秀吉から実季の支配地域（「領地方当知行」）が安堵された。これにより、所領の蔵入地化を防ぐことができたのである〔青森県史〕。

三月、秀吉は京都を発ち、小田原《おだわら》（神奈川県小田原市）へ出陣した。七月五日に北条《ほうじょう》氏を降伏させると、奥羽仕置のために会津へと向かい、二十六日に途中の宇都宮《うつのみや》（宇都宮市）に到着した。小田原にも参陣できなかった実季は、ようやくここで秀吉への出仕を遂げる。おそらく、これも三成の取り計らいがあったのであろう。

なお、同月には、湊合戦で実季に敗れた通季が南部信直を頼り、浅野長吉《あさのながよし》を通じて再起を図ったようだが叶わなかった。

九月から、木村《きむら》常陸介の担当で秋田の検地が行われた。検地後、奥羽の諸氏は豊臣政権から上洛を求められた。実季も松前の蠣崎氏とともに京都へ向かい、雪に悩まされながらも十二月に入洛した〔新羅之記録〕。翌年正月、実季は秀吉から出羽国檜山郡、秋田郡内の一部を合わせて五万二四四〇石を宛行われ、秋田郡内二万六二四五石の蔵入地代官を任される〔秋田家文書〕。つまり、所領は安堵されたとはいえ、三分の一を召し上げられて蔵入地に設定され、その代官になったのである。六月には、糠部の九戸政実による九戸《くのへ》一揆の鎮圧軍に動員されている。

この頃から、実季はかつて蝦夷支配を任務としていた秋田城《じょうの》介《すけ》を称し、天正十九年六月には秀吉からも秋田安藤太郎・秋田藤太郎などと呼ばれていた。ただ、豊臣政権は実季と同道して上洛した蠣崎氏に蝦夷支配を認めており、秋田城介はかつてのような内実をともなってはいない。

秋田実季が、豊臣政権から特に期待されていたのは、金・鷹・鶴・白鳥といった北方の品々の献上に加え、すでに名が知られていたと思われる秋田の杉材運上であった。文禄二年（一五九三）から慶長四年（一五九九）にかけては朝鮮出兵のための大安宅船の材料として、慶長四年には伏見《ふしみ》城普請などを名目として杉板の上納を求められている。

浅利氏との紛争とその後

比内の浅利頼平は、天正十八年（一五九〇）の豊臣政権による検地以降、秋田氏に対して軍役・物成《ものなり》を納めることになっていた。

だが文禄三年（一五九四）、この納入をめぐって秋田氏と浅利氏の間で争いが起きた。翌年二月、いったんは豊臣政権から両者に武力行使の禁止が命じられたが、再び争いとなり、互いに自らの正当性を主張し合って、慶長元年（一五九六）まで局地的な紛争状態が続くこととなる。

同年二月、浅野長吉の指示で実季と頼平の和睦が図られた。だが、それによって示されたのは、武力行使の禁止、頼平の隠居、頼平子息等の在秋田など、実季に有利な和睦条件であった。そのため翌年、頼平は、今度は片桐且元《かたぎりかつもと》に窮状を訴えた。上洛して奔走するものの、解決への道筋が見えないなか、頼平は大坂で急死してしまう。慶長三年正月のことであった。後に記された「浅利軍記」は、頼平は毒殺されたとする。

それからしばらくの間、比内支配の状況は不明だが、関ヶ原の戦いの翌慶長六年には、実季が比内を直轄領化していたようだ。浅利氏旧臣に比内領の知行を宛行っている。

関ヶ原の戦い時の実季は、徳川家康《とくがわいえやす》の指示で在国していた。出羽では、西軍方の上杉景勝・小野寺義《よし》道《みち》と最上義光の激戦が展開されていた。義光は実季に小野寺攻めを依頼するが、実季はなかなか動かずに後れを取った。そのため、後に最上氏から小野寺氏に通じていたとの嫌疑がかけられ、実季は弁明に追われることとなる。また同六年四月には、依然として対立を続ける東禅寺城の志田義秀《しだよしひで》攻めにも加わっている。

一方、実季は湊城を修復するなど、内政にも力を入れ始めていた。しかし慶長七年、常陸佐竹《さたけ》氏の秋田への国替えが決まり、八月に実季は常陸国宍戸《ししど》（茨城県笠間市）へ転封になった。同時に、実季は秋田姓から生駒《いこま》姓へ改姓したが、慶長十六年正月、実季は従五位下、秋田城介に任じられ、再び秋田姓に戻ることとなる。

寛永七年（一六三〇）、実季は幕府によって伊勢朝熊《あさくま》（三重県伊勢市）の永松庵《えいしょうあん》（永松寺）への蟄居を命じられる。実季の悪行や嫡子俊季《としすえ》との対立によると伝わる。その後は、系図の作成などに取り組み、万治二年（一六五九）十一月二十九日、朝熊で八十四年の生涯を閉じた〔秋田家過去帳〕。なお、実季の後は秋田俊季が継ぎ、正保二年（一六四五）に陸奥国三春《みはる》（福島県三春町）へ転封となった。（遠藤ゆり子）

【主要参考文献】

市村高男「中世出羽の海運と城館」（伊藤清郎・山口博之編『奥羽史研究叢書二　中世出羽の領主と城館』高志書院、二〇〇二年）
遠藤巌「戦国期檜山城主下国家関係の一史料」（『秋大史学』三八、一九九二年）
遠藤ゆり子編『東北の中世史四　伊達氏と戦国争乱』（吉川弘文館、二〇一六年）

小林清治「宇都宮で逢った秋田実季と相馬義胤」(『日本歴史』六二〇、二〇〇〇年)
塩谷順耳「秋田実季領の再検討」『年報　能代市史研究』五、一九九七年)
鈴木満「伝承と史実のあいだに―津軽安藤氏・津軽下国氏・桧山下国氏・湊氏の場合―」『秋田県公文書館　研究紀要』二三、二〇一七年)
秋田市編『秋田市史　第二巻　中世通史編』(秋田市、一九九九年)
能代市史編さん委員会編『能代市史　通史編Ⅰ　原始・古代・中世』(能代市、二〇〇八年)
青森県史編さん通史部会編『青森県史通史編Ⅰ　原始　古代　中世』(青森県、二〇一八年)

【付記】本稿はＪＳＰＳ科研費(20K00961)による研究成果の一部である。

小野寺義道——周辺領主を束ねた仙北地域の領袖

戦国大名小野寺氏

小野寺義道《おのでらよしみち》は、豊臣秀吉《とよとみひでよし》の時代に出羽国仙北郡《せんぼくぐん》を支配していた大名である。仙北郡とは、いまの秋田県の横手《よこて》盆地を中心とした、仙北郡（中世では山本郡《やまもとぐん》）・雄勝郡《おがちぐん》・平鹿郡《ひらかぐん》三郡を総称する広域的な呼称であり、当時の文書では「仙北中」「仙郡」「仙」などとも呼ばれた。義道は正保二年（一六四五）に八十歳で没したとされ〔神戸小野寺氏系図〕、そうだとすれば生年は永禄九年（一五六六）となるが、永禄七年生まれという説もある〔八木氏系図所収由緒覚〕。通称は孫十郎《まごじゅうろう》、のち遠江守《とおとうみのかみ》を名乗った。法名は江山見松大居士。

小野寺氏は、鎌倉時代、下野国の御家人小野寺道綱《みちつな》が雄勝郡地頭職に任ぜられて以来この地域との関わりを持つことになった。道綱は、源頼朝《みなもとのよりとも》が平泉の藤原泰衡《ふじわらのやすひら》を討った奥州合戦のときに従軍した軍功により、地頭職を与えられたという。

その後鎌倉中期頃、道綱の四代あとにあたる経道《つねみち》が在地に入部し、稲庭城《いなにわじょう》（秋田県湯沢市）を居城としたとされる。確実な史料からこの地域での小野寺氏の活動がわかるのは、義道の祖父稙道《たねみち》の時期からである。

　稙道の諱《いみな》は室町幕府将軍足利義稙《あしかがよしたね》の偏諱《へんき》を受けたものと推測される。義稙は永正十年（一五一三）に前名の義尹《よしただ》から義稙に改名し、将軍職を廃されるのが大永元年（一五二一）なので、この間に授けられたことになる。後世の編纂物には、大永年間頃（一五二一〜二七）上洛して将軍足利義晴《よしはる》に仕え、上洛中に没したとする説もみえる。

沼館城跡　秋田県横手市　画像提供：横手市教育委員会

　この稙道のとき、雄勝郡から、その北に位置する横手盆地（平鹿郡）へ進出し、盆地の西部、雄物川《おものがわ》右岸の沼館《ぬまだて》（秋田県横手市）に本拠を構えたとされる。これも後世の記録によるが、稙道は家臣であった平《たいら》城（同横手市）の横手光盛《みつもり》らに攻められ、湯沢《ゆざわ》城（同湯沢市）において討ち死にしたという。没年については諸説あるが、天文十五年（一五四六）六月が有力である〔羽黒山年代記〕。稙道が平鹿郡へ進出しようとしたとき、小野寺氏と同盟関係にあった同郡の領主たちがこれに抵抗し、稙道が討たれたというのである。
　稙道の没後、小野寺氏を継いだのは子の輝道《てるみち》である。輝道が確実な史料にあらわれるのは、稙道が討たれたとされる天文十五年の十年後、弘治二年（一五五六）のこと。室町幕府政所《まんどころ》執事《しつじ》伊勢《いせ》貞孝《さだたか》に対し、

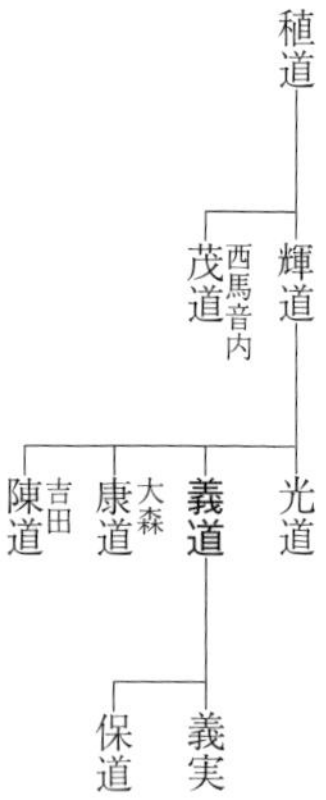

小野寺氏略系図

※『横手市史通史編　原始・古代・中世』をもとに作成した。系図によっては茂道を輝道の子とする。

官職遠江守と将軍偏諱「輝」を与えられたことに対する礼を申し上げた書状である〔蜷川家文書〕。

輝道は、父が討たれたときに逃れて出羽国庄内《しょうない》の大名大宝寺《だいほうじ》氏を頼り、のち大宝寺氏や羽黒山別当《はぐろさんべっとう》、出羽国由利《ゆり》郡の国人衆らの支援により平鹿郡に復帰し、父を討った横手氏を滅ぼすことに成功したという〔語伝仙北小野寺之次第など〕。父が討たれて以来の郡内の混乱を鎮静化し、室町幕府に使者を送って関係の再構築を図ったうえで、将軍偏諱を与えられ輝道と名乗って戦国大名への第一歩を踏み出した。その後、永禄年間にかけて横手盆地の東部に拠点を移し、横手城を居城とするに至った。

輝道から義道への家督継承

小野寺輝道が横手に入った頃、周囲には、東に、陸奥国和賀《わが》郡の和賀氏、その北に南部《なんぶ》氏、出羽国では、横手盆地北方に本堂《ほんどう》氏・六郷《ろくごう》氏、山本郡の角館《かくのだて》（秋田県仙北市）に戸沢《とざわ》氏、大曲《おおまがり》（同大仙市）に前田《まえだ》氏、西方の由利郡には「由利十二頭《ゆりじゅうにとう》」と呼ばれた中小の領主たち、また南方には村山《むらやま》郡（現在の最上《もがみ》郡）の鮭延《さけのべ》氏ほか、さらに村山郡の西に庄内の大宝寺氏、村山郡の南に最上郡（現在の村山郡）を拠点とした羽州探題《うしゅうたんだい》最上氏らが割拠していた。輝道は、永禄年間から天正年間にかけ、これら諸勢力との間で抗争と和睦をくりかえしながら領域支配を展開していった。仙北郡に割拠する戸沢氏・本堂氏・六郷氏や小野寺一族の西馬音内《にしもない》氏・山田《やまだ》氏らはゆるやかな連繋を保ちつつ、彼らがこの地域の領袖と仰いだのが横手の小野寺氏という構図であった。

だが、天正年間にこの関係に亀裂が入る。小野寺氏の代替わりが起因となったふしがある。輝道の長子は光道《みつみち》といい、「横手四郎」の名乗りが確認される。天正十五年（一五八七）、輝道父子は、越前の千福遠江守に対し、前田利家《としいえ》を介して関白豊臣秀吉に取りなしてほしい旨を要請している〔千福文書〕。この前年に光道に家督を譲与していた可能性がある。

しかし、光道は同十七年七月以前に逝去したらしい（法名光高道盛）。同月に彼の供養を高野山に供養した記録が残っているからである〔仙北三郡過去帳〕。輝道はこのことを受けて次子孫十郎を家督に据えた。これが義道にあたる。

光道に家督を譲った時点で、輝道は横手城を退去し、光道・義道の弟五郎（康道《やすみち》）らを連れ、横手盆地西縁の丘陵上にある大森城《おおもり》（秋田県横手市）に移っていたとみられる。小野寺氏は、当主義道の拠る横手城と、隠居した輝道の住む大森城という二極により仙北を支配することになった。なお輝道は、大森城に伴った子康道が小野寺領の支城主として独自の活動を行うようになって以後は、末子陳道《のぶみち》を連れ吉田城《よしだ》（同横手市）に移って名乗りを「大隅」と変え、慶長二年（一五九七）に没した（法名天仙宗貞）〔小野寺系図・仙北三郡過去帳〕。

天正十五年十月頃、小野寺氏が六郷氏・金沢《かなざわ》氏を攻撃し、これを最上義光《よしあき》が諫止する書状がある〔藤田文書〕。また同じ時期、雄勝郡山田（秋田県湯沢市）の領主山田氏も小野寺氏に反する動きを見せた。一説には、光道没後、彼の室であった六郷道行《みちゆき》息女を義道に再嫁させようとしたところ、義道がこれを拒み、六郷氏との対立に至ったとされている〔小野寺氏系図〕。この時期の仙北における一連の騒動を、当時の文書の表現から「仙北干戈《かんか》」と呼んでいる。

騒動のきっかけをめぐる真相は定かではないが、義道の小野寺氏家督継承と前後して、天正十五年から翌十六年にかけ、小野寺氏と、六郷氏や山田氏ら仙北の国人たちとの間で軍事的衝突が勃発したことは間違いない。このときは、前述した最上義光ほか、本堂氏や戸沢氏・西馬音内氏ら仙北の一族・領主たち、また潟保《かたほ》氏・小介川《こすけがわ》氏・仁賀保《にかほ》氏といった由利の領主たちが仲裁に入り、戦乱が拡大するのを食い止めることに成功した。

天下人と小野寺義道

小野寺氏は、織田信長《おだのぶなが》や豊臣秀吉といった天下人たちといかなる関係を結んでいたのだろうか。信長の存命中に小野寺氏が誼を通じようとしたことを示す文書は残っていない。ただ興味深いのは、いわゆる「本能寺の変」の二ヶ月後にあたる天正十年（一五八二）八月、輝道が、信長の家臣であり、本能寺の変のおりには安土《あづち》城二の丸御番衆に名が見える〔信長記〕千福遠江守（前出）に宛て、武田《たけだ》氏滅亡に祝意を示している書状が残っていることである〔千福文書〕。

つまり、この時点で信長が討たれたという情報は仙北の輝道の耳にはまだ届いていなかったことになる。この書状のなかで輝道は、信長に対する使者として子の孫四郎（光道か）を遣わすつもりであることを述べており、信長と通交する意思を持っていたことがうかがえる。先に「存命中に小野寺氏が誼を通じようとしたことを示す文書は残っていない」と述べたが、輝道は信長の死を知らずに出しているのだから、必ずしも正確な表現ではないことになる。

信長の没後、「天下」（畿内を中心とする地域）の政治権力を掌握した羽柴《はしば》（豊臣）秀吉は、天正十三年の関白補任を契機に、「関東残らず奥州果てまで天下静謐」〔島津家文書〕という、全国諸大名に対する私戦禁止の政策構想を打ち出している。戦国大名同士の境界相論のさい、解決手段としていくさを行うことを禁じ、豊臣氏がこれを解決するという全国的な領土裁判権の行使と大名の私戦禁止という考え方であり、いわゆる「惣無事《そうぶじ》」と呼ばれている。

この政治構想を奥州に伝えるための使者金山宗洗《かなやまそうせん》が秀吉のもとから派遣され、出羽国山形《やまがた》（山形市）の最上義光のもとに彼が到着したのは天正十六年閏五月のことであった。義光はこの威を借り、自らを「出羽の探題職」と称し、そのもとで「国中の諸士」が義光の下知に従っているのか確かめるために来たのだと由利郡の潟保氏に告げている〔潟保文書〕。ちょうどこの時期、仙北地域は前述した仙北干戈のまっただ中にあり、義光は秀吉の惣無事を伝える使者を受け、和睦の中心となることで出羽支配の主導権を握ろうとしたのかもしれない。

天正十八年三月、秀吉は北条《ほうじょう》氏を攻めるため大軍を率いて大坂を出発、四月初めには相模国小田原《おだわら》城（神奈川県小田原市）を取り囲んだ。小田原城が陥落するのは七月のことだが、この間、奥羽の領主たちは秀吉の陣中に参向し、服従の意思を示した。

仙北角館の戸沢氏の場合、当主盛安《もりやす》は奥羽の諸氏に先駆けて、秀吉の小田原着陣以前に秀吉と対面を遂げたらしいが〔政盛公正職公正庸公正勝公御四代之記録、新庄古老覚書〕、小田原において陣没した。小野寺氏も、当主義道と、一族で義道の叔父とも兄弟ともいわれる西馬音茂道《しげみち》が小田原に出仕したとされる〔語伝仙北小野寺之次第〕。

豊臣大名としての義道

天正十八年（一五九〇）七月、秀吉は北条氏を滅ぼしたあと下野国宇都宮《うつのみや》（宇都宮市）に入り、いわゆる奥羽仕置《おううしおき》に着手して、この地域の検地を命じた。出羽の庄内・仙北の検地を担当したのは秀吉の家臣大谷吉継《おおたによしつぐ》と越後国の大名上杉景勝《うえすぎかげかつ》（仙北の代官はその家臣色部長真《いろべながざね》）であり、吉継が横手城に、景勝が大森城に入って仕置を行った。このとき仙北では仕置に反対する一揆が発生した。ほぼ同時に由利や庄内でも一揆が起こり、前田氏や上杉氏がこの鎮圧にあたった。

いっぽう義道は、同年の年末頃には上洛していたことがわかり、翌十九年初頭まで上方に滞在していたらしい。十九年正月十七日付で領知充行の朱印状が発給され、義道は「出羽国仙北の内上浦郡三分二」の三万一六〇〇石を給された〔神戸小野氏寺文書〕。奥羽仕置により、それまでの仙北郡は、北から、戸沢氏の領する「北浦」、六郷氏・本堂氏の領する「中郡」、小野寺氏の領する「上浦」に再編成された。この上浦という地域呼称は江戸時代には用いられなくなる。史料に登場するのはこの時期に限られる地名である。

上浦郡のうち、義道に充行われた分以外の残り三分の一はどうなったのか。この部分は太閤蔵入地《たいこうくらいりち》に設定されたとみられる。雄勝郡の八箇所に設定され、それぞれの領主が年貢を請け負ったことや、平鹿郡増田（秋田県横手市）は色部長真が直接年貢を催促することを命ぜられている〔色部文書〕。これら八箇所の領主は小野寺氏とは別に豊臣政権から把握される存在であったようであり、義道の与力《よりき》として位置づけられたと考えられる。

秀吉から知行を充行われた義道は、豊臣大名として平時・戦時の軍役を負担してゆくことになる。文禄元年（一五九二）から始まる、いわゆる「唐入り」（朝鮮侵略）では、他の大名同様小野寺氏にも動員がかけられたが、義道は朝鮮半島に渡ることなく、徳川家康《とくがわいえやす》や最上義光らほかの東国・東北大名と同じく留守衆として肥前名護屋《なごや》城（佐賀県唐津市）に駐留した。義道には一族の山田氏が従い、横手の留守居は重臣の西野道俊や一族の西馬音内茂道らが務めた〔秋田藩家蔵文書〕。このとき地元では、兵粮米や輸送船の調達、船頭・水主《かこ》らの雇用が過重な負担となってのしかかったことを示す文書が残っている

〔秋田藩家蔵文書〕。

上浦郡三分の一が太閤蔵入地に編入されたのは奥羽仕置直後の一時的措置であり、年貢収納の代官であった色部長真の撤収後、隣接する大名最上氏との間での紛争地と化した。義道不在時の小野寺氏宿老たちから、義光の重臣鮭延愛綱が軍勢を率いて湯沢に駐留したままであることについて、在地の百姓たちが不安がっており、早く帰陣を促してほしいと要望する長真宛の書状が残っている〔色部文書〕。

結局その後、これらの地は最上氏へ給されたらしい。仙北一揆発生に対する懲罰的措置として、上浦郡三分の一が削られ、最上氏の手に渡ったと考えられるのである。こうした最上氏との軋轢が、のち慶長五年（一六〇〇）の関ヶ原の戦いのおり最上氏と敵対するに至った遠因のひとつであったのかもしれない。

慶長五年の奥羽合戦と義道の動向

豊臣秀吉が慶長三年（一五九八）に没したあと、豊臣政権内での権力均衡が崩れ、いわゆる「五大老」の徳川家康と上杉景勝が対立する。景勝は翌四年八月、陸奥会津への移封から日が浅く、領国経営に専念するという理由で会津へ下った。さらに同五年四月、領国において諸城普請など不穏な動きを見せる景勝に上洛を促そうとした家康の意を受けた禅僧西笑承兌《さいしょうしょうたい》の書状に対し、景勝の重臣直江兼続《なおえかねつぐ》が強い調子の返事を書いてこれを拒んだ。いわゆる「直江状」である。

七月、これにより家康は上杉氏攻めの出陣を決め、奥羽の諸大名にも自らの出陣を伝え、上杉氏攻めに関する細かな指示を出している。義道にも出陣要請があり、南部氏や秋田氏・六郷氏・戸沢氏らとともに最上口への出陣が定められた〔神戸小野寺氏文書・記録御用所本古文書〕。いっぽう義道のもとには、石田三成《いしだみつなり》らから、家康を糾弾し協力を要請する檄文が届けられたとみられる〔神戸小野寺氏文書〕。

その後、上方における三成らの挙兵の報を受け、家康による上杉氏攻撃は取り止めとなって、奥羽諸大名には自領への帰陣命令が出された〔神戸小野寺氏文書〕。義道は出羽国天童《てんどう》（山形県天童市）まで出陣してきていたが、帰陣命令を受けたあと、前述した檄文に応じ、この間の最上氏との上浦郡をめぐる確執を遺恨とし、そのまま最上氏に敵対して、義光の重臣楯岡満茂《たておかみつしげ》の守る湯沢城を攻撃したとされる〔鮭延秀綱旧臣岡野九郎左衛門覚書〕。

直江兼続は、八月十二日の時点で義道が上杉方に付いたという認識を示している〔鈴木文書〕。関ヶ原合戦後の九月二十七日付で秋田実季《さねすえ》が家康の家臣榊原康政《さかきばらやすまさ》に送った書状〔秋田家史料〕のなかで実季は、「仙北小野寺孫十郎（義道）は上杉氏の一味となり、最上領の一部を占領した」と報じている。ただこの頃、最上氏は上杉方の攻撃を受け、窮地に陥っていた。関ヶ原合戦があった九月十五日、上杉方の大将直江兼続による出羽国畑谷城《はたやじょう》（山形県山辺町）攻撃が開始され、最上氏は伊達氏の援軍を得てかろうじて持ちこたえていた。そこに関ヶ原合戦における三成らの敗報が届き、兼続は十月一日に撤兵を開始した。

情勢の好転により、最上氏の矛先は小野寺氏へと向くことになった。義光は十月八日、秋田実季に対して小野寺氏攻めの支援を要請している〔秋田家史料〕。南からは最上氏、北からは秋田氏の攻撃を受け、さらに六郷氏も小野寺領への攻撃を開始した。秋田氏が攻撃の標的としたのは大森城であり、十月下旬には大森康道《やすみち》が降伏し、城は開城された。追い詰められた義道が最上勢に降伏し、横手城を開城したのは翌十一月の後半頃と推測される。家康は十二月十四日付で、由利衆の赤尾津《あこうづ》孫二郎に宛て、小野寺氏攻めの戦功を賞する判物を出している〔譜牒余録〕。

小野寺氏の改易と義道の晩年

小野寺氏旧臣の記録によれば、義道が正式に上浦郡の知行および横手城を召し上げられたのは、慶長六年(一六〇一)正月二十一日のこととされる。それまで義道は横手城内において蟄居していたと思われ、二十一日に横手城を退いた〔日野氏覚書など〕。

これも旧臣の記録によるが、家臣八木道家《やぎみちいえ》ら三人のみが義道に随伴し、一時最上氏のもとにあった後、京都に送られたという〔鮭延秀綱旧臣岡野九郎左衛門覚書・八木氏系図所収由緒覚〕。預け先(配流地)は石見国津和野《つわの》(島根県津和野町)であった。このときの領主は浮田知家《うきたともいえ》(宇喜多詮家《うきたあきいえ》、のち坂崎直盛《さかざきなおもり》)である。同年閏十一月十四日付で、知家が義道に早く石見に下るよう促しているから〔神戸小野寺氏文書〕、この時点で預け先が決定されていたことがわかる。

義道が津和野に到着したのは翌七年四月だった。旧臣金秀定《こんひでさだ》に宛てた書状には、本来であれば前年中に下向すべきところ、少し病んだために延期され、三月に京都を発ったこと、家康は知家に対し、五十人扶持の待遇で預かることを命じたとある〔金文書〕。義道に同道したのは、弟康道・長子道実《みちざね》のほか、何人かの家臣たちである。

浮田知家が徳川秀忠《ひでただ》の息女千姫《せんひめ》の輿《こし》を奪おうとした咎で元和二年（一六一六）に改易されたあと、津和野の領主となったのは亀井政矩《かめいまさのり》であった。義道の身柄はそのまま亀井氏が引き継ぐことになる。亀井家から義道には三百石、康道には百五十石が給されていたという〔神戸小野寺氏略系図〕。

義道は石見配流直後から、小野寺氏の再興を目論んでいた。預け先の亀井氏だけでなく、旧敵である最上義光や、家康側近の高僧南光坊天海《なんこうぼうてんかい》、次子保道《やすみち》を預かっていた戸沢政盛らとも連絡を取りあい、将軍世継誕生や代々の年忌仏事のおりになされる恩赦に望みをかけていた〔神戸小野寺氏文書、小野寺勝氏所蔵文書、秋田藩家蔵文書〕。晩年には「仙北遠江守」と名乗り、仙北の旧領主としての強い自己主張をみせるほどであった。

しかし、こうした働きかけもむなしく、義道は正保二年（一六四五）七月に「おこり」を煩い、同年十一月二十二日に没した。弟康道は、兄に先立って寛永十八年（一六四一）に没している。義道死去の知らせは、津和野の義道室および長子左京道実から、戸沢氏の領していた出羽国新庄にあった次子保道のもとに届けられ、保道は翌年正月五日付で秋田藩に仕えていた家臣たちに伝達している〔古文書写〕。

小野寺義道の墓　島根県津和野町・本性寺　画像提供：津和野町教育委員会

長子道実も父の死からわずか一年四か月後の正保四年三月に没した。小野寺氏が幕府によって公式に赦免されたのは、義道の死から八年目の承応二年（一六五三）のことであり（徳川家光《いえみつ》三回忌に際しての恩赦）、義道配流から五十年以上が過ぎたときである〔混架古文書写〕。道実の末裔はそのまま亀井氏に仕え、次男保道の系統は新庄の戸沢氏に仕えた。小野寺氏旧臣の一部は出羽に残り、一族西馬音内氏の旧臣たちは旧領西馬音内にとどまって帰農した。

慶長七年に出羽に入部した佐竹義宣《さたけよしのぶ》に対し、旧臣団を代表して黒沢道家《くろさわみちいえ》・八木道家の両人がこれを出迎えて佐竹氏に奉公したい旨を申し入れ、平鹿郡の百万刈輪という場所の新田開発をするという条件を願い出て許され、翌八年、彼らは集団で角間川《かくまがわ》（秋田県大仙市）に入植して開墾に着手した。彼らの多くはそのまま佐竹氏に仕えたため、秋田藩が元禄年間頃などに実施した修史事業のさいに提出した文書や系図などから、ここまで述べてきたような改易後の義道の動向などをつかむことができたのである。

角間川の旧臣たちはその後も保道と連絡を取りあい、義道の訃報が伝えられたときには横手の寺院で法要を営み、小野寺氏の家督を継いだ保道に供養のための銀子を贈るなどの通交がつづいた。（金子拓）

【主要参考文献】

粟野俊之『織豊政権と戦国大名』(吉川弘文館、二〇〇一年)
遠藤巌「戦国大名小野寺氏―稙道・輝道関係史料の検討」(『秋大史学』三四、一九八八年)
遠藤ゆり子編『東北の中世史四　伊達氏と戦国争乱』(吉川弘文館、二〇一六年)
大友義助『新庄市史編纂資料別冊　羽州新庄藩の家臣団』(新庄市教育委員会、一九九六年)
小野寺彦次郎『中世の小野寺氏　その伝承と歴史』(私家版、一九九三年)
柿崎隆興「落城後の西馬音内小野寺氏について」(『出羽路』二七、一九六五年)
加藤民夫「最上義光の「上浦一郡」拝領について」(半田市太郎教授退官記念会編『秋田地方史論集』みしま書房、一九八一年)
金子拓「戦国大名出羽小野寺氏の花押」(『秋大史学』五三、二〇〇七年)
西沢睦郎「色部氏と奥羽仕置」(『福大史学』四六、一九八九年)
半田和彦「小野寺家臣から佐竹家臣へ―黒沢家の場合―」(『秋田県立博物館研究報告』七、一九八二年)
深澤多市『小野寺氏研究資料』第一篇~第十三篇(一九二四~三四年)
深澤多市『小野寺盛衰記』(彦栄堂、一九五九年)
藤木久志『豊臣平和令と戦国社会』(東京大学出版会、一九八五年)
横手市『横手市史　史料編古代・中世』(二〇〇六年)
横手市『横手市史　通史編原始・古代・中世』(二〇〇八年、第四章~第六章の金子執筆部分)
横手市『横手市史叢書10　史料編中世補遺1』(二〇〇八年)

最上義光――地域の盟主から絶対的な大名権力への脱皮

義光以前の最上氏と支配体制

祖を羽州管領《うしゅうかんれい》・斯波兼頼《しばかねより》とする出羽の名門・最上氏《もがみ》。南北朝～室町時代には羽州探題《たんだい》（出羽守護）に任じられていたとされ、最上地域（現在の村山地方《むらやま》）内に多くの分家を立てている。義光《よしあき》の祖父・義定《よしさだ》の時代には、地域内の有力領主であった寒河江氏《さがえ》を攻め立て、最上氏惣領《そうりょう》として実力を発揮しているものの、永正十一年（一五一四）には、伊達稙宗《だてたねむね》から長谷堂城《はせどう》（山形市）を攻略され、山形城（山形市）から退避する事態に追い込まれた。これは稙宗の妹が義定に入輿することで収まったが、以後、伊達氏の影響力を強く受けるようになる。永正十七年には、後嗣がいなかった義定の死をきっかけに最上氏一族内で抗争が起こる。地域内では、最上氏内の政治に干渉する伊達氏への反発もあり、再び伊達稙宗による最上地域進攻が行われた。最上領内は蹂躙され、最終的には最上氏一族の中野氏《なかの》から義光の父・義守《よしもり》が養子に入ることで内紛は収束した。

中野氏は、前代より最上氏宗家に家督相続者として養子を出すなど、一族の中でも最も濃い関係性をもつ氏族であった。義守の家督継承は、稙宗による推挙という側面もあるが、地域内の一族としても納得のいく形を模索した上での最善の選択であっただろう。しかし、家督継承がこのような経緯を辿ること自体、最上氏宗家が弱体化していることを物語っており、その後の義守の政治運営の在り方にも大きく影響を与えるものであった。義守は、伊達氏と友好な関係を保ちながら、一族を含む分立した力を有する地域内諸氏と相対的な関係性のもとに秩序を保つ必要があった。地域の盟主とはいえ、絶対的な力で一円支配を行う権力ではありえなかったのである。義守の嫡子・義光は、地域内を平定することで、この固い殻を破り、大名権力へと脱皮を図ることに成功する。その序章となる出来事が、「天正二年最上氏内紛」や「最上の乱」と称されるものであった。

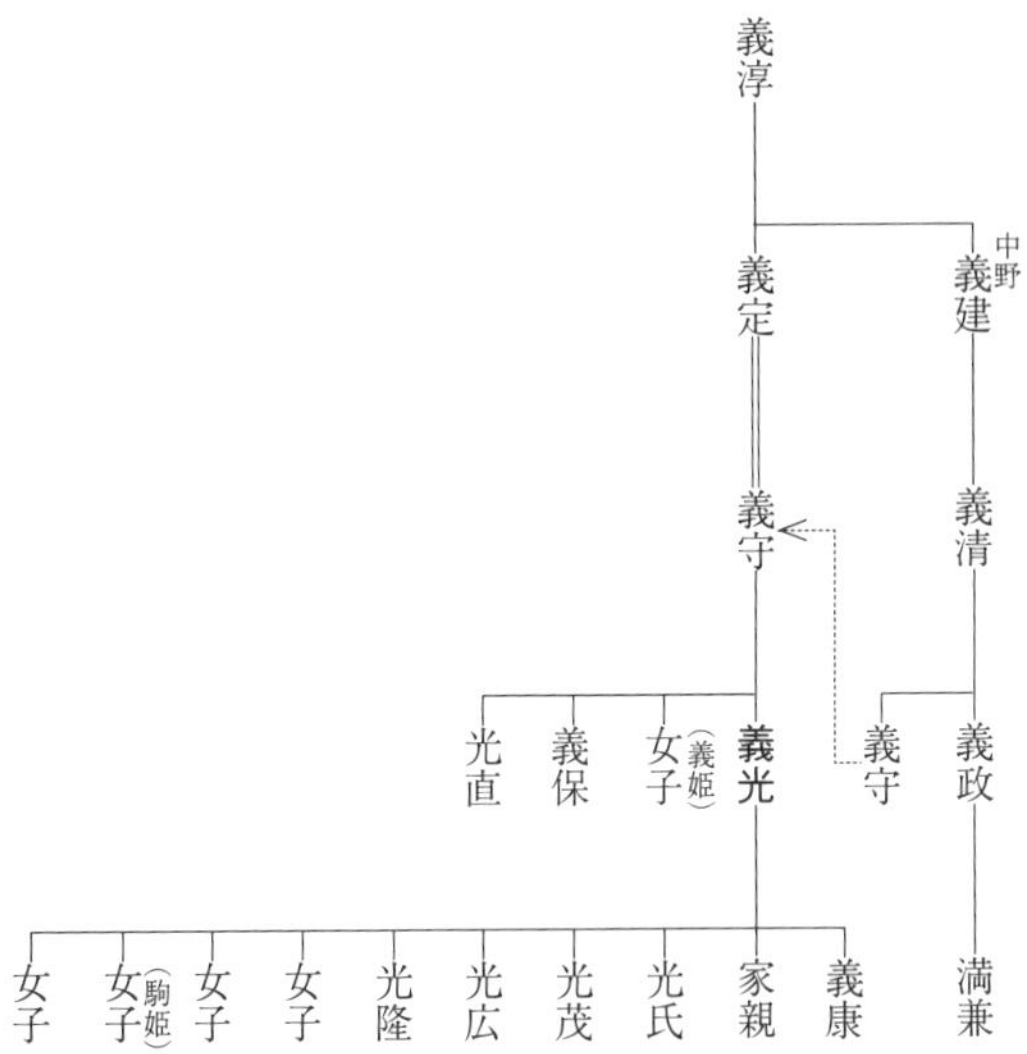

最上氏略系図

支配強化を図る義光、反発する地域内諸氏

天文十五年（一五四六）に生まれた義光（幼名は白寿丸《はくじゅまる》）は、将軍足利義輝《あしかがよしてる》の偏諱《へんき》を受けて永禄三年（一五六〇）に元服、永禄六年には父義守に随行して上洛し、義輝に拝謁した。義守が義光へ

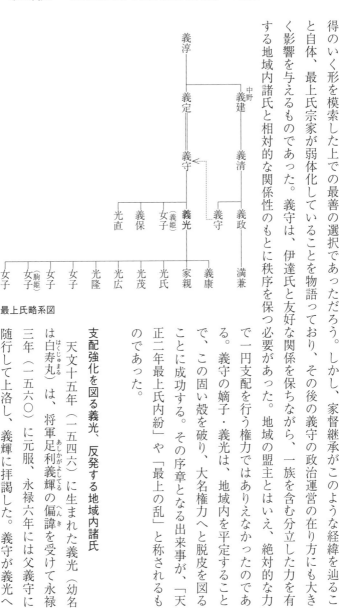

家督を譲ったのは元亀元年（一五七〇）のこととされる。義守は次代を担う義光に期待を寄せていたであろう。一方、親子の間には確執があったとも指摘されている。元亀元年、伊達氏内では家老の中野宗時《むねとき》・牧野《まきの》久仲《ひさなか》父子による「元亀の変」が起きた。しかし、このクーデターは失敗し、中野・牧野父子は相馬《そうま》領に逃亡している。義守は彼らに謝罪の上で伊達氏領へ戻るように説得している。その中には身内話も盛り込まれており、「（最上氏宿老の）氏家《うじいえ》が生死の狭間で意見してきたために、義守・義光間も和解した」と述べている〔伊達家文書〕。この時点で大きな混乱状況はみられないが、義守・義光間の不和が表面化している状況にあったことは間違いないようだ。元亀三年には山形城下の知行を家臣へ宛行うなど、最上氏当主として家臣団の統制を図っており、自らの権力基盤を整えている様子もうかがえる。

そして天正二年（一五七四）、最上地域全体を巻き込む大きな内紛が起きた。この内紛については、大澤慶尋氏の詳細な研究がある〔大澤二〇〇二〕。従来は、義光の弟の中野義時《よしとき》という存在が内紛の当事者として挙げられていたが、大澤氏の研究により、近年では中野義時の存在自体が否定されている。また、義守と義光の確執を前提に、この内紛は義守が義光討滅をめざした父子の争いであったと捉えられている。しかし、実際のところはどうだろうか。内紛の最初期の動向を探ると、義守が主導して事を進めている様子は見えず、最上地域内の諸氏が決起し、伊達輝宗《てるむね》を頼っている姿がうかがえる〔伊達輝宗日記、湯村家文書〕。義光は家督相続後、前代以来の地域内諸氏との相対的支配関係から脱却を図ろうとしていた。それは、地域内諸氏の独立性の否定に繋がるものである。内紛のそもそもの発端は、義光の支配体制強化に対する地域内諸氏の反発にあったと考えるのが妥当であろう〔粟野二〇一七〕。

内紛の中心となったのは、最上八楯《もがみやつだて》とも呼ばれる諸氏を束ねていた有力領主・天童《てんどう》氏で、白鳥《しろとり》・蔵増《くらぞう》・白岩《しらいわ》・溝延《みぞのべ》・延沢《のべさわ》ら地域内諸氏と共に旗を揚げた。彼らの蜂起には、大きな軍事力を有する輝宗、そして地域内諸氏をまとめる求心力をもつ義守、二人の協力が必須であった。輝宗は天正元年冬頃より天童氏らから協力要請を受けている。はじめは良好な関係を築いていた義光との戦いをためらっていたものの、翌年正月二十五日、義光方の里見《さとみ》氏の居城・上山城《かみのやま》（山形県上山市）を攻撃することとなる。義守はというと、地域内諸氏からの協力要請を受けてはいたが、はじめは中立の立場にあったようだ。この時期の義守の立場は実に微妙なものであった。なぜなら義守は、義光の父であり、輝宗の義父であり、最上地域諸氏の頼るべき最上氏前当主であったのである。しかしながら、輝宗が軍事進攻を始めた事実は、義守の決断に強く影響を与える。義守は天童氏らに協力することとなり、内紛は大きく動き出す。

正月二十九日には、義光方に付いた寒河江氏へ天童氏らが総攻撃を行った。義守は伊達氏家臣に宛てた書状のなかで、この内紛状況を「忩劇《そうげき》」（混乱状況にあること）と表現しているが〔湯村家文書〕、まさに最上地域全体を巻き込んだ争乱状態となっていた。その後、三月には一度義光と輝宗は和睦しているが、すぐに和睦は破られ、再び戦争状態となる。義光は次第に劣勢に立たされていったが、八月に入ると、天童氏らと共に行動していた白鳥氏が和睦交渉を進め、内紛終結に向けた動きがみられるようになる。九月には輝宗と義光の間で和睦が成立した。同時に義守の姿も見られなくなるため、輝宗の和睦受け入れにより義守も手を引いたのであろう。しかし、天童氏を中心とする者たちは和解を受け入れず抵抗を続けた。どのような形で終結したかは詳細に知り得ないが、その後も義光との間のわだかまりが解消されることはなかった。

内紛の始まりから終わりにかけて作成された書状を眺めると、義守や天童氏らは「取詰《とりつめ》」や「押詰《おしつめ》」という軍事行動を意味する言葉とセットで、「取刷《とりあつかい》」というような和解を示す言葉を使用する場合が多い。この内紛の本質は、義光討滅を目的とするものではなく、地域内諸氏が前代からの権利を確保するための主張であり、その主張を実現するための軍事行動を伴う交渉であった〔菅原二〇二〇〕。だが、義光が降伏することはなかった。専制的な支配体制をめざす義光としては、独立性をもつ領主らの反発に屈しなかったことが重要であった。あえて勝敗を付けるならば、乗り越えねばならない試練に耐えた義光の勝利といえよう。内紛を克服した義光は、その後、強固な権力基盤を築いていく。

大名権力への飛翔

天正三年（一五七五）から七年頃の作成と推定される伊達輝宗の書状には、「義守親子の間では錯乱が止むことがない」と記されており〔曽根家文書〕、義守・義光父子の不和によるいざこざは、「天正二年最上氏内紛」以後もしばらくの間続いていたようだ。また、江戸時代に作成された伝記『奥羽永慶軍記《おううえいけいぐんき》』や『最上記』などには、同五年に天童氏、同八年に小国《おぐに》氏、年次不明だが上山氏を攻略したとする

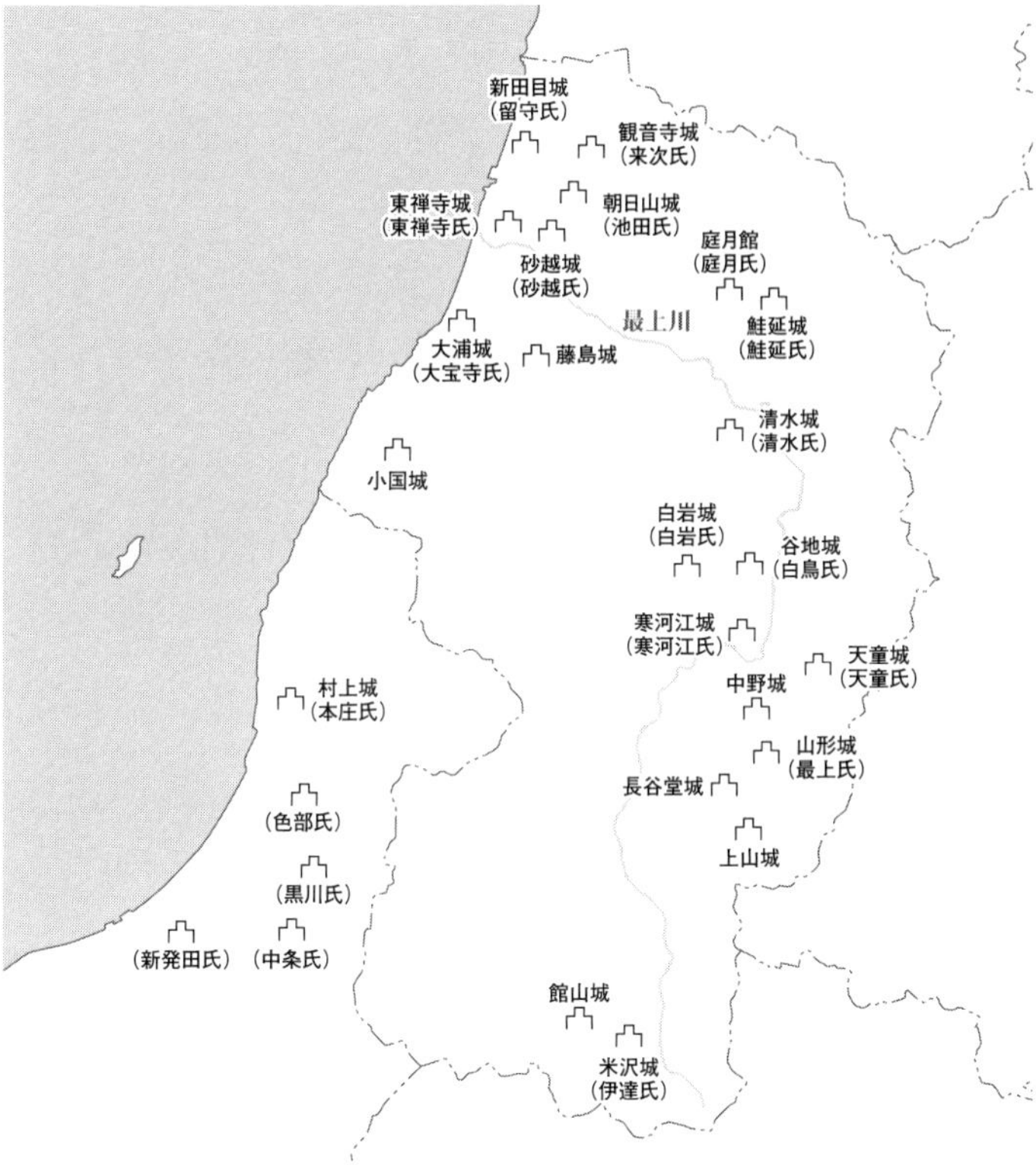

天正12年頃の南出羽勢力図

記事がみられる。天童氏の攻略が実際は同十二年であるなど、事実関係に齟齬がみられるため、すべての記事を鵜呑みにすることはできないが、地域内を平定するために義光は日々奮闘していた。

天正十年前後には、最上地域内から飛び出し、地域外勢力に干渉、軍事進攻を始めた。村山地域（現在の最上地方）には、鮭延《さけのべ》氏という有力領主が存在した。鮭延氏は横手《よこて》の小野寺《おのでら》氏や庄内《しょうない》の大宝寺《だいほうじ》氏などの影響も強く受けており、永禄年間頃には大宝寺氏に従属していたとされる。義光による鮭延氏包摂の時期については、天正九年説〔粟野二〇一七など〕と同十三年説〔保角二〇一二〕がある。同十一年閏正月には鮭延氏と大宝寺義氏《よしうじ》が友好な関係を継続しているため、完全に最上氏の勢力下に入るのは同十三年頃とみてよいだろう。鮭延包摂をめぐっては、近年多くの議論があり、周辺の史料の年次比定に関わるナイーブな問題を孕んでいる。さらなる検討が必要な事案ではあるが、ともかく同十年頃から最上氏と大宝寺氏を中心に自らの領する地域を跨いだ政治的な干渉がみられるようになった。義光は地域内外の情勢を注視しながら、天正十二年という画期となる年を迎える。

天正十二年、義光は地域内の有力者であった白鳥・寒河江・天童各氏を掃討した。寒河江氏は鎌倉幕府政所《まんどころ》の大江広元《おおえのひろもと》を祖とし、鎌倉時代から根を張った名家である。山形の最上氏とは最上川を挟んで地理的な隔たりがあり、庄内の大宝寺氏とも協力関係を結んでいた。義光の寒河江氏攻めは、寒河江高《たか》基《もと》の後嗣をめぐる問題が原因とされ〔安中坊系譜〕、攻め立てられた高基は六月二十八日に自害して果てたとされる。

白鳥氏については、義光が病気を装い山形城に招いてだまし討ちにしたとか〔最上記〕、信長が白鳥追討を命じたとか〔最上物語〕、後世にさまざまなエピソードが作られている。白鳥長久《ながひさ》が亡くなるのは、寒河江高基が自害する少し前の六月七日のこと。義光謀殺説では、名実ともに力を付けた長久に悪感情をもち殺したとされる。たしかに白鳥氏は、「天正二年最上氏内紛」にあたっては和睦仲介を進め、大崎《おおさき》氏や伊達氏と外交し、織田信長と通交を結ぶなど、独自に政治判断をしている様子が多く目につく。

しかし、義光と近しい関係であったことを物語る史料はあるにせよ、不和を知る一次史料は皆無である。血染めの桜伝説など印象的なエピソードが多いため、義光の謀殺を前提に語られる傾向にあるが、もう少し検証が必要ではなかろうか。

天童氏については、天正九年に義光が「我々に不忠の天童三郎」と表現しているように〔堀江文書〕、継続して対立関係にあったが、同十二年十月、ついに天童城（山形県天童市）が落城、当主の天童頼久《よりひさ》は縁故のある陸奥国の国衆・国分《こくぶん》氏のもとへ没落した。

寒河江・白鳥・天童各氏を掃討し、最上地域を完全に掌握した義光は、着々とその勢力を強大なものへと押し上げた。特に天正十五年以降は、自領内の範疇を越え、出羽国内全体を視野に入れた動きがみられるようになる。

出羽国を統《す》べる者、庄内領有と誤算

天正十一年（一五八三）、庄内では前森氏永《うじなが》（のちの東禅寺《とうぜんじ》氏永）が大宝寺義氏に謀反を起こし、これ以後、庄内では義氏の甥や弟とされる大宝寺義興《よしおき》と東禅寺氏永の二つの権力が並び立つ状況が続いた。やがて二人は反目し合うようになり、義興は上杉《うえすぎ》氏との協調関係を重視し、氏永は義光を頼った。

天正十五年には、ついに義光・氏永勢が義興を打倒し、庄内は最上氏の勢力下となる。義興には千勝丸（のちの大宝寺義勝《よしかつ》）という養子がいた。実父は越後国村上《むらかみ》の本庄繁長《ほんじょうしげなが》であり、義興が敗れた際、千

最上義光銅像　山形市・霞城公園

勝丸は繁長を頼って落ちのびている。同十六年正月、今度は千勝丸を擁する繁長が庄内へ進攻する。同年八月には、十五里ヶ原《じゅうごりがはら》（山形県鶴岡市）の戦いで繁長が勝利、庄内は再び大宝寺氏領となった。

庄内領有をめぐる争いについては、当時、豊臣《とよとみ》（羽柴《はしば》）秀吉《ひでよし》が指向していた東国諸大名への「惣無事《そうぶじ》」政策に関連して「庄内問題」や「庄内之儀」として議論されている〔竹井二〇一二、戸谷二〇二二など〕。義光は庄内を手に入れた後、庄内領有を豊臣政権から認めてもらうために使者を派遣していた。繁長の庄内進攻は、その最中の出来事である。義光は徳川家康《とくがわいえやす》に仲介を頼んで豊臣政権と交渉を重ね、一時は庄内領有を認可する朱印状《しゅいんじょう》を得ている。

天正十六年閏五月には、秀吉の上使として金山宗洗《かなやまそうせん》が出羽国へ入った。庄内の大浦《おおうら》城代・中山光直《なかやまあきなお》は、宗洗が来た理由を次のように語っている。①秀吉が天下一統の平和を目指すなかで、本庄繁長の庄内進攻は許されないことと伝えるため、②出羽国中の諸氏が「出羽之探題職」を秀吉から与えられた義光に従っているかを調べるため〔潟保文書〕。戦国期にはすでに職権としての機能を失っている出羽探題を謳うなど、多分に宣伝の要素も入っている。とはいえ、義光は全国の諸大名が秀吉の権力下に集約される時代の移り変わりを敏感に察知しており、①のように豊臣政権下の「惣無事」政策に身を委ねながら、出羽国を統べる者としての外交を行っている。②のような出羽国中という意識は、同時期に義光が進めていた秋田方面の和睦仲介のなかにも見出すことができる。そこでは、「国中之儀」（出羽国内のこと）という名目で他地域の争乱に介入することで〔遠藤二〇一六〕、出羽「国中」の平和を担う者としての立場を暗に主張しているのである。

しかし、義光の思いとは裏腹に、庄内は本庄繁長の進攻によって大宝寺氏に奪い返されてしまう。その大きな要因としては、陸奥国の大崎氏の内紛を端緒とする大崎合戦に注意を払う必要があったことにある。この合戦では、伊達政宗《まさむね》と初めて表立った戦闘が行われたが、義光の妹で政宗の母である義姫が決死の覚悟で仲裁を行い、両者共に兵を引くこととなった。二方面に兵力を分散せざるをえなかった義光は、結局のところ庄内を失い、大崎合戦で成果を上げることもできなかった。義光は庄内を奪還されて以後も秀吉へ繁長の「惣無事」違反を再三訴えており、秀吉は両者の言い分を聞いた上で「理非次《りひし》第《だい》」に裁定を行うことを決めている〔奥羽文書纂〕。しかし、上洛を果たして秀吉に謁見した千勝丸は、官位と豊臣姓を与えられ、最終的に庄内は最上氏領に復すことはなかった。

天正十八年、秀吉は小田原北条《おだわらほうじょう》氏を滅ぼすと、その足で宇都宮《うつのみや》、そして会津《あいづ》まで出向き、奥羽諸大名の所領などを画定する「奥羽仕置《おうう しおき》」を行った。奥羽における二大勢力であった最上氏と伊達氏は、その補佐役を務め、義光は十三万石の領知支配が認められた。

文禄二年（一五九三）の朝鮮出兵に際しては、肥前名護屋《なごや》（佐賀県唐津市）に詰めて後方支援に従事するなど、豊臣大名として尽力するも、同四年の豊臣秀次《ひでつぐ》事件では愛娘の駒姫が連座している。その後、義光は次男の家親《いえちか》を家康のもとに預けるなど、以前から付き合いのあった徳川家康とより親密な関係性をもつようになる。

慶長出羽合戦、そして五十七万石の大大名へ

慶長五年（一六〇〇）、全国の諸大名を巻き込む一大決戦、関ヶ原《せきがはら》の戦いが起こった。関ヶ原での本戦以外にも全国に決戦の場が持ち込まれ、諸大名は親豊臣か徳川か、あるいは日和見を決め込むか、運命の分かれ目となる決断を迫られた。奥羽においては、「慶長出羽合戦」や「北の関ヶ原」と称される戦いが繰り広げられた。その主人公は最上氏と上杉氏である。上杉景勝《かげかつ》は同三年に会津へ移封されており、佐渡や庄内などの飛び地を含む百二十万石を領していた。

慶長出羽合戦には前振りがある。それは慶長五年五月の家康による会津出兵である。このとき、南《なん》部《ぶ》・秋田《あきた》・小野寺や由利《ゆり》地域諸氏など、奥羽の強豪たちは山形方面へ集合するように命じられた。米沢《よねざわ》（山形県米沢市）の直江兼続《なおえかねつぐ》を押さえ、そして会津の上杉景勝を叩くため、家康から厚い信頼を得ていた義光は、奥羽諸将を取りまとめる役目を任された〔阿部二〇一七〕。しかし、七月には石田三成《いしだみつなり》が挙兵したことで家康の会津出兵は中止となる。義光は当初の目的を失った奥羽諸将を何とかして引き留めた

ものの、家康は奥羽諸将に対して自領で帰国待機するように命じた。景勝は三成方から関東への出兵を求められたが、まずは最上氏と伊達氏を押さえてから関東に攻め込む意志を伝えている。義光は一転して窮地に立たされた。

九月に入ると、直江兼続を総大将として上杉氏が最上領へ攻め入った。庄内方面からも軍勢が派遣され、最上領全域は上杉勢に蹂躙された。同月十三日、畑谷城《はたや》（山形県山辺町）が陥落し、十五日には長谷堂城をめぐる攻防が始まった。長谷堂城に籠もっていた志村光安《しむらあきやす》をはじめとする城兵はよく戦い、義光は嫡子の義康《よしやす》を伊達政宗のもとへ遣わし、援軍の派遣を要請。一進一退の攻防が続く中、関ヶ原本戦において、家康方の東軍が勝利したとの報が届き、慶長出羽合戦の勝敗も決した。上杉勢は退却を始め、義光は自ら駆けて退却する上杉勢を追ったという。その後、翌年にかけて上杉領であった庄内を制圧した。慶長六年五月には、家康の参内に随従しており、関ヶ原の戦いにおける功労が認められて五十七万石の大大名となった〔松尾二〇二一〕。

このとき、義光は五十六歳。すでに晩年を迎えようとしていた。亡くなるまでの十五年ほど、義光は平穏

三十八間総覆輪筋兜（最上義光所用）　最上義光歴史館蔵

最上義光の墓　山形市・光禅寺

な老後を過ごしたかというと決してそうでもない。むしろ領国の発展のためにさらに精力的に働いている。文禄年間頃から整備を進めていた居城の山形城と城下町の規模をさらに拡張し、本丸には天守も建てようとしていたプランがあったともされる。特筆すべきは庄内の治水工事、新田開発である。義光は広がる平野に将来性を見出していたのだろう。青龍寺川《しょうりゅうじがわ》の開削、赤川《あかがわ》から引いた因幡堰《いなばぜき》と中川堰《なかがわぜき》、立谷沢《たちやざわ》川《がわ》から引いた北楯大堰《きただておおぜき》の整備など、大灌漑工事を行った。これによって大いに新田開発が進められ、〝米どころ庄内〟の礎が築かれた。慶長十六年と翌年には、庄内・由利地域の総検地も実施している。また、領国全体で寺社の安堵を行い、有力寺社の本殿修造などを手がけている。もともと信仰心にあつい義光は、人々が拠り所としていた寺社の保護に努めた。文化人としての評価も高く、連歌においては里村紹巴《さとむらじょうは》に師事しており、和歌や茶の湯などにも通じ、多くの美術品を所持した〔伊藤二〇一六〕。

慶長十九年、義光は六十九歳で逝去した。義光が残した功績は、その後に確実に受け継がれている。やはり稀代の英傑であった。惜しむらくは、長子の義康を廃し、跡目を指名しなかったことである。最上氏内では家督相続をめぐる争いが激化し、最終的には藩内不統制を理由に改易の憂き目をみる。義光が亡くなって八年後のことであった。

（菅原義勝）

【主要参考文献】

粟野俊之『最上義光』（日本史史料研究会、二〇一七年）
伊藤清郎『最上義光』（吉川弘文館、二〇一六年）
遠藤ゆり子『戦国時代の南奥羽社会―大崎・伊達・最上氏―』（吉川弘文館、二〇一六年）
大澤慶尋「「天正二年最上の乱」の基礎的研究―新発見史料を含めた検討―」（『青葉城資料展示館研究報告』特別号・改訂版、二〇〇二年）
菅原義勝「天正二年最上氏内紛再考」（久保田昌希編『戦国・織豊期と地方史研究』岩田書院、二〇二〇年）
竹井英文『織豊政権と東国社会―「惣無事令」論を越えて』（吉川弘文館、二〇一二年）
戸谷穂高「最上義光と「庄内之儀」―豊臣政権の施策と方針―」（『戦国史研究』八三、二〇二二年）
保角里志『南出羽の戦国を読む』（高志書院、二〇一二年）
松尾剛次『最上氏三代』（ミネルヴァ書房、二〇二一年）

大宝寺義氏――道半ばで非業の死を遂げた庄内の名将

「悪屋形」か「名将」か

大宝寺義氏《だいほうじよしうじ》が史料上に現れる活動時期は、永禄十一年（一五六八）頃から天正十一年（一五八三）までの十五年間のみ。彼はたしかに爪痕を残した。しかし、江戸時代における大半の評価は散々なものである。ある軍記物では次のように評している。

弱き者には権威を振りかざし、強き者とは契りを結んで言葉巧みに家臣とした。背く者があれば所領を奪う。追討できない場合は仲良くし、縁を結んだのちに毒殺する。こうして庄内の主となった。また、隣国へ軍勢を派遣して止めどなく戦争する。家臣は妻子を国元に残し、遠征先で送る月日は悲しみにたえない。親と離れ、夫と離れ、子と離れる者は数知れない。皆は疎んじて悪屋形と称した。

〔小国夢幻悪屋形聞書〕

「悪屋形《あくやかた》」――。

大宝寺義氏の最期は三十三歳、家臣の謀反によって生涯を終えた。現代を生きる私たちからすれば、民を顧みず、非情で強権的な男が「悪屋形」と評されるのも頷ける。しかし、世は戦国。当時の武将たちは、領国を守り、広げるために、かなり惨いことをしている。今の感覚で推し量れるものではない。

戦国武将の生き様を思い浮かべたとき、先の義氏への評価は思いのほか言い得て妙なのかもしれない。

一方、「庄内の屋形大宝寺義氏は、弓箭の誉れ有り、大力量の人である」〔管窺武鑑〕、「大宝寺氏は羽黒山の別当《べっとう》であり、大宝寺の屋形といって高家である。ことに義氏は名将と言われる」〔湊・檜山合戦覚書、羽黒山旧記山主伝〕のように、「名将」としての評価も存在する。

この二面性を有するのが大宝寺義氏という人物なのだろう。上杉《うえすぎ》氏や最上《もがみ》氏といった有力な戦国大名に囲まれた庄内《しょうない》において、彼は自らも一大権力として脱皮を図ろうともがき続けた。本稿では、道半ばで非業の死を遂げた義氏の人生を追うこととする。義氏を語るには、庄内において大宝寺氏権力がどのように成立していたかを知るところから始めねばならない。まずは、庄内の地理空間について簡単にまとめておこう。

庄内の地理的条件と大宝寺氏権力

庄内は北に鳥海山《ちょうかいざん》が聳え、南に金峯山《きんぼうざん》や朝日連峰《あさひれんぽう》、東に出羽三山《でわさんざん》（羽黒山《はぐろさん》・月山《がっさん》・湯殿山《ゆどのさん》）、西に日本海が広がる。中央を分断するように酒田湊《さかたみなと》へ最上川が流れ込み、赤川《あかがわ》などの支流とともに庄内平野を潤している。山と海に囲まれる閉ざされた空間であり、日本海を通じた通交が可能な開けた空間でもあった。戦国期には津軽大浦《つがるおおうら》氏や秋田安東《あきたあんどう》氏、越後上杉《うえすぎ》氏、越前朝倉《あさくら》氏らと日本海を通じた通交が見られる。贈答品の授受や北方との交易、それにともなう文化の伝播など、日本海に接し、酒田湊などの湊

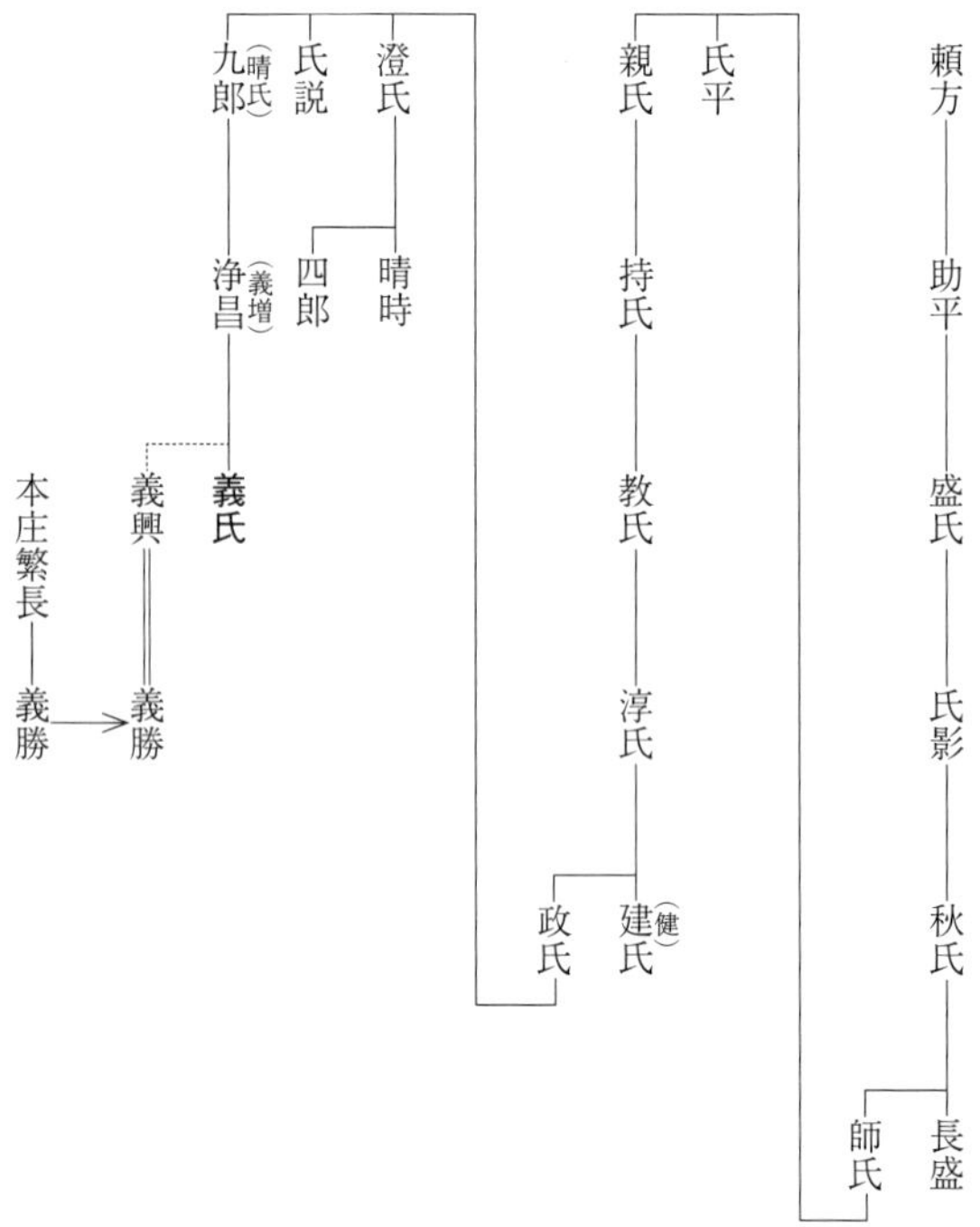

大宝寺氏略系図（「武藤氏系譜」本間美術館蔵より）

津を有するという地理的条件は、この閉ざされた空間に想像以上の広がりをもたらしていたことだろう。

室町時代までは、上洛や貢馬《こうば》による室町幕府との関係強化も図られていた。将軍からの偏諱《へんき》を受け、京都《きょうと》扶《ふ》持《ち》衆《しゅう》として「屋形《やかた》」号を有するなど、どこか華やかな印象さえ受ける外交が目につく。しかし、在地においては、時代が下るほどに領主間抗争がみられるようになり、やがて激化していく。天文元年（一五三二）には、「大宝寺内亡所ト成」るというほどの内紛が起こり〔来迎寺年代記〕、このとき、大宝寺氏は平地にある大宝寺城（山形県鶴岡市）から山城の大浦城（鶴岡市）へ居城を移したとされる。こうした混乱状況はたびたびみられるが、それでもやはり庄内の中心的存在は大宝寺氏であった。では、大宝寺氏権力とは、どのような形で成立していたのか。

庄内には、大宝寺氏をはじめ土佐林《とさばやし》氏、砂越《さごし》氏、来次《きすぎ》氏といった有力領主が林立していた。彼ら地域内の領主は、庄内のことを「庄中」や「三郡中」と表現していた。室町時代中期頃までは、公領（田《た》川《がわ》郡・飽海《あくみ》郡など）や荘園（大泉《おおいずみ》荘や遊佐《ゆざ》荘など）単位の呼称しか見えず、庄内地域全体を表現する広域呼称は戦国期にはじめて登場する。その用法をみてみると、単に地理的空間を表すだけではなく、例えば「百姓中」や「人々御中」と同じように、地域内に存在する「人」＝庄内地域内の諸氏とのつながりを意識して、「庄中」などの「中」表現を使用している。戦国期に至り、庄内一円を舞台とする人と人との繋がりが顕著となることで生まれた広域呼称であった（菅原二〇一二）。このような広域呼称成立の背景、つまり地域内領主層の一円的な繋がりは、実は大宝寺氏権力の在り方を如実に反映して

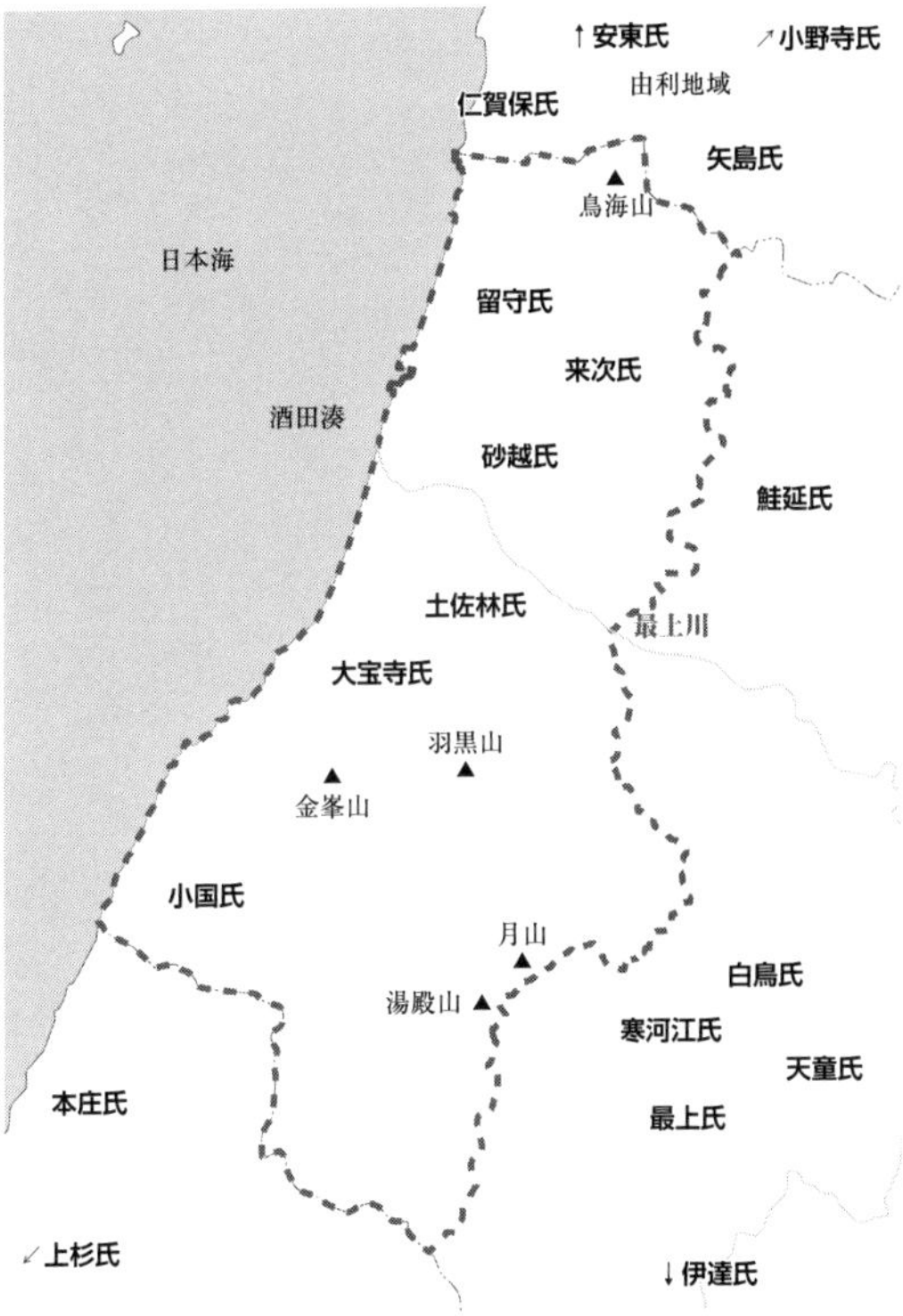

庄内地域要図

いる。地域内における戦乱と和平交渉の非常時の対応から、その様子を探ってみよう。

天文年間には、大宝寺氏と血縁関係をもつ川北の有力領主・砂越氏内で当主父子の対立があった。その対立を収めるため、川南の有力領主・土佐林禅棟《ぜんとう》が山形の最上氏や秋田の安東氏らに和睦仲介をお願いしている〔菅原二〇一〇〕。その際、もし和睦仲介が破綻したならば、あるいは砂越氏がわがままを言うならば、庄内一円の領主が進軍して、「廿八一家・外様《とざま》・三長吏《さんちょうり》」が大宝寺氏のもとへ集まって相談した上で治めるつもりだ、と述べている〔曽根家文書〕。折角の和睦仲介が破綻してしまった場合、最上氏や安東氏らの面目を潰してしまうことになってしまうため、このような決め台詞を述べているわけだ。「廿八一家・外様」とは、土佐林氏や砂越氏、来次氏ら有力領主や血縁関係を有する一族および在地の土豪層であろう。「三長吏」とは、羽黒山で寺務・治安維持にあたっていた有力者である。庄内で問題が生じた際には、彼らが大宝寺氏のもとへ集まって相談した上で事を収めるのである〔菅原二〇二二〕。

大宝寺氏権力は連合体制で成り立っていると指摘されるように〔粟野一九八三〕、大宝寺氏や土佐林氏らは領主権力として並立する関係性にあった。「中」表現もこれを象徴する広域呼称である。いざ有事となれば、大宝寺氏が盟主的な立場に据えられるものの、いわば有事にのみ発揮する緩やかな連合体制であり、天文・永禄年間頃までは、いまだ大宝寺氏を頂点に置く封建的な支配を行うには至らない、脆弱な権力であった。

義氏の家督相続

永禄十一年（一五六八）三月、本庄繁長《ほんじょうしげなが》が上杉氏に対して反旗を翻す「本庄氏の乱」という大きな事件があり、同年または翌年、本稿の主人公である大宝寺義氏は家督を相続したとされる〔阿部二〇一四〕。本庄氏の乱に際して、通説では繁長と関係の深い大宝寺氏が共に挙兵したとされている。近年では、本庄氏の乱に大宝寺氏が加担していなかったとの見解もある〔胡二〇一九〕。たしかに、大宝寺氏が本庄氏と共に行動していることがうかがえる一次史料はなく、今後さらなる研究の深化が期待される。ただし、共に挙兵したかどうかは別として、本庄氏の乱は、大宝寺氏にとっても大きな転換点になったことは間違いない。実のところ永禄末期に至るまでは、大宝寺氏当主が史料上に現れることはほとんどなく、この乱以後、義氏を当主とする大宝寺氏が政治の表舞台に立つこととなる。

義氏は家督相続後まもなくして、秋田の湊《みなと》安東氏に対して今後の交誼を求める書状を送っており、その取次を土佐林禅棟が担っている〔音喜多家文書〕。また、義氏は由利地域（現在の秋田県南部）の領主である鮎川《あゆかわ》氏に対しても書状を送っている〔本間美術館所蔵文書〕。その文面には、「私は若輩者なので、さまざまな仲介行為は禅棟が行っており、自分は状況を把握していない」とある。禅棟は、天文年間以降、地域外の領主や京都の蜷川《にながわ》氏などと幅広い外交を行っており、越後の大名・上杉謙信《けんしん》からも厚い信頼を得ていた。義氏は自らを若輩者であると言っているように、家督を相続してしばらくの間、外

大宝寺氏の居城・大浦（尾浦）城跡　山形県鶴岡市
撮影：筆者

交面においては禅棟に大きく依存している状況があった。

　その後、今度は庄内を舞台とする「元亀の乱」が起きる。土佐林氏が大宝寺氏に対して反旗を翻したのである。元亀元年（一五七〇）から翌年まで断続的に続いたこの乱の主体は、禅棟の家臣であった竹井《たけい》氏などであり、禅棟自身の姿は見えない。禅棟の活動時期を考えれば、すでに隠居、あるいは死去していたのかもしれない。また、元亀の乱と前後して、越後国の揚北衆《あがきたしゅう》の大川《おおかわ》氏が大宝寺氏に対して挙兵していた。元亀の乱は、この大川氏の挙兵と連動して起きたと考えられている。それほど連携して事を進めたようには思えないが、もし、この大川氏挙兵が上杉謙信の指示によるものだった場合、存亡の危機に瀕する事態である。義氏はすぐに本庄繁長や上杉謙信のもとへ使者を派遣して情報収集を図った。大川氏の挙兵が謙信の指示ではないことが判明したため、「庄内の諸氏がことごとく在陣して軍事行動に及ぶつもりである」と述べている〔本間美術館所蔵文書〕。

　最終的にはどちらの混乱も大宝寺氏の軍事行動、そして上杉氏による調停によって収束している。戦国期を通じて、上杉氏と大宝寺氏とは良好な関係性を保ってきた。従来は、南北朝・室町時代以来、大宝寺氏権力は上杉氏の後ろ楯があることで成立しており、その従属下、あるいは麾下にあったと説明されてきたが〔粟野一九八三〕、実際のところ、永禄年間までは、上杉氏が大宝寺氏の庄内支配に直接的な干渉を行う状況はみられない〔菅原二〇一〇〕。禅棟は上杉氏と頻繁に連絡を取り合い、厚い信頼を得ていた。しかし、禅棟が去った今、元亀の乱において上杉氏は土佐林氏勢の独立を否定し、大宝寺氏権力を肯定する形で調停を行ったのである。そして、このような政治的変遷を経る中で、義氏主導の庄内支配が始まる。

庄内支配の強化と義氏の外交

義氏時代になると、領内寺社への寄進状や家臣への知行宛行状、家臣の新規採用に関するものなど、前代まではほぼ見られなかった内政に関する史料が見られるようになる。大宝寺氏当主が前面に出て政治を主導しており、義氏は支配体制の強化を着々と進めていた。有力領主であった土佐林氏が失脚したことを契機として、義氏は一元的な庄内支配を目指したのではないだろうか。

一方、このような政治体制に不満をもつ者もいた。川北の有力領主・来次氏が反乱を起こしたのである。この反乱はすぐに鎮められたようで、天正六年（一五七八）末には、義氏は来次氏の「逆心」を許し、居城であった観音寺《かんのんじ》城（山形県酒田市）と周辺の旧領領有を認め、遊佐方面の知行を新たに宛行っている〔歴代古案〕。このことについては、義氏の支配体制が脆弱であるために、その後の反抗を恐れて新知を付して許したと捉えられている。また、天正六年は上杉謙信が亡くなった年である。通説では、大宝寺氏権力が上杉氏の存在によって成り立っていたことを前提に、謙信の死という余波が来次氏の反乱という形で現れたとされている。しかし、元亀の乱以降、義氏が上杉氏を頼っている姿は見えない。この頃、謙信にとっても、意識はすでに越中・能登進攻に向かっており、亡くなる半年前には越中・能登を平定している。謙信の眼中に庄内はなかっただろう。来次氏の「逆心」は、あくまで内輪の問題であった。次節で検討するが、義氏は天正年間以降、由利地域を主戦場とする軍事進攻に及ぶなど、北へ強い眼差しを向けている。上杉氏と大宝寺氏にとっては、お互いの不戦が維持されていればよかったのである。上杉氏との関係が冷え込み、「親上杉氏」の政治路線を打ち切ったとする評価もあるが〔胡二〇一九〕、このような状況下では、外交の機会自体が減少するのも当然のことであろう。

義氏の父・義増《よします》の時代までの大宝寺氏権力は、自らの領をもつ庄内諸氏らの連合体制で成り立っていた。この状況を脱し、封建的な支配をめざす義氏への反発が来次氏の「逆心」として表出したのだろう。しかし、義氏はこれを制圧し、来次氏を許した上で、旧領安堵および新知給与を行った。いわば大宝寺氏の支配体制に組み込まれたのである。また、来次氏へ新知給与したのは、由利地域との境目となる遊佐諸郷である。遊佐地域は義氏が軍を北上させる上で必ず通らねばならない重要な場所であり、川北の有力領主であった来次氏の影響力を加味した上での判断であったといえよう。

地域内の混乱収拾、統治に向き合う中、義氏は他地域の領主と外交を行い、さらには軍事行為に及ぶこともあった。次節で取り上げるが、特に際立つのは由利地域の諸氏や横手《よこて》の小野寺《おのでら》氏との使者の往来、そして由利地域への出兵である。少し遠方になると、津軽為信《ためのぶ》との通交もみられる。

また、義氏は全国的な情勢にも目を向けていた。当時、京都を手中に収めて西国にまで勢力を伸長していた織田信長と交誼を結んでいるのである。この時期、奥羽の諸領主は競うように信長へ馬や鷹などを贈っている〔金子二〇一六〕。義氏も天正七年に馬五頭、鷹十二羽を献上、二年後にも再び馬と鷹が献上され、信長からは小袖《こそで》と巻物が返礼品として贈られた。時の権力と結び付こうとする幅広い外交姿勢がうかがえる一例である。

由利地域への進攻

戦国期の由利地域には、由利十二頭《じゅうにとう》とも称される独立勢力が蟠踞していた。なかでも矢島《やしま》氏と仁賀保《にかほ》氏が最大勢力であったが、庄内における大宝寺氏のような盟主となりえる存在ではなく、領主間での抗争が絶えない地域でもあった。永禄年間には、矢島氏と仁賀保氏間で抗争があり、土佐林禅棟が仁賀保氏方に味方して軍勢を派遣している。とはいえ禅棟は、由利地域が小野寺氏権力下に収まるべき地域であることを承知しており、最終的な解決を小野寺輝道《てるみち》の裁量に委ねている状況がみられる〔菅原二〇一八〕。義氏が家督を相続した頃、北出羽においては横手の大名・小野寺氏と秋田の大名・安東氏との対立があった。この背景には、豊島《としま》氏の乱、そして安東愛季《ちかすえ》の由利地域に対する干渉があった。

豊島氏の乱とは、豊島休心《きゅうしん》による湊茂季《みなとしげすえ》への反乱であり、小野寺輝道、そして義氏は豊島氏を支持していた。最終的には愛季によって豊島氏は打倒され、分立していた下国《しものくに》家と湊家の統合もあり、安東氏は大名権力として確固たる地位を得ることとなる。

豊島氏の乱と連動するように、由利地域においても赤宇曽《あこうづ》の領主・小介川《こすけがわ》氏（赤宇曽氏とも称す）と安東愛季との間で羽根川《はねがわ》の地（赤宇曽と隣接する地）をめぐる対立があった。元亀元年（一五七三）には、小介川氏は義氏に対して臣従の意向を表明していた様子もみられ、義氏は小野寺輝道とともに小介川氏方に味方している。一方で、義氏は安東氏と小野寺氏との間の調停を取り持つ動きも見せている。この調停に際しても、義氏は小野寺氏と相談をしながら事を進めている様子がうかがえる。

元亀年間における豊島氏の乱、そして由利地域をめぐる問題においては、安東・小野寺・大宝寺という日本海側の権力層一同が関わる大きな事件に発展した。由利地域の諸氏は、それぞれが独自の政治判断をもって安東氏ら三氏のうち頼るべき相手を選択していた。もともと由利地域に対しては、小野寺氏が強い影響力をもち、大宝寺氏も混乱収束などのためにたびたび政治的に関与していた。由利地域をめぐる問題の背景には、急速に勢力を拡大しつつあった安東愛季に対する小野寺・大宝寺両氏の反抗という側面もあった。

元亀年間の抗争がどのような決着を迎えたのかは詳細に知り得ないが、安東氏と小野寺氏とが和睦することで混乱は収束したものと思われる。その後しばらくの間大きな混乱はみられないが、小介川氏は安東愛季と接近を図ったようで、天正十年（一五八二）頃には再び由利地域を舞台とする抗争があり、義氏による大規模な進攻が始まる。

この端緒には、「小介川慮外《りょがい》の儀」があった。義氏はそのため「小介川退治」に軍勢を派遣すると仙《せん》北《ぼく》地域（現在の秋田県内陸部）の戸蒔《とまき》氏に報じている（秋田藩家蔵文書）。元亀年間の抗争と同様に、義氏は小野寺氏と連携をとっている。一つ大きな違いは、義氏が「一家・外様・家中の者」を派遣し、自らも軍勢を率いて本格的に進軍していることである。永禄年間に土佐林禅棟が由利地域へ軍勢を派遣することはあったが、大宝寺氏権力として総出で派兵することは、これまでありえなかった事態である。

天文年間、つまり義氏の父・義増の代においては、「廿八一家・外様・三長吏」といった連中は和睦交渉が破綻した際などの非常時に大宝寺氏のもとへ集まり、合議的に軍事力が行使される状況にあった。しかし、天正十年頃には、すでに義氏が庄内地域内の軍事力を掌握しており、専制的な政治支配を遂行している様子がうかがえるのである。さらに義氏は「小介川退治」後の見通しについて、「（小介川氏を倒して）赤宇曽の地を手に入れたならば、赤宇曽へ陣を移し、かねてから相談していた津軽の大浦為信と連携して秋田の安東氏のもとまで攻め入る」と壮大な計画を述べている。

ただし、そもそも「小介川慮外の儀」とは、由利地域の領主・岩屋《いわや》氏に対して小介川氏が軍事行動を起こし、村々に火を放って岩屋城（秋田県由利本荘市）へ攻め寄せたことを指す。義氏が和睦による決着を意識している様子もうかがえる。義氏進攻の名目は、あくまで由利地域における不協和音を排除することであり、小野寺氏ら仙北の領主と協力して実行するものであった。義氏は由利地域の混乱を収めたかっただけか、由利地域を支配下に置く意志があったのか、はたまた安東氏領までの版図拡大をめざしたのか。義氏の本音はどこにあったのか、目標を達成できぬままに庄内で政変が起きることとなる。

義氏斃れる

天正十一年（一五八三）三月六日、義氏は家臣の前森氏永《うじなが》（のちに東禅寺《とうぜんじ》氏永と名乗る）の謀反によって横死した。由利地域進攻が続く最中の出来事である。氏永の謀反は、当時勢力拡大を企図していた最上義光と内通してのこととされてきた。しかし、保角里志氏は『鮭延越前守聞書』（以下、『聞書』）などの検討からこれを否定している〔保角二〇一二・二〇一九〕。『聞書』は鮭延越前守秀綱《ひでつな》から聞いた話を家臣がまとめたものである。その記載をすべて信用することはできないが、南出羽の有力者が当事者として語った一級の史料として評価されている。義氏横死の状況についても『聞書』に記されており、保角氏が詳細にまとめているので、そちらをご参照願いたい。ここでも『聞書』を参考に義氏横死までの大まかな流れをまとめておきたい。

三月五日、由利地域へ向かうために進発した氏永は、一里ほど進んだところで引き連れてきた軍勢に対して「これより引き返して屋形（＝義氏）に切腹させる」と宣言した。続いて、「義氏は常々規則や法度が厳しく、家臣たちの扱いが悪いために飽き果てられていたため、皆は氏永に従って義氏が居城する大浦城に攻め寄せた」とある。はじめに述べた通り、「悪屋形」として評価される片鱗をうかがわせる。

氏永らの大浦城攻めは一日のうちに七・八度にも及んだが、城中の死者は多くなかった。しかし、初め城内にいた三百人ほどの兵は、逃亡者や寝返る者が相次ぎ、半分ほどに減っていた。翌日も大浦城兵はよく戦い、本丸は落ちなかったが、観念した義氏は城内の八幡堂に場所を移し、最後の酒盛りののち自害して果てたのである。

義氏は、それまでの大宝寺氏当主とは違う生き様をみせた。地域内諸氏との共存関係を保つことで成立していた状況から、より封建的・専制的に地域内諸氏を従える権力へと脱皮を図ったのである。

氏永が義氏に謀反を起こした理由としては、内政面が整わないままに他領域へたびたび遠征を行い、無理な徴兵が重なって不平不満が募ったためなどの理由が挙げられているが、その内実を知ることはできない。ただ、天正年間以降、義氏が専制的な庄内支配を行うなかで、「一家・外様・家中の者」共を総動員できるほどに、その軍事レベルは確実に強固なものとなっていた。十年足らずの間に、地域領主らの盟主としての存在から大名権力たる存在へと成長を遂げたのである。氏永の謀反は、その過程で起きた。結局のところ、義氏は庄内支配を貫徹することはできなかった。義氏の死は、確立しつつあった大宝寺氏権力の崩壊を意味する。歴史に「たられば」は禁物というが、義氏が生きていれば、山形の最上義光や秋田の安東愛季、横手の小野寺輝道らと肩を並べる大名権力が成立していたかもしれない。

義氏の死後、大宝寺氏は義氏の甥や弟とされる大宝寺義興が継いだ。謀反を起こした前森氏永と共に庄内支配が行われるようになる。しかし、二人の頭目が一つの地域を治めるのは容易なことではない。

やがて二人は反目し合い、最上氏や上杉氏を筆頭とする地域外勢力の動向如何が、庄内の歴史を左右する段階へと移り変わる。目まぐるしい時代の変化のなか、最終的に天正十八年末、あるいは翌年初め頃には、大宝寺氏は豊臣政権によって改易されることとなる。

（菅原義勝）

【主要参考文献】

阿部哲人「上杉謙信期における小泉庄の政治的位置―出羽庄内との関係から―」（『米沢史学』三〇、二〇一四年）
粟野俊之「戦国期における大宝寺氏権力の性格―上杉氏・土佐林氏との関係を中心として―」（『山形史学研究』一九、一九八三年）
金子拓「最上氏と出羽の領主」（遠藤ゆり子編『東北の中世史四　伊達氏と戦国争乱』吉川弘文館、二〇一六年）
胡偉権『戦国期大名権力の支配構造と戦争・外交―最上氏・大宝寺氏を中心として』（一橋大学博士学位請求論文、二〇一九年、一橋大学機関リポジトリにおいて公開）
菅原義勝「大宝寺氏と越後国守護上杉氏」（『史学論集』四〇、駒澤大学大学院史学会、二〇一〇年）
菅原義勝「戦国期庄内における地域認識の形成―「庄中」から「庄内」へ―」（地方史研究協議会編『出羽庄内の風土と歴史像』雄山閣、二〇一二年）
菅原義勝「東禅寺氏永考」（『山形県地域史研究』三九、二〇一四年）
菅原義勝「由利地域における土佐林禅棟の外交」（『山形県地域史研究』四三、二〇一八年）
菅原義勝「戦国期羽黒山関係文書の基礎的考察―新出史料の紹介も兼ねて―」（『羽陽文化』一六六、二〇二二年）
保角里志『南出羽の戦国を読む』（高志書院、二〇一二年）
保角里志『最上義光の城郭と合戦』（戎光祥出版、二〇一九年）

大崎義隆――奥羽仕置の前に沈んだ奥州きっての名門

父義直ともう一人の継嗣

大崎義隆《おおさきよしたか》は、代々奥州探題《おうしゅうたんだい》に任じられてきた大崎家最後の当主である。父の義直《よしなお》は、兄高兼《たかかね》が家督継承後しばらくして死去したため、家を継ぐことになったという。義直は最初、兄高兼の娘婿に迎えた、伊達稙宗《だてたねむね》の息子小僧丸《こぞうまる》（義宣《よしのぶ》）を継嗣とした。

大崎家では天文三年（一五三四）から内乱が起き、義直は伊達稙宗の援軍を得てこれを平定しようとした〔遠藤二〇一七〕。だが、その後も大崎領内の争いは収まらず、伊達稙宗は黒川氏《くろかわ》（大崎領に隣接する黒川郡の領主）の重臣に対する書状のなかで、大崎家臣の一部からの要望もあって、小僧丸を入嗣させることになったと述べている〔伊達正統世次考〕。天文十年頃に再び内乱が起きた際には、伊達稙宗の子晴宗《はるむね》は、「（大崎）小僧丸のことは我等の一大事であり、傍観していては外聞が良くない」として援軍を送ることとなる〔個人所蔵文書〕。

この伊達晴宗書状に「小僧丸」と見え、天文九年六月に義直が柳目伊勢守（宮城県栗原郡一迫柳目の領主か）に知行を宛行っていることから、小僧丸入嗣後の天文十年段階でも、義直が大崎氏当主であった

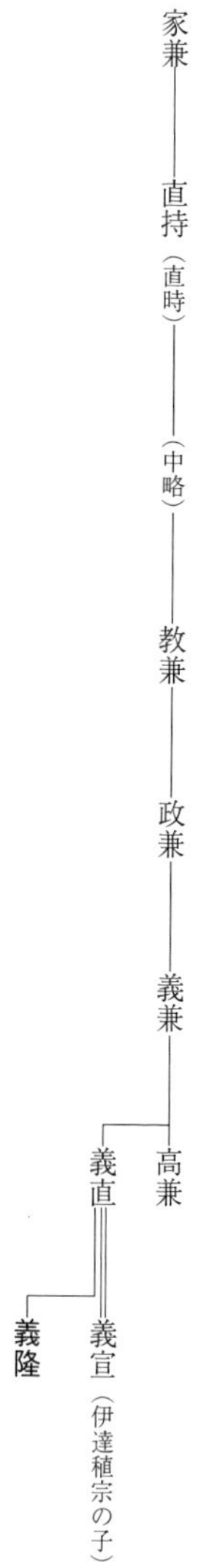

大崎氏略系図

ことがわかる〔佐藤二〇一六〕。義直と伊達稙宗・晴宗父子との関係は、天文十一年六月中頃までは良好であり、この頃までの義直と小僧丸も、対立していた様子はうかがえない。

この内乱を小僧丸入嗣の反対勢力によるものとする指摘もあるが、内乱の原因と小僧丸の関係は確認できず、むしろ内乱後に小僧丸は大崎家へ入ったと思われる。内乱が生じた一五三〇年代は、会津地方で干ばつ被害に襲われる年が多かったことが知られ〔塔寺長帳〕、大崎領国も同様の事態に見舞われていた可能性がある。そのような厳しい社会状況下であったため内乱も起き、大崎氏は伊達氏を頼んで危機を乗り切ることを選んだのであろう。

しかし、小僧丸を伊達家から迎えたことで、大崎氏は天文十一年六月に始まる伊達氏天文の乱に巻き込まれ、家内が分裂する。翌年、小僧丸は稙宗に味方し、この頃に義宣と称したようだ。一方、義直は伊達晴宗に味方する。天文十三年正月に、稙宗が義宣を「大さき殿」と呼んでいることから〔平井家文書〕、義直と対立するなかで、義宣は大崎家家督を継承したと主張し始めたのかもしれない。結局、稙宗は晴宗に敗れ、義宣も死去した。実弟葛西晴胤《かさいはるたね》のもとへ出奔後、またはその途中、もしくは大崎領内で死去したとも、義直に殺害されたともいう。

奥州探題職の喪失

伊達氏天文の乱の最中である天文十四年（一五四五）、義直は足利義晴《あしかがよしはる》から左京大夫《さきょうのだいぶ》に任じられる〔歴名土代〕。だが、伊達氏天文の乱で父稙宗に勝利した晴宗は、弘治元年（一五五五）に足利義輝《よしてる》によって左京大夫に任官し、その後奥州探題に任じられる。さらに、奥州探題である大崎氏と同じような書札《しょさつ》礼《れい》（互いの身分に応じた、書状を遣り取りするときの決まりごと）を用いようとするなど〔類従文書抄所収文書〕、南奥羽における地位を向上させていた。

だが、大崎義直もすっかり存在感を失ってしまったわけではない。正月晦日付黒川下総守（景氏《かげうじ》）・同修理大夫《しゅりのだいぶ》（稙国《たねくに》）宛黒印状《こくいんじょう》では、近隣の留守《るす》氏と村岡《むらおか》氏の内乱への援軍を求められたので、これに応じると返答している〔中目家文書〕。留守氏と村岡氏の争いが、弘治二年十二月に起きていることから、この黒印状を翌年の弘治三年とする指摘もある。しかし、宛先の黒川景氏は、系図や菩提寺である報恩《ほうおん》寺《じ》（宮城県大和町）の位牌・過去帳によれば、すでに天文二十一年四月に死去している。また、景氏の下総守補任は天文十五年三月であるため、この書状は天文十六年〜二十一年のものと考えられる〔大和町史・伊藤一九八三〕。そしてこれが、大崎家当主としての義直の活動を確認できる最後の史料となる。

家督継承はいつか

大崎義隆が家督を継いだのは、永禄十年（一五六七）頃だと考えられている。同年三月十六日付で柳《やなぎ》沢《さわ》文二郎に加美《かみ》郡谷地森《やちもり》（宮城県加美町）の知行を与えたり、十月付で氏家《うじいえ》千増丸（後の一栗《いちくり》兵部か）に玉造《たまつくり》郡一栗（同大崎市）の知行を与えたりしているためである〔谷地森文書・須田家文書〕。

もう一つ、手掛かりとなるのが正月廿三日付の蘆名止々斎《ししさい》（盛氏《もりうじ》）書状である〔新編会津風土記〕。宛先の「大崎殿」とは義隆のことである。書状の書き出しには「御老父（義直）の代には色々とご親切にしていただきましたが、あなた様の代になってからは初めてお手紙を差し上げます」とあり、代替わり後、まもない時期の書状だとわかる。内容は、「老子（盛氏）」の「秘蔵」である刀一腰（国信《くにのぶ》作）を贈ること、義隆から馬一頭を送ってほしいことを伝えたものである。

蘆名盛氏による「止々斎」の斎号《さいごう》（雅号《がごう》）使用は、天文二十三年（一五五四）九月以降であり、同書状の花押は永禄六年四月〜同七年六月以降の使用と指摘されているものと同型である〔高橋一九九五〕。つまり、止々斎書状は永禄七年以降に出されたと考えられる。

先に触れた二通の知行宛行状が、義隆の代替わりにともなって出されたものと考えられるならば、家督継承は永禄十年となるが、止々斎書状の年次によっては、それよりも早い可能性もある。そして止々斎書状によって、義直から義隆への代替わりは義直存命中であったことも確認できる。

隣接する葛西氏・黒川氏との外交

葛西晴胤が「大崎氏と葛西氏は古敵」と述べたように〔菊池家文書〕、大崎領国の西隣に位置する葛西氏とは、義直の時代からしばしば争ってきた。

元亀二～三年（一五七一～二）、葛西晴信《はるのぶ》（晴胤の子）が大崎氏と栗原《くりはら》・佐沼《さぬま》で戦った後に与えた知行宛行状が数点、天正二～三年（一五七四～五）には大崎義隆による栗原郡内の知行宛行状が二点伝わっている。いずれも検討の余地が残る史料だが〔石巻の歴史六〕、佐沼や栗原郡は、大崎領と葛西領の境目地域にあたり、この頃にも争いが起きていておかしくはない。

天正五年五月には、葛西晴胤への伊達輝宗《てるむね》返書に、「葛西領方面のことは、晴胤の思い通りのようになっていることは肝要だ」と記されている〔性山公治家記録〕。対立相手が誰かは不明だが、同年九月には元良《もとよし》氏が葛西氏と対立し、十一月の葛西殿（晴信か）宛留守政景《まさかげ》書状には、「大崎方から葛西方面へ出馬したとのこと、ただただ心配だ」と見える〔性山公治家記録〕。江戸時代の伊達家の史料「治家記録《じかきろく》」では、大崎氏が元良氏と連携していた可能性も指摘している。天正九年八月にも、義隆と長井殿《ながい》（桃生《ものう》郡の長《なが》江《え》氏カ）が、登米《とめ》郡の米谷《まいや》氏一族を引き入れ、葛西晴信と対立したと伝わる〔加納家年代記〕。大崎氏と葛西氏の領国境目地域は、自立的な領主が多く、両家の争いに展開することもあったのであろう。

大崎義隆花押

しかし、天正十二年末頃には関係が改善したのか、葛西晴信は大崎氏一族である一迫《いちはさま》氏（栗原郡一迫の領主）へ久し振りに書状を送った。そして、姉羽《あねは》（姉歯）内膳亮を遣わした際、人馬等を拝借できたことを喜ぶとともに援軍を求めている。同十六年まで続く、気仙《けせん》郡の浜田《はまだ》氏らとの戦いへの援軍であろう。同十五年十二月には、大崎義隆と葛西晴信それぞれを箟峯寺《こんぽうじ》（宮城県涌谷町）修復の大檀那《おおだんな》とする二つの棟札《むなふだ》写が伝わっている。

また、大崎領は南を黒川郡の黒川氏と接していた。黒川氏は伊達氏に従属していたが、古くから大崎氏との関係は良く、黒川晴氏《はるうじ》の正室は大崎義直の娘だったといい、息子がいなかった晴氏は義隆の子義《よし》康《やす》を養子に迎えたという〔大和町史〕。天正五年には、義隆・晴氏らがともに、大崎領内の水陸交通の要所中新田にある鹿島《かしま》神社（宮城県加美町）に鳥居建立の勧進をしている。

義隆と晴氏は、天正十一年頃には留守政景（宮城郡の領主で伊達晴宗三男）へ協力して援軍を送ってもいる。また、義隆から伊達輝宗へ書状を送る際は、政景に取次を頼んだことが知られ、後述する大崎合戦で伊達軍における大崎方面の軍事指揮を政景が担当したのも、従来からの関係性によるのであろう。

出羽、そして京都へ

東方に位置する山形の最上義光《もがみよしあき》との関係は良好で、義光は大崎氏から妻を迎えている。義隆と義光は、しばしば書状を遣り取りしており、大崎氏側の取次として、氏家氏の一族である一栗兵部少輔が見える。

なお、一栗兵部は大崎氏滅亡後、この縁を頼って最上氏のもとへ逃れることとなる。また、天正十年（一五八二）頃、義隆は庄内《しょうない》の大宝寺《だいほうじ》氏と対立する最上義光から、境目への出陣と前線で戦う鮭延《さけのべ》氏の一族庭月《にわつき》氏（山形県鮭川村の領主）との連携を求められている〔鈴木家文書〕。

天正五年閏七月、大崎義隆は庭月式部少輔に「河口名跡」（山形県鮭川村）の知行を宛行っていた〔楓軒文書纂所収文書〕。大崎氏は、鮭延氏の最上氏従属以前から、庭月氏との関係を維持していたのであろう。そして、大崎氏の知行宛行状が庭月氏にとって何らかの意義をもつほど、大崎氏の権威が保たれていたこともうかがえる。また、河口の位置は、日本海や出羽三山へのルートの途中にあたり、大崎氏が羽黒《はぐろ》や日本海ルートで京都へ向かう経路を確保していたことも想定されている〔黒嶋二〇〇四〕。

義隆は天正九年頃、愛宕《あたご》神社（京都市右京区）への願かけのため上洛を試みた〔遠藤家文書〕。当初は相馬口《そうまぐち》（福島県浜通り）を経由しようとしたが、戦争のため道が塞がれていると聞き、長井口《ながいぐち》（山形県米沢市）を通りたいと考えた。そこで義隆は、白鳥長久《しらとりながひさ》（山形県川北町の領主）を通じて長井の伊達氏へ無事通過できるよう保障を求めている。大崎氏の京都への道は、山形庄内からの日本海ルートのほか、相馬経由・長井経由が採られることもあったとわかる。

義久はこの書状のなかで「他家のことなのでどうかと思いましたが、長年（大崎氏は白鳥氏を）お心にかけてくださり、またしきりに（義隆が）頼まれるのでこのように（伊達氏に通過の保障を）お願い申し上げます」と述べている。従来からの大崎氏と白鳥氏の関係性、またこの頃の義隆が直接、伊達氏と交渉することが難しかったことがうかがえる。天正十四年八月段階の大崎氏と伊達氏は、境目争いにより仲が良くなかったという〔成実記〕。両氏は直接、領国を接しているわけではないので、伊達氏に従属する者との間接的な争いを指すのであろう。前述のように、この頃、大崎氏と伊達氏に従う葛西氏は対立しており、それらが影響したのかもしれない。

また義隆は、天正八年頃に織田信長《おだのぶなが》から「駿馬がいると聞いているので博労《ばくろう》を下します」と、駿馬を送るよう求められている〔宝翰類従〕。前項でも触れたが、義隆は蘆名盛氏からも馬を求められており、大崎氏家臣が伊達氏へ馬を献上したとする事例も見られる〔伊達天正日記〕。大崎氏は名馬を入手できたらしく、重要な外交で馬の贈答が大きな役割を果たしたようだ。馬は、先に見たいずれかのルートを経て信長に進上されたのであろう。またここから、時期は不明だが、東北の他の大名同様、義隆も信長に従属していたこともうかがえる。

大崎合戦のはじまり

天正十四年（一五八六）、大崎氏の内乱が起きた〔大崎合戦〕。きっかけは、家臣の新田刑部少輔と伊《い》場《ば》野《の》惣八郎の対立であったという〔遠藤二〇一六〕。その後、家中は二分し、一時期は大崎氏執事の氏家吉継《よしつぐ》のみが大崎義隆を守ろうとしたとされる。しかし結局は、刑部が大崎義隆を「生け捕り」にし、新田城へ籠もって多くの味方を付け、伊場野惣八郎は氏家吉継を頼ることになった。そこで吉継は、家臣の真山《まやま》式部らを米沢へ遣わし、片倉景綱《かたくらかげつな》を通じて伊達政宗《まさむね》に助勢を求めた。政宗はこれを受け入れたが、当時は二本松《にほんまつ》攻めの最中だったこともあり、なかなか軍勢を派遣しなかった。

この頃の大崎氏の居城は名生《みょう》城（宮城県大崎市）かと思われるが、一時期は氏家方に奪われ、義隆の妻子は人質となっていた。だが、子の正三郎のみが助けられ、南条下総《なんじょうしもうさ》が留守を預かる中新田《なかにいだ》城（同加美町）に送り届けられた。その後しばらくして義隆は名生城へ移り、氏家氏らと対峙していた。

事態が大きく動くのは、天正十五年十二月であった。伊達氏に従属していた黒川晴氏が伊達氏から離反し、大崎義隆に味方したのである。前述のように、晴氏は義隆の弟義康を継嗣とするなど大崎氏との関係が強く、大崎氏の存続を望んだともいうが、義隆からの働きかけもあったのであろう。翌年正月、政宗は新たに軍事動員をかけ、十七日に浜田景隆《はまだかげたか》らを派遣した。留守政景・泉田重光《いずみだしげみつ》を「両大将」とする伊達軍は、大崎領に隣接する遠藤高康《たかやす》の千石《せんごく》城（同大崎市）に集結し、中新田城攻撃を決めることとなる〔成実記ほか〕。

難航する和睦への道

そのような動きに対し、最上義光が和睦の仲裁に入ろうと動き出した。そのためか、政宗は「氏家吉継が大崎義隆からすぐに切腹するよう命じられて伊達氏を頼んだので、『侍道の筋目』で仕方なく加勢した」という、援軍を送った自らの正当性を主張し始める〔志賀家文書〕。

二月二日、伊達軍は中新田城攻めを決行したが敗れ、新沼城《にいぬま》（宮城県大崎市）に籠城する事態となった。そのため氏家吉継自ら新沼へやって来て人質を渡し、兵糧を届けたという。結局、伊達軍は大崎義隆に命乞いをし、深谷月鑑斎《ふかやげっかんさい》・泉田重光を人質に出し、二十三日に新沼を出て帰陣した。三月には、伊達氏が最上氏との戦いを始めたため、大崎合戦は伊達氏・最上氏をも巻き込んだ戦乱へと展開していく。

泥沼化した争いの仲裁に入ったのが、最上義光の妹で伊達政宗母の御東《おひがし》（義姫《よしひめ》、保春院《ほしゅんいん》）であった〔遠藤二〇一六〕。閏五月には義光から御東へ要請があり、六月末に和睦が成立し、大崎氏から最上氏へ引き渡されていた人質の泉田重光らも帰還する。

だが、八月に最上氏が庄内をめぐる本庄《ほんじょう》氏との戦いに敗れると、大崎氏と最上氏の関係は微妙なものとなった。義隆と吉継の関係修復も難航し、天正十七年（一五八九）二月、吉継は政宗のいる米沢へ行き、義隆に切腹を迫られたと訴えたようだ。最上義光は御東からそれを伝え聞いて驚いている〔伊達家文書〕。しかし、このときの吉継による米沢行きは、主君である義隆の意向を受けたものであったらしい〔武田文書〕。同月には黒川晴氏が伊達氏への奉公を約束し、四月十六日には大崎義隆も伊達氏に従属することとなる〔伊達家文書〕。このことは最上義光も承認していたらしい。

大崎義隆は、五月二十七日には、相馬氏との戦いに勝利して佐竹《さたけ》氏・蘆名氏との対立に備えていた大《おお》森《もり》城（福島市）の政宗に鉄砲衆を送っている。六月十三日には、蘆名氏に勝利して会津黒川城（福島県会津若松市）に入った政宗へ起請文を提出した〔引証記〕。義隆の伊達氏への従属は、黒川晴氏と留守政景の取り持ちによるものだという。政宗は十月頃から、大崎氏家臣や氏家氏一族らの求めに応じて知行宛行状を与えている。だが十一月半ばになると、再び紛争が起きていた。

天正十八年正月には、大崎義直の弟で義隆の叔父にあたる高清水布月斎《たかしみずふげつさい》が、黒川城の政宗のもとへ年頭の挨拶に出向き、三月まで滞在している〈伊達天正日記〉。布月斎は義隆の名代として出向いたものと思われる。この頃、大崎氏と伊達氏が前年四月に交わした約束の一つであった、氏家氏らの保障をめぐってもめていたらしく、その解決のために会津へ行き、長期滞在となったのかもしれない。黒川氏は、年頭の祝儀を怠ったらしく、黒川晴氏の跡を継いだと思われる黒川隆丸〈黒川義康は天正十七年三月には死去〉が、政宗に起請文を提出している。いまだ混乱は続いていたことがうかがえる。

豊臣政権のもとで

義隆と豊臣政権の接触を確認できるのは、天正十六年（一五八八）九月に上方からの使者が義隆のもとへ廻文を届けたというものが最初である。最上義光は葛西晴信宛書状で、上洛するときは義隆と葛西晴信の三人で「同心し、〈秀吉の裁く〉お白砂《しらす》までご一緒しましょう」と述べている〈別集奥羽文書纂文書〉。このように、上方からは義隆のもとへも上洛を促す使者が来ていた。同じ頃、上杉景勝《うえすぎかげかつ》からも万事をなげうって上洛するよう催促され、石田三成《いしだみつなり》が大宝寺氏へ送った使者は、義隆のもとへも来たようだ〈志賀文書〉。

内乱が続くなか、義隆は上洛要請に応えることができず、小田原《おだわら》落城後の天正十八年七月になって、宇都宮《うつのみや》城（宇都宮市）に入った秀吉のもとへ宿老を遣わした。すでにこのとき、宿老氏家吉継は病死しており、この宿老は、吉継の父隆継《たかつぐ》もしくは弟兼継《かねつぐ》の可能性もあるが定かではない。また、この宿老が秀吉への謁見を許されたかどうかも不明だが、謁見できなかった可能性が高い〔小林二〇〇三〕。

結局、義隆は八月十八日に中新田城を奥羽仕置軍の蒲生氏郷《がもううじさと》へ引き渡し、翌日には石田三成から二十四日の上洛を命じられ、出羽の南陽《なんよう》（山形県南陽市）を経て京へ上った。大崎領は木村吉清《きむらよしきよ》に与えられ、その後大崎・葛西一揆が生じることとなる。

上洛した義隆は、十二月に検地の上で所領三分一を宛行われることを約束された〔宝翰類従〕。すでに一揆蜂起により吉清の領地召し上げが確実であったため、宇都宮に宿老を送った義隆への宛行を三成が斡旋したと考えられている。同月、大津《おおつ》（大津市）・海津《かいづ》（滋賀県高島市）・敦賀《つるが》（福井県敦賀市）・府中《ふちゅう》（同越前市）・北庄《きたのしょう》（福井市）・大聖寺《だいしょうじ》（石川県加賀市）・小松《こまつ》（同小松市）・越中を経由し、北陸道ルートで蒲生氏郷のいた会津へ向かったと思われる。だが、一揆は伊達政宗によって鎮圧され、大崎領は政宗に与えられて義隆への知行宛行は立ち消えとなった〔大崎二〇〇三・小林二〇〇三〕。

義隆は、蒲生氏郷の客分となり、二千石ほどの所領を宛行われることとなる。文禄二年（一五九三）五月には名護屋《なごや》（佐賀県唐津市）に在陣し、氏郷に従って渡海して牧使城攻めに加わる予定であった。また、京都千本《せんぼん》に与えられていた宿所を、石田三成の父正継《まさつぐ》が気にかけたり、義隆も渡海した三成を気遣ったりと、石田父子との関係の強さがうかがえる（大崎二〇〇三）。

同四年二月の氏郷死後、蒲生氏は宇都宮へ移り、新たに上杉氏が会津に入る。義隆は会津にとどまって上杉家臣となり、慶長五年（一六〇〇）には、置賜《おきたま》地方（長井郡）の支配を任された直江兼続《なおえかねつぐ》の下にあった。その後は、南部《なんぶ》氏を頼った可能性も指摘されているが、山形の最上氏を頼り、慶長十九年までには死去したようだ。息子と思われる大崎庄五郎は最上義光の家中にあったことが知られる（大崎二〇〇三）。

なお、義隆の官途は代々の大崎氏当主の官途「左京大夫」を任じられたとする指摘もあるが、史料には天正十八年（一五九〇）に左衛門佐、改易後の文禄二年に左衛門尉、系図には左衛門督と見える。また花押は二種あり、改易後に改めたと考えられる（大崎二〇〇三）。

（遠藤ゆり子）

大崎八幡宮　慶長７年（1602）、伊達政宗が大崎氏の崇敬していた同社を仙台城の北に遷した　仙台市青葉区

【主要参考文献】

大崎氏シンポジウム実行委員会編『奥州探題大崎氏』（大崎氏シンポジウム実行委員会、二〇〇三年）※（大崎二〇〇三）と略記

古川市史編さん委員会編『古川市史』第一巻（大崎市、二〇〇八年）

伊藤信「大崎氏の歴代について」（渡辺信夫編『宮城の研究』第三巻　中世篇Ⅱ・

近世Ⅰ、清文堂出版、一九八三年）
遠藤ゆり子『戦国時代の南奥羽社会―大崎・伊達・最上氏―』（吉川弘文館、二〇一六年）
遠藤ゆり子編『東北の中世史四　伊達氏と戦国争乱』（吉川弘文館、二〇六年）
黒嶋敏「室町幕府・奥州探題体制のゆくえ」（大石直正・小林清治編『陸奥国の戦国社会』高志書院、二〇〇四年）。
小林清治『奥羽仕置の構造』（吉川弘文館、二〇〇三年）
佐々木慶市『奥州探題大崎十二代史』（今野出版、一九九九年）
佐藤貴浩「新出の大崎義直朱印状」『駒沢史学』八六、二〇一六年）
高橋富雄監修『大和町史』上巻（宮城県大和町、一九七五年）
高橋充「葦名盛氏の『止々斎』号―葦名氏発給文書の検討　その一」（『福島県立博物館紀要』九、一九九五年）
【付記】本稿はＪＳＰＳ科研費（20K00961）による研究成果の一部である。

葛西晴信――秀吉の奥羽仕置で大きく狂った運命

不明な点だらけの謎多き人生

東北の戦国武将として、葛西晴信《かさいはるのぶ》は全国的に見ても比較的有名であろう。ところが、これほど有名な武将であるにもかかわらず、生年や没年、さらには具体的な事績すら不明瞭な部分があまりに多い。実に多くの謎に包まれている武将なのである。

どうしてこれほど謎に包まれてしまっているのか。もともと史料が少ない東北地方の武将であるということに加え、豊臣《とよとみ》政権の奥羽仕置により独立した大名として認められず滅亡してしまったことが大きいが、もう一つ葛西晴信ならではの事情がある。それは、葛西晴信関係史料には偽文書《ぎもんじょ》が大量に存在することである。現在、晴信発給文書は二〇〇通以上確認されているが、その大半が偽文書なのである。

加えて、葛西氏関係史料には数多くの系図・軍記物などの編纂物が存在し、何を根拠にしたのか不明なものの詳細な歴史叙述をしているものがこれまた多い。こうした状況により、何が史実なのかを確定させることが極めて困難な状況となっており、これまで多くの研究者たちを苦しめてきたのである。

そのような状況でも、数少ない一次史料の収集・検討や二次史料の慎重な検討によって、研究は着実に進歩している〔『石巻の歴史』一九九二・一九九六など〕。現在わかっている晴信の武将としての事績を、いくつかの問題に絞って追ってみたい。

近年明らかになってきた晴信の生年

まずは晴信の生年であるが、近年ようやく明らかになってきている。これまでは諸系図を根拠に、父晴胤《はるたね》の没年を弘治元年（一五五五）、晴信の家政開始を永禄三年（一五六〇）とすることが多かった。また、歴代当主についても、晴胤の後に親信《ちかのぶ》なる人物を置き、次いで晴信・義重《よししげ》と続くとされることもあった〔『岩手県史』中世篇上など〕。

しかし、晴胤は永禄末・元亀初め頃の史料や天正四年（一五七六）の史料にも登場することが確認されている〔伊達家文書、「性山公治家記録」所収伊達輝宗書状写〕。親信なる人物も、近世の編纂物にしか登場せず、その存在自体に疑問符が付いており、義重こそ嫡子であることは明らかである。さらに、二次史料ながら「加納家年代記《かのうけねんだいき》」という史料には、晴胤が天正五年に五十三歳で没したと記されている。この直後の天正六年に義重が当主として史料に登場することからしても〔興田妙見神社所蔵棟札〕、この記述に大きな矛盾は存在しない。ということは、晴胤は大永五年（一五二五）生まれとなる。

また、義重は元亀二年（一五七二）に「義」の字の偏諱《へんき》を足利義昭《あしかがよしあき》から賜っていることが確認される〔盛岡浜田文書〕。元服と連動してのことと思われる。そのときの年齢を十五歳頃と仮定すると、義重は弘治三年、晴胤三十三歳のときの生まれとなる。さらに、晴信には姉がいたことも知られていることからして、晴信は永禄三年頃の生まれと考えて問題ないだろう。つまり、奥羽仕置時には三十歳前後だったということになる。

ちなみに、晴信の姉は隣接する深谷保《ふかやのほ》（宮城県東松島市・石巻市）の国衆長江勝景《ながえかつかげ》の妻であるが、勝景の妹で相馬義胤《そうまよしたね》に嫁いだ「おきた」は永禄七年生まれとされている〔相馬藩世紀〕ことなどから、勝景は義重・晴信の姉・晴信とほぼ同年代と考えられる。葛西氏・長江氏一族の推定年齢は、いずれも大きく矛盾しない計算となる。

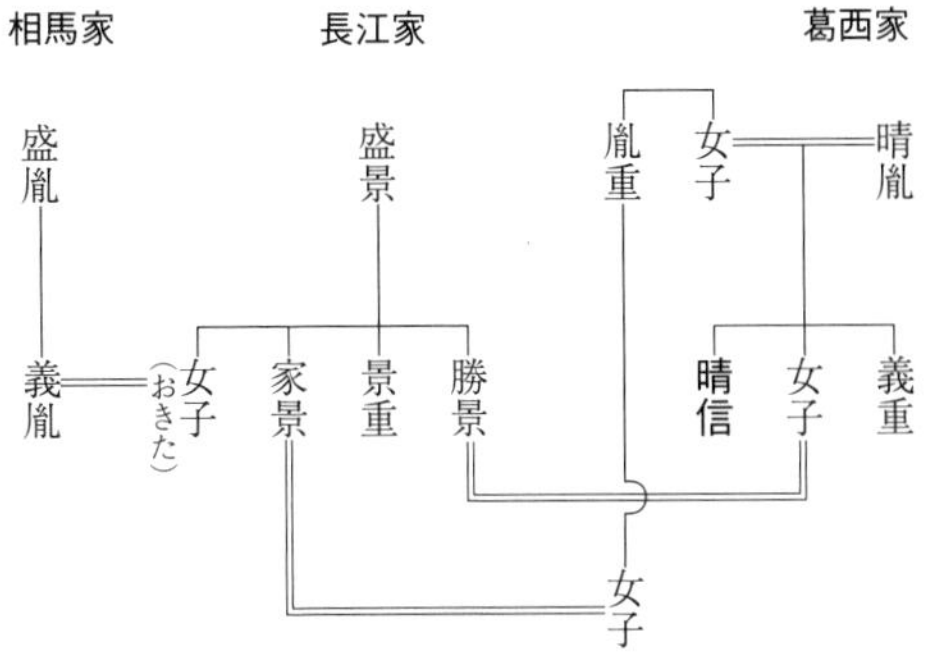

葛西家・長江家・相馬家関係系図（一部推定）

兄義重の死による思わぬ家督継承

そんな晴信だが、先述のように彼は晴胤の嫡子ではなかったため、葛西家当主となる予定にはなかった。晴胤の嫡子は、義重であった。義重は早くに死去した模様で、そのためその事績は晴信以上にほとんど知られていない。その存在が確認できる確実な史料は三点しかない。初見は（元亀二年〈一五七一〉カ）八月十七日付け細川藤孝《ほそかわふじたか》書状〔盛岡浜田文書〕である。先述した「義」の字を将軍足利義昭から拝領したときのもので、宛所の「葛西三郎」

は義重である可能性が高い。その次は、これも先述した天正六年（一五七八）の棟札で、「大旦那平義重治部少輔」とある。最後が、天正九年頃とみられる極月二日付けで、伊達輝宗《だててるむね》に宛てた義重の書状（本間美術館所蔵文書）である。現在確認されている義重の発給文書は、この一点のみである。そして、この天正九年頃を境に、義重は史料上に登場しなくなる。

代わって登場するのが、晴信である。晴信の初見史料は、晴信が「伊達西殿」に宛てた書状である（伊達家文書）。「伊達西殿」とは家督相続前の伊達政宗《まさむね》のことであり、天正十年頃の複数の文書に「伊達西殿」として登場することが知られている。また、政宗は天正十二年十月に家督相続をしていることは周知の通りであることから、この晴信の初見文書も天正十年頃であることは確実である。そのため、およそ天正九年から十年の間に義重が没し、晴信が家督となったと考えられる。

なお、近年「相馬西殿」宛ての晴信書状が発見された（個人蔵）。当初は天正十年頃と推定されていたが、これを天正四年とする説が登場している（岡田二〇二一）。そうだとすると、晴胤・義重存命中に晴信は活動を開始していたことになる。ただ、内容もさることながら晴信の推定年齢や晴胤・義重の存在などを考えると、やはり天正十年頃と考えるのが無難であると思う。今後の検討に委ねたい。

相次ぐ内乱①――東山・本吉・気仙での反乱

晴信が家督を継承した当時の葛西領国は、おおよそ現在の宮城県石巻市から岩手県奥州市・陸前高田市にかけて、胆沢《いさわ》・江刺《えさし》・磐井《いわい》（東・西に分かれる）・気仙《けせん》・牡鹿《おしか》・本吉《もとよし》・桃生《ものう》・登米《とめ》の各郡に及んでいたと考えられ、登米郡寺池城《てらいけ》（もしくは保呂羽館《ほろわ》。いずれも宮城県登米市）を本拠としていたと考えられる。ただし、領国内には自立的な領主が多数存在し、葛西氏としては「家中」と表現することもあったが、しばしば葛西氏に対して反乱を起こしていたことが知られる。実際には葛西氏を盟主とした緩やかな連合体制をとっていたものと考えられる。

晴胤の時代は、隣接する大名大崎《おおさき》氏との争いなどがあったものの、義重・晴信の時代は他大名と大きく争うことは基本的にはなかったようである。一方で、領国内の自立的な領主による反乱には常に悩まされ続け、むしろ激化していったようにもみえる。

義重治世下では、天正四年（一五七六）に登米郡米谷《まいや》（宮城県登米市）の米谷氏が反乱を起こし、いったん没落したものの再起したようで、天正九年八月には米谷氏の当主が殺害される事件が起きてしまう。この混乱に乗じてか、東磐井郡の東山地方（岩手県一関市）でも反乱が起きたため、義重は東山へ出陣して沈静化に乗り出した。同年と思われる十二月、義重と一族の葛西胤孝《たねたか》は伊達輝宗に書状を送り、東山地方の鎮圧を終え帰陣したことを伝えつつ、米谷氏がいまだ抵抗を続けているもののほどなく片付くだろうと述べている。さらに、もし新たな事態が発生した場合は、来春にも伊達氏の援軍を得たいとも述べている。この事件については、大崎氏らが米谷氏を援助して葛西氏と対立したとも伝えられているが、この頃になって、ようやく米谷氏の反乱は鎮圧されたものと思われる〔加納家年代記、本間美術館所蔵文書、歴代古案」)。晴信も、この頃にはすでに元服を終え活動を開始しているはずであり、義重の弟として共にこれらの問題に対処していたと思われる。

天正十年頃には当主となった晴信であったが、早速領内の反乱に直面している。天正十一年頃の九月、まずは三陸本吉郡主で志津川《しづがわ》を本拠とする本吉氏が晴信に対して反乱を起こした〔伊達家文書〕。この反乱については、晴信は「元吉再乱」と述べていることから、それ以前にも元吉氏の反乱があったことがわかる。同時に晴信は、家中残らず奉公しているので鎮圧も間近であると述べている。この元吉氏の反乱と関係してか、翌十二年頃には気仙郡米ケ崎《よねがさき》城(岩手県陸前高田市)主浜田《はまだ》安房守が、東山の薄衣《うすぎぬ》城(同一関市)主薄衣氏と対立している。晴信は専称寺《せんしょうじ》なる使僧を派遣して和睦調停を開始したが、薄衣氏は了承せず交渉が難航していた。事態の打開のためか、晴信は東山に直接下向して調停に及んだ模様である〔盛岡浜田文書〕。この浜田と薄衣の対立に関係してか、天正十五年秋にも東山で内乱が発生している〔弥生美術館所蔵文書〕。

事態はこれで収まらなかった。さらに今度は浜田安房守も反乱を起こしたのである。同じく気仙郡の横沢《よこさわ》信濃守・今泉《いまいずみ》氏とともに岩月《いわつき》館(宮城県気仙沼市)を攻撃するなど、反乱は数年続いた模様で、同十六年にようやく沈静化している〔石川甚兵衛氏所蔵文書、『宝翰類聚』乾〕。

相次ぐ内乱②——江刺・遠野での反乱

葛西領国北端、江刺郡（岩手県奥州市）を支配する江刺氏は葛西一族の有力領主であった。その江刺氏でも内乱が発生し、天正十二年（一五八四）四月にいったん無事となったが、六月に「江刺再乱」となってしまう〔正法年譜住山記〕。その後の状況は不明だが、同十六年には当時の当主江刺三河守と晴信との対立へと発展し、晴信は閏五月には家臣の常庵宗慎を江刺へ出陣させている。

この間の同十五年十月には、江刺氏と隣接する遠野《とおの》氏でも内乱が起きた。当時の当主遠野孫次郎（阿曽沼広郷《あそぬまひろさと》か）とその家臣鱒沢《ますざわ》氏が対立したことによるもので、鱒沢氏は被官を集めて遠野孫次郎の「生害《しょうがい》」を企むようになった。その情報に接した晴信は、同月二十六日、孫次郎に対して油断しないよう伝えるとともに、気仙郡世田米《せたまい》（岩手県住田町）へ「信安」なる人物を来月二日に派遣するので、孫次郎も世田米へ来るよう指示している〔『宝翰類聚』坤〕。世田米は葛西氏家臣で遠野阿曽沼氏一族の世田米氏の本拠であり、遠野氏の内乱は世田米氏を巻き込んでの内乱に発展したようである。

「信安」なる人物による調停は功を奏しなかったのか、翌年閏五月までには世田米中務なる人物が切腹する事件が発生し、「遠野錯乱」という状態になってしまった。当時、晴信は家臣の常庵宗慎を江刺へ出陣させていたが、遠野の状況悪化を受けており、晴信自身も急きょ遠野へ向けて出陣したようである〔『宝翰類聚』乾〕。同年七月十七日、晴信は南部信直《なんぶのぶなお》に書状を送り、信直が「斯波御所《しばごしょ》」と称された斯波詮直《しばあきなお》がいる志和《しわ》郡へ出陣したことを了解するとともに、信直から対面の申し入れがあったことを喜び、遠野において実現したいと伝えている。その際、遠野氏の進退について信直が協力してくれれば本望であるとも述べている〔盛岡南部家文書〕。同年八月五日、晴信は南部氏重臣楢山義実《ならやまよしざね》へ書状を送り、信直が斯波氏を滅ぼしたことを祝うとともに、本当は江刺郡において対面したいのだが、晴信と江刺三河守が「不和」であるので遠野へ来てほしいと連絡している〔盛岡南部家文書〕。この頃には、遠野氏の内乱は沈静化したものと思われる。

晴信と江刺三河守の対立も同十六年末頃には収まり、晴信が三河守を勘当し、家主権を剥奪することで解決したようである。翌十七年正月、晴信は江刺家中の口内《くちない》・角懸《つのかけ》氏に書状を送り、三河守を赦免することはないと述べている〔菊池文書〕。江刺三河守はその後、同十七年七月十三日以前に伊達政宗に書状を送っている〔『宝翰類聚』乾〕。勢力を拡大する政宗と通じることで、自身の立場の回復を図ろうとしていたのかもしれない。

伊達政宗との関係

晴信関係の史料は少ないが、そのなかで伊達政宗との関係を示す史料は比較的豊富である。葛西氏側では一族の葛西重俊《しげとし》（流斎《りゅうさい》）や重臣の赤井景綱《あかいかげつな》、男沢壱岐守、下折壁《しもおりかべ》下野守、大窪《おおくぼ》紀伊守、大窪主計などが、伊達氏側では片倉景綱《かたくらかげつな》や大条実頼《おおえださねより》、高野親兼《たかのちかかね》などが取次・使者として登場している。

先述のように、晴信は天正十年（一五八二）頃から家督相続前の政宗と書状のやりとりをしており、伊達氏との良好な関係を継続していた。そのなかで、天正十五年九月以前から政宗と晴信が直接会談することを計画していたことは注目される。直接会談することにより、伊達・葛西の同盟関係を強化する目的があった模様である。同月四日時点で、政宗は晴信の重臣赤井景綱に対して、対面の実現が遅れてしまっているが、来月上旬には葛西方面へ向かうと伝えている。一方、その前に葛西氏からは、来月は降雪があるので来春でもよいのではと言われていたようで、それに対して政宗は、来春では遅くなりすぎて世間の評判としてもよくないので、必ず来月上旬には実施したい、ついては使者を派遣して会談の場をどうするか相談したいと述べている〔『引証記』七〕。政宗の強い意志が伝わってくる一方で、晴信はあまり乗り気ではなかったのかもしれない。

結局、先述したように同時期に葛西領国の東山地方で反乱が起き、また伊達氏側も大崎合戦に突入していったこともあり、会談は実現しなかった。大崎合戦最中の同十六年二月十六日、政宗は輝宗代からの協力関係や骨肉の関係（血のつながり）を強調して晴信に援軍の派遣を要請しているが〔『引証記』三〕、一方で最上義光《もがみよしあき》も同年七月二日に葛西氏家臣勝間《かつま》田右馬亮に書状を送り、大崎氏と伊達氏の和睦に向けた協力を要請している〔室岡正雄氏旧蔵文書〕。結局、晴信は政宗に援軍を送ることはなかった。その後、政宗は郡山《こおりやま》合戦へと突入していくが、その最中に葛西流斎が政宗に書状を送り、具足を所望している。政宗もこれに応えて具足を贈りつつ、帰陣したら晴信へ使者を派遣すると述べている〔『貞山公治家記録』所収伊達政宗書状取意文〕。九月、援軍を派遣しなかった晴信は、伊達氏との同盟を改めて強固にする意味で使者を派遣し、政宗・晴信両者は起請文を交換した。

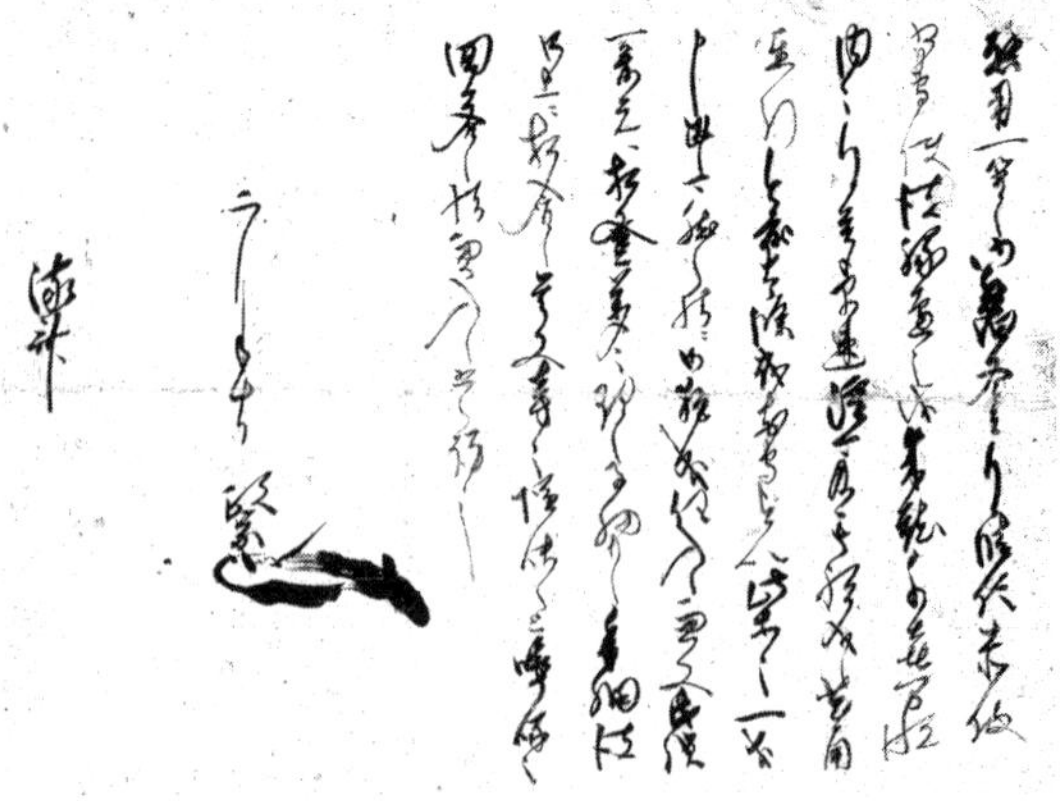

流斎（葛西重俊）宛て伊達政宗書状　東京大学史料編纂所蔵

十二月にも再度、赤井景綱らが政宗のもとへ訪れ、さまざまな贈答を行っている。景綱らはしばらく米沢《よねざわ》（山形県米沢市）に滞在したようで、同年の「伊達天正日記」の十二月条には彼らが繰り返し登場する。どのようなことが話し合われたのかは記されていないが、一つは大崎方面への出陣に関するものだったと思われる。翌十七年正月二十八日段階で、晴信は江刺郡の軍勢を援軍として派遣することを考えていたことが根拠である〔菊池文書〕。もう一つは、翌十七年二月十日に政宗が葛西流斎に宛てた書状によると、「彼の縁辺の儀成就」であった〔東京大学史料編纂所所蔵文書〕。この「縁辺」を前年九月段階での起請文の交換のこととする先行研究もあるが〔『石巻の歴史』一九九二〕、婚姻のことを指すと考えるのが無難ではないか。つまり、晴信が何者かと婚姻関係を結ぶことになり、その報告を兼ねたものだったことがわかる。その領主とは誰なのか、どうも伊達氏は当事者ではないようだが、伊達氏と深い関係にある領主であることは確かだろう。

同年五月、政宗が相馬領へ出陣した際に、晴信は家臣の大窪紀伊守を代官として鉄炮衆二〇〇人を援軍として派遣し、新地《しんち》・駒ヶ嶺《こまがみね》城（福島県新地町）攻めが終わった後の同月二十三日に政宗のもとへ着陣している〔登米懐古館所蔵登米伊達家文書など〕。その後の蘆名《あしな》氏攻めに参加したのだろう。この頃になると、葛西氏も相当数の鉄炮を保持していたことがうかがわれ、興味深い。

奥羽仕置で変わった運命

晴信の運命は、天正十八年（一五九〇）の奥羽仕置を境に大きく変わってしまった。豊臣軍が早々に小田原《おだわら》城（神奈川県小田原市）を包囲するなか、晴信自身が小田原へ参陣することはなかった。一方、諸将に遅れながらも伊達政宗は小田原へ参陣し無事出仕を遂げた。その直後の同年七月二十二日、政宗は晴信・流斎に対して、奥州のことは言うまでもなく、出羽に至るまでも仕置は政宗に仰せ付けられたと伝えている。そして流斎に対しては、晴信が政宗へ協力するように、つまりは実質的には伊達氏へ従属するように尽力せよと働きかけている〔『引証記』十三〕。一方の晴信も、ちょうど行き違いの形で同月二十四日に政宗へ書状を送り、秀吉が会津まで出陣するのかどうかを聞いている〔楓軒文書纂〕。

結局、秀吉は会津まで出陣し奥羽仕置を実施したが、旧大崎・葛西領には木村吉清《きむらよしきよ》が入ることになった。晴信は所領没収の憂き目に遭ったのである。とはいえ、この時点の木村氏はあくまで大崎・葛西を預け置かれたというのが実態だったようで、同年十月初め頃になってようやく正式な領有が決定したと考えられている〔『石巻の歴史』一九九六〕。しかも、その領国は旧大崎・葛西領全域にわたったのではないようにみえる。

というのも、晴信は従来、小田原への不参によりすぐに改易されたと考えられていたが、その後も晴信や流斎はたびたび史料上に登場しており、明らかに旧領国のどこかにある程度の独立性を保って存在していたことが確認できるからである。先行研究では、牡鹿郡・桃生郡（宮城県石巻市ほか）で一揆が起き討伐軍が来た形跡がないこと、十九年段階でも牡鹿郡内に内政関係の文書を出していることなどから、両郡はなお葛西領であり、晴信も両郡内のどこかにいたものと推定している〔『石巻の歴史』一九九六〕。つまり、秀吉はどうも晴信の最終的な去就について明確な判断を下さなかったようなのである。

この点で参考になるのが、大崎義隆《よしたか》の動向である。義隆は奥羽仕置後に実際に上洛し、同年十二月七日付けで秀吉から検地のうえで本領三分の一を安堵する旨の朱印状を得ているのである〔『宝翰類聚』乾〕。晴信は上洛した形跡はないものの、同様の処分が下される可能性がこの時点ではまだあったのではなかろうか。

木村氏の領有が決定した直後の十月中旬、大崎・葛西氏の旧臣たちが反旗を翻し、大崎・葛西一揆が勃発した。吉清が佐沼《さぬま》城（宮城県登米市）に籠城するなど事態は深刻化し、救出・鎮圧をめぐって政宗と蒲生氏郷《がもううじさと》の間で確執が起きたことは有名である。この吉清の救出と一揆鎮圧をめぐって、同年十月二十三日時点で政宗は晴信に協力を要請しており、同年十一月十五日にも流斎に出陣後の状況について連絡している〔『引証記』十四、仙台市博物館所蔵文書〕。一揆鎮圧をめぐって、晴信が軍勢を出したのかどうかは不明である。

なお、同日には政宗と氏郷との間で「葛西身上の事」が協議されている〔伊達家文書〕。翌十九年閏正月一日、政宗が秀吉の命令により上洛するにあたって晴信へ書状を出しているが、そこでも安心するようにと伝えている〔『引証記』十五〕。やはり、この時点でも晴信の去就は定まっていなかったと同時に、政宗が晴信の処遇に積極的に関与していたことがうかがわれよう。

消えた晴信

ところが、政宗は秀吉から大崎・葛西の領有を命じられ、同年六月に一揆の鎮圧に本格的に乗り出し、宮崎《みやざき》城（宮城県加美町）や佐沼城などを攻め落とした。その間、流斎は葛西方面の状況を政宗に報告しているが、同月十九日に政宗は会津黒川《くろかわ》（福島県会津若松市）で直接話したいから来るよう流斎に伝えている〔貞山公治家記録所収伊達政宗書状取意文〕。この頃は、まだ晴信が領主として生き残る可能性があったのかもしれない。しかし、豊臣秀次《ひでつぐ》の意向を受けた政宗は、八月に桃生郡深谷（宮城県東松島市・石巻市）に集めた葛西の一揆の残党二十人余りを粛正して旧葛西領へ侵攻するに至る。

このように、同年六月までは姿（直接的には流斎だが）を確認できるものの、以後、晴信は姿を消してしまうのである。戦国期奥羽に名を馳せた人物ながら、その最期についてはあまりに不明瞭な部分が多い。なお、流斎は同年冬に政宗に仕官したとされ、実際に宮城郡高城（宮城県松島町）において所領を得ていることが確認される〔葛西家家譜書出控〕。六月から十月頃にかけて、晴信の身に何かがあったことは確実である。

では、結局晴信はどうなったのだろうか。仙台藩家臣の由緒書などによると、この時点で晴信も「生害」したとされる〔御知行被下置御帳十一〕。姉の夫である長江勝景と同様、最終的には晴信も粛正された可能性もたしかにあろう。一方で、加賀前田《まえだ》家に仕え慶長二年（一五九七）に加賀で没したという説もある〔葛西真記録など〕。

現在有力となっている説は、上杉家のもとへ身を寄せた可能性である〔『石巻の歴史』一九九六〕。晴信は大崎義隆とともに上洛して上杉景勝に属したとされ〔貞山公治家記録〕、晴信の子と思われる葛西長三郎清高《きよたか》が慶長五年（一六〇〇）の「北の関ヶ原」時に上杉軍の一員となり、刈田《かった》郡内に所領も有していたことから、そのようにいわれている〔伊達家文書〕。

このほかにも、晴信は閉伊《へい》郡遠野（岩手県遠野市）に移住してそこで死去し、その子延景《のぶかげ》が南部家に仕えたとする説もある〔参考諸家系図〕。実際、勝兵衛延景は慶長六年に南部信直から所領を与えられている〔『宝翰類聚』坤〕。また、本稿でも引用した葛西家関係の重要な文書〔盛岡浜田文書〕を数多く所蔵していたことから、晴信の嫡子系統と考えられている。これ以上は不明だが、少なくとも、天正十九年六月以降は史料上に登場しなくなるのは確かであるため、一五九〇年代中に死去した可能性が高いとしておく。

（竹井英文）

【主要参考文献】

『石巻の歴史』第一巻　通史編上（石巻市、一九九六年）
『石巻の歴史』第六巻　特別史編（石巻市、一九九二年）
『岩手県史』第三巻中世篇上（岩手県、一九六一年）
『岩手県史』第三巻中世篇下（岩手県、一九六一年）
岡田清一「相馬氏の受給文書と「相馬西殿」―戦国期・家督相続に関する基礎作業―」（『東北福祉大学研究紀要』四五、二〇二一年）

伊達稙宗
――前例なき陸奥国守護就任を果たした伊達氏中興の祖

稙宗の略歴

伊達稙宗《だてたねむね》は、長享二年（一四八八）に生まれた。父は陸奥国伊達郡梁川《やながわ》城（福島県伊達市）に本拠を構える伊達尚宗《ひさむね》、母は越後国守護の上杉定実《うえすぎさだざね》の息女（あるいは姉妹）であった。正室には、会津を本拠とする戦国大名蘆名盛高《あしなもりたか》の息女（泰心院《たいしんいん》）を迎え、子どもについては晴宗《はるむね》や義宣《よしのぶ》、実元《さねもと》ら十四男七女をもうけたといわれている。亡くなったのは永禄八年（一五六五）、伊具《いぐ》郡丸森《まるもり》城（宮城県丸森町、丸山城とも）においてであった。享年七十八である。江戸時代中期に仙台藩によってまとめられた『伊達正統世次考《だてせいとうせじこう》』（以下、『世次考』と略記）などによれば、稙宗の略歴は以上のように示すことができる。

その間、彼は外交・軍事・内政に華々しい活躍をみせ、文化活動にも意を注いだ。彼の一連の動向からみて、稙宗は間違いなく戦国時代の奥羽で中心的な役割を果たした武将の一人であった。

室町幕府との関係強化

稙宗の政治活動は、永正五年（一五〇八）七月に室町幕府十代将軍となった足利義稙《あしかがよしたね》へ太刀や銭を贈ったあたりからみえ始め、当初は次郎または直山と称していた〔伊達家文書、名取熊野神社文書〕。

永正八年頃には父尚宗から家督を譲られ、伊達家当主となったようである。このとき稙宗は二十四歳頃である。ただし、そこでの領主権力のあり方は、尚宗と稙宗が併存して行使するかたちであったとされる。同様のあり方は、その後の世代（稙宗と晴宗、晴宗と輝宗《てるむね》、輝宗と政宗《まさむね》）にも受け継がれていたことが知られ、父である前当主が新たな当主を外交面などで支え、権力と統治の安定を図っていたのである。それはわずか数年間ではあったが、父尚宗が永正十一年に死没するまで続いたことになる。なお、似たような事例は相馬《そうま》盛胤《もりたね》と義胤《よしたね》父子、浅井《あざい》久政《ひさまさ》と長《なが》政《まさ》父子、北条《ほうじょう》氏政《うじまさ》と氏直《うじなお》父子、佐竹《さたけ》義重《よししげ》と義宣父子など、他の大名家においても知られている。

伊達稙宗画像（「伊達家歴代画真」のうち）　仙台市博物館蔵

永正十四年三月頃、幕府は将軍義稙の実名の一字を彼に与え、左京大夫《さきょうのだいぶ》に任官することを決定した。いずれも稙宗からの申し出を受けたものである。稙宗も同年十月にはそれらを受領し、「左京大夫稙宗」と称し始める。さらに大永二年（一五二二）には、幕府から陸奥国守護職にも補任された〔以上、伊達家文書〕。

将軍からの一字拝領については、前代の持宗《もちむね》・成《しげ》宗《むね》・尚宗がそれぞれ四代義持《よしもち》・八代義政《よしまさ》（初名義成《よししげ》）・九代義尚《よしひさ》から実名の一字を与えられており、従来どおり将軍との主従関係を維持・確認する大きな意味を持っていた。左京大夫という官職は、それに相当する位階が従四位下《じゅしいのげ》とされており、前代の当主に比べると高いものであった。父尚宗が大膳大夫《だいぜんのだいぶ》（正五位上《しょうごいのじょう》）、それ以前の十五世紀代の当主（政宗・氏宗《うじむね》・持宗・成宗）の官職もまた大膳大夫か兵部少輔《ひょうぶのしょう》（従五位下《じゅごいのげ》）であったからである。また、幕府から奥州探題《おうしゅうたんだい》職に補任されていた大崎《おおさき》氏も左京大夫に任官していたことから、奥州における伊達氏の地位はこれによって高まったことになろう。これらの返礼として、稙宗は将軍へ太刀・黄金・馬、朝廷へは太刀代・馬代（ともに銭）を贈っている。

それにも増して、幕府との関係で重要な意味を持ったのが、陸奥国守護職への補任である。それというのも、陸奥・出羽両国は鎌倉幕府以来、守護不設置の国であり、室町幕府は前例のない陸奥国守護に稙宗を初めて任じたことになるからである。確かに伊達氏は、以前から奥羽における有力領主・有力大名というべき立場にあった。稙宗の祖父成宗の時代には内争のため梁川城へと亡命してきた奥州探題大崎教兼《のりかね》を保護し、出兵して復帰させるなど、すでに大崎氏を凌ぐ実力を内外へと示していた。そこへ稙宗の時代にいたって、伊達氏はさらに室町幕府の職制上に明確に位置付けられることになったのである。

ところが稙宗は、守護職補任に対する返礼の遅延を幕府から指摘され、すみやかに上納するよう督促を受けている〔伊達家文書〕。そしてその後も、正式な礼をとった形跡がみられないことから、実は稙宗は奥州探題職への補任を申し出ており、幕府が大崎氏への配慮などから守護職へと補任したため不本意に感じていた、ともいわれている。

その真相は明らかでないが、これら一連の出来事は、客観的にみれば稙宗が幕府・朝廷という公権力から高い評価を得ていたことを表している。これによって伊達氏は奥州探題と並び立つ存在へと押し上げられ、名実ともに奥羽屈指の戦国大名になったとみてよいであろう。多くの費用と労力をかけて、幕府との贈答・折衝を繰り返していた稙宗が得た果実は決して小さくなく、奥羽諸領主との軍事・外交関係や自らの領国支配を有利に進めていくうえでも、陰に陽に大きな役割を果たすことになったように思われる。

活発な軍事・外交活動

家督相続後の稙宗は、積極的な軍事行動も起こしている。永正十年（一五一三）頃、越後守護の上杉定実と守護代の長尾為景《ながおためかげ》が対立し、双方から軍事支援の要請を受けた稙宗は、守護方への合力のため越後まで出兵したようである。さらに翌年二月には、山形城《やまがたじょう》（山形市）の最上氏《もがみし》と合戦に及び、勝利を得たらしい。最上領への出兵は、永正十七年や大永元年（一五二一）にも行われている。大永八年には、北上川《きたかみがわ》中下流域を治める葛西氏《かさいし》の領地へと攻め込み、「りんこうのたて（館）」（所在地には寺池城《てらいけじょう》・日和山城《ひよりやまじょう》・梨郷館《りんごうだて》など諸説あり）を落としたという。

天文元年（一五三二）には田村領《たむらりょう》へ攻め込み、同三年には岩城氏《いわきし》・白河氏《しらかわし》と合戦に及んでいる。同五年には、家中分裂によって内紛が起きた大崎領へ侵攻し、稙宗へ援軍を要請していた当主大崎義直《よしなお》に加勢して反義直派を追い落とし、義直を復帰させた。天文七年には、稙宗子息の時宗丸《ときむねまる》（のちの実元《さねもと》）が上杉定実の養子になると内定したことをきっかけに、それに反対する北越後の国衆（本庄《ほんじょう》氏・色部《いろべ》氏ら）に対して稙宗は軍勢を派遣したとされる〔以上、『世次考』、会津塔寺八幡宮長帳、伊達家文書など〕。

こうした稙宗の軍事行動には、いくつかの特徴が指摘されている。一つ目は、蘆名氏と連携した外征が目立つことである。前述の中でも、永正十一年の最上領への出兵、大永八年の葛西領への出兵には蘆名氏からの援軍を得ており、天文三年の岩城《いわき》氏・白河《しらかわ》氏との合戦では蘆名氏・二階堂《にかいどう》氏・石川《いしかわ》氏と連合して戦っている。実は稙宗の父尚宗は、明応三年（一四九四）の家中の反乱で苦境に陥った際、一時的に伊達領を退去して蘆名盛高を頼ったとされ、その後、盛高の息女が稙宗の正室となり、さらに彼女との間にもうけた女子が盛高の孫・盛氏《もりうじ》の正室となる〔『世次考』〕など、両氏の間には同盟に近い関係が築かれており、それが稙宗の動きに作用したようなのである。大崎氏や伊達氏などと同様に、蘆名氏もまた奥州を代表する戦国大名であったことを踏まえると、こうした伊達・蘆名の外交関係は戦国期南奥羽の基軸をなしていたとも考えられている。

特徴の二つ目は、一連の外征によって伊達氏領国がほとんど拡大しなかったことである。稙宗が作成させた天文七年の「段銭古帳《たんせんこちょう》」などから当時の領国の範囲を知ることができるが、そこにみられる領域は、父尚宗の時代までに伊達氏が手中に収めていたとされるそれと大きく変わらないのである。また

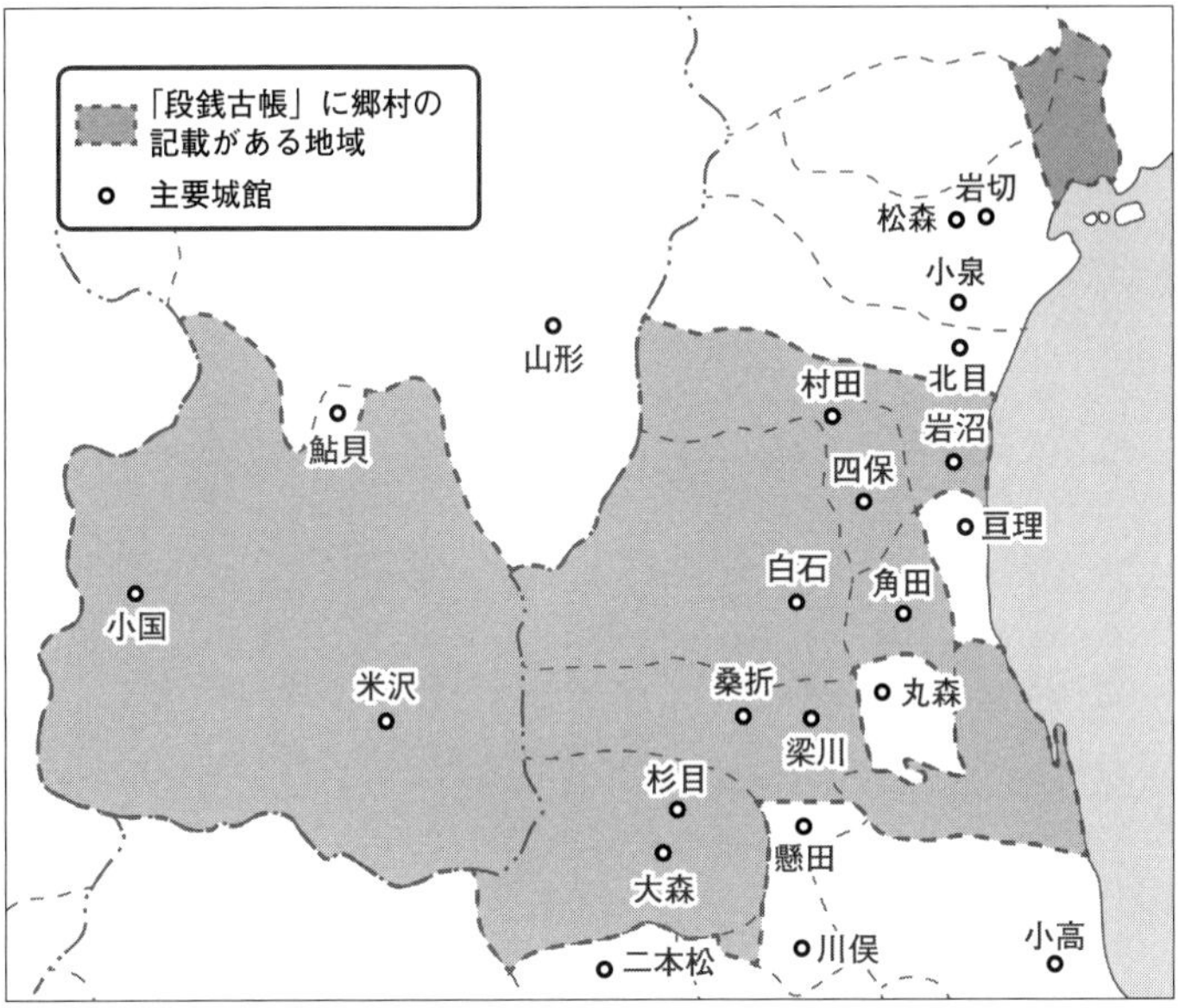

「段銭古帳」から推定される当時の伊達領略図（遠藤編 2016 掲載図をもとに作成）

そればかりでなく、稙宗と戦って敗れた最上氏・葛西氏・岩城氏、稙宗の加勢によって当主の地位に復帰できた大崎氏は、その後も独立性は維持しており、従属的な関係となった形跡もみられないという。むしろこうした合戦ののちに縁組みに至っているケースもあり、最上義定《よしさだ》は永正十一年の合戦の翌年に稙宗の妹を正室に迎え、岩城重隆《しげたか》の息女久保姫は稙宗の嫡男晴宗の正室に迎えられている。大崎氏と葛西氏は稙宗の子息を養子に迎えている。どうやら稙宗の軍事行動には、勢力拡大とは別の意図があったようである。

　稙宗の対外活動として、南奥羽の諸家と積極的に姻戚関係を結び、それが網の目のように張りめぐらされていたことがよく知られている。前述の事例に加え、相馬顕胤《あきたね》・二階堂輝行《てるゆき》・田

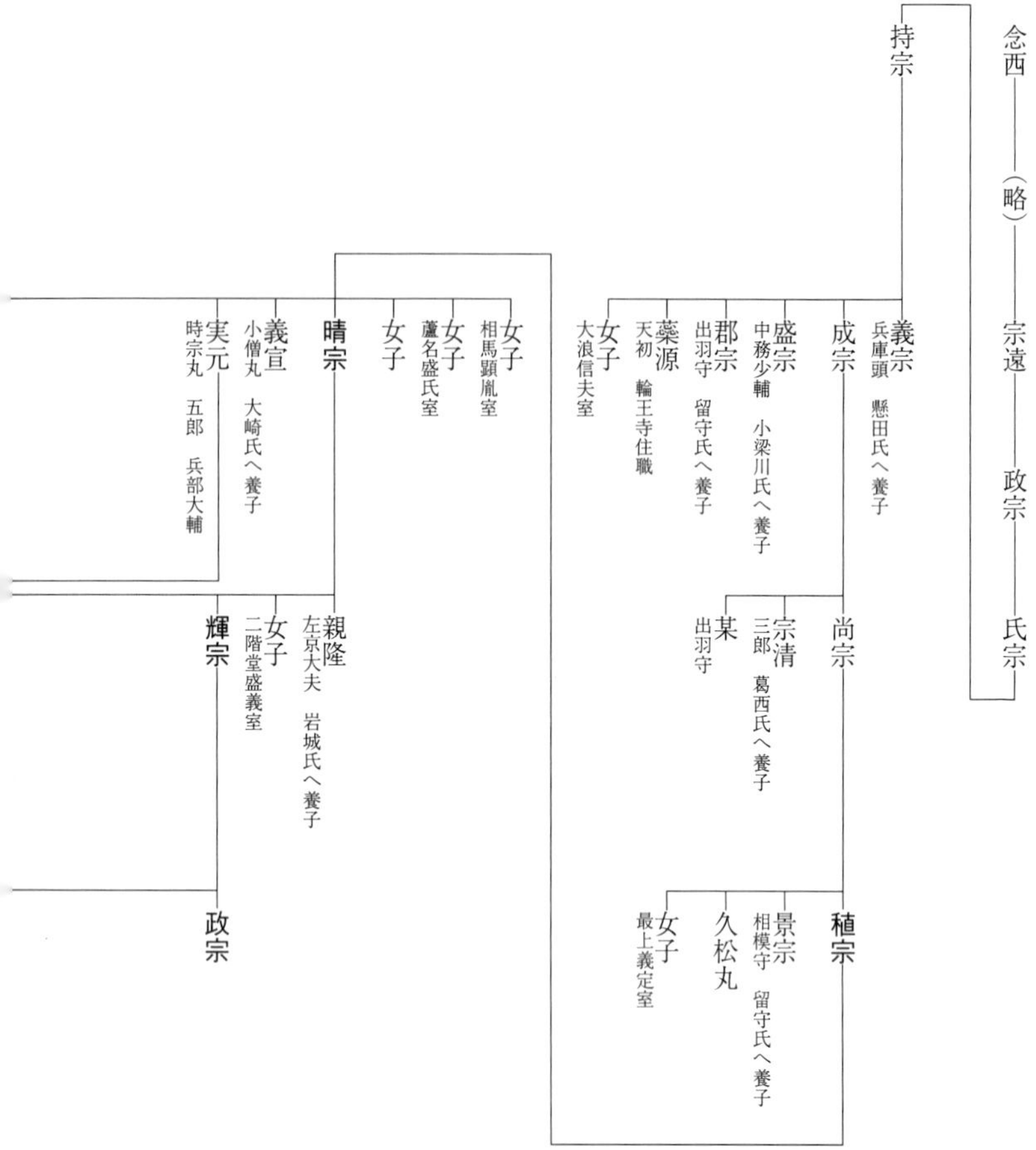

村隆顕《たかあき》・懸田俊宗《かけだとしむね》が稙宗の息女を正室に迎え、亘理《わたり》郡の亘理氏や柴田《しばた》郡の村田《むらた》氏が稙宗の子息を養子に迎えているのである。その他にも、他家の大名・国衆の紛争を調停する行動を積極的に行っていた。蘆名氏とその家臣の猪苗代《いなわしろ》氏、二階堂氏と白河氏、佐竹氏と岩城氏などの調停である〔角田石川文書、『世次考』など〕。こうした一連の対外活動の様子

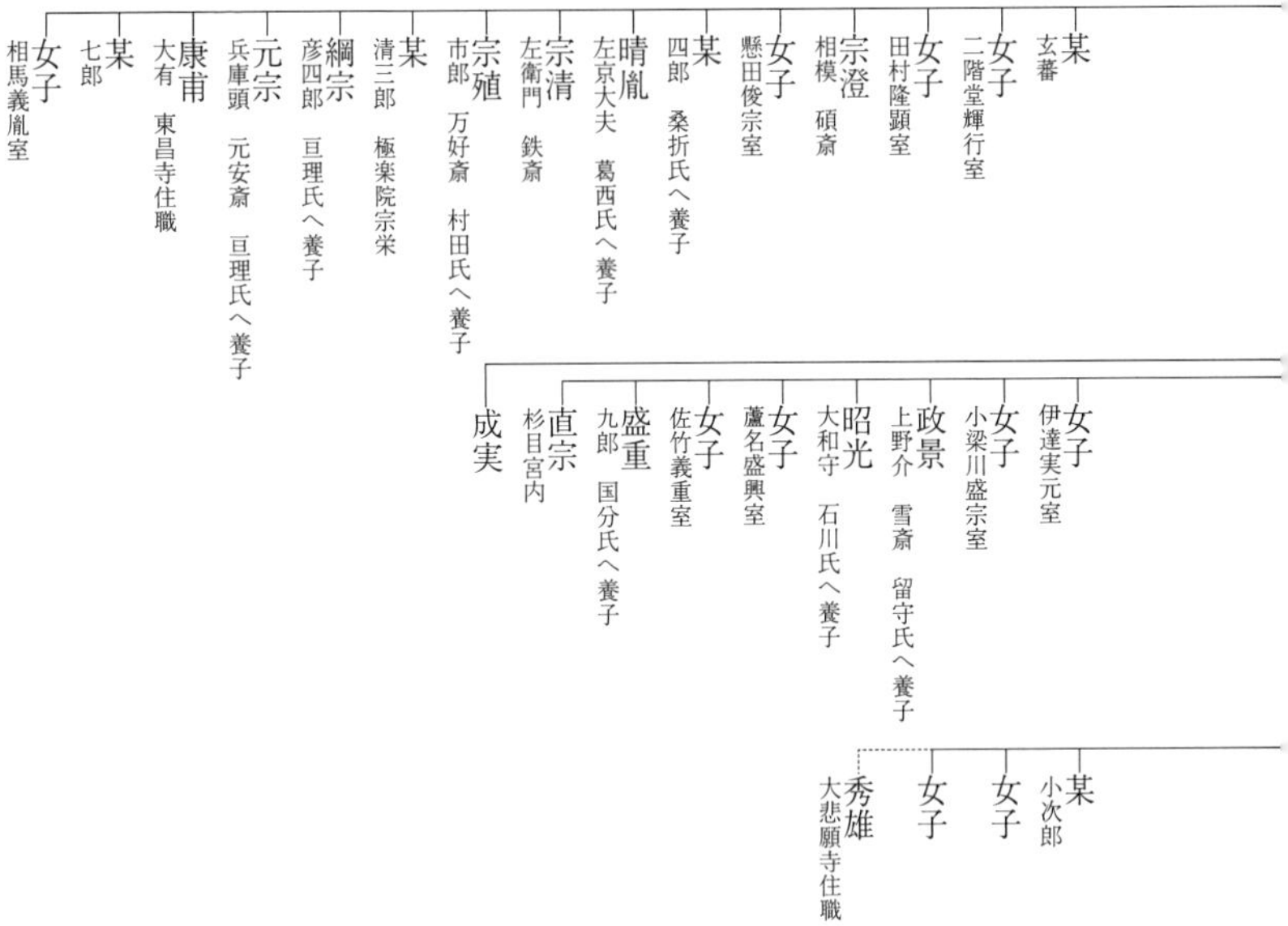

伊達氏略系図（『世次考』などをもとに作成）

も考慮すると、稙宗の軍事行動は勢力拡大というよりも南奥羽の秩序維持を意識した面が強く、陸奥国守護職への補任前後からは室町幕府の公権力の一端を担う政治的指向を示し、他の南奥羽の諸大名よりも一段高い位置に自らを置こうとしていたのではないか、とすら考えられているのである。

内政への注力

稙宗は、軍事・外交活動だけではなく、当初から内政にも積極的に力を注いだ。領地などの権利を従来どおり保証する知行安堵や新たに領地などを与える知行宛行も行っているが、もう一つ注目されるのが買地安堵である。買地安堵とは、領国内の家臣や寺社などの所領売買について大名らが保証・公認する行為であり、買地安堵状などの発給がその証しとなった。保証される側にとっては買得地に関わる紛争の調停のほか、中世社会において幕府などがしばしば発したことで知られる徳政令《とくせいれい》（売買・貸借の契約破棄を認める法令）から例外的に免れ得ることなども謳われており、その知行権を安定させる効果が期待されたのである。一方、大名らにとっては、売買行為によって流動する家臣らの所領を把握し、軍役の賦課や課税などを徹底させる契機ともなって、自らの権限が増大することを意味していた。そのため買地安堵は、知行安堵や知行宛行とともに戦国大名権力の源泉にもなっていたのである。

伊達氏では、稙宗の祖父成宗、父尚宗の時代にもみられたが、稙宗や晴宗の時代に多くの買地安堵状が発給されている（『世次考』、伊達家文書など）。つまり稙宗の時代には、伊達領内における所領売買が広範囲に行われ、そうした状況の把握が軍事的基盤や財政基盤の確保などの面で大きな政治的課題となっており、さらに所領売買にまつわる紛争の未然防止にも大きな意味をもっていたとも推定されているのである。

天文元年（一五三二）頃には居城を移転させた（『世次考』）。伊達郡北東部にあった梁川城から同郡の中央寄りに位置する桑折西山《こおりにしやま》城（福島県桑折町）へと移したのである。桑折西山城は、奥州の幹線道である奥大道《おくだいどう》の道筋に近く、さらに奥州側から出羽国置賜《おきたま》地方へ向かう街道にアクセスできる小坂峠《こさかとうげ》が近くにあるなど、広大な伊達領を往来するなどの面で交通の利便性が高い場所であった。また発掘調査などの成果から、新たな居城の麓には屋敷地が展開し、そこからやや離れた位置には宿町（西山本町）が形成されたとみられている。

そして稙宗は、居城移転のあたりから領内諸制度の整備を活発に進めている。天文二年三月には「蔵《くら》方之掟《かたのおきて》」、同四年三月には「棟役日記《むねやくにっき》」、同五年四月には「塵芥集《じんかいしゅう》」、同七年九月には「段銭古帳」をそれぞれ作成したのである。

「蔵方之掟」は、十三カ条からなる質屋法である。重臣たちが連署し、伊達氏が保護する質屋の一人と考えられる坂内《さかうち》八郎右衛門尉に宛てて記す形式を取っている。内容的には、質物の種類に応じた貸金や利息の割合、盗品の取り扱い、質物に何らかの損害（鼠食い、雨濡れ、紛失、火事、盗難）が発生した場合の対応方法などが定められている。

「塵芥集」は、戦国大名が制定した分国法《ぶんこくほう》の一つとしてよく知られている。数ある分国法の中でも条文数が最も多く、一七一カ条を数える。文末には稙宗の署名と花押（サイン）が据えられ、その後にはこれらの法令に違反しないことを誓った起請文（誓約書）と重臣たちの署判が続く。その名称は、塵《ちり》芥《あくた》を集めたという謙遜した意味合いらしく、形式や内容には鎌倉幕府が定めた「御成敗式目《ごせいばいしきもく》」の影響

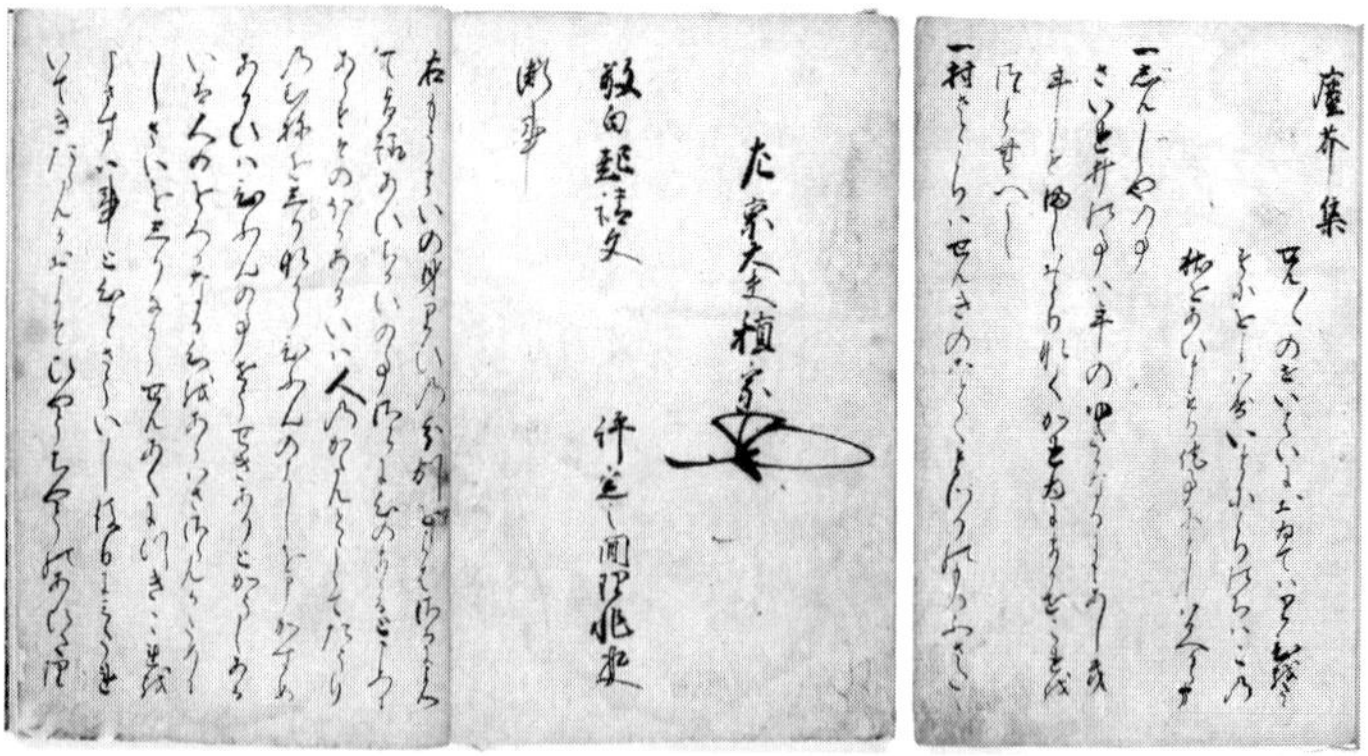

塵芥集（村田本）　仙台市博物館蔵

を受けている部分があるものの、多くの条文は伊達領内で生じた事態や紛争を念頭に立項されていると評価される。内容は寺社法に始まり、刑法・土地法・相続法など多岐にわたるが、全体的に刑法に関する項目が圧倒的に多く、条文全体の約三分の一を占める。また、所領・知行に関する規定の大部分が所領売買・買地安堵に関わる内容に充てられており、これは前述の伊達領をとりまく政治的課題とも関連するとみられている。農業用水に関する規定では、「はんミん（万民）のたすけ」（公共の利益）を優先する姿勢が打ち出されている。そのなかでも「塵芥集」にうかがえる最大の特質は、私闘を禁止して伊達氏のもとに法的権限を集中させようとする意図にあるといわれる。文言中には、伊達氏の公権力を「守護」「守護所」と称する部分があり、陸奥国守護伊達稙宗による「奥州守護法」と位置付けられていたとみる向きもある。

「棟役日記」は棟役（家屋の棟数に応じてかける税、棟別銭《むなべつせん》とも）の台帳である。当時の伊達領内（伊達・信夫《しのぶ》・長井《ながい》・屋代《やしろ》・刈田《かった》・柴田・名取《なとり》・伊具・宇多《うだ》の郡・庄）における棟役を郡・庄ごとに記し、さらにそれらを三つに分けたうえで、それぞれの担当奉行の名前を書き添えたものである。これによれば、伊達領全体では一六四二貫文余の棟役が賦課されている。「段銭古帳」も課税台帳であり、これは段銭（田地一段の面積に応じてかける税、田銭・田役とも）を対象としたものである。こちらは当時の伊達領内（伊達・信夫・上長井・下長井・屋代・刈田・柴田・名取・伊具・宇多・松山《まつやま》・高城《たかぎ》・大松沢《おおまつざわ》・草野《くさの》などの郡・庄・保）における段銭などが郷村ごとに記され、伊達領全体では六八二六貫文余が賦課されている。

棟役・段銭ともに、本来は朝廷や幕府が臨時に課した税であり、室町時代中期以降には守護大名や戦国大名がその徴収権を掌握して恒常的となり、彼らの重要な財源となったものである。これらは伊達氏においても重要な財源とされ、「段銭古帳」は領内において検地を実施したうえで作成したようである〔国分家資料〕。さらに、これらの賦課・徴収は伊達政宗の時代（天正年間）まで行われていたことが確認されている〔遠藤家文書など〕。

以上のように、稙宗は天文二年から七年までの数年間のうちに、伊達領内における法制度と租税制度の仕組みを立て続けに整備していったのである。

天文の乱の勃発

天文十年（一五四一）六月から翌年四月頃までの間に、稙宗は家督を嫡男晴宗へと譲り、この頃から「受天《じゅてん》」と称するようになった。ただし前述のとおり、家督を譲ったといっても、稙宗と晴宗はしばらく一体となって外交関係に当たっていた。

ところが天文十一年六月、その二人の間に内紛が生じる。伊達氏天文の乱（伊達氏洞《うつろ》の乱とも）の勃発である。この内紛によって伊達家中は稙宗方・晴宗方に分かれ、さらには南奥羽の諸家をも二分する大乱へと発展し、天文十七年九月頃の晴宗方の事実上の勝利（稙宗の隠退）まで、約六年間にわたってこの争乱は続くことになった。

父子内紛の直接的なきっかけは、江戸時代中期の『世次考』によれば、稙宗が取りまとめた三男時宗丸（のちの実元）の越後守護上杉定実への入嗣（婿入り）にあったとされる。時宗丸には伊達氏の多くの家臣や精兵が添えられる予定であったため、伊達氏の力が弱くなることを心配した晴宗派の重臣たちが晴宗とともにそれを阻止しようとし、鷹狩りの帰路を狙って稙宗を西山城内へ幽閉したというのである。また、稙宗が伊達郡内の郷村を相馬顕胤に分与しようとしたことが父子内紛の引き金であったとする江戸時代前期の史料もある〔奥相茶話記〕。

こうした史料に沿って理解する向きもあるが、必ずしもこれらの記述どおりではなかったとする見方もある。たとえば、晴宗はこの入嗣に反対しておらず、むしろ推進派だった北越後の中条《なかじょう》氏と反対派の本庄氏・色部氏らの紛争を仲裁するなど奔走してきたが、天文十一年六月の時宗丸の越後入りにあたって稙宗や懸田俊宗らが北越後の反対勢力を掃討するために軍事行動を起こそうとしており、晴宗は稙宗自身の出征または軍事力を行使してまでの入嗣強行を阻止しようとして幽閉した、などの見方である。

また、稙宗に近づき影響力を持ち始めていた懸田俊宗を晴宗が警戒し、この機に両者を分断しようとして衝突が引き起こされたとする見方もある。

このように、父子内紛の直接的なきっかけには諸説みられるが、晴宗方の勝利まで含めた大乱の背景には、稙宗による積極的な軍事活動、および「塵芥集」の制定、「棟役日記」・「段銭帳」の作成などに対する家中の不満があったと考えられている。なぜならこれらの施策とは、たび重なる家臣の軍役負担と軍事動員、そして領内・家中の支配体制の強化を意味していたからである。さらに領国がほとんど拡大しなかったことは、家中への還元が十分になされなかったことをも意味していた。のちに初代仙台藩主の伊達政宗は、曽祖父に当たる稙宗について、「たねむねの御代に御父子の中（仲）あ（悪）しくなりて、おやこ（親子）ゆみや（弓矢）有けるに、日ころ（頃）御てあて（手当）あ（悪）しくして、家中ことごとくきうふ（恐怖）をもち、御うら（恨）み申す人かき（限）りなし」（『木村宇右衛門覚書』）と述べており、これは稙宗政治の裏面を突いた伝承とも解されている。稙宗への鬱積した不満が、大乱の発生と継続の背景をなし、後述のようにその終結をもたらしたようなのである。

西山城へ幽閉された稙宗は、その後家臣の小梁川宗朝《こやながわむねとも》の尽力によって救出され、まずは晴宗の拠る西山城の攻略・奪還が目指されたようである（『世次考』）。伊達家中では、小梁川宗朝のほかに金沢宗朝《かなざわむねとも》・堀越能登《ほりこし》・富塚仲綱《とみづかなかつな》らの譜代の家臣が稙宗方として行動し、桑折景長《かげなが》・小梁川親宗《ちかむね》・新田景綱《にったかげつな》・白石宗綱《しろいしむねつな》・中野宗時《なかのむねとき》・牧野宗興《まきのむねおき》ら有力家臣の多くは晴宗方に付いた。晴宗が家中の不満をうまく組織したためであろう。その一方で、稙宗を支持した伊達領周辺の大名・国衆は、懸田俊宗をはじめ、葛西晴《はる》胤《たね》・大崎義宣《よしのぶ》・黒川景氏《くろかわかげうじ》・国分宗政《こくぶんむねまさ》・粟野長国《あわのながくに》・亘理宗隆《むねたか》・相馬顕胤・蘆名盛氏・最上義守《よしもり》らが知られ、晴宗方は留守《るす》景宗《かげむね》・大崎義直・岩城重隆ら少数に止まるとされる。

　天文の乱の前半期は、周辺の大名・国衆に多くの協力を得た稙宗方が全般的に優勢で、とりわけ伊達領北部ではその傾向が目立つといわれている。ついに天文十五年六月には、西山城を支えきれなくなった晴宗が刈田郡白石城(宮城県白石市)へ退去し、代わって稙宗が西山城へ還住するにいたった。ところが、その頃を境に形勢が徐々に逆転していく。柴田郡・伊具郡や大崎領などで晴宗方が勢力を盛り返し、南奥州でも蘆名氏が晴宗方へ転じるなど、戦況が変化していったのである。さらに晴宗は、置賜地方の米《よね》沢《ざわ》城(山形県米沢市)に拠点を移しながら家中の支持派を拡大させ、天文十七年には晴宗方の優位が決定的となった。

　こうした状況のなかで、晴宗方の留守景宗の進言や相馬顕胤・田村隆顕・二階堂輝行・蘆名盛氏・岩城重隆らの調停によって、西山城にいる稙宗のもとへ晴宗が出仕する礼式を採りつつ、天文十七年九月頃に両者の和睦が成立したとされる〔伊達家文書、『世次考』など〕。稙宗六十一歳、晴宗三十歳である。晴宗は、家督の地位を維持して居城を米沢城に移し、稙宗は伊具郡丸森城に移って近辺の数ヶ村を領するに止まった〔『世次考』〕。両者和睦といっても、実質的には晴宗の勝利と言える状況であった。こうして伊達氏は、名字の地であり、父祖以来本拠としてきた伊達郡を離れることになった。この大乱が、伊達氏の歴史に大きな変化をもたらしたのである。

晩年の稙宗

天文の乱後、伊具郡丸森城へと退いた稙宗の活動がいくつか知られている。天文十八年（一五四九）四月以前には、相馬家の連歌師千佐が伊達家中の静謐《せいひつ》（大乱の終結）を祝して稙宗に和歌二首を献じ、稙宗もそれに応じて二首を返歌した。その際に千佐は、連歌師の猪苗代兼純《けんじゅん》（兼載《けんさい》の養子）を扶助する稙宗について「風雅の道怠らず、御数寄を嗜み、誠に有り難き事也」と評し、しかもその兼純から歌道の伝授を受けていたと述べる〔伊達家文書〕。稙宗は大永四年（一五二四）頃、兼純を通じて京都の公家・三条西実隆《さんじょうにしさねたか》らに和歌の添削などを受けたこともあり〔実隆公記、再昌草〕、日頃から文化的な営みにも精を出し、それが乱後の生活においても続いていたことがうかがえよう。その後、天文二十年八月頃と弘治二年（一五五六）五月頃には、稙宗と晴宗の間に再び戦いが生じる、ということもあったようである〔青山文書、伊達家文書など〕。

弘治二年十月には、福田助五郎《ふくだすけごろう》という人物に対して判物《はんもつ》を与えている。それは、助五郎の祖父備後守が抱えていた土地の知行を認める判物であった〔伊達家文書〕。福田氏は名取郡高館（宮城県名取市）の領主として知られ、福田備後守は天文の乱中、一族が晴宗方へと寝返る中でも一貫して稙宗方として行動していた家臣であった。これに従えば、天文の乱などにおいて福田備後守が貫いた稙宗への奉公に対して、その孫助五郎に旧領の知行を安堵したということになる。稙宗六十九歳である。

最後に、稙宗の花押に言及しておこう。稙宗が文書に使用した花押の形状は、初期の第一型から第六型まで変遷していたことが知られている。永正～大永年間頃の使用が知られる第一型・第二型は、越後守護上杉氏の正統を復興しようとした関東管領上杉顕定《あきさだ》の花押を模倣したものとされ、越後守護家の正統を継ぐ上杉定実を支えようとした稙宗が顕定を自らに重ね合わせようとしていたと考えられている。そして、天文四年頃～同十六年頃の使用が知られる第三型・第四型は、管領細川高国《ほそかわたかくに》を支えて畿内各地を転戦し、子の氏綱《うじつな》を高国の養子に入れた細川尹賢《ただかた》の花押を、天文十六年頃～弘治二年頃の使用が知られる第五型・第六型は、足利将軍家の外戚として幕政にも深く関与していた前関白の近衛稙家《このえたねいえ》の花押をそれぞれ模倣したとみられている。これらの背景には、少なくとも権威・権力に敏感だった稙宗の姿が示されているとは言えるであろう。

永禄八年（一五六五）六月十九日、稙宗は七十八歳で亡くなった。丸森松音寺《しょうおんじ》に葬られたとされ、法名は「直山円入智松院殿」であったという〔『世次考』〕。丸森城の一角には、「伊達稙宗公墓碑」と称される明治時代の記念碑が現在も残されている。

（佐々木徹）

【主要参考文献】

岩沼市史編纂委員会編『岩沼市史一　通史編Ⅰ　原始・古代・中世』（岩沼市、二〇一八年）

遠藤ゆり子編『東北の中世史四　伊達氏と戦国争乱』（吉川弘文館、二〇一六年）
遠藤ゆり子『戦国時代の南奥羽社会―大崎・伊達・最上氏―』（吉川弘文館、二〇一六年）
遠藤ゆり子編著『戦国大名伊達氏』（戎光祥出版、二〇一九年）
岡田清一『中世南奥羽の地域諸相』（汲古書院、二〇一九年）
桑折町教育委員会編『桑折町埋蔵文化財調査報告書二九　史跡桑折西山城跡発掘調査総括報告書』（桑折町教育委員会、二〇一六年）
小林清治『戦国大名伊達氏の研究』（高志書院、二〇〇八年）
小林清治著・小林清治著作集編集員会編『小林清治著作集一　戦国大名伊達氏の領国支配』（岩田書院、二〇一七年）
小林清治著・小林清治著作集編集員会編『小林清治著作集二　戦国期奥羽の地域と大名・郡主』（岩田書院、二〇一八年）
小林宏『伊達家塵芥集の研究』（創文社、一九七〇年）
桜井英治・清水克行『戦国法の読み方　伊達稙宗と塵芥集の世界』（高志書院、二〇一四年）
白根靖大編『東北の中世史三　室町幕府と東北の国人』（吉川弘文館、二〇一五年）
仙台市史編さん委員会編『仙台市史　通史編二　古代中世』（仙台市、二〇〇〇年）
仙台市博物館編『東北の戦国時代―伊達氏、仙台への道―』（仙台市博物館、一九九九年）

伊達晴宗――父稙宗・子輝宗との相克に揺れた人生

消極的な晴宗の評価

伊達晴宗《だてはるむね》を取り上げた先行研究には、人物像や権力としてのあり方について、保守的で脆弱であるとか、前代よりも後退した低姿勢な政権という消極的な評価が目立つ。中には、その政策の多くが前代を継承したものにすぎず、領国の発展に寄与した面はほぼ見受けられない、といった厳しい見方すらある。

これより前、分国法《ぶんこくほう》『塵芥集《じんかいしゅう》』の制定や税制整備、室町幕府・奥羽諸氏との連携など、父・稙宗《たねむね》による数々の積極的な取り組みが一次史料として確認できるのに対し、続く晴宗の場合は、そもそも発給文書など具体的な動向を知る史料の残りが極めて少なく、権力構造や政策が実態として見えにくくなっていることも、そうした評価を後押しする要因になっていると考えられる。そのためか、晴宗の政治はどちらかといえば、内部統制を主眼とした堅実な路線をゆくものと論じられる傾向にある。

晴宗に対する消極的な評価はすでに江戸時代中期から確認され、仙台藩四代藩主伊達綱村《つなむら》が編纂した、中世の伊達家当主の年代記『伊達正統世次考《だてせいとうせじこう》』（以下、『世次考』）では、奸臣《かんしん》の重用による家の衰微と、藩史にとって不名誉な父子の不和を二代続けて招いた張本人と説く。父のみならず、息子・輝宗《てるむね》（藩祖・伊達政宗《まさむね》の父）とも対立した事実が晴宗の業績を影に追いやり、「暗君」というイメージを決定づけた。その影響は、同じく江戸時代中期に描かれた伊達家歴代当主の肖像画（「伊達家歴代画真《だてけれきだいがしん》」）にも及び、甲冑《かっちゅう》姿の稙宗・輝宗に対して、晴宗のみが出家した姿で描かれている。

たしかに彼の生涯にとって、この御家騒動は大きな曲がり角の一つでもある。しかしながら、家中に対する徹底した論功行賞や行政処分が、伊達氏の戦国大名化をさらに推し進めたとして、晴宗政権樹立直後の文書発給のあり方に、戦国大名伊達氏としての画期を求める見方もある。

伊達晴宗画像（「伊達家歴代画真」のうち）　仙台市博物館蔵

近年の研究でも権力像の見直しが進み、発給文書にみえる文言や対外交渉における姿勢の差異から、晴宗は中央と緊密な交流を重ね、幕府権威を背景とした独自のスタイルを確立し、家中をはじめ領国支配の安定化を実現させたと考えられている。また、晴宗が行った政策の中には、前代には見られない新しい取り組みに加え、当主としての権力強化を推し進めようとする姿勢もわずかに見える。以下、彼の足跡を改めてたどりながら、戦国大名伊達氏の一時代を築いた晴宗政権の実態に迫っていこう。

伊達家当主として

天文二年（一五三三）五月十日、伊達稙宗の嫡男・次郎《じろう》は、室町幕府十二代将軍足利義晴《あしかがよしはる》より「晴」の一字を与えられ、「晴宗」と名を改めた〔伊達家文書〕。

晴宗が伊達家の家督を継承した時期は、従来、天文の乱《てんぶんのらん》（後述）を経て、稙宗との和睦が成立した天文十七年秋以降とする見方が主流であった。ところが、近年の研究で稙宗・晴宗文書の読み直しが進み、その具体的な時期については、乱の勃発（天文十一年六月）よりも早い、おおむね天文十年六月から翌年四月ころまでに遡ると推定されている。このころに、稙宗が「受天《じゅてん》」という道号《どうごう》で文書を出しており〔伊達家文書〕、晴宗も他家に宛てた文書の中で、稙宗を「老父」と称している様子が確認できることから〔秋田藩家蔵奥州文書二、角田石川文書〕、当主としての活動や権限は着実に晴宗へ移行しつつあった。しかし、大名間の和平調停や贈答といった外交政策に関しては、稙宗との二頭体制がしばらく続いたようである。

家督相続の直前にあたる天文十年五月、安積伊東《あさかいとう》氏と田村《たむら》氏との講和を促した際、田村義顕《よしあき》・隆顕《たかあき》父子が伊達家に提出した文書の宛所には、「伊達殿（稙宗）」・「次郎殿（晴宗）」が連名でみえ〔伊達家文書〕、当該期の伊達家が、稙宗・晴宗父子の連合政権として対外的に認知されていたことがわかる。

かつて外征・外交や、他家との縁組を積極的に展開し、その版図を拡大した稙宗とは対照的に、家督を継いだ晴宗は、どちらかというと外征には消極的であった。また、晴宗自身も実子である岩城親隆《いわきちかたか》、留守政景《るすまさかげ》、石川昭光《いしかわあきみつ》を他家に養子として送っているが、この縁組はあくまで、葛西《かさい》・大崎《おおさき》・佐竹《さたけ》と伊達領との境界に位置する勢力を味方につけておく措置にすぎない。天文の乱を経て以降、その施政方針はさらに強まり、晴宗の政治は内政面に重きを置く形となっていく。

時宗丸入嗣問題

天文十一年（一五四二）六月、稙宗は、後継に恵まれなかった越後国守護・上杉定実《うえすぎさだざね》のもとへ、三男の時宗丸《ときむねまる》（のちの実元《さねもと》）を養子として送り出すことを計画した。いわゆる時宗丸入嗣《にゅうし》問題である。『世次考』によれば、稙宗は時宗丸の入嗣にあたり、累代の家臣に精鋭百騎をつけて越後へ送り出すよう指示した。しかし、精兵の臣従による領国の空洞化を危惧した、家中の桑折景長《こおりかげなが》と中野宗時《なかのむねとき》が反対の声を上げ、これに促された晴宗は時宗丸の越後出発の三日前、鷹狩りの帰路にあった稙宗を拉致《らち》し、桑折西山城《こおりにしやま》（福島県桑折町）へ幽閉したという。

この入嗣問題に始まる稙宗・晴宗父子の対立関係を軸に、伊達家中の内部分裂と、これに誘発された近隣の諸大名が稙宗派と晴宗派に分かれる形で、以後六年余りの間、南奥羽を巻き込む大規模な合戦（伊達氏天文の乱。伊達氏洞《うつろ》の乱とも）へと発展していく。

この戦いをめぐっては、江戸時代以来、先述した入嗣問題が事の発端であると考えられてきた。その後、一九七〇年代以降の研究で見直しが進み、子女の縁組に加え、家中への軍役賦課の強行や『塵芥集』制定など、中央集権化を強固に推し進めていく稙宗の動きに対する、在地領主層のつよい反発が積み重なり、そこに入嗣問題が引き金となる形で、乱が勃発したと評価されている。近年の研究でも、越後国内では時宗丸の入嗣時期が天文七年の段階ですでに決まっていたとされ、乱の勃発はもちろん、稙宗・晴宗父子の対立に至る直接的な要因ではなかったとする見方がつよい。

父との対立——伊達氏天文の乱

乱の経過について、ここでは『世次考』などから晴宗方を中心とした動向を簡単に辿っておこう。この戦いでは当初、小梁川宗朝《こやながわむねとも》・懸田俊宗《かけだとしむね》ら宿老をはじめ、最上義守《もがみよしもり》・相馬顕胤《そうまあきたね》・田村隆顕・蘆名盛氏《あしなもりうじ》など、縁組した近隣大名や国衆《くにしゅう》の支持を得た稙宗方が優位であった。対する晴宗方は、桑折景長・小梁川親《ちか》宗《むね》（宗朝の甥）・中野宗時ら譜代家臣が主力となったが、周辺勢力からの支持は、岩城重隆・大崎義直《よしなお》・留守景宗《かげむね》（晴宗の叔父）・本宮宗頼《もとみやむねより》などごく少数に留まった。

乱勃発から両陣営による攻防が続くなか、晴宗は天文十一年（一五四二）十二月ころの書状で、稙宗方と各地で一戦に及び、大勝を勝ち取ったと優勢をアピールしている（留守家文書、編年文書）。翌年以降も、稙宗が身を寄せた城（懸田・八丁目《はっちょうめ》・石母田《いしもだ》）を相次いで攻め、落城直前まで追い込む活躍を見せている。

しかし、伊達領北部の名取《なとり》・柴田《しばた》両郡では、稙宗の実子である大崎義宣《よしのぶ》・葛西晴胤《はるたね》兄弟の活躍がめざましく、天文十四年までに南部の信夫《しのぶ》・伊達両郡がほぼ掌握される。翌十五年には、宇多《うだ》・名取・宮城の各郡でも稙宗方が優位となり、安積郡では本宮城（福島県本宮市）など十数ヶ所の拠点が、畠山義《はたけやまよし》氏《うじ》・田村隆顕らに落とされている。同年六月、本拠・桑折西山城への攻撃に窮した晴宗は白石城《しろいし》（宮城県白石市）へと退却した。

だが翌年六月、巻き返しを図る晴宗方に、田村隆顕との不和により蘆名盛氏が寝返ったことで状況は一変する。この間、米沢《よねざわ》（山形県米沢市）へ一時身を置いていた晴宗は、早くも十月には蘆名氏の協力を得て長井《ながい》方面を平定し、近く相馬境を攻め、来春には岩城重隆とともに信夫・伊達両郡の稙宗勢を南北から挟撃する計画であると述べるなど〔伊達家文書〕、形勢は徐々に晴宗方へと傾きつつあった。

年が明けた天文十七年正月には、常葉《ときわ》氏・鹿股《かんまた》氏ら田村家中をはじめ、石橋尚義《いしばしひさよし》・最上義守・黒川藤《くろかわとう》八郎《はちろう》、名取郡岩沼《いわぬま》（宮城県岩沼市）城主の泉田《いずみだ》氏なども相次いで稙宗を見限り、晴宗方が優位となる。まもなく田村隆顕・蘆名盛氏らの調停をうけた同年九月六日、父子の「和睦」という形で六年余りに及ぶ内乱は幕を閉じた。稙宗は伊具《いぐ》郡丸森《まるもり》（宮城県丸森町）周辺五ヶ村を隠居領として移り、晴宗は米沢を本拠と定め、伊達家当主として新たな領国支配に舵を切っていく。

懸田俊宗への警戒

晴宗は家督を相続して天文の乱に勝利したものの、稙宗方の主力である宿老・懸田俊宗が、懸田城（福島県伊達市）の破却に異を唱えるなど、対立関係は解消されぬままであった。

先述したように、『世次考』では天文の乱勃発の原因を、時宗丸入嗣に反対する桑折景長・中野宗時が晴宗を扇動したためと説いてきた。しかし、乱後まもなく晴宗方が諸将に宛てた書状には、懸田俊宗が謀反の姿勢を明らかにして争い（「干戈《かんか》」）に及んだと記され、懸田氏を乱勃発の張本人であると相次いで非難している〔留守家文書、編年文書〕。晴宗は、稙宗の娘婿として伊達家中で台頭する懸田氏の存在を警戒していたのである。

その予想が的中したかのように、天文二十一年（一五五二）九月、懸田俊宗が兵を挙げて晴宗家臣に攻撃を仕掛けた。晴宗も岩城重隆による和睦調停を拒否し、討伐の姿勢を明らかにする。深まる両者の対立は翌年七月、晴宗が懸田俊宗とその嫡子を滅亡に追い込む形で決着した〔伊達家文書、『世次考』〕。晴宗はここに至り、長きにわたった伊達家中の内紛を克服し、政権基盤を盤石なものとすることができた。

「晴宗公采地下賜録」

天文の乱における論功行賞として、懸田氏滅亡に先だつ天文二十二年（一五五三）正月十七日、晴宗

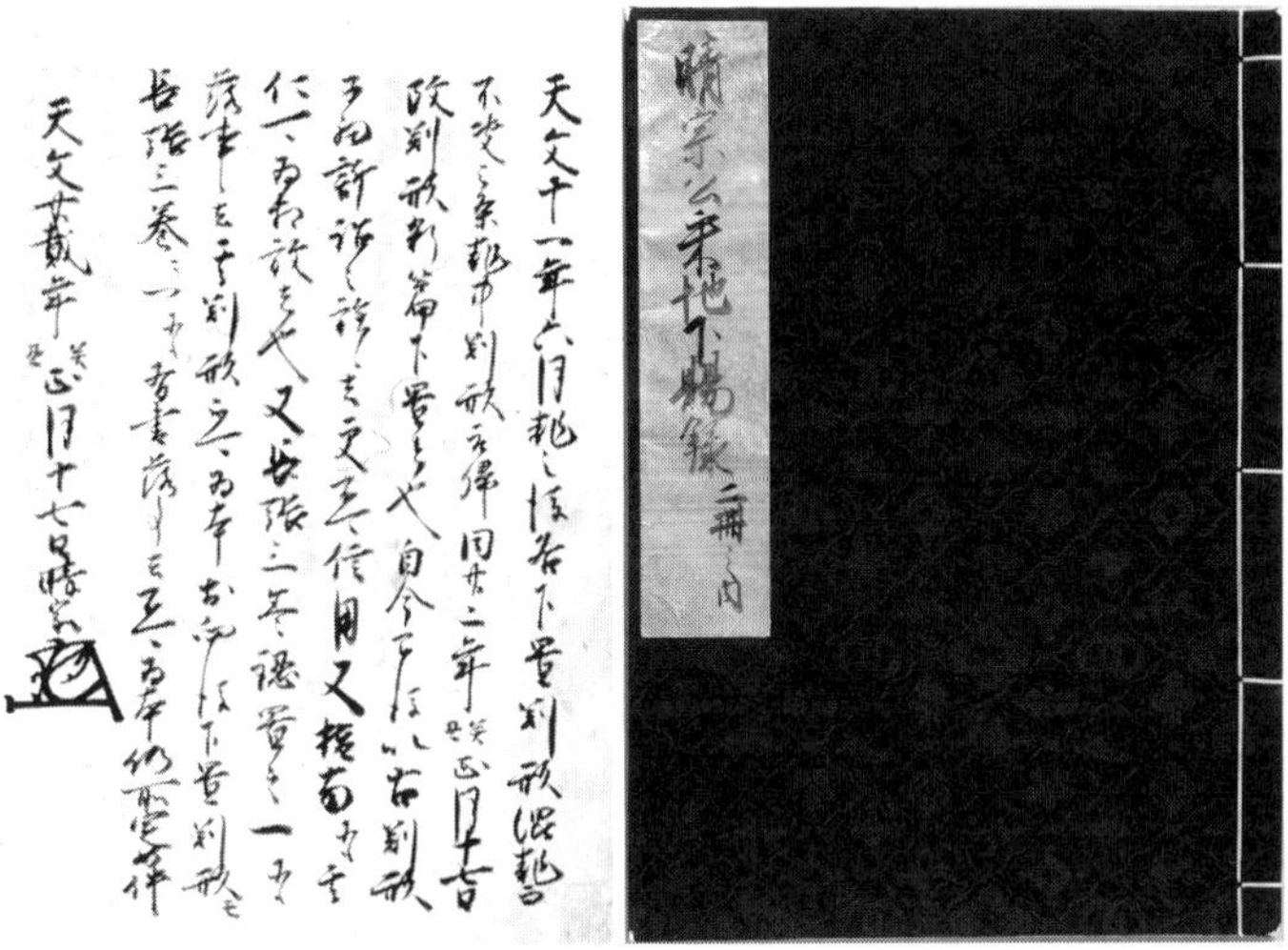

晴宗公采地下賜録　仙台市博物館蔵

は家臣に対し、彼らのもつ所領の当知行を認める旨の安堵状（判物《はんもつ》）を一斉に作成・交付した。このときの安堵状の控えを集めたものが、「判形之永張」と題する、三巻の簿冊（通称「晴宗公采地下賜録《はるむねこうさいちかしろく》」。以下「采地下賜録」）である。晴宗の事績を語るうえで欠かすことのできない史料として知られ、現在はこのうちの二巻分が仙台市博物館に所蔵されている（『世次考』によれば、江戸時代中期の時点で、残りの一巻分はすでに失われていたという）。

この中には計三六六通の安堵状の写しが収められ、これを得た家臣の数は三〇〇名近くにおよぶ。また、安堵状の内容は、原本と比較しても遜色ないほど忠実に写し取られており、近年では現存する二巻のいずれにも収録されていない同日付の安堵状の原本なども見つかっている。このことから、失われた残り一巻分にも相当数の文書の写しが収められており、このとき晴宗から安堵状を得た家臣の数は、三巻あわせて四〇〇名以上であったと推定されている。

また、一巻の奥書には、安堵状発給に至った経緯が記されている。それによれば、天文の乱が始まると、稙宗・晴宗双方の間で自軍への支持を取り付けて味方に誘うため、家臣に対して敵方の土地を与えることを約した知行宛行状《ちぎょうあてがいじょう》が濫発され、所有関係に混乱を招いた。

そこで晴宗は、乱中に発給された宛行状をすべて返上させて無効とし、新たな花押を据えた権利保証の文書（安堵状）を発給し直すことにしたという。以後はこの新しい文書を基本台帳として、これ以前に発給された文書や、「采地下賜録」の内容と相違する文書は一切認めないものと定められた。

このように晴宗自らの一手（安堵状）によって、家臣たちの所領の分布や所有権が一斉に掌握・確定されたことから、家中統制に加え、樹立まもない晴宗政権および伊達氏権力の強化を促したとして、「采地下賜録」の意義は高く評価されている。

晴宗を支えた重臣

「采地下賜録」にみえる家臣たちは、本領と買得地《ばいとくち》（購入した土地）の知行権を安堵されたが、一方で稙宗方についた家臣の多くは所領を没収され、それらは晴宗方の家臣に新恩として付与された。このうち、天文の乱で晴宗を中心的に支えた者には、知行地における半独立的な地位を認めた「守護不入《しゅごふにゅう》」や、在地での裁判権・公事《くじ》徴収権にあたる「惣成敗《そうせいばい》」、段銭《たんせん》・棟役《むねやく》ほか諸役免除などの手厚い恩賞が与えられている。この特権を得た一人が、早くから譜代の重臣として伊達家に仕えた中野氏である。乱勝利の貢献者と目される当主・中野宗時には七通の安堵状が与えられ、長井・名取・伊具・刈田《かった》・伊達・信夫の各郡における田畠・在家・屋敷の給付に加え、名取郡惣成敗や、棟役・田銭・諸公事の免除、所領中の守護不入が認められた。その所領は伊達氏の蔵入地《くらいりち》（直轄領）を上回る規模であったといい、中野氏のもつ権限の大きさに加え、晴宗政権が中野宗時の独裁と評される所以でもある。

また、同じく守護不入や諸役免除の特権を与えられた牧野《まきの》氏も、伊達家を長く支えた譜代の家柄である。中野宗時の息子で、牧野氏の養嗣子《ようしし》となっていた久仲《ひさなか》は、他家との折衝につとめ、のちに「奥州《おうしゅう》守護代《しゅごだい》」（後述）に任命されている。このほか、同様の恩恵を受けた小梁川親宗・桑折貞長《さだなが》（景長の息）など、いずれも強権的・独裁的な支配を敷いた稙宗時代には見られなかった一族庶流の家臣たちが重用され、彼らは晴宗治世の中枢を担うキーパーソンとして台頭していく。

とりわけ中野・牧野両氏は、のちに伊達家の家督を継いだ輝宗の下でも、引き続き宿老としてその名がみえ、晴宗政権における政治運営体制は、次の輝宗治世にも引き継がれた。しかし、両名は元亀元年（一五七〇）四月四日、輝宗に謀反を企てたとして領国を逐われている（元亀の変）。一君制による家臣の統制をめざした輝宗が、先代・晴宗の恩顧をうけた重臣層と対立を深めるのは時間の問題であった。

奥州探題補任の意義

天文二十四年（一五五五）三月十九日、晴宗は室町幕府十三代将軍足利義輝《よしてる》より、「左京大夫《さきょうのだいぶ》」に任じられた〔伊達家文書〕。左京大夫とは、大崎氏や葛西氏といった奥羽の名だたる大名のほか、父・稙宗も就いた由緒ある官職で、その任官を取り次いだのは中野宗時・牧野久仲父子であった。

また、永禄二年（一五五九）春ごろまでに、晴宗は伊達氏として初めて「奥州探題《おうしゅうたんだい》」にも補任されている〔伊達家文書〕。奥州探題とは、守護職を設置しない奥州を統治管轄するために幕府が設けた官職で、奥州では守護職よりも格式高い「しゅこのうハて」（守護の上手）と位置づけられ〔余目家文書〕、十四世紀半ば以降は大崎氏が代々世襲してきた。かつては稙宗も切望しながら実現しなかった補任が、晴宗の代に初めて実現した背景には、天文の乱で勝利を得た軍事的成功があるともいわれる。

この探題職補任と同じ日には、重臣の桑折貞長・牧野久仲が「奥州守護代」に任じられている〔伊達家文書〕。これは奥州探題を補佐する役職で、彼らが晴宗の右腕として幕府に認知されていたことを意味し、同時に晴宗の奥州探題補任が、実質的に守護職に相当するものであったことがわかる。晴宗自身も、大崎氏（探題）と並ぶ家格や書札礼《しょさつれい》を獲得するために、幕府をはじめ中央と緊密に連絡を取り合っていた〔類聚文書抄所収〕。

こうして、陸奥国守護となった父よりも大きな、国内統治にあたる軍事指揮権を獲得した晴宗もとい伊達氏は、名実ともに大崎氏をしのぐ奥羽有数の大名として中央から公認された。そのようすは、義輝期の幕府近臣層を記したリスト（「光源院殿御代当参衆《こうげんいんどのおんだいとうさんしゅう》并《ならびに》足軽《あしがる》以下《いか》衆覚《しゅうおぼえ》」。「永禄六年諸役人附《えいろくろくねんしょやくにんづけ》」とも）に、陸奥国の大名在国衆として「蘆名修理大夫《しゅりのだいぶ》盛重《もりしげ》」と並び、「伊達次郎晴宗《任左京大夫》」が唯一、その名を連ねていることからも明らかである。

外征や縁組といった対外関係の強化を通して、その絶対的地位に君臨した稙宗と異なり、晴宗は室町幕府のもつ伝統的権威を後ろ盾にすることで、当主としての地位を確立していった。伊達氏を守護相当の家柄に位置づけるに至った点で、晴宗の探題職補任は大きな意義をもつものといえる。

新たな居城・米沢

天文十七年（一五四八）に稙宗との和睦が成立すると、それまで伊達氏が本拠とし、乱中に激しい争奪戦が繰り返された桑折西山は廃城となった。晴宗は代わって、乱中に一時身を置いた置賜《おきたま》郡長井庄の米沢に居城を移し、ここに城下町を整え、領国支配の新たな拠点とした（『世次考』）。この本拠移転の背景には、慣れ親しんだ長井地方（置賜盆地）における生産力の高さや、北陸道を通じた畿内へのアクセスの容易さがあるといわれる。

当地の歴史は古く鎌倉時代中期、長井庄の地頭である長井氏（長井時広《ときひろ》）が在地支配の拠点を置いたと伝えられる。おそらくはこのときからすでに、町場などの空間が一定程度広がっており、伊達氏の城下整備はこれを取り込む形で進められたのだろう。とはいえ、晴宗が居を構えてまもない初期の米沢城下は、地域経済の中枢としては発展途上ともいうべき段階にあったようだ。そうした状況を示唆するのが、「采地下賜録」に収められた中野宗時宛て晴宗文書の一文である。

それによれば、中野氏の所領では遠方各地から商いに足を運ぶ商人が多く、晴宗は彼らの商売にかかる税金や通行料を免除し、自由かつ安全な往来を保障する見返りとして、長井や北奥など次の目的地へ向かう前に、米沢に一日もしくは五日間必ず滞留するよう義務づけさせている。

中世の商人は商いの場を求めて定期市を渡り歩き、やがて常設の見世棚《みせだな》（店棚）を構えたり、定住したりするようになる。東国や畿内近国の城下・市町に出された数多くの法令（制札・掟書《おきてがき》）から明らかなように、商売特権や居住者（来場者）保護などの優遇措置は、城下形成や経済発展など如上の目的を達成するもっとも有効な手段であった。しかしながら、そうした法令を晴宗が出した形跡はうかがえず、先の中野宛て文書でも、米沢への来場は一時的な滞在のみで、商売や居住は商人の判断に委ねられた。

こうした命令を下したのは、商人たちが晴宗と直接の主従関係になく、彼らにとってこのときの米沢が商売上の最終目的地ではなかったからだろう。晴宗は通行規制という形で彼らを誘《いざな》い、一人でも多くの商人に米沢という都市を認知してもらい、ゆくゆくは恒常的な商いの拠点に組み込んでもらおうというねらいがあった。将来的発展も視野に、地域の流通・交通に根を張る商人を積極的に呼び込もうとする動きは、桑折西山を拠点とした稙宗時代には見られなかった取り組みの一つである。

その後、本格的な都市空間が成立し始めるのは、懸田氏が滅亡してまもない永禄初年ごろで、いわゆる「御譜代町《ごふだいまち》」の前身である町場や、警察にあたる検断職《けんだんしき》の設置、交通網の整備も徐々に進められた。次の輝宗期ならびに近世上杉氏段階に受け継がれる城下の基礎は、このときに形作られることとなる。

晴宗の徳政

中世の日本では、売買・質入品の取戻し（債務破棄）を認める徳政《とくせい》が全国各地で行われた。なかでも、自然災害や戦乱が多発した戦国期は慢性的な飢饉《ききん》や債務から逃れ、村の成り立ちを維持するため、大名による世直しの徳政を求める声が高まった。奥羽では蘆名氏や最上氏が代替わりや災害を契機に徳政をたびたび行い、在地への権力浸透をはかったが、伊達氏の徳政はごくわずかながら晴宗の代に集中して確認できる。

天文十八年（一五四九）四月、晴宗は、家臣が購入した土地の所有権を安堵した際、買得地の請け戻し（売り手へ返すこと）を命ずる催促（徳政）を発令する可能性に言及している（富塚文書）。天文の乱終結直後の伊達領内では、家臣たちの間で土地売買が激化し、中には困窮のため売却地の返還を求める声も上がっていた。晴宗はこの催促行為を「公儀《こうぎ》」として行うと述べており、地域社会の動向にも目をむけつつ、新たな当主としての立場を主張するねらいがあったのだろう。

また、「采地下賜録」に収められた石母田安房守《あわのかみ》（光頼《みつより》）宛ての文書では、「天文十一年六月以前のしやくせん（借銭）」、すなわち稙宗時代の債務は破棄すると述べている。前代に生じた貸借関係を清算することで、代替わりを意識させようとしたのだろう。同様に永禄初年、稙宗の隠居領・丸森に隣接する伊具郡西根《にしね》（宮城県角田市）で寺院の所領安堵を行った際、晴宗は徳政（「とくせいしよたいかへし《（徳政所帯返し）》」）の実施を何度も引き合いに出している〔宗吽院文書〕。

近年の研究で、隠居した稙宗が晴宗に対し不穏な動きを見せ続けたことが指摘されていることから、これらの徳政は、いずれも稙宗の動向を意識して示された可能性がある。家中を含め領内では、家督を継いだ晴宗の政治手腕に対する期待から、代替わりにともなう徳政の早期実現を求める動きも活発になっていたであろう。晴宗はその声をすくい上げ、時期や対象を見計らいながら徳政というカードを効果的に切り、新たな当主としての姿を広く印象づけ、その支持を得ようとしたとみられる。

輝宗との不和

かつて稙宗と長きにわたり対立した晴宗であったが、息子・輝宗との関係は、永禄初年ごろの史料によると、某口へ出馬した晴宗に輝宗が同陣するなど比較的良好だったようだ〔伊達家文書〕。ところがその後、二人の間に何らかの確執が生じたとみられ、両者の断続的な不和に言及した近隣大名の書状もいくつかみえる。その中では、輝宗が若気の至り（「若気之儀」）で始めた父との争い（「父子之間不相和」）はすでに四、五年に及び、諸国への風聞も悪いので早急に和睦すべき（「早属親睦」「一和之外不可有」）と苦言を呈されている〔伊達家文書、『新編会津風土記《しんぺんあいづふどき》』巻之七〕。

また、右との関連や時期は明らかでないが、あるとき伊具郡角田《かくだ》城主・田手宗光《たでむねみつ》が相馬氏に通じて輝宗に反旗を翻したため、輝宗は討伐の軍を差し向けた。晴宗は両者を諫めるべく、米沢から石母田（福島県国見町）まで出向いたところ、輝宗から攻撃を仕掛けられている〔伊達家文書〕

このような事態に至った根本的要因は不明だが、輝宗の好戦的な性格のほか、前代から継承した重臣層（中野宗時・牧野久仲）との関係悪化に加え、晴宗の外交に対する消極的姿勢が影響を与えたともいわれる。両者の対立関係は諸将の調停をうけていったんは解消され、永禄七年（一五六四）十二月から同八年の夏ごろにかけて、晴宗は家督を輝宗へ譲り、自らは「道祐《どうゆう》」と称して、信夫郡杉目《すぎのめ》城（福島市）へ移って隠居の身となった〔『性山公治家記録《しょうざんこうじかきろく》』巻之一〕。

しかしながら同九年正月、伊達家と敵対関係にある蘆名盛氏が和議を結ぶため提出した起請文《きしょうもん》には、晴宗の娘を輝宗養女として蘆名盛興《もりおき》（盛氏の息）の正室に迎え、今後は晴宗に与《くみ》せず、輝宗と疎遠になるようなことはしない、とある〔伊達家文書〕。祖父・稙宗と同じ積極外交へ転じる姿勢を明らかにするなど、輝宗が家督を相続した後もなお、父子の間に生じていた溝は容易に埋まらなかったようだ。

天正五年（一五七七）正月七日、杉目城では、晴宗と当主・輝宗、そして若き日の政宗の三代が一堂に会し、正月行事の一つである七種連歌《ななくされんが》が催された〔『性山公治家記録』巻之三〕。かつて二代にわたり肉親と激しい争いを繰り広げた晴宗にとって、このひと時は何より至福の時間であったろう。同年十二月五日、晴宗は五十九歳でこの世を去り、亡骸は宝積寺《ほうしゃくじ》（福島市）に葬られた〔『世次考』〕。（長澤伸樹）

【主要参考文献】

小林清治「伊達氏時代の米沢城下」(小林清治著作集1『戦国大名伊達氏の領国支配』岩田書院、二〇一七年。初出一九六一年)

小林清治「大名権力の形成」(小林清治・大石直正編『中世奥羽の世界』東京大学出版会、一九七八年)

小林清治「晴宗期伊達家中の構成」(小林清治著作集1『戦国大名伊達氏の領国支配』岩田書院、二〇一七年。初出一九八〇年)

小林宏『伊達家塵芥集の研究』(創文社、一九七〇年)

菅野正道「伊達氏、戦国大名へ」(遠藤ゆり子編『伊達氏と戦国争乱』吉川弘文館、二〇一六年)

黒嶋敏「はるかなる伊達晴宗―同時代史料と近世家譜の懸隔―」(遠藤ゆり子編著『戦国大名伊達氏』戎光祥出版、二〇一九年。初出二〇〇二年)

高橋健一「伊達氏「元亀の変」について―分権主義と集権主義」(遠藤ゆり子編著『戦国大名伊達氏』戎光祥出版、二〇一九年。初出一九七一年)

長澤伸樹「戦国期南奥羽の流通と交通」(『仙台市博物館調査研究報告』三九、二〇一九年)

長澤伸樹「伊達氏の徳政」(『仙台市博物館調査研究報告』四二、二〇二二年)

長谷川伸「越後天文の乱と伊達稙宗―伊達時宗丸入嗣問題をめぐる南奥羽地域の戦国期諸権力―」(遠藤ゆり子編著『戦国大名伊達氏』戎光祥出版、二〇一九年。初出一九九六年)

藤木久志「戦国大名制下における守護役と段銭―永正～天文期の伊達氏について―」(『歴史』三二、一九六六年)

『桑折町史』通史編一原始・古代・中世・近世一(桑折町、二〇〇二年)

『福島市史』通史編一原始・古代・中世(福島市、一九七〇年)

『梁川町史』通史編Ⅰ自然・原始・古代・中世(梁川町、一九九六年)

『米沢市史』第一巻原始・古代・中世編(米沢市、一九九七年)

伊達輝宗――畠山義継の前に散った政宗の父

伊達氏の父子相克と輝宗の当主権確立

伊達輝宗《だててるむね》は、天文十三年（一五四四）に伊達晴宗《はるむね》の子として生まれた。母は現在の福島県浜通り南部を治めた岩城重隆《いわきしげたか》の娘である。前年の天文十一年から、伊達氏の家督である父晴宗と祖父稙宗《たねむね》が抗争状態となっていた。南奥羽全土を巻き込む大乱に発展した「伊達氏天文の乱」である。将軍足利義輝《あしかがよしてる》や周辺の領主たちの仲介を経て、乱が終結を見せたのは天文十七年。それまで伊達氏の居城だった桑折西山《こおりにしやま》城（福島県桑折町）を廃城とし、稙宗は丸森《まるもり》（宮城県丸森町）、晴宗は米沢《よねざわ》（山形県米沢市）へと移った。晴宗は乱後も伊達氏の当主としての立場を保持し、実質的に乱の勝者となった。しかし、稙宗・晴宗のそれぞれから戦中に乱発された証文《しょうもん》を整理し、晴宗が家中に対して所領・諸役免許等の証文を一斉発給したのは天文二十二年のことであり、乱後もしばらくは伊達氏家中の不安定な状態は続いていたとみられる。天文の乱中・乱後の時期に輝宗は成長を遂げ、天文二十四年に元服した。

仙台藩四代藩主・伊達綱村《つなむら》の命で編纂された輝宗の年代記である『性山公治家記録《しょうざんこうじかきろく》』によると、輝宗は永禄八年（一五六五）に家督を継ぎ、晴宗は米沢から信夫《しのぶ》郡杉目《すぎのめ》城（福島市）へと移ったとされる。

伊達輝宗画像（「伊達家歴代画真」のうち）
仙台市博物館蔵

家督相続後まもない永禄九年初頭、輝宗は会津《あいづ》を治める蘆名《あしな》氏との和平を実現した。これは、蘆名氏と敵対する須賀川《すかがわ》（福島県須賀川市）の二階堂輝行《にかいどうてるゆき》を輝宗が支持したことによって悪化した伊達氏と蘆名氏との関係を改善しようとしたものである。この和平に際し、蘆名氏から伊達氏に宛てた起請文が発給された（伊達家文書）。その内容は、伊達氏と蘆名氏との和平にあたり、晴宗の娘を輝宗の養女として当主・蘆名盛興《もりおき》の正室とすること、同時に蘆名氏が晴宗に親しみ輝宗と疎遠にならないことを誓約したものである。年未詳ながら出羽の最上義守《もがみよしもり》から晴宗の重臣・牧野久仲《まきのひさなか》（宗仲）に宛てた書状では、晴宗・輝宗の不和については、輝宗は若いため、牧野父子が思案して和合の形をとるのがよいと助言をされており、稙宗・晴宗間と同様に、晴宗・輝宗間でも対立があったことがわかる。また輝宗は、蘆名氏へ妹を嫁がせたように、弟の政景《まさかげ》・昭光《あきみつ》をそれぞれ宮城《みやぎ》郡の留守《るす》氏・石川《いしかわ》郡の石川氏へ入嗣させるなど、周辺の諸氏と婚姻関係を取り結び、特に中奥方面への影響力を強めていった。

晴宗と対立した輝宗だが、家督相続後の輝宗の側近くに仕える家臣たちは、晴宗当主期の重臣の面々から大きく変化していなかった。特に、晴宗・輝宗の不和に際し、最上氏から書状を受け取った牧野宗仲とその実父・中野宗時《なかのむねとき》は、晴宗当主期の重臣の筆頭である。先述した伊達氏・蘆名氏との和平の際に蘆名氏家臣四名からの連署起請文も宗時・宗仲父子と、伊達氏譜代の重臣である浜田《はまだ》氏とに宛てられている〔伊達家文書〕。しかし元亀元年（一五七〇）、この重臣たちの構造を一変させる事件が起きた。元亀の乱と呼ばれるクーデターである。『性山公治家記録』では、宗時・宗仲父子らが輝宗に対して起こした謀反で、宗時の家臣だった遠藤基信《えんどうもとのぶ》の計略によって宗時らは相馬《そうま》へ敗走したとされる。しかし、乱鎮圧までの輝宗の手際の良さに対する宗時らの準備の不十分さから、それまでの大身家臣を排除し、新規に基信を重臣として取り立てることで権力集中を図る輝宗側の策略だった可能性が指摘されている〔菅野二〇一六、阿部二〇二〇〕。乱後、基信は輝宗の重臣として、南奥羽の諸氏や関東の北条《ほうじょう》氏らと伊達氏との通交における取次や、伊達氏領内の段銭《たんせん》請取状の発給者などの役割を担った。なお、輝宗は南奥羽の諸氏の中ではいち早い天正元年に織田信長《おだのぶなが》へ書状と贈物を送っており、以後、織田政権との通交においても基信が取次をつとめている。

「伊達輝宗日記」に見る天正二年の合戦

「伊達輝宗日記」（以下「日記」）は、輝宗自筆の日次記《ひなみき》である。天正二年（一五七四）分のみが伝来するこの史料は、当時の天気や動植物、能や狩り等の輝宗の暮らしぶりがわかる点でも興味深いが、何よりも天正二年の南奥羽の合戦と外交関係を克明に記録している。以下、「日記」に拠りながら天正二年の輝宗と南奥羽の合戦の様子を紹介する。

天正二年に輝宗が関与した主な合戦は、①最上義守・義光《よしあき》父子の対立、②佐竹《さたけ》氏と蘆名氏・田村《たむら》氏の争い、③叔父にあたる伊達実元《さねもと》による八丁目《はっちょうめ》城（福島市）攻略の三つである。

①は、最上氏の家督である義光と、父である義守との戦いで、最上氏領の周辺領主たちを巻き込む争いに発展した。輝宗の正室は義守の息女義姫であり、輝宗は義守の救援要請に応えて義光と敵対した。正月二十五日に伊達氏家臣で米沢の北方に位置する高畠《たかはた》城（山形県高畠町）主の小梁川盛宗《こやながわもりむね》が、義光方が治める上山《かみのやま》城（同上山市）との関係を絶ったことを皮切りとして、伊達氏の家臣や周辺領主たちが合戦に加わり、その様子が使者を通じて輝宗のいる米沢にもたらされるようすが「日記」に記されている。輝宗は在郷の家臣や周辺領主たちと連絡を取り合い、五月七日に自身も出陣した。「日記」の五月二十日条には、先陣小梁川盛宗、二番伊達宗澄《むねずみ》、三番富塚《とみづか》孫兵衛、四番原田《はらだ》大蔵、五番浜田大和、六番遠藤基信、七番旗本という陣立《じんだて》が記されている。先陣は輝宗による義光攻めの先駆けとなった盛宗で、最上方面に近い位置に知行地を得ているという地理的条件から先陣を任されたのだろう。三番から五番の富塚氏・原田氏・浜田氏は、伊達氏の累代の重臣である。そして旗本に最も近い位置には、輝宗の側近くに仕えた重臣の基信が配されている。

ところで、天正二年頃に成立したと考えられる「伊達氏人数日記」は、長井《ながい》地方の伊達氏家臣たちの着到状況を記載した史料である。軍勢を率いた部将の名前と、鉄砲・弓・槍・野伏《のぶし》・徒《かち》の人数、馬上（騎馬武者）の名前が列挙されており、この史料に記された輝宗の軍勢の総数は七四三〇人で、内半数以上の四五一一人が槍である〔安部一九九九〕。率いられる軍勢の数とその構成は部将によって変動があり、軍勢を率いる部将は盛宗のような在郷の大身家臣や、小規模の在郷衆に加え、大町・南町などの町衆も部隊を率いて出陣している。本陣近くの部将は、米沢城下に居住する輝宗の直臣や近習・側近等が多く、やはり基信は最後尾に配置されている。「日記」と同様に、大身の家臣や在郷衆を先に、譜代の直臣や側近を後の本陣付近に配するという軍団編制だったことがわかる。

さて、上山方面で戦闘を行った輝宗は、六月九日に一度米沢へと帰還した。その後も山形方面の領主たちと通交し、家中の談合を経て、七月二十五日に再度出陣した。先述した「伊達氏人数日記」では槍の数が軍勢の半数以上を占めていたが、「日記」では「てつほういくさ（鉄砲戦）」すなわち鉄砲を用いた戦闘をたびたび行っていた様子が記載されている。また、八月十五日には、伊達稙宗の子で亘理《わたり》の領主・亘理氏を継いだ亘理元宗《もとむね》が輝宗の陣を訪れ、「今日は放生会《ほうじょうえ》であり、敵方も動きがないだろうから、戦闘をやめたほうがよい」と伝え、輝宗は元宗の言葉を受け入れてこの日は戦闘を行わなかったという。当時の合戦のあり方を示す事例として興味深い。輝宗方・義光方双方に死傷者を出したこの合戦は九月まで続き、九月九日には双方の家臣が対面して停戦交渉を行い、翌十日に納馬となった。

②は、南奥へと勢力を伸ばす常陸の佐竹氏と敵対する蘆名氏・陸奥国田村郡の田村氏の争いで、

輝宗はこれに介入し、無事（停戦）を斡旋しようとした。「日記」には、伊達・蘆名、伊達・田村間を往来する多くの使者の姿が記されている。三月五日に蘆名氏から輝宗へ、輝宗が無事の斡旋を行ってもよいという旨の知らせが届いた。これを受けて翌六日に輝宗は佐竹・蘆名・田村の三氏の無事について家中で談合を行い、無事の斡旋を決定した。輝宗は正月段階から積極的に蘆名氏・田村氏と連絡を取り合い、戦況の把握に努めており、輝宗が最上方面で出馬している最中にも、両氏の使者が本陣を訪れていた。輝宗の立場としては、蘆名氏の求めに応じて斡旋を決定したというよりも、輝宗が三氏の争いに介入し、蘆名氏が輝宗の介入を容認したものとみられる。輝宗は家中の談合によって無事の条件をまとめて三氏へと伝え、無事を斡旋した。輝宗による戦闘への介入の積極的姿勢が示されている。

③は、大森城《おおもりじょう》（福島市）主の伊達実元が、伊達氏領と二本松《にほんまつ》（福島県二本松市）の畠山《はたけやま》氏領の中間地帯にある八丁目城へと侵攻したものである。輝宗から実元へ八丁目城攻略を命じた様子はなく、四月四日に実元から輝宗へ、昨日八丁目を乗っ取ったとの報が突如もたらされた。伊達氏では先述した小梁川盛宗のように、軍事的要衝を任され、在郷する大身の家臣がおり、彼らは状況に応じて独自に判断して軍事行動を起こす必要があったと考えられる。特に実元は他の在郷家臣とは異なり、存命の先代当主・晴宗の実弟でもある。輝宗からまったく独立し、輝宗の意に沿わない軍事行動を起こしたとは考えがたいが、ある程度の独自判断は認められたとみられる〔佐藤二〇一三、阿部二〇二〇〕。四月二十日、畠山義継《よしつぐ》はどこであっても輝宗に五十騎の軍事支援を行うことを条件として和睦してほしいと、実元を通

じて輝宗に願っている。しかし、輝宗は和睦を受け入れなかった。その後、田村氏が和睦を斡旋するが、輝宗はそれにも応じることがなかったため、田村氏が晴宗を通じて和睦を斡旋し、成就したとされる。先述した田村氏と佐竹氏との争いの際にも、田村氏は晴宗を通じて輝宗に戦況を伝えることがあった。輝宗は晴宗との不和を経て当主権力を確立したが、先代当主である晴宗もまったく表舞台から退いたわけではなく、このように外交への関与がみられた。家督を譲ったとはいえ当主期に築いた外交関係は存在し、輝宗が望むと望まないとにかかわらず、晴宗も伊達氏の外交窓口の一つとして機能したといえるだろう。後述する輝宗・政宗の家督移譲期も同様だった。

相馬氏との戦い

戦国武将としての輝宗の姿が最も色濃く見えるのは、相馬氏との戦いである。天文の乱後、伊具《いぐ》郡丸森へと移った稙宗は、永禄八年（一五六五）に没した。稙宗は娘を相馬顕胤《あきたね》の室としており、伊達氏領・相馬氏領の中間地帯にあたる伊具郡南部が稙宗の隠居分だった。稙宗の没後まもなく、伊具郡南部は相馬氏領となった。江戸時代の寛文年間に編纂された戦国時代の相馬氏の記録「奥相茶話記《おうそうさわき》」では、相馬氏が伊具郡南部に勢力を伸ばしたのは、亘理元宗の誘いによるものとされる。元宗は稙宗の子ではあるが、相馬氏もまた稙宗の婿であり、伊達氏・相馬氏・亘理氏は稙宗の縁者という関係にあった。亘理氏は伊達氏や相馬氏の家臣ではなく、独立した領主であり、このときは相馬氏に味方をしていた。ところが、天正四年になると亘理氏は相馬氏との関係を絶ち、伊達氏に付いた。これを受け、輝宗は相馬氏攻めを開始した。伊具郡をめぐる伊達氏と相馬氏の戦いの始まりである。

『性山公治家記録』天正四年（一五七六）八月二日条には、天正四年の相馬氏との合戦における輝宗軍の起請文が採録されており、その中には軍勢の番組も記されている。一番は元宗の子・亘理重宗《しげむね》である。そして、起請文には元宗（元安斎）が署名している。亘理氏の領地が相馬氏領と接しているという地理的要因、そして伊達氏に味方をするとはいえ、もともと相馬に好を通じていた亘理氏の立場から、伊達氏と相馬氏に挟まれる位置となる一番の組に編制されたとみられる。二番から一三番には伊具郡・刈田《かった》郡・柴田《しばた》郡・名取《なとり》郡・伊達郡・信夫郡に知行地を与えられた在郷衆が、一四番・一五番に原田大蔵・冨塚孫兵衛・遠藤基信・浜田大和といった輝宗の重臣層が続き、一六番に伊達実元、一七番が旗本という編制である。

このときは、軍団編制も空しく満足のいく結果は得られなかった。田村清顕《きよあき》は蘆名盛隆《もりたか》や関東の北条氏とともに停戦調停のために介入しようとしたが、輝宗はこれを受け入れなかった。盛隆の先々代にあたる蘆名盛氏《もりうじ》も翌年二月二十二日に、田村氏の調停による無事を願っている旨の書状を輝宗・基信それぞれに送っており、相馬氏攻略に対する輝宗の強固な姿勢が読み取れる〔伊達家文書〕。また、二月二十四日には、蘆名氏家臣の須江光頼《すえみつより》が基信へ、早く兵を納めることがめでたいと伝え、鉄砲の玉薬《たまぐすり》を贈っている〔遠藤家文書〕。

天正九年、輝宗は嫡子・政宗を連れ、再度相馬氏攻めに乗り出した。政宗の初陣である。この戦いでは、相馬氏方だった伊具郡小斎城《こさい》（宮城県丸森町）の佐藤宮内《さとうくない》が伊達氏方に与し、輝宗は伊具郡奪取の足掛かりを得た。このとき、佐竹氏・蘆名氏・田村氏の三氏が再び抗争状態にあった。天正二年と異なるのは、蘆名氏が田村氏ではなく、佐竹氏に味方している点である。輝宗はまた三氏の無事のために仲裁を始めた。交渉は難航し、輝宗の家臣たちは文字通り奔走した。結城氏《ゆうき》と、佐竹氏に味方していた白河氏《しらかわ》も調停に介入し、諸氏の使者が戦場である田村郡御代田《みよだ》（福島県郡山市）で無事の交渉にあたり、無事が成立した。

小斎を得た後も、輝宗は相馬攻めを止めなかった。『性山公治家記録』では、天正十一年にも輝宗・政宗が金山《かねやま》・丸森へと攻め入ったとしている。また、小斎城と金山城（宮城県丸森町）の境の明護山《みょうごやま》（冥護山、同丸森町）に陣城《じんじろ》を築いて伊達方の兵を配し、亘理元宗・重宗父子の計略によって金山城・丸森城を攻め取ったとも記されている。さらに天正十二年には、宇多郡《うだ》の新地《しんち》・駒ケ嶺《こまがみね》（福島県新地町）まで攻め始めたという。一方で、南奥羽の他の合戦と同様に、輝宗による相馬攻めについても、他氏が和睦の交渉を行っていた。天正四・五年に調停を行おうとしていた田村氏だけでなく、岩城氏も介入し、無事を成し遂げようとした。金山・小斎・丸森の諸城の分配について、輝宗・義胤《よしたね》ともに納得せず、交渉も長期化した。最終的には佐竹氏・白河氏らも和睦を斡旋し、天正十二年に諸氏の仲介による無事が成立した。無事の条件として、伊具郡南部は伊達氏領となった。

輝宗当主期を通じて、軍事活動によって得られた領土は広くはなかった。先述した天正二年の最上陣においても、被害はあったが、戦果はあまり得られなかった。輝宗は南奥羽だけでなく小田原の北条氏や織田政権らと通好したことや、宮城郡の留守氏・国分《こくぶん》氏を弟たちに継がせたことによる中奥への勢力拡大などの積極的な外交関係が評価されているものの、南奥羽全土に波及した天文の大乱を起こした稙宗・晴宗や、歴代伊達氏の最大版図を得た息子・政宗の派手さの影に隠れてしまうきらいがある。そんな輝宗が執着し続けたのが相馬氏攻めである。伊具郡南部を得たことは、輝宗の悲願の達成といえるだろう。

政宗への家督相続と輝宗の最期

天正十二年（一五八四）十月、輝宗は息子・政宗に家督を譲り、「受心《じゅしん》」と号した。晴宗と輝宗のときのような父子の対立は確認されず、輝宗・政宗の関係は良好だったようだ。家督相続前から政宗の外交活動が見られ、また家督相続後も輝宗の伊達氏外交への関与が認められることから、家督相続前後には父子が共同で外交活動を担っていたようだ〔佐藤二〇〇八、菅野二〇一六〕。

天正十三年、政宗は塩松《しおのまつ》（福島県二本松市）の大内定綱《おおうちさだつな》を攻めた。定綱が二本松の畠山氏を頼ると、政宗はそのまま畠山氏へと矛先を向けた。畠山義継は政宗へ和議を申し入れ、和平交渉が進められた。この交渉には、天正二年に八丁目攻略に乗り出して以来、伊達氏当主と畠山氏との調整役を担った実元

安達郡塩松図　宮城県図書館蔵　画像提供：仙台市博物館
画像の下部中央左寄りに高田原の古戦場跡を示す四角形の囲みが描かれている

に加え、輝宗も関与していた。この交渉の途中、輝宗が陣所としていた安達《あだち》郡宮森城（同二本松市）で、突如義継が輝宗を拉致するという事件を起こした。そして、宮森城から六キロメートルほどの距離にある高田原（粟の須）において、輝宗・義継の両名ともが絶命した。『性山公治家記録』とともに編纂された政宗の年代記『貞山公治家記録《ていざんこうじかきろく》』では、義継を撃ち殺せと輝宗が叫び、政宗が駆けつける前に輝宗は義継もろとも没したとする。このほか、江戸時代前中期に成立した記録類には、政宗が駆けつけた際に義継によって輝宗が刺殺され、政宗が畠山勢を皆殺しにしたとするものや、駆けつけた政宗の手によって輝宗・義継がともに銃殺されたとするものなどがあるが、後世の記録以外に事件の詳細を語る史料は現在見つかっていない。

また、仙台藩では『性山公治家記録』・『貞山公治家記録』の編纂以前に、伊達氏に関する史跡を調査し、絵図を作成している。そのうちの一鋪「安達郡塩松図」には、小浜の町場から阿武隈川《あぶくまがわ》対岸の二本松方面へ向かう江戸時代の道が朱色の実線で示され、もう一つ朱色の破線で描かれた道がある。後者は「宮森古館」（宮森城）から高田原に向かっている。仙台藩が推定した義継による輝宗拉致のルートと考えられる〔高橋・布尾二〇二〇〕。また絵図の中で、高田原には四角形の区画が示され、そこに松と桜の木が図示されている。この絵図とともに作成された仙台藩の調査の記録「延宝五年所々廻見覚書」には、輝宗殺害の史跡として、輝宗を拉致した「二本松の者どもの死体を埋めた場所と見られ、塚の上に松と桜を植えている。これを民間では、輝宗様の御墳墓と言い伝えている。」と記されている。すなわち、松と桜が描かれた地点が、仙台藩によって比定された輝宗最期の地である。
輝宗の遺体は信夫郡佐原村（福島市）寿徳寺《じゅとくじ》で火葬され、遺骨は長井庄夏刈村（山形県高畠町）の資福《しふく》寺《じ》に納められた。法名は性山受心、覚範寺殿。数え四十二歳だった。（黒田風花）

【主要参考文献】

阿部浩一「政宗登場までの戦国南奥羽史―輝宗期を中心として―」（南奥羽戦国史研究会編『伊達政宗―戦国から近世へ―』岩田書院、二〇二〇年）
安部俊治「天正二年頃の伊達氏人数日記（着到帳）について」（『古文書研究』四九、一九九九年）
菅野正道「伊達氏、戦国大名へ」（遠藤ゆり子編『東北の中世史四　伊達氏と戦国争乱』吉川弘文館、二〇一六年）
小林清治「戦国大名伊達氏」（『米沢市史　原始・古代・中世編』一九九六年）
佐藤貴浩「家督相続以前の伊達政宗」（『戦国史研究』五五、二〇〇八年）
佐藤貴浩「伊達領国の展開と伊達実元・成実父子」（『戦国史研究』六五、二〇一三年）
白石市教育委員会編『白石市文化財調査報告書第四〇集　伊達氏重臣遠藤家文書・中島家文書　～戦国編～』（白石市歴史文化を活用した地域活性化実行委員会、二〇一一年）
白石市教育委員会編『白石市文化財調査報告書第五三集　伊達氏重臣遠藤家文書　～戦国編2～』（白石市文化遺産活用推進委員会、二〇一七年）
高橋充・布尾幸恵「資料紹介　宮城県図書館蔵「会津全図」について」（『福島県立博物館紀要』三四、二〇二〇年）

伊達政宗――戦国末期を鮮やかに彩った南奥羽の〝覇者〟

政宗の誕生と伝説

伊達政宗《だてまさむね》は、永禄十年（一五六七）八月三日に、米沢城《よねざわ》（山形県米沢市）主伊達輝宗《てるむね》の子として生まれた。母は山形城《やまがた》（山形市）主最上義守《もがみよしもり》の娘で、義光《よしあき》の妹義姫である。

政宗の誕生には有名な伝説がある。江戸時代に編纂された伊達家の正史『伊達治家記録《じかきろく》』には次のように記されている。義姫は文武に長けた子を授かりたいと願い、「有験《うげん》」の僧として知られていた長海《ちょうかい》上人《しょうにん》に命じて湯殿山《ゆどのさん》（山形県鶴岡市）で祈祷をさせた。長海上人は祈祷に使った梵天《ぼんてん》を持ち帰り、義姫の寝所の屋根に安置した。梵天というのは、現在でも御祓《はら》いなどのときによく目にする木の棒の先に切り裂いた紙などが何枚もついている道具のことである。すると、義姫の夢枕に白髪の老僧が現れ、義姫の胎内に宿を借りたいと申し出た。義姫は輝宗と相談してから答えると告げ、目が覚めてから輝宗に相談した。すると、輝宗は瑞夢《ずいむ》であると喜び、義姫に必ず宿を貸すように命じた。そして、義姫は再び夢枕に現れた老僧に胎内を宿として貸すと、老僧は義姫に梵天を与え、胎育するように言った。そして、義姫は子を授かった。政宗の幼名梵天丸は、この伝説に由来している。

伊達政宗画像　東京大学史料編纂所蔵模写

さらに政宗には、万海《まんかい》上人の生まれ変わりという伝説もあった。再び『伊達治家記録』の記事を紹介しよう。万海上人は、名取《なとり》郡根岸《ねぎし》（仙台市太白区）の山中で修業をしていた隻眼《せきがん》の僧で、書写した経巻を近くの山に埋納したという。時代が降り、政宗が生存していた頃には、そのあたりを経峯《きょうがみね》と呼ぶようになっていた。そして、政宗は自分の遺骸を経峯付近に埋葬するよう遺言する。寛永十三年（一六三六）に政宗が没し、埋葬するため経峯の普請をしていると、掘った穴から石棺のようなものが見つかり、その中から錫杖《しゃくじょう》・数珠・袈裟などが見つかった。そして、地元の古老は、これを万海上人の墓であると言ったという。そのため政宗は万海上人の生まれ変わりであると信じられたのである。

こうした伝説は、政宗の生前、慶長十九年（一六一四）頃までには伊達氏の家臣に知られていた（小林二〇〇八）。政宗誕生にまつわる伝説は、それが事実かどうかは別にして、仙台藩六十二万石という大藩の初代である政宗の権威付けに大きな意味を持つものであった。

権力の二重構造を経ての家督相続

伊達氏が歴代にわたって激しい父子相克をくり広げていたことはよく知られている。こうした父子相克は、家督交代の前後に起こっている。その理由は、権力の移譲が家督相続をもって完結するわけではないからである。つまり、次期当主予定者は、家督相続以前から徐々に自身の政治的影響力を持つようになっていくし、一方で隠居した前当主も自身の政治的影響力は一定程度保持している場合が多い。そのため、あたかも二人の屋形《やかた》（当主）がいるかのような「二屋形」制とでも呼ぶべき権力の二重構造に陥ってしまうのである〔岡田二〇一九、佐藤二〇二〇〕。こうした二重構造は、父子の関係が良好なうちは問題ないが、何か一つでも問題が発生すると、父子の軍事衝突にまで至る事態となる。伊達家で相次いだ父子相克は、こうした権力の二重構造という矛盾を解消するために必要なものだった。そしてそれは、輝宗と良好な関係を築いていた政宗とて例外ではない。

政宗は、家督相続以前に黒川城《くろかわ》（福島県会津若松市）主蘆名盛隆《あしなもりたか》や最上義光などと外交を開始している〔佐藤二〇〇八、垣内二〇一七〕。それと同時に政宗の家臣として片倉景綱《かたくらかげつな》の存在が広く知られるようになっており、景綱は政宗と一体となって外交に携わっていた。当然、これは輝宗の了承を得た上での行為であろうが、徐々に政宗の存在感は高まっていたのである。面白いのは、政宗が最上義光に宛てた書状で、義光に援軍を送りたいけれども、まだ自分の代になっていないので、送ることができないと述べていることである〔兵庫県立歴史博物館所蔵喜田文書〕。政宗の存在感が高まっていたとはいえ、やはり家督相続する以前には、自身の判断だけで援軍を送るということはできなかった。

しかし、ついに政宗が家督相続する日がやってくる。天正十二年（一五八四）十月のことであった。輝宗が政宗に家督を譲った理由については、小林清治氏が蘆名氏との関係の中で説明している〔小林二〇〇八〕。政宗が家督を継ぐ直前の十月六日に蘆名盛隆が寵臣の大場《おおば》三左衛門によって殺害された。盛隆には亀若丸《かめわかまる》という子がいたが、まだ生まれたばかりの赤子であった。そのため輝宗が蘆名氏に介入する動きを見せている。しかし、以前から蘆名氏への影響力を強めていた常陸国太田《おおた》城（茨城県常陸太田市）主の佐竹《さたけ》氏が亀若丸を推しており、結局佐竹氏の後見を受けながら亀若丸を盛り立てていくことに決した。これは輝宗にとって大きな外交的失敗といえ、輝宗が政宗へ家督を譲ることを決断した要因になったというのである。垣内和孝氏は、輝宗の隠居と対蘆名外交の失敗を結びつけることを否定的にみており、蘆名氏のように当主の突然死によって家中の混乱が生じることを目のあたりにした輝宗は、自身が健在なうちに隠居することで、そうした事態を防ごうとしたのだろうとする〔垣内二〇一七〕。

いずれにせよ、政宗は十月六日から二十二日までの間に家督を相続した。家督を継いだばかりの政宗は、極度の緊張、あるいは冬の寒さがこたえたのか、すぐに体調を崩したようだ。年が明けた天正十三年正月二十四日に政宗は大舘《おおだて》城（福島県いわき市）主岩城常隆《いわきつねたか》が家督相続の祝儀を寄越したことに礼を述べているが〔千秋文庫所蔵文書〕、文中に病だったことが記されている。伝説に彩られた政宗といえども、やはり人の子であった。

大内定綱の動向

天正十二年(一五八四)冬、政宗の家督相続を祝いに大内定綱《おおうちさだつな》が米沢を訪れた。大内定綱は塩松《しおのまつ》地方(福島県二本松市)の領主であり、もともとは政宗の舅である三春《みはる》城(同三春町)主の田村清顕《たむらきよあき》に従属しており、伊達氏との関係も良好であった。大内氏は、単独で家を保つことは難しく、田村氏や伊達氏などさまざまな勢力に従属することで家を守る国衆であった〔佐藤二〇一八〕。後年、伊達成実《しげざね》は自身の著作『伊達日記』の中で「元来、二本松(畠山氏)・四本松(塩松=大内氏)ハ何方ヘモ弓矢強方ヘタノミ身ヲ被持候」(もともと畠山氏や大内氏は、誰であっても戦の強い人を頼って身を保っていました)と書いている。

しかし、天正七年に陣中でのもめ事をきっかけに大内氏は田村氏から離反し、蘆名氏に従属する道を選んでいた〔佐藤二〇一七〕。その結果、伊達氏との関係も微妙なものとなっていた。そうした中で、定綱が米沢にやってきたのである。政宗は定綱にそのまま米沢に住むよう命じ、定綱は妻子を連れてくると申し出た。このことは定綱が妻子を人質として政宗に差し出すのと同じことである。しかし、定綱はいったん塩松に帰ると、米沢に戻ってくることはなかった。

伊達氏が早く米沢に来るように定綱のもとへ遣わした使者に対し、大内家中の大内長門という人物が、「晴宗と輝宗は二代にわたって親子で合戦をしているので、伊達家中は二分されており、伊達氏が弱いというのは世間に知られていることだ」と罵ったという〔伊達日記〕。こうした定綱の態度に、当然、政宗は激怒する。

政宗は、定綱の背後に蘆名氏がいることを重視した。あまり信頼できる資料ではないが「奥羽永慶軍記《おううえいけいぐんき》」には、定綱が米沢へ行ったのは、蘆名氏と共謀して、伊達家中への内応工作をするためだったとある。しかし、表面上、政宗は蘆名氏との友好関係を維持していた。三月には、佐竹氏と共に蘆名・岩城氏と田村氏の講和を図っている。この政宗の行為を蘆名攻めを企図していた政宗の擬態とみるか〔高橋二〇一七〕、この時点では政宗が本当に協調路線を取っていたとみるか〔垣内二〇一七〕、で議論が分かれている。

ところで、隠居した輝宗は、政宗が大内氏を攻撃すると、大内氏を支援する蘆名・岩城・石川《いしかわ》氏（三葦城〈福島県石川町〉主）とも伊達氏が敵対関係に突入すると懸念していた。当然、背後には佐竹氏もいる。ところが、四月十八日に政宗は蘆名氏家臣に対し内応を求める文書を送っている。この二日前には、佐竹氏の一門である東義久《ひがしよしひさ》のもとへ、大内氏と石川氏（百目木《どうめき》城〈同二本松市〉主で大内氏と並ぶ有力領主）が伊達氏と田村氏に手切れをしたという情報が入っており、義久は蘆名・相馬《そうま》と伊達・田村の間で合戦になるかもしれないと述べている〔秋田藩家蔵文書〕。つまり、伊達氏と大内氏はすでに敵対関係に突入し、伊達と蘆名・相馬氏も敵対関係に入るのは時間の問題とみられていた。このとき、義久のもとには伊達氏の使者と蘆名氏の使者が来ており、義久はすぐに蘆名氏の使者と対応を協議している。輝宗の懸念通り、伊達と蘆名・佐竹連合の緊迫度は高まっていた。

そして五月に入ると、ついに政宗は蘆名攻めを実行し、檜原城《ひばら》（福島県北塩原村）を陥落させる。家督相続後、政宗にとって初の戦果であり、「初めてのことといい、一身の満足いうまでもない」と感慨を述べている〔政宗君記録引証記〕。こうして伊達氏と蘆名氏は敵対関係に突入した。当然、蘆名氏と連合関係にある佐竹氏も伊達氏と敵対関係に入っていく。

政宗の快進撃と輝宗の死

政宗は、檜原城を後藤信康《ごとうのぶやす》に任せて米沢に帰ったが、七月になると大内家中への内応工作を開始し、刈松田城《かりまた》（福島市）主の青木《あおき》修理亮が政宗に内応した。これを好機と見た政宗は、七月十二日に米沢を発して、杉目城《すぎのめ》（福島市）へ入り青木修理亮と対面した。その後、田村氏と合流するため蕨平《わらびだいら》（福島県飯舘村）まで移動し、舅の田村清顕と対面した。大内攻めを強く要望していたのは、田村清顕であった。伊達・田村連合軍は、七月二十四日から定綱の籠もる小手森城《おでもり》（福島県二本松市）攻撃を開始した。このとき、蘆名氏と二本松城（同二本松市）主畠山義継《はたけやまよしつぐ》の援軍が来たというが、結局定綱は小手森城を捨て、小浜城《おばま》（同二本松市）へ逃亡した。政宗は小手森城を落城させると、伯父の最上義光に宛てて「城主をはじめ、大内定綱の親類等五百人余を討ち取り、女・子供は申すに及ばず、犬まで皆殺しにした」とその戦果を伝え、この分なら「関東も簡単に手に入るだろう」と述べている〔佐藤文右衛門氏所蔵文書〕。得意満面の政宗であった。その後、政宗は大内領の掃討を続け、定綱は蘆名氏のもとへ逃亡し、九月二十六日に政宗は小浜城へ入った。こうして、政宗は大内領を我がものとすることに成功したのである。

この状況に苦慮したのが畠山義継である。義継は定綱に援軍を出しており、政宗の次の攻撃目標となった。そこで、義継は政宗に詫びを入れ赦免を願い出たが、政宗は領土の大幅な割譲と子息を人質として米沢に差し出すよう要求した（要求したのは輝宗とする説もある）。義継は要求を受け入れるしかなかった。しかし、ここで事件が起こる。有名な輝宗拉致事件（粟之巣の変）である。義継は政宗への仲介の礼を述べに輝宗のもとへ参上した際、輝宗を拉致し、急を聞きつけた政宗により討ち取られた。この混乱の中で、輝宗も命を落とす。十月八日のことであった。

伊達政宗銅像　仙台市青葉区・仙台城跡

復讐に燃える政宗は、バラバラになった義継の死骸を藤の蔓で結び付け磔にしたという。そして、輝宗の弔いを済ませると、十月十五日から義継の遺児国王丸《くにおうまる》が籠もる二本松城を攻撃した。しかし、降雪にあってしまい、二十一日に小浜城へ戻った。

それからしばらくした十一月十日頃、畠山氏救援のために佐竹義《よし》重《しげ》が蘆名・岩城・石川・白河《しらかわ》氏等を率いて須賀川《すかがわ》（福島県須賀川市）まで出陣してきたという情報が政宗のもとへ入り、十六日には前田《まえだ》沢《さわ》（同郡山市）まで進軍してきた。そこで政宗も本宮《もとみや》（同本宮市）まで移り、観音堂に陣を敷いた。そして、十七日に人取橋《ひととりばし》合戦が起こる。合戦の名称については、より広い範囲で合戦が行われたことを重視し、本宮観音堂の戦いとすべきとの説も出されている〔高橋明二〇二〇〕。

多勢の連合軍に対し劣勢の伊達軍であり、政宗自身も被弾するなど伊達勢の苦戦が続いたが、七十三歳の鬼庭左月《おににわさげつ》が奮戦した。そして、左月をはじめ多くの戦死者を出したものの、かろうじて窮地を脱することに成功したが、翌日も合戦が続けばどうなるかわからない状態であった。しかし幸い連合軍は撤兵した。従来は、伊達氏の勝利や引き分けとされていたが、政宗は晩年、「みかたこと《（味方）》〳〵くはいぐん《（敗軍）》」と述べており〔木村宇右衛門覚書〕、伊達氏の敗北であると評価されるようになった〔黒嶋二〇一九〕。

窮地を脱した政宗は、年が明けた天正十四年三月に畠山家中へ内応工作を開始し、箕輪玄蕃《みのわげんば》以下五人が政宗に内応した。これを機に政宗は四月に再び二本松城を攻めたものの、なかなかうまくいかなかった。こうした中、相馬義胤《よしたね》が講和を仲介する中人《ちゅうにん》となって、七月に伊達氏と畠山氏の講和が成立した。この講和では、それまでと違って畠山氏が城を退去し、二本松は伊達氏の領土となることになった〔山田二〇〇九〕。こうして、大内領に続き畠山領も手に入れた政宗は、八月上旬に一年ぶりに米沢へ帰ったのである。

論功行賞による知行替え

戦後、政宗は論功行賞《ろんこうこうしょう》を行っており、大内家中や畠山家中で政宗に内通した者たちへの知行宛行状が多く残されている。多くの者が伊達氏への内応に応じたということは、それだけ伊達氏と大内氏・畠山氏の力関係が隔絶していたことを示しているといえるだろう。政宗は内応工作を多用して合戦を有利に進めていった。

当然、家臣たちへの論功行賞も行われた。当初、政宗は片倉景綱に二本松城を与えたが、一ヶ月後には景綱を二本松城から大森《おおもり》城（福島市）へ移し、伊達成実を大森城から二本松城に移した。政宗は大森城主として成実が広い支配領域を治めていた実績を評価したのだろう。景綱が信頼できる家臣であることは言うまでもないが、領域支配の実績では成実のほうが一枚上手であった。

また、白石宗実《しろいしむねざね》には塩松城を与えた。白石氏は平安時代の武将である藤原経清《ふじわらのつねきよ》の流れを引くとされる豪族で、白石城（宮城県白石市）を拠点とし、伊達氏に対して独立性の強い一族であった。こうした一族は、支配地と密接に結びついており、伊達氏といえども容易に介入することはできなかった。しかし、政宗は白石宗実を塩松に移すことによって、白石氏が持つ支配地との関係を断ち切ったのである〔小林一九七八〕。近世の転封と同様の処置であるが、伊達領国の拡大の中で、伊達氏の権力が強力なものになっていたからこそ可能な転封であった。一方で、白石宗実は政宗の信頼厚い武将でもあり、政宗は宗実を塩松に入れることによって、二本松城の伊達成実と並ぶ伊達領国最前線の要としたのである。

こうした大身家臣を領国の最前線に配置することは、伊達領国の防衛と拡大に重要な役割を果たした。

境目に小身家臣ばかりが配置されていると、まとめるのに大変で、いざというときに軍事編成をすることが困難であり、臨機応変な対応を取ることができなかった。一方、大身家臣がいれば即座に一定の軍事編成をして対応することができた。実際、『伊達日記』には、最上氏との境目に小身家臣ばかりが配置されていたため防衛上不安があるとの記事がある。こうしたことから、政宗は信頼できる成実と宗実を領国の最前線に配置したのである〔佐藤二〇一三〕。

北方戦線の戦況悪化

天正十四年（一五八六）十月九日に田村清顕が死去した。そして翌十一月二十二日には蘆名亀若丸がわずか三歳で死去した。二人の相次ぐ死により、南奥羽に波乱が生じる。

田村清顕は政宗に嫁いだ愛姫《めごひめ》しか子がおらず、政宗の次男を養子として田村氏を継がせる約束になっていた。一方、清顕後室は相馬顕胤の子であり、義胤の叔母である。そこで田村家に対する主導権をめぐって伊達氏と相馬氏の間で不穏な空気が醸成されていった。

次に蘆名亀若丸の死により、再び蘆名家の家督相続者が誰になるのかが問題となった。今度は、佐竹義重の次男が入嗣することとなる。義重の次男はすでに白河氏の養子となっていたが、あらためて蘆名氏に養子入りし、蘆名義広《よしひろ》と名乗った。

政宗は蘆名・佐竹連合のみならず、相馬氏との関係も悪化しており、南奥方面では苦しい状況となっていった。さらに天正十五年四月には北方戦線の中奥（現在の宮城県中部から岩手県南部）地方でも問題が起こる。叔父の国分盛重《こくぶんもりしげ》が入嗣した国分氏で、盛重の支配に不満を持った国分氏の家臣たちが内紛を起こしたのである〔菅野一九九三、佐藤二〇〇八〕。これには国分氏と境を接し同じく叔父の政景《まさかげ》が入嗣していた留守《るす》氏なども関係しており、油断ならない状態となった。この国分内乱は結局、十一月に盛重が国分領を退去することで決着した。

国分内乱が解決した矢先の天正十六年正月には大崎義隆《おおさきよしたか》と氏家吉継《うじいえよしつぐ》の争いにともない、政宗は氏家吉継を支援して大崎領へと出兵することを決めた〔遠藤二〇一六〕。政宗自身は出陣せず、留守政景と泉《いずみ》田重光《だしげみつ》を両大将として援軍を送ったが、二人の不仲等が原因となり敗北した。こうした苦境はすぐに南方戦線にも伝わり、二本松で大内・畠山氏等の旧臣が蜂起している。さらに三月には最上氏とも敵対関係に突入し、政宗は追い込まれていた。この少し前には「四方が敵ばかり」で「政宗一人が切腹することは苦しいことではない」と述べていた〔片倉代々記〕。

田村仕置と郡山合戦

ところが、こうした状況の中で、大内定綱が政宗に従属する姿勢を見せた。定綱を味方に付けることができると、弟の片平《かたひら》城（福島県郡山市）主片平親綱《ちかつな》も味方にすることができる。そうすると、対蘆名氏の作戦上、伊達氏にとっては非常に有利になる。そのため政宗は定綱の従属を認めた。憎き相手である定綱を再び従属させる度量の大きさが政宗の領国拡大の要因の一つであろう。

四月に入ると、石川弾正が相馬氏に通じて離反した。こうした動きの中で相馬氏になびく田村家中の者も現れそうになったため、これを牽制すべく五月になると政宗は石川弾正を攻めるために出陣した。対する相馬義胤も出陣し、義胤は閏五月十二日に三春城への入城を企てたが、田村家中は相馬氏も伊達氏も両方とも城に入れないと決めており、義胤は入城に失敗した。そして、伊達勢と相馬勢の戦いになり、伊達勢が大勝したことにより、田村氏への主導権は伊達氏の握るところとなった。

相馬氏を破った政宗だったが、再び佐竹義重が連合軍を率いて出陣してきた。相馬義胤が出馬を要請したとされている〔小林二〇〇八〕。佐竹連合軍は郡山城《こおりやま》（福島県郡山市）を攻撃したため、政宗も郡山城を救うべく出陣し、郡山合戦が起こる。政宗は北方戦線の悪化などもあり、軍勢を多く動員することができず、わずか六〇〇の手勢であり、対する佐竹連合軍は四〇〇〇と伝わり、伊達勢の劣勢は明らかであった。互いに陣城を構えて戦ったため持久戦となり、七月四日には伊藤重信《いとうしげのぶ》が討ち死にするなどの痛手もあったが、岩城常隆と叔父の石川昭光《あきみつ》（輝宗の実弟で石川郡の石川氏に入嗣）が中人となり七月十七日に講和が成立した。こうして政宗は再び窮地を脱した。連合軍は、伊達氏の勢力圏に深く食い込んでいた。そのため長期の遠征を避けたかったのであろう。

この後、政宗は三春に滞在し、清顕の甥である孫七郎《まごしちろう》に政宗の一字を与え宗顕《むねあき》と名乗らせ、政宗に次男が生まれるまでの間、田村氏の名代とした。そして九月十七日に田村領を離れ、およそ五ヶ月ぶりに米沢に帰った。

なお、閏五月下旬から伊達氏と最上氏の和睦交渉が始まり、保春院《ほしゅんいん》（義姫）の仲介によって七月には最上氏との和睦も成立している〔遠藤二〇一六〕。

摺上原合戦

天正十六年（一五八八）末には、岩城常隆との関係が悪化する。政宗と対立し田村領を去った田村梅雪《ばいせつ》や大越顕光《おおごえあきみつ》が岩城氏を頼ったからである。しかし、政宗は岩城氏との開戦に消極的だった。

天正十七年二月に片平親綱が内応に応じた。そして、政宗は親綱の実兄大内定綱に猪苗代《いなわしろ》（福島県猪苗代町）の猪苗代盛国《もりくに》への内応工作を命じた。さらにこの頃、大崎氏が伊達氏の「馬打同然《うまうちどうぜん》」〔伊達家文書〕、つまり伊達氏に従属することになり、北方戦線が落ち着きを見せた。政宗は蘆名氏を攻めるために着々と準備を進めていった。こうして南奥の戦国時代はクライマックスへと向かっていく。

伊達氏に対応するため、岩城氏と相馬氏が連携を強めていた。四月に入ると岩城常隆が田村領へ侵攻を開始する。そこで政宗も七ヶ月ぶりに米沢を出陣した。政宗は大森城を拠点とし、相馬・岩城・蘆名氏等ににらみを利かせた。大森城からなら、三氏との境目まで一日もしくは二日あれば十分にたどり着くことができた。五月十六日に相馬氏と岩城氏が連携して常葉《とこは》・舟引《ふねひき》方面（福島県田村市）へ攻め込むと、これを牽制するため十九日に相馬領の駒ヶ嶺《こまがみね》城（同新地町）、二十日に蓑首山《みのくびやま》城（同新地町）を政宗は陥

政宗を祀る瑞鳳殿　仙台市青葉区

落させた。そして、二十六日に再び大森城へ戻る。

六月一日、猪苗代盛国が蘆名氏と事切れした。これを絶好の機会とみた政宗は、家臣の反対を押し切るため、布施《ふせ》備後に偽りの情報を報告させるという猿芝居までうったうえで〔小林二〇〇八〕、猪苗代まで進軍した。猪苗代盛国が伊達氏に内応したという急を聞きつけた蘆名義広は、須賀川に在陣中であったが、急遽黒川城に戻り、すぐに猪苗代まで出陣してきた。こうして六月五日に摺上原《すりあげはら》合戦が起こる（この合戦名についても摺上合戦とすべきとの説がある〔高橋明二〇一七〕）。

政宗は摺上原合戦で大勝した。政宗は「猪苗代氏が蘆名氏へ事切れしたので、猪苗代へ軍を進めようとしたところ、皆が止めたけれども、政宗一身の考えで昨四日に猪苗代へ軍を進めたら、思いがけずに義広が合戦を仕掛けてきたのに出くわしたので一戦に及び、金上・針生をはじめとして馬上三百余騎・野臥共二千余を討ち取り、この辺を制圧した」と書状に書いている〔秋田藩家蔵文書〕。政宗は十一日に黒川城を落とし、蘆名義広は実家の佐竹氏のもとへ逃亡した。こうして伊達氏と並ぶ南奥の戦国大名だった蘆名氏は滅亡した。

摺上原合戦後、白河氏や石川氏なども政宗に従属し、政宗は南奥における覇権を確立した。しかし、時はすでに新たな時代へと移っていた。羽柴《はしば》（豊臣《とよとみ》）秀吉《ひでよし》という巨人が政宗の前に立ちふさがったのである。摺上原合戦の翌年、政宗は小田原城《おだわら》（神奈川県小田原市）の北条氏《ほうじょう》を攻めている秀吉の陣中を訪れ、秀吉に臣従した。こうして、南奥の戦国時代、否、戦国時代そのものが終焉を迎えるのである。（佐藤貴浩）

【主要参考文献】

岡田清一『中世南奥羽地域の諸相』（汲古書院、二〇一九年）
遠藤ゆり子『戦国時代の南奥羽社会』（吉川弘文館、二〇一六年）
垣内和孝『伊達政宗と南奥の戦国時代』（吉川弘文館、二〇一七年）
菅野正道「伊達氏、戦国大名へ」（遠藤ゆり子編『東北の中世史四　伊達氏と戦国争乱』吉川弘文館、二〇一六年）
菅野正道「『国分盛重』と国分氏の滅亡」（『仙台郷土研究』通巻二四七号、一九九三年）
黒嶋敏「はるかなる伊達晴宗——同時代史料と近世家譜の懸隔」（遠藤ゆり子編著『戦国大名伊達氏』戎光祥出版、二〇一九年。初出二〇〇二年）
黒嶋敏「伊達家の不祥事と〈大敗〉—人取橋の戦い—」（黒嶋敏編『戦国合戦〈大敗〉の歴史学』山川出版社、二〇一九年）
小林清治『伊達政宗の研究』（吉川弘文館、二〇〇八年）
小林清治「大名権力の形成」（小林清治・大石直正編『中世奥羽の世界』東京大学出版会、一九七八年）
佐藤貴浩「家督相続以前の伊達政宗」（『戦国史研究』五五、二〇〇八年）
佐藤貴浩「戦国期国分氏家中の動向と伊達氏」（『駒澤史学』七一、二〇〇八年）
佐藤貴浩「伊達領国の展開と伊達実元・成実父子」（『戦国史研究』六五、二〇一三年）

佐藤貴浩「大内定綱の動向と伊達氏」（戦国史研究会編『戦国期政治史論集〔東国編〕』岩田書院、二〇一七年）
佐藤貴浩「田村氏の存在形態と南奥の国衆」（戦国史研究会編『戦国時代の大名と国衆』戎光祥出版、二〇一八年）
佐藤貴浩「戦国大名伊達氏の家督相続」（久保田昌希編『戦国・織豊期と地方史研究』岩田書院、二〇二〇年）
佐藤貴浩『「奥州の竜」伊達政宗』（KADOKAWA、二〇二二年）
高橋明『会津戦国時代の終焉　伊達政宗の会津侵攻（講演録）』（北塩原村教育委員会編、二〇一七年）
高橋明「会津急襲、塩松・二本松の合戦」（南奥羽戦国史研究会編『伊達政宗　戦国から近世へ』岩田書院、二〇二〇年）

【付記】同時期に拙著『「奥州の竜」伊達政宗』（KADOKAWA、二〇二二年）を執筆しており、同書と内容・文言等に似通った点があることは、ご容赦を乞う。

伊達成実――南奥制覇に貢献した伊達家きっての猛将

伊達家における成実の位置

伊達成実《だてしげざね》は、永禄十一年(一五六八)に陸奥国信夫《しのぶ》郡大森《おおもり》城(福島市)で生まれた。伊達政宗《まさむね》の一つ年下で、父は大森城主の伊達実元《さねもと》、母は鏡清院《きょうせいいん》である。実元は伊達稙宗《たねむね》の息子で、晴宗《はるむね》の弟であり、鏡清院は晴宗の娘である。したがって、実元は姪と結婚したことになる。つまり、成実にとって政宗の父輝宗は、父方からみれば従兄弟、母方から見れば伯父ということになり、世代的には成実は政宗のひとつ上ということになる。

天文十一年(一五四二)、伊達稙宗・晴宗父子による伊達天文の乱という大乱が起こる。そのきっかけは実元(当時は時宗丸《ときむねまる》)が越後上杉《うえすぎ》氏へ養子入りする際、家臣の精鋭を実元と共に派遣することについて家中の反対があったためとされる。天文の乱は天文十七年に晴宗が事実上勝利して終結する。乱中、実元は稙宗に属し晴宗と対立し、大森城と関係を有したとみられ、天文十七年の乱終結後から遅くとも天文二十二年までには大森城主となっていた〔小林二〇一七〕。晴宗が敵対した実元を許したのは、天文の乱が晴宗派による稙宗派の徹底的な殲滅というかたちで終了したのではなく、講和という妥協的な

伊達成実画像　仙台市博物館蔵

かたちで終結したからだろう。

伊達氏で、伊達名字を名乗り続ける一門（ここでは家格ではなく、当主の血族という意味）というのは実元・成実父子および実元の弟の宗澄《むねずみ》と宗清《むねきよ》（梁川《やながわ》を称したとも）以外はいない。基本的にはみな他家に養子入りさせてしまうからである。本来なら、実元も越後上杉氏に養子入りするはずであったが、天文の乱によりご破算となり、結果的に伊達家中における唯一といっていい伊達名字を称する有力一門となっていく。この点は注目しておきたい。

ところで、鏡清院は同母兄の輝宗《てるむね》が天文十三年生まれ、同母弟の留守政景《るすまさかげ》が天文十八年生まれであり、かつ政景の前に一人同母妹がいるので、天文十四～十六年生まれと推定される。仮に天文十四年生まれとすれば、実元と鏡清院は十八歳差であり、鏡清院が成実を生んだのは二十四歳の時となる。実元はすでに四十二歳であった。実元と鏡清院の婚姻時期は不明だが、永禄年間とされており〔小林二〇一七〕、実元は三十代になってから結婚したことになる。ただ、当時の常識から考えて、実元が三十代まで未婚というのは考えにくい。陽林寺（福島市）にある慶応三年（一八六七）に建てられた実元の墓には、畠山《はたけやま》氏の娘が最初の妻だったとあるが、確証はない。実元の弟宗澄には子がなかったようで、宗清は四十八歳で嫡男が生まれている。この三人の状況からみると、なにか当主に対する遠慮のようなものがあったのかもしれない。

いずれにせよ、晴宗が娘を実元という近親と婚姻させたのは、天文の乱で対立関係にあった実元との関係を強化するためのものと考えて間違いなく、この婚姻を通じて実元は伊達家中の重鎮となっていく。こうした歴史の中で成実は生を享けたのである。

実元の活躍と成実の家督相続

天文の乱終結後、実元は晴宗に忠実に仕えるようになったようである。成実の活躍について理解する前提として、少し実元の動向を見ておきたい。

まず、実元は、大森城を中心に須川《すがわ》の南三十一郷という所領を有していたという〔伊達治家記録〕。須川の南というのは広域的な地名の書き方である。要するに実元は大森城を中心とする領域的な支配を行っていたとみられる。当時の伊達氏は、家臣に対して散在的に所領を与えることが多く、一つの地域にまとまった所領を与えることは少なかった〔小林一九七八〕。こうした中で、実元が広域的な領域支配を行っていたことは注目できる。

次に軍事力についてみてみよう。天正二年（一五七四）四月三日に畠山氏の八丁目《はっちょうめ》城（福島市）を実元が乗っ取ることに成功する〔伊達輝宗日記〕。このとき、輝宗は本拠の米沢城《よねざわ》（山形県米沢市）にお り、八丁目城攻撃は実元の采配によるものだったとみてよい。畠山氏は田村《たむら》氏の仲介により、天正二年七月四日以降に、一度伊達氏に降伏したとみられる。次に注目したいのが、相馬《そうま》氏との決戦に向けて作成された伊達氏備頭誓詞写《そなえがしらせいし》である〔伊達治家記録〕。これには伊達氏の陣立《じんだて》が記されており、十七番四十六備（部隊）で構成され、各番にはそれぞれ一名から複数人の備頭が記載されている。このうち、一人の備頭だけで番が成立しているのは七番ある。単独で番を構成できるということは、その備頭が大きな軍事力を有していたと考えてよい。そのうちの一人が実元であった。天正五年には、中島宗忠《なかじまむねただ》が相馬氏に通じて伊達郡保原《ほばら》（福島県伊達市）に討ち入るという雑説が生じ、実元が保原と指呼の間にある高子《たかこ》（同伊達市）まで兵を出そうとしたことを確認できる。同時に実元は、米沢に事態を急報し、当主の出陣を待っている。このように実元は、領国拡大や緊急事態などに対応するため、独自の軍事指揮権を有していたと考えられる〔佐藤二〇一三〕。ただ、独自の軍事指揮権を有していたことについては批判もある〔阿部二〇二〇〕。

また、畠山氏は八丁目落城後、伊達氏に従属するようになるが、その窓口となったのが実元であった。実元は晴宗や輝宗の意向を畠山氏に伝達し、一方で畠山氏の要望を伊達氏に取り次ぐ役割を果たすようになり、こうした役割を指南《しなん》という。実元は田村氏との外交などにも携わっており、伊達氏の南方戦線を軍事・外交の両面から支える人物となっていた。その実元の築いた軍事的・人的基盤を成実は引き継ぐかたちで活躍をしていくのである。

成実が家督を継いだ時期は正確にはわからないが、天正十二年十月の政宗家督相続に連動したかたちで家督を相続したと考えられている〔垣内二〇一七〕。だとすると、伊達氏は宗家と一門の世代交代が同時に進んだことになる。また、十一月二十九日付で成実が田村清顕《きよあき》に宛てた文書があり〔佐竹文書〕、これは天正十一年のものとみられ（垣内氏は天正十三年とする）、政宗同様に家督相続以前から外交に関与し始めていたことを確認できる。

政宗と成実の家督相続により、伊達氏は新しい時代に突入していくことになる。

調略に長けた成実

成実が晩年に著述した『伊達日記』という資料がある。これには文書だけではわからない内容が多く含まれており、著者の成実自身の功績を過大に書いている可能性を考慮する必要もあるが、大変貴重な資料である。猛将として知られる成実であるが、文筆に優れた人物でもあった。ここからは特に断らない限り、出典は『伊達日記』である。

さて、家督を相続した政宗は、天正十三年（一五八五）五月に蘆名《あしな》氏との戦端を開くことになる。この際、成実家中の羽田右馬助が蘆名氏に従属していた猪苗代盛国《いなわしろもりくに》の家老石辺下総（監物《けんもつ》）と親しかったため、羽田右馬助を通じて盛国を調略することを成実は政宗に申し出た。そして、成実が中心となって調略を行い、伊達成実・片倉景綱《かたくらかげつな》・七宮伯耆の三人が盛国に宛てて書状を送ったという。成実は盛国に対し、服属について要望があればそれを政宗に伝え、政宗から許可する文書をもらって盛国に送ると伝えている。そして、盛国の返事を成実の居城がある大森に送るよう伝えている。つまり、成実は当主政宗の文書発給を約束しうる立場にあったことがわかる。ただし、調略はうまく進んでいたが、盛国の子である盛胤《もりたね》が伊達氏に味方することを反対し、結局失敗に終わった。

天正十三年七月、今度は大内定綱《おおうちさだつな》を攻めることになった。政宗は今度も成実に大内家中の調略を命じた。成実の家臣大内蔵人《くろうど》と石井源四郎《いしいげんしろう》はもとは大内家中で、成実は二人を通じて大内定綱に従属していた有力領主の刈松田《かりまた》城（福島市）主青木《あおき》修理亮に伊達氏への内応を働きかけたのである。そして青木修理亮はこれに応じた。青木修理亮は八月六日に大内氏に対して手切の攻撃を仕掛け、その事実を成実に急報した。成実は政宗に報告し、政宗は八月十二日に米沢を出陣して杉目に入った。修理亮も成実の使者と同道して杉目にやって来て、政宗と対面して刀を賜った。成実の使者が同道していることから明らかなように、青木修理亮の調略を成功させたのは成実であったといえる。

なぜ成実が調略に長けていたのか。それは成実の広い人脈によるものである。『伊達日記』によると、成実家中には、猪苗代氏や大内氏の家臣だった者など仙道《せんどう》方面にゆかりのある者が複数含まれていたようだ。天文末期頃に大森に所領を得た父子の仙道方面における活動は、少なくとも三十年以上を経過しており、その間に仙道方面の諸氏の旧臣・牢人などが父子に仕官していたのだろう。このような仙道に対する地縁の深さが成実の活躍の前提としてあったのである。繰り返しになるが、成実の活躍は実元の築き上げた土台の上にあったといえるのである。

小手森城攻撃の献策

大内領に攻め入った伊達・田村連合軍は、閏八月に小手森城《おでもり》（福島県二本松市）を攻撃した。しかし、蘆名氏・畠山氏の援軍が来たことや、城の守りが固かったこともあり、目立った戦果を挙げられなかった。

そこで成実が策を献じた。成実隊を城の南にある竹屋敷という場所へ移し田村軍と合流し、囮となって城方の攻撃を受けるので、その間に政宗《まさむね》率いる本隊が援軍を撃退するという作戦である。しかし、成実の策は、採用されなかった。政宗が城方と援軍とを同時に相手することを危険視したのである。また、持久戦を主張する原田旧拙斎《はらだきゅうせつさい》の反対もあった。しかし、家中の半数は成実に賛成していたので、成実は政宗の同意も得ず勝手に竹屋敷に陣を移してしまう。すると、政宗の叔父である留守政景も成実に同調したため政宗もこれを追認せざるをえなくなり、陣を移そうとした。そうしたなかで、小手森城の守将から城を明け渡し定綱のいる小浜城《おばま》（福島県二本松市）へ退却したいとの申し出があった。ところが、政宗はこれを認めず総攻撃を開始した。小手森城は二十八日に落城し、援軍も去っていった。その後、政宗は大内領の掃討を続け、九月末頃に大内領を平定した。

結局、成実の策は成功しなかったが、敵の攻撃を引き受ける囮になることを志願するというのは、いかにも武辺者らしい成実の姿である。また、政宗の命令を無視して、竹屋敷に勝手に陣を移したというのも注目される。本来ならば軍法違反で重罪といったところだが、成実や留守政景は特に処分されてはいない。政宗の権力がまだ絶対的なものではなかったことを示しているといえよう。

畠山義継への使者

大内領を平定した政宗は、大内氏に援軍を派遣した畠山氏を攻めることにした。畠山氏は実元との関係が大変強い家である。そのため畠山義継《よしつぐ》は実元を頼った。義継は「実元を通じて代々伊達を頼って家を守ってきた」ので、今までと同じように家の存続を認めてほしいと泣きついてきたのである。そこで、実元は畠山氏を攻撃するのはやめたほうがよいと輝宗に進言し、輝宗は政宗にこれを伝えた。実元は、自分が義継に対して懇意にしていることが世間に広まれば、蘆名氏は義継が伊達氏に通じているのではないかと疑うはずで、戦局が有利になるから、無理して義継を攻める必要はないと考えたのである。しかし、政宗はこれを聞き入れなかった。

実元は政宗の意向に背き、成実に畠山氏を攻めないよう二度も誓書を出させている。成実も畠山氏を攻める考えだったのだろう。それに対し実元は畠山攻めを回避しようと努めていた。実元は、長年、畠山氏の指南を努めており、戦略的目的もさることながら、畠山氏に対し、同情もあったのだろう。冒頭で触れたように、最初の妻が畠山氏の出身だった可能性もあった。

結局、畠山氏には過酷な要求が突き付けられた。十月六日に輝宗は政宗の陣所に行き、対応を協議した。この席に成実も同席した。輝宗は成実に義継のもとへ使者に赴くように命じられたが、成実はこれほどの重大な役目は自分には無理であるとして断った。しかし、輝宗が成実を説得するので、成実は使者を務めた。そして成実は義継のもとへ行き、最終的にはすべて政宗の仰せに任せるという義継の返事を取り付け、使者の役目を果たした。翌七日、礼のためか義継は成実の陣所を訪ねている。

そして、八日に義継は成実のもとへ使者を送り、輝宗のいる宮森城《みやもり》（福島県二本松市）へ行くと告げた。成実も宮森城に行き、義継と共に輝宗に対面した。そして、輝宗拉致事件が起こる。義継が輝宗を捕らえ、宮森城から居城の二本松城へ向けて逃亡したのである。武辺者の成実といえども輝宗を人質に取られてしまってはどうにもならず、結局、輝宗も義継も死亡することになるのである。

人取橋合戦での活躍

父を失った怒りに燃える政宗は、義継の遺児国王丸《くにおうまる》が立て籠もる二本松城を攻撃したが、うまくいかずに小浜城に帰った。十一月になると、佐竹義重《さたけよししげ》が蘆名・岩城《いわき》・石川《いしかわ》・白河《しらかわ》の各氏を伴って出陣してきたので、政宗は本宮《もとみや》（福島県本宮市）に移り、周辺を見渡すことができる高台となっていた観音堂に本陣を置いた。十一月十七日、人取橋《ひととりばし》合戦が始まる。

『伊達治家記録』によれば、連合軍は三万もの大軍で、対する伊達軍は七千であったという。実際の数は定かでないが、伊達軍の苦境は明白だった。しかし、なんとか持ちこたえることには成功した。戦後、すぐに政宗は岩角城《いわつの》（福島県本宮市）に入り、成実へ書状を書き、成実一人の働きによって味方が助かったと、成実の見事な戦いぶりを激賞している。事実上の伊達氏の敗北の中で〔黒島二〇一九〕、成実は奮戦していたのである。成実はイメージに違わぬ猛将であったと言っていいだろう。

二本松領の支配

人取橋合戦後、政宗は再び二本松城を攻撃し、天正十四年（一五八六）七月に相馬氏の仲介によって講和が成立した。条件は畠山氏が二本松から退去することであった。このとき、城の受け取りに行ったのは成実である。実元以来の関係性、また伊達氏の一門ということからの人選であろう。開城後、二本松は片倉景綱が領主となったが、政宗はすぐに考えを変えて成実を大森城から二本松城へ移し、景綱を大森城へ移した。もともと成実は大森城を中心とした広い領域の支配を行っていた実績がある。その点が考慮されたのだろう。

成実が支配することになった二本松領には、政宗に内通した畠山氏の旧臣たちの知行地が多く残っており、彼らは政宗から直接知行を安堵されていた。彼らは成実の統率を受けたとみられるが、直接的には政宗と主従関係を結んでいたのであり、政宗が成実に預けた与力《よりき》のかたちをとった。

成実の二本松拝領が決まったとき、政宗は実元に宛てて「実元・成実父子のことは、特に親密であると思っている」「二本松のことを任せてほしいという要望は方々から挙がっていたが、きつく断ったうえで成実に任せたのです」とわざわざ伝えている〔亘理伊達家文書〕。二本松領を与えられることを望む者が多かったなかで成実に任せたところに、政宗の信頼感がうかがえる。

天正十五年四月十六日に実元が死去した。享年六十一である。実元は、成実の活躍の前提を作り上げた人物であり、伊達家の長老的な人物でもあった。政宗は十九歳で父を失い、成実も二十歳で父を亡くしたのである。

それからしばらくした五月九日付で政宗は成実に宛てて書状を送り、城の普請を怠らないことや、境目の衆に警戒すべきこと、領民に憐れみを加えることなど、二本松領の支配について細々した注意を送っている〔亘理伊達家文書〕。父を失ったばかりの成実への配慮でもあろう。その中で、成実の「御覚悟第一」であると伝えている。裏を返せば、成実の覚悟ひとつで一定の権限を行使できたといえる。

大内定綱の従属

大内定綱は、天正十三年（一五八五）に政宗によって塩松《しおのまつ》（福島県二本松市）を逐われた後、蘆名氏のもとへ逃れるが、そこでの待遇が悪かったため、天正十五年に伊達氏への服属を申し出た。このとき、最初に定綱が頼ったのは成実であった。成実が政宗に影響を与える立場にいること、数々の調略をしてきたことなどが知られていたからこそ、定綱も成実を頼ったのだろう。

定綱の従属交渉は天正十六年に入って本格化する。ところが定綱は、あろうことか成実の所領である二本松を襲撃する。その理由について、定綱は内応が露見したため切腹させられそうになり、蘆名氏へ弁明するために伊達領を襲撃したと成実に伝えてきた。当時、蘆名家中で定綱が伊達氏に通じているという噂が広がっており、蘆名氏の疑いをそらすために定綱は出陣するしかなかったのである。成実は自身の家臣が殺されたこともあり、定綱に政宗への取次を拒否すると伝えた。しかし、成実は家臣の説得もあり、政宗への取次を継続した。定綱が従属することの利益をよくわかっていたのである。

三月二十三日には成実と定綱の間で再び戦闘も起きているが、最終的には四月五日に定綱が蘆名氏と手切れした。このとき、本来は定綱の弟の片平親綱《かたひらちかつな》も一緒に内応する予定だったが、親綱の内応は成功しなかった。四月十日に定綱は成実を通じて政宗との対面を申し出、片倉景綱と高野親兼《たかのちかかね》に伴われて政宗と対面した。定綱の従属は、一門の成実と政宗側近の景綱が協力してなされたことであり〔遠藤二〇一三〕、決して成実一人の功績ではないが、成実の果たした役割は大きかった。

南奥制覇

天正十六年（一五八八）六月、郡山《こおりやま》合戦が起こると、成実も従軍した。郡山合戦後の天正十六年末から伊達氏と岩城氏の関係が悪化していくと、政宗は片倉景綱を使者として岩城氏のもとへ派遣する。景綱は岩城からの帰途、成実と対面し、岩城氏が田村領を攻撃しようとしていることを告げた。そこで成実は、岩城氏に先手を打たれる前に、大内定綱の弟で片平城主の片平親綱を調略することを提案した。政宗は岩城氏と戦端を開くのは慎重だったが、片平親綱の調略には同意した。結局、天正十七年四月二十四日に片平親綱も蘆名氏に手切れした。すると、岩城氏も田村領への進行を開始するが、岩城氏のもとへ逃亡した大越顕光《おおごえあきみつ》が成実を頼って再び田村氏に仕えたいと申し出てきた。成実は白石宗実《しろいしむねざね》と相談して、それを政宗に伝えた。結局、大越顕光の行動は露見し、岩城常隆《つねたか》に殺害された。

摺上原《すりあげはら》合戦の際は、先手猪苗代盛国、二番手片倉景綱、三番手伊達成実、四番手白石宗実、五番手旗本、六番手浜田《はまだ》景隆《かげたか》、そして左右を大内定綱・片平親綱兄弟が固めるという布陣で戦い、蘆名氏を滅ぼした。こうして伊達氏は南奥を制覇するのである。

伊達成実霊屋　宮城県亘理町・大雄寺

ここまで見てきた成実の活躍は、成実自身の著書『伊達日記』に基づくものが中心であり、成実の活躍が強調されている可能性がある。しかし、成実が調略に従事していたことなどは政宗の書状からも確認できる。成実は父の実元が築き上げた所領や軍事力、そして南方への人的つながりを継承し、それを最大限に活用して伊達領国の拡大に貢献した。成実は常に伊達領国の最前線におり、成実がいなければ伊達領国の防衛も拡大もままならなかっただろう。伊達氏の南奥制覇に成実の果たした役割は極めて大きいのである。

（佐藤貴浩）

【主要参考文献】

阿部浩一「政宗登場までの戦国南奥羽史―輝宗期を中心として―」（南奥羽戦国史研究会編『伊達政宗　戦国から近世へ』岩田書院、二〇二〇年）

遠藤ゆり子「天正記における伊達氏の外交と片倉景綱」（白石市教育委員会編『白石市文化財調査報告書第四七集　片倉小十郎景綱関係文書』白石市歴史文化を活用した地域活性化実行委員会、二〇一三年）

垣内和孝『伊達政宗と南奥の戦国時代』（吉川弘文館、二〇一七年）

黒嶋敏「遥かなる伊達晴宗―同時代史料と近世家譜の懸隔」（遠藤ゆり子編著『戦国大名伊達氏』戎光祥出版、二〇一九年。初出二〇〇二年）

黒嶋敏「伊達家の不祥事と〈大敗〉―人取橋の戦い―」（黒嶋敏編『戦国合戦〈大敗〉の歴史学』山川出版社、二〇一九年）

小林清治「大名権力の形成」（小林清治・大石直正編『中世奥羽の世界』東京大学出版会、一九七八年）

小林清治『伊達政宗の研究』（吉川弘文館、二〇〇八年）

小林清治『戦国大名伊達氏の領国支配』（岩田書院、二〇一七年）

佐藤貴浩「伊達領国の展開と伊達実元・成実父子」（『戦国史研究』六五、二〇一三年）

佐藤貴浩「大内定綱の動向と伊達氏」（戦国史研究会編『戦国期政治史論集〔東国編〕』岩田書院、二〇一七年）

佐藤貴浩『「奥州の竜」伊達政宗』（ＫＡＤＯＫＡＷＡ、二〇二二年）

【付記】同時期に拙著『「奥州の竜」伊達政宗』（ＫＡＤＯＫＡＷＡ、二〇二二年）を執筆しており、同書と内容・文言等に似通った点があることは、ご容赦を乞う。

片倉景綱――若き政宗を支えた側近・外交官

伊達氏家臣のなかの景綱

片倉《かたくら》小《こ》十郎《じゅうろう》景綱《かげつな》は、伊達《だて》氏家臣で米沢八幡宮《よねざわはちまんぐう》（成島《なるしま》八幡神社〈山形県米沢市〉、あるいは安久津《あくつ》八幡神社〈同高畠町〉とも）の神職を務めていた片倉景重《かげしげ》の次男として、弘治三年（一五五七）に生まれた。伊達政宗《まさむね》が幼い頃から側近くに仕え、政治・軍事・外交に活躍し、最終的には白石城《しろいし》（宮城県白石市）主となって元和元年（一六一五）十月十四日に亡くなった。

小十郎という名は、同時代の戦国武将にあまり見られないようにも思うが、母方の叔父に飯田《いいだ》小十郎という武功の誉れの高い武将がおり、それにあやかって名付けられたのだという。妻は、伊達氏の御譜《ごふ》代町《だいまち》のうち大町《おおまち》の検断《けんだん》矢内《やない》和泉守重定《しげさだ》の娘で、天正十一年（一五八三）頃には結婚したものと思われ、翌年には嫡子重綱《しげつな》が誕生している〔片倉代々記〕。

父景重は比較的小身の家臣とされ、かつ神職の家だったため、景綱が伊達政宗の側近に抜擢されたことについて驚きをもって語られることが多い。しかし、近年の研究により、景綱の叔父壱岐守景親《かげちか》（以《い》休斎《きゅうさい》）や兄の藤左衛門景継《かげつぐ》をはじめとして、片倉一族は有力家臣であったことが明らかになっている。

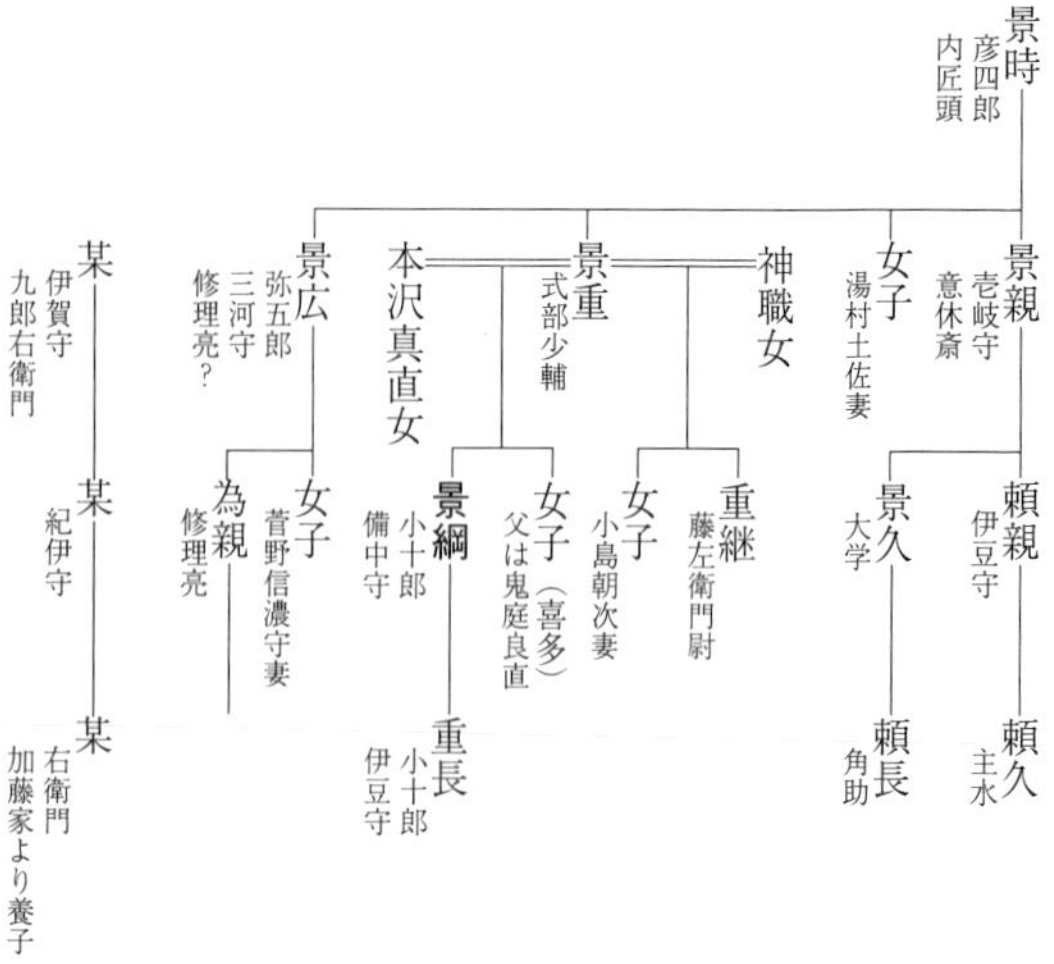

片倉氏略系図（菅野2013より）

そのため、景綱が伊達輝宗《てるむね》の徒小姓、政宗の養育係・側近となったことも、さほど不自然ではないとされている〔菅野二〇一三〕。

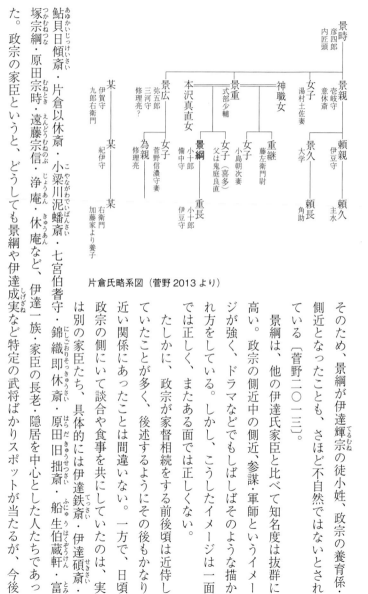

景綱は、他の伊達氏家臣と比べて知名度は抜群に高い。政宗の側近中の側近、参謀・軍師というイメージが強く、ドラマなどでもしばしばそのような描かれ方をしている。しかし、こうしたイメージは一面では正しく、またある面では正しくない。

たしかに、政宗が家督相続をする前後頃は近侍していたことが多く、後述するようにその後もかなり近い関係にあったことは間違いない。一方で、日頃政宗の側にいて談合や食事を共にしていたのは、実は別の家臣たち、具体的には伊達鉄斎《てっさい》・伊達碩斎《せきさい》・鮎貝日傾斎《あゆかいじっけいさい》・片倉以休斎・小梁川泥蟠斎《こやながわでいばんさい》・七宮伯耆守・錦織即休斎《にしごおりそっきゅうさい》・原田旧拙斎《はらだきゅうせつさい》・船生伯蔵軒《ふにゅうはくぞうけん》・富《とみ》塚宗綱《つかむねつな》・原田宗時《むねとき》・遠藤宗信《えんどうむねのぶ》・浄庵《じょうあん》・休庵《きゅうあん》など、伊達一族・家臣の長老・隠居を中心とした人たちであった。政宗の家臣というと、どうしても景綱や伊達成実《しげざね》など特定の武将ばかりスポットが当たるが、今後はそうした他の家臣たちの位置付け・役割について研究を進めていく必要があるだろう。

景綱の事績は数多いため、本稿では景綱がもっとも活躍した戦国期（天正期）の動向を中心に見てみたい。

若き政宗の養育係・側近として

景綱は、初め伊達輝宗の徒小姓として召し出された。輝宗はもちろん、その重臣であった遠藤基信《もとのぶ》も「後来国家の大器たるへし」とその才能を認め、天正三年（一五七五）、景綱十九歳のときに梵天丸《ぼんてんまる》（後の伊達政宗）付きの家臣に抜擢された。同時期に異父姉の喜多《きた》も梵天丸付きの養育係になったものと思われる〔片倉代々記〕。

若き頃の政宗と日々どのように接していたのかは、ほとんど史料が残っておらず不明瞭な点が多い。そのなかで、政宗が何歳頃のものなのか不明だが、まだ幼い政宗が景綱に出したとされる書状が残っている。そこでは、前日の夜に入手した水入れの器がすべて悪い物だったので、改めて水入れに使用する良質な竹を二本切って持ってくるようにと繰り返し伝えている〔仙台市博物館所蔵片倉家資料〕。幼い政宗と景綱の交流の様子が浮かび上がってくる。

また、景綱が政宗の失明した右目の腫れ物を突き潰したことや、政宗の脇腹にできた腫れ物に焼いた鉄を当てて荒治療したことは比較的有名であろう〔片倉代々記、貞山公治家記録〕。どこまで事実なのかはわからないが、右目が不自由になった政宗を側近くで支え、立派な青年へと成長させていったこと自体は変わりないことだろう。

景綱が政宗の重臣・取次として対外的にも認識され、史料上に明確に登場するようになるのは、天正十一年からである。会津の蘆名盛隆《あしなもりたか》から景綱に宛てた書状が四点残されている〔東北大学大学院文学研究科日本史研究室保管文書〕。盛隆は一連の書状のなかで、景綱を通して政宗と良好な関係を築きたいと再三要望している。

政宗が家督を相続するのは翌十二年十月だが、同九年にはすでに佐竹《さたけ》・蘆名・田村《たむら》氏間の和睦交渉を行うなど対外的な活動を開始していた。そのため、同時に側近だった景綱も取次として外交デビューを果たしたものと思われる〔菅野二〇〇九、遠藤二〇一三〕。実際、盛隆の書状も初めて出したものではなく、少なくとも前年の天正十年からやり取りをしていたことが確実である。

大森城代となる

景綱は、当初はさほど大身の家臣ではなかった。しかし、次第に伊達家中随一の重臣へと成長していった。そのきっかけとなったのが、天正十四年（一五八六）九月の信夫《しのぶ》郡大森《おおもり》城代への抜擢である。政宗は、それまで伊達成実の居城であった大森城（福島市）と、成実の所領であった信夫郡南部（須川《すかわ》という川より南）を与えたのである〔片倉文書〕。

大森城は、信夫地方の中心に位置する大規模な平山城で、陸奥国の大動脈である東山道《とうさんどう》（奥大道《おくだいどう》）沿いに位置し、各方面と繋がる要衝であった。また、信夫郡南部は近世の石高でいうと二万石に相当するほどの所領であった。景綱は、政宗の側近としての属性を保ちつつも、大森城を中心とした地域を支配する大身家臣へと一挙に成長したのである。なお、景綱の立場を大森「城主」とするものと「城代」とするものがあるが、「城代」とするのが適切というのが通説となっている〔小林二〇一七〕。

大森城代となった景綱だが、もともと小身であったため、自前の家臣が少なかった。そのため、多くの新参家臣をこの頃から召し抱えたようである。一躍二万石規模の大身家臣となったわけであるから、当然それに相応する家臣団の拡充・整備が必要不可欠であったことだろう。特に目立つのは、旧二本松《にほんまつ》畠山《はたけやま》氏の家臣たちである。天正十四年七月、政宗は二本松城（福島県二本松市）を攻略し畠山氏を滅亡させるが、その戦後処理を任されたのが景綱であった。その縁もあってか、景綱に多く召し抱えられたようである〔菅野二〇〇九・二〇一三〕。

景綱が信夫郡南部を実際にどのように支配していたのかは不明な点が多いが、一点だけ、新田《にった》新九郎という家臣に宛てた天正十七年の知行宛行状が残っている〔仙台古名家真蹟書画〕。もっとも、これは会津方面での知行宛行の可能性もある。また、政宗が伊達家ゆかりの東昌寺《とうしょうじ》に宛てた天正十五年の寺領寄進状がある。それによると、もともと東昌寺領であった信夫郡の在家《ざいけ》の一部が景綱の所領になったものの、それは景綱一代限りの措置であって、その後は元のように東昌寺に返還することを約束している（東昌寺文書）。景綱の所領の一部には、このように一代限りという限定的なものがあったようである。

大森城代となってからの景綱は、米沢《よねざわ》（山形県米沢市）と大森を頻繁に往復するようになった。特に天正十六年の三月から四月は忙しかった。三月一日に大森から米沢へ帰ると、ほどなく大森に向かったようで、三月二十日には米沢へ帰っている。それも束の間、翌日には早速大森へ向かい、四月十日までには米沢へ帰り、十五日には再び大森へ向かい、さらに二十三日には米沢へ帰り、五月三日に大森へ向かう、という具合である（伊達天正日記）。大森と米沢は「板屋通」と呼ばれる街道によって結ばれており、一日でたどり着くことができるほどの距離ではあるものの、奥羽山脈を越えての行き来となるため、大変だったことだろう。この頃は、塩松《しおまつ》（福島県二本松市）の大内定綱《おおうちさだつな》や小手森《おでもり》（二本松市）の石川《いしかわ》光昌《みつまさ》の動きへの対策などに忙殺された時期であったため、特に忙しかったのである。

伊達家を代表する外交官

景綱の外交取次としての活動が見られるようになるのは、先述したように天正十一年（一五八三）段階である。その後、同十二年十月に政宗が家督相続をすると、その活動はさらに活発化する。大宝寺《だいほうじ》氏、最上《もがみ》氏、蘆名氏、葛西《かさい》氏や上杉《うえすぎ》氏、北条《ほうじょう》氏、徳川《とくがわ》氏、そして豊臣《とよとみ》政権など、実に幅広く外交交渉を担当していた。秀吉による「惣無事《そうぶじ》」関係の文書も、景綱に宛てて出されている（伊達家文書）。まさに伊達家の顔として対外的に認識されていたのである。

一方で、景綱一人が外交に関するすべてを担っていたわけではなかった。特に大森城代となってからの景綱は、各地を転戦するなど政宗のもとを離れる機会が多くなり、取次として重要な仕事である副《そえ》状《じょう》の発給も難しくなることが多くなった。そのため、景綱以外にも伊達成実や原田宗時、高野親兼《たかのちかかね》などが外交交渉に関与していることが確認されている〔遠藤二〇一三〕。常に政宗の側にいるわけでもなく、かつ外交以外の仕事も数多くこなしており、そもそも取次自体制度化されたものではなかった。そのため、状況に応じた弾力的な対応が行われることもあったし、他の家臣が取次となることも往々にしてあったのである。

とはいえ、外交における景綱の存在には大きいものがあったようである。たとえば、北条氏照《うじてる》は同十六年七月二十九日に原田宗時に書状を送っているが、そこでは景綱が他所へ行っていたため景綱の副状を得ることができなかったことを不安に思うと記され、そのことを景綱に伝えるよう依頼している〔伊達家文書〕。宗時のみでは、北条氏としては意思疎通をするうえで不安だったのである。

景綱は、時に使者として交渉の現場に直接赴くこともしばしばあった。同十五年に政宗が最上氏と大宝寺氏の和睦を仲介しようとしたとき、五月十二日以前に景綱は大嶺信佑《おおみねのぶすけ》とともに最上領の中山（山形県上山市）へ派遣されている。ついで六月十三日にも最上氏と交渉中の増田貞隆《ますださだたか》のもとへ岩城《いわき》氏家臣三《み》坂隆次《さかたかつぐ》とともに赴いている。それ以前、景綱は直接この交渉に関わっていなかったようだが、交渉が行き詰まりを見せ始めていたためか、外交取次としての立場・能力による事態の立て直しが期待されたのだろう〔遠藤二〇一三〕。

同十六年十一月には、郡山《こおりやま》合戦の和睦仲介役となった岩城氏のもとへ大和田《おおわだ》筑後・今村《いまむら》日向とともに派遣されている。このとき、景綱はおよそ一ヶ月も岩城に滞在しており、政宗に敵対する大越顕光《おおごえあきみつ》らの進退などさまざま案件について話し合っていたものと思われる。景綱がこれほど長期間使者として派遣されたのは、このときくらいで非常に珍しい。

段銭徴収の責任者

景綱は一時期、伊達氏の財政においても重要な仕事をしていた。それが、段銭《たんせん》の徴収である〔菅野二〇〇八・二〇一三〕。段銭とは、領国内の田にかけられる戦国大名のもっとも基本的な税の一つで、伊達領国では「田銭」とも呼ばれた。伊達輝宗の時代には、景綱と同様に側近で外交取次としても活躍した遠藤基信が統括責任者となり、自らの花押を据えた請取状の発給を行っていたことがわかっている。こうした請取状は従来ほとんど現存していなかったが、近年発見された「遠藤家文書」のなかから数多くの請取状が新出し、話題となった。

天正十二年（一五八四）十月に政宗が家督を相続すると、段銭徴収の統括責任者も基信から景綱へ交代したことがわかっている。景綱が発給した請取状は残念ながら発見されていないが、同年十一月に作成された下長井《しもながい》（山形県長井市ほか）段銭帳には、景綱の黒印と花押が据えられており、翌十三年の北条（同南陽市）段銭帳にも景綱の花押が据えられていることから、実際に徴収の実務に当たっていたことがわかる。

ところが、同十五年の上長井（同米沢市）段銭帳には、景綱の黒印・花押ともに見出せない。担当地域ではなかった可能性もあるかもしれないが、どうやら早くも同年には段銭徴収の実務から離れたようなのである。外交取次としての仕事や各地への転戦など別の役割を大きく期待されるようになっていったため、責任者から外されたと考えられる。なお、後任者もよくわからないが、同十六年の十一月二十二日には太宰《だざい》信濃と網代《あじろ》の両人が担当して上納したようである〔伊達天正日記〕。

米沢での政宗との日常

政宗と景綱にまつわるエピソードは実に多い。ここでは、戦国期当時の伊達家公式記録である「伊達天正日記」の天正十五・十六年（一五八七・八八）分から、米沢における政宗と景綱の交流の様子を見てみよう〔小林二〇〇八〕。

天正十五年二月五日は、雪の降る日であった。そんな日に政宗は景綱邸を訪れ、夜まで滞在している。同月二十四日には、景綱が所有する馬を政宗が見ている。三月五日には、米沢に来訪していた上方の能楽師である深見《ふかみ》という者が、景綱邸で囃子《はやし》を披露したが、政宗も同席し鑑賞している。

四月十一日の出来事は、特に興味深い。酉の刻（十八時頃）に政宗は景綱邸へ行くと、そこで鮒を釣らせ、それを膾《なます》に調理させて御膳の一部として食している。その後、景綱とともに兵法を勉強しつつ双六《すごろく》で遊び、子の刻（〇時頃）に帰宅している。この記事の直前には、諸方面から献上された鮒を政宗が館の泉水に放させたと記されているが、景綱邸にも池または水堀があり、そこで鮒を飼っていたものと思われる。実際、富塚宗綱邸には堀があり、同月十四日にはその堀で釣った鮒が政宗に献上されている。この時期は妙に鮒の記事が多い。四月二十三日には、大森にいた景綱が政宗に青梅を献上している。

五月十五日、景綱は政宗に雲雀の馬を献上している。政宗はこれを気に入ったようで、同月二十三日にはそれに乗って御東《おひがし》（政宗の母・保春院《ほしゅんいん》）を訪れている。同月十八日の出来事も面白い。この日、政宗は一騎打ちの稽古を景綱と行った。景綱は、革括りの鑓で政宗を突いたが、政宗は見事それを取り上げ、その際に鑓が折れたという。同月二十日、政宗は「御伝書」を景綱・富塚信綱《のぶつな》・茂庭綱元《もにわつなもと》とともに学んでいる。同月二十九日には、政宗が越後上杉氏からの使者小川可遊斎《おがわかゆうさい》を景綱邸で接待している。

六月十五日には、再度景綱邸で深見が能を演じている。七月二十四日の記事も面白い。政宗は、景綱邸で常陸の佐竹から来た踊りを見物しているが、ちょうど伊達方にも踊りの集団が滞在中だったようで、踊りの勝負をして打ち負かしたという。時期的に盂蘭盆会《うらぼんえ》と関係した出来事だったのだろう。

八月十三日、政宗は夜に小十郎邸へ出向いている。夜通し話し合ったのだろうか。八月二十六日、政宗は伊勢から到来した貫入《かんにゅう》（釉薬《ゆうやく》に入ったひび）の皿と酒器を購入し、景綱に一つ与えている。叔父の以休斎にも与えたようだが、以休斎は興の悪い物を選んだと記されている。政宗に遠慮したのだろうか。

翌十六年正月二日、景綱は政宗に鷹四羽を見せ、そのうち一羽を献上している。十三日にも鷹五羽を見せている。七日、政宗が景綱に酒を振る舞っている。二十一日には景綱邸で能が催され、景綱らが鹿踊りを披露し、その後大宴会があった。

八月二十六日、本内《もとうち》五郎左衛門が政宗に鮭を献上したが、その鮭を政宗の目の前で鈴木元信《すずきもとのぶ》が包丁し、政宗が景綱へ与えている。十二月八日、岩城から帰還した景綱が政宗に柚柑子、橘、貝鮑を献上している。十二月九日、景綱は政宗に「今焼《いまやき》」（楽焼《らくやき》の一種）を献上している。そして十二月二十八日、政宗が景綱邸を訪れ、晩まで御乱舞が行われた。

この時期の景綱は東奔西走して政宗のもとを離れることが多かった。それでも、政宗の側にいたときには濃密な交流をしていたのである。また、景綱邸でさまざまなイベントが行われていたことも興味深い。これも、政宗の側近・外交取次としての立場に関わるものであろうか。

戦う景綱

戦場での景綱の存在感も大きなものがあった。景綱が参加した最初の合戦は、記録上で確認される限りでは天正十三年（一五八五）五月の桧原城《ひばら》（福島県北塩原村）攻めである。しかし、おそらくその前の相馬《そうま》攻めに輝宗とともに政宗が従軍していることから、それには付き従っていたはずである。もちろん、景綱自身の初陣はもっと前であり、天正初年頃だったことだろう。

景綱は、天正十三年閏八月の小手森城攻め、同年十一月の人取橋《ひととりばし》の戦い、同十四年七月の二本松城攻め、同十六年六・七月の郡山合戦、同十七年五月の摺上原《すりあげはら》の戦い、文禄二年（一五九三）の朝鮮出兵、慶長五年（一六〇〇）の「北の関ヶ原」など、政宗の主要な合戦の多くに参加している。特に大森城代となってから家臣団を拡充・整備し、相当数の軍勢を動員できるようになり、伊達軍の中核的な部隊となっていった。

人取橋の戦いでは先陣として出陣し、鬼庭良直《おににわよしなお》を討ち取るなど勢いに乗った佐竹氏ら連合軍に、第二陣の原田宗時とともに突撃してついに防ぎきったという。大町源九郎が一番首を、片平《かたひら》藤太郎が二番首を取るなど、景綱の家臣たちの活躍も語り継がれている〔片倉代々記〕。いまだ大森城代となる前ではあるが、それ相応の軍勢を動員できるほどの立場にあったと思われる。摺上原の戦いでは、先陣の猪苗《いなわ》代盛国《しろもりくに》に続く第二陣として参加している。早速蘆名軍とぶつかった景綱隊は、互いに太刀打ちする大激戦となったが、そこに白石宗実《むねざね》隊が助けに入り、さらに政宗が総攻撃を命じて、金上盛備《かながみもりはる》をはじめとして二五〇〇人余りを討ち取った〔伊達天正日記〕。このとき、景綱は旗を敵に奪い取られてしまい、すぐに奪い返したものの引き裂かれてしまった。それに怒った家臣の佐藤惣六《さとうそうろく》は蘆名軍に突撃し、蘆名家重代の法螺貝《ほらがい》を奪い取ったという〔片倉代々記〕。

景綱の戦いを考えるうえで興味深いのが、鉄炮隊の存在である。「伊達天正日記」には「小十郎てつほう」がしばしば登場する。ほかにも白石宗実や大内定綱など各家臣の鉄炮隊が登場するため、これは景綱家中の鉄炮隊と思われる。ただし、同十七年正月の「玉日記」によると、伊達家当主直属の徒士《かち》組である名懸衆《なかけしゅう》の一部が与力として景綱に付いており、「小十郎御てつほう」と記されているので、景綱家中だけでなく名懸衆も含んで組織された鉄炮隊だった可能性もあろう〔天正十七年正月伊達氏家臣等献上物日記〕。

「小十郎鉄炮」が初めて登場するのは、天正十六年五月十八日で、「御町鉄炮」と「小十郎鉄炮」の放ち初めが行われている。「御町鉄炮」とは伊達氏に付き従っている町衆から組織された鉄炮隊で、これ以前にも戦場へ投入されている。そのため、「放ち初め」といっても初めて鉄炮隊が組織されたわけではない。「小十郎鉄炮」も、これより前にすでに組織され実戦投入されていたことだろう。

そして一ヶ月後の同年閏五月十七日、早速「小十郎鉄炮」は「御町鉄炮」と「下々鉄炮」〔伊達氏家臣が抱える鉄炮衆の寄せ集め部隊か〕とともに大蔵《おおくら》城〔福島県田村市〕を攻撃し、城下の町を焼くなど大きな成果を挙げている。続く郡山合戦においても投入されている。同年六月十二日、安久津〔同郡山市〕を攻撃し川を渡ってきた佐竹・蘆名衆を、白石宗実の鉄炮隊とともに攻撃・撃退し、同月二十一日には郡山と窪田《くぼた》〔郡山市〕の間に出陣してきた佐竹軍を再び「御町鉄炮」とともに攻撃している。二十三日も同じ場所に佐竹・蘆名軍が攻めてくると、留守《るす》政景《まさかげ》・大内定綱の鉄炮隊とともに攻撃・撃退している。

景綱が最後に戦ったのは、「北の関ヶ原」のときであった。大坂の陣時も存命中であったが、病が進行し出陣できる状態ではなかったため、嫡子重綱を派遣している。景綱は、「北の関ヶ原」の頃から体調不良に陥ることが多くなり、特に肥満が進行し、それによる各種の病気にかかっていたようである（『片倉代々記』）。政宗は、たびたび医者を派遣するなど気遣ったが、結局景綱は大坂の陣で大活躍した重綱の姿を直接確認することなく、元和元年（一六一五）に没した。

（竹井英文）

【主要参考文献】

遠藤ゆり子「天正期における伊達氏の外交と片倉景綱」（『白石市文化財調査報告書第四七集　片倉小十郎景綱関係文書』白石市教育委員会、二〇一三年）
菅野正道「天正期伊達領国における片倉景綱の立場」（伊藤喜良・藤木久志編『奥羽から中世をみる』吉川弘文館、二〇〇九年）
菅野正道「片倉景綱の事績」（『白石市文化財調査報告書第四七集　片倉小十郎景綱関係文書』白石市教育委員会、二〇一三年）
小林清治「片倉小十郎と伊達政宗」（同『戦国大名伊達氏の研究』高志書院、二〇〇八年。初出一九八九年）
小林清治「戦国期伊達領国の城館」（『小林清治著作集一　戦国大名伊達氏の領国支配』岩田書院、二〇一七年。初出一九九〇年）

田村清顕――力と知恵で領土を守った三春の隠れた名将

南奥戦国史の展開に密接に関わる田村氏

田村清顕《たむらきよあき》といえば、独眼竜《どくがんりゅう》の愛称で知られる伊達政宗《だてまさむね》の正室・愛姫《めごひめ》の父親として、その名を知っている人も多いのではないだろうか。田村氏は、現在の福島県中通りの田村郡三春町にあった三春《みはる》城を拠点に活躍した、戦国期の南奥羽（以下、南奥とする）地域を代表する勢力のひとつである。その中で、最も南奥の戦乱が激しさを増した永禄年間から天正年間に当主となった人物が清顕であった。

彼の人物像や領主としてどのような活動をしていたのか、などといった具体的なことについては、ほとんど知られていないのが現状である。実際、田村氏を専論とする研究は数えるほどしかない。近年になって少しずつ増えてきている〔小林・垣内二〇〇六、遠藤二〇一五、垣内二〇一七、佐藤二〇一八ほか〕が、それでも四、五十年前に書かれた『福島県史』や『三春町史』の解説が、田村氏を理解する上での基礎的文献となっている。研究が進まない背景には、やはり史料的制約の問題が一番大きいと考えられる。田村氏自体は、豊臣秀吉《とよとみひでよし》の奥羽仕置によって独立領主としての家は一度途絶えており、そのためか田村氏の家文書は散逸してしまったようである。また、周辺に残った田村氏発給の文書は、基本的に年次が書かれていない書状類が中心であるため、扱うには難易度が高い。そうした事情から、田村氏の研究が低調となり、そのまま関心の低さに繋がっているとみられる。

しかし、南奥の戦国史を理解しようとした場合、田村氏は注視すべき重要な存在である。例えば、戦国末期に勃発した伊達氏と佐竹《さたけ》氏の衝突があるが、実はそこに至る以前、佐竹氏が南奥に進出し始めた頃は、田村氏が防衛の中心的役割を果たしていた事実がある。また、清顕死後に発生した田村氏の支配をめぐる伊達氏と相馬《そうま》氏の対立などは、伊達氏と佐竹氏が衝突した郡山《こおりやま》合戦とも深く関わっていたことが指摘されている〔小林二〇〇八〕。このように田村氏の動向が、南奥戦国史の展開と密接に関わっていたことは明らかである。

そこで、戦国末期の南奥戦国史に爪跡を残した田村清顕の生涯について、彼を輩出した田村氏の歴史とともに紹介していきたい。

清顕を輩出した三春田村氏

田村氏は、陸奥国安積《あさか》郡に置かれた田村庄という荘園を基盤に力を伸ばした勢力である。田村清顕を輩出した田村氏は、永正年間以降、三春城に本拠を構えたことから、俗に「三春田村氏」や「三春系田村氏」と呼ばれている〔福島県史、垣内二〇〇六〕。これは、三春田村氏が台頭する以前にこの地域を支配した田村庄司《しょうじ》一族と区別するためでもある。従来、この二つの田村氏については、次のように整理されてきた。南北朝期の史料に頻繁に登場する田村氏は、鎌倉時代以来、田村庄の庄官を務めてきた藤原姓の田村庄司の系統である。そして、応永三年（一三九六）の田村庄司の乱での敗北などを経て、享徳年間頃には平姓の三春田村氏との権力交代があった。以降は清顕の系統に繋がる三春田村氏がこの地域の領主となった。つまりは、田村氏には二つの系統があり、藤原姓田村庄司一族から、平姓三春田村氏への権力交代があったとするものである〔福島県史〕。しかし、こうした通説に対し垣内和孝氏は、庄司系田村氏が藤原姓を名乗った確証がない上に、庄司系田村氏とみられる人物が平姓を名乗っていたことを指摘している。このことから藤原姓田村氏と庄司系田村氏を区別し、さらには庄司系と三春系は同族であり、権力の継承には一族間の連続性があった可能性を指摘している〔垣内二〇〇六〕。このように、田村氏の系譜にはまだまだ謎が多いようである。

なお、『寛政重修諸家譜《かんせいちょうしゅうしょかふ》』によれば、三春田村氏の祖は、八～九世紀に蝦夷《えみし》征伐で功績をあげた坂上《さかのうえの》田村麻呂《たむらまろ》としている。しかし、三春田村氏が平姓を名乗っていることから、すでにそうした事実は否定されている。ちなみに、伊達政宗は坂上田村麻呂の子孫とされていた愛姫に対して、常々敬意を払って接していたというエピソードが知られている。〔木村右衛門覚書下〕。

さて、結局のところ田村氏の系譜についてはよくわからないが、清顕を輩出した三春田村氏の歴代当主の中で、史料上最も早くその存在が確認できるのは、田村直顕《なおあき》である。享徳三年（一四五四）八月二十一日付けの書状があり、田村兵部卿なる人物に対して、熊野《くまの》参詣先達職《せんだつしき》を認めている〔青山文書〕。

熊野参詣先達とは、中世に普及した熊野信仰において、熊野と地方の参詣者の間を取り持つ役割を担う存在である。直顕が熊野先達の承認を行っているということは、三春田村氏が田村庄内においてそうした活動を認めることができる立場にいた、つまり公権力を有していたことを示している。三春田村氏は、この直顕以降、義顕《よしあき》、隆顕《たかあき》、清顕と続く。

田村清顕の登場

田村清顕が登場するのは、永禄年間である。清顕の誕生した正確な年は不明だが、史料上初めて登場するのは、永禄十三年（一五七〇）十二月に蓬《よもぎ》田《た》隠岐守に宛てた書状である〔角田蓬田文書〕。この活動の開始時期から推測すれば、おそらく弘治年間末頃の生まれとみられる。『寛政重修諸家譜』によれば、父は田村隆顕、母は伊達稙宗《たねむね》の娘で、弟には氏顕《うじあき》がいた。また妻は、現在の福島県相馬市から南相馬市を中心に勢力を有していた相馬顕胤《あきたね》の娘で、夫婦の間には冒頭で紹介したとおり、伊達政宗に嫁いだ娘・愛姫がいた。

では、清顕が登場した頃の南奥地域の様子を少し時代を遡りながら説明する。清顕の父、つまり先代となる隆顕は、天文年間から天正年間の初め頃まで活動をした人物である。隆顕の父義顕は、天文四年（一五三五）には出家し「卜西」と名乗ったが、その後も政務を担ったようで、天文十年には、義顕と隆顕の連署書状が残っている〔伊達家文書〕。田村家中における、いわゆる「二屋形制」を経て、天文年間後半には隆顕が家督を継いだとみられる〔岡田二〇一九、佐藤二〇二〇〕。隆顕が家督を継いだ頃は、伊達天文の乱が発生した時期であった。伊達天文の乱は、伊達稙宗と晴宗《はるむね》父子の対立に端を発し、天文十一〜十七年の六年間にわたって続いた戦乱である。伊達氏が周辺の領主たちと縁戚関係を結んでいたことから、南奥全体を巻き込む争乱へと発展した。この戦いで田村隆顕は、妻が稙宗の娘であったことから、稙宗方として参戦した。実は天文の乱以前、田村氏と伊達氏の関係は良好とはいえなかった。天文六年（一五三七）、会津の蘆名盛氏《あしなもりうじ》と同盟関係を築きつつ〔青山文書〕、安積（福島県郡山市）・岩瀬《いわせ》（同須賀川市）へ進出を図っていた田村氏だったが、このとき同様に進出の機会を伺っていた伊達氏が介入してきた。結果、田村氏の進出は阻まれ、さらに隆顕は、伊達氏の家中同前に参陣することを誓約した起請文を提出し、伊達氏の下に従属するような関係となったのである〔伊達家文書〕。

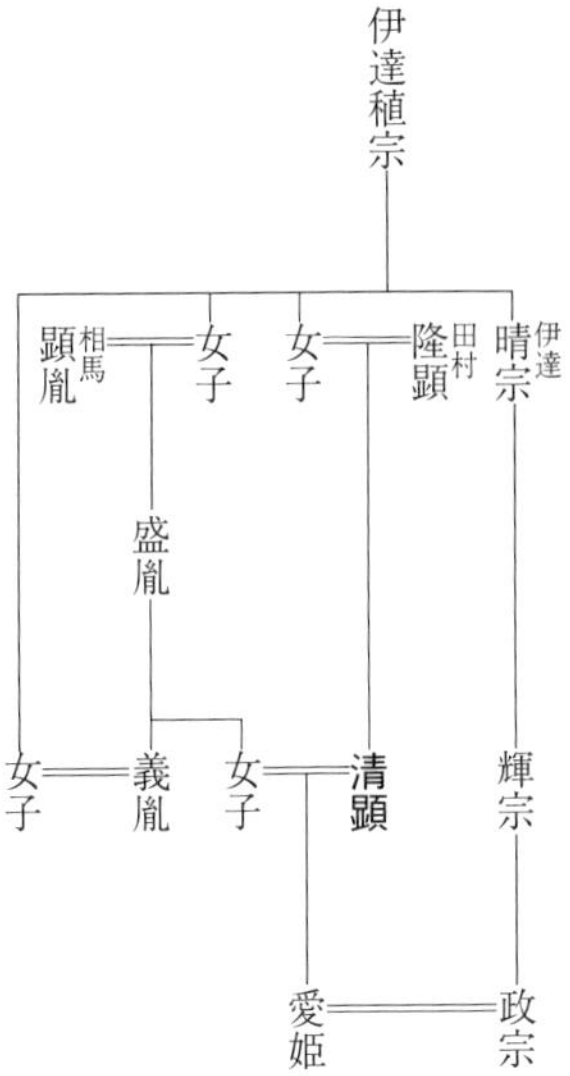

相馬氏・田村氏・伊達氏関係系図

しかし、天文の乱の発生によって、そうした伊達との関係は解消されたようで〔佐藤二〇一八〕、乱直後の天文十一年九月から翌十二年にかけて、再び隆顕は安積郡に進出し、二七郷を攻めて六城を獲得したという。その後は、晴宗方の岩城重隆《いわきしげたか》や、途中で晴宗方に転じた蘆名盛氏との戦闘を繰り返していたとされる。天文の乱を

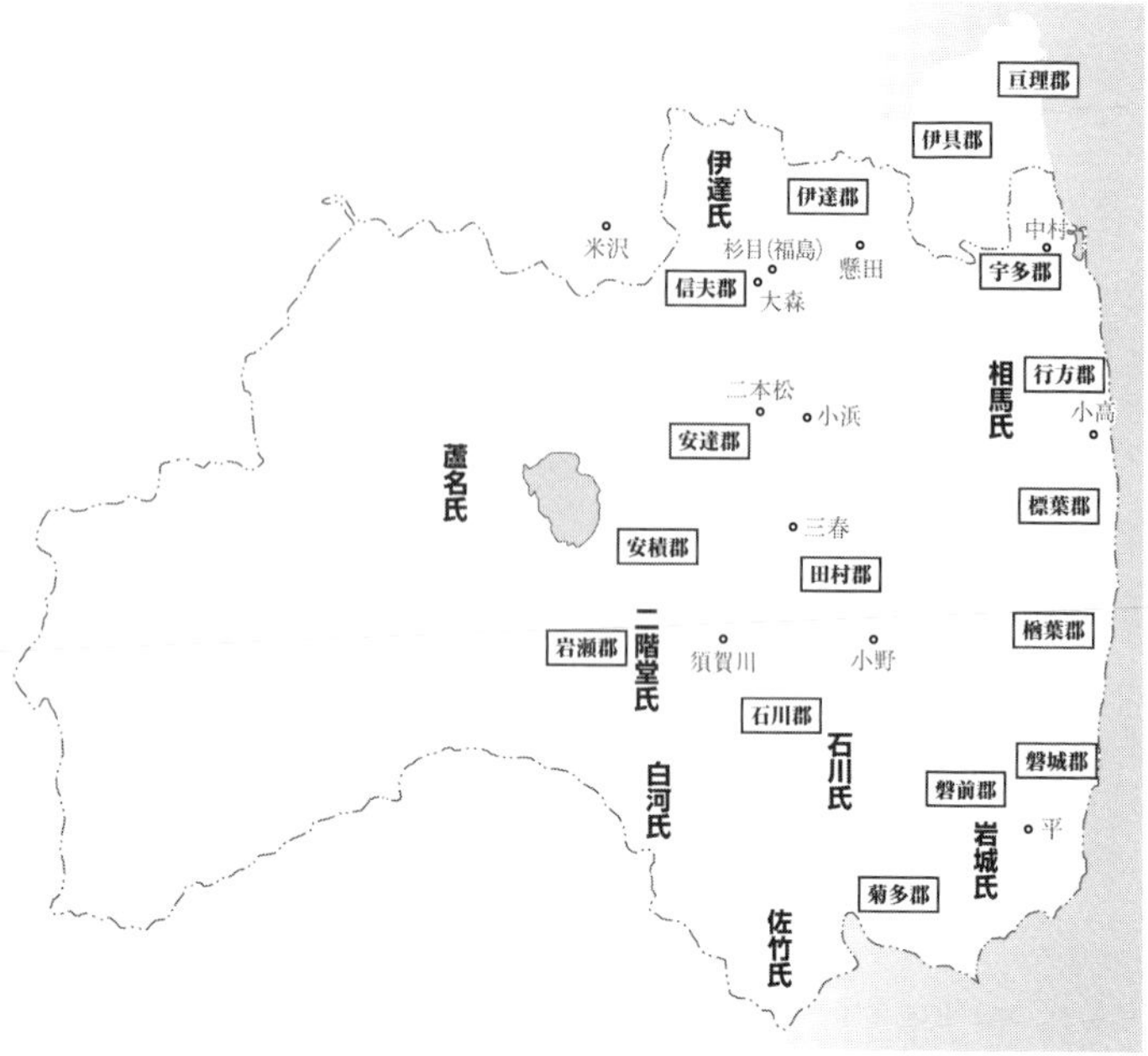

田村氏周辺の概況　点線は現在の福島県域

通して終始稙宗方として戦った隆顕であったが、稙宗方が劣勢になるにつれ、常葉《とこは》、鹿股《かんまた》、御代田《みよだ》など田村氏に協力する有力領主が晴宗方に寝返り、田村氏を取り巻く状況も次第に悪化していった。そして、天文十七年（一五四八）九月、稙宗と晴宗が和睦し乱は終焉を迎えた。だが、天文の乱中に深まった田村氏と蘆名氏との溝は乱後も埋まることなく、天文十九年六月になると、蘆名氏による田村領侵攻が開始された（塔寺八幡宮長帳）。翌天文二十年に両氏は和睦するものの、隆顕は天文十一年に獲得した安積郡の領地を放棄することとなった。

　永禄年間に入ると、南郷（福島県東白川郡周辺）を手中に収めた佐竹氏の南奥進出が本格的に始まり、田村領の南方が騒がしくなり始める。そうした中で、隆顕は岩瀬郡の二階堂《にかいどう》氏との戦争を始めた。永禄二年（一五五九）二月、安積郡の大槻《おおつき》城（同郡山市）が田村に寝返ったことをきっかけに、大槻に出兵したのである。二階堂方への蘆名からの援軍により敗れるも、二階堂氏から今泉《いまいずみ》城（同須賀川市）を奪取し、岩瀬郡周辺の攻略拠点とした。永禄七年になると、二階堂氏に対する影響力をめぐって、蘆名氏と伊達氏の対立が深まる。一方の田村氏は、永禄八年に石川《いしかわ》郡へ進出している。永禄十一年には、隆顕は蘆名と組んで石川領攻めを行っている。また同年、安達郡塩松《しおまつ》（同二本松市）の石橋《いしばし》氏配下の大内《おおうち》氏が隆顕に内通したことで、塩松に侵攻し田村の支配域を広げることにも成功した。元亀二年（一五七一）には、三条目《さんじょうめ》（同矢吹町）に佐竹氏が攻め込んできたが、蘆名・田村両氏の奮戦によってこれを退けることに成功している。その後、隆顕は元亀年間頃に史料上から姿を消し、天正二年（一五七四）九月六日に亡くなった〔伊達輝宗日記〕。

以上のように、隆顕期の田村氏は安達《あだち》郡、安積郡、岩瀬郡などに対し積極的な行動を行い、蘆名氏との衝突と協力を繰り返しながら、勢力拡大を続けていたのである。一方、南方からは新たに迫り来る佐竹氏という脅威への対応が新たな課題になりつつあった。こうした状況の中で、清顕は父隆顕の跡を継ぐことになったのである。

伊達氏との連携を深める清顕

清顕が家督を継承した時期は、史料から隆顕が消える元亀年間以降のことと考えられる。清顕の時代になっても、安積郡や岩瀬郡をめぐる争いは継続して行われた。しかし、天正年間は蘆名と佐竹氏が手を組むという新たな局面を迎え、後に伊達氏も巻き込んだ大きな戦乱に発展することになる。

天正年間に入ってから、清顕による最初の戦いは、天正二年（一五七四）正月に蘆名氏と協力して行った佐竹方となった岩瀬郡攻めである。ところが、翌天正三年には、清顕は蘆名氏と対立し安積郡大槻や久保田《くぼた》に侵攻している。さらに天正四年には、塩松の片平《かたひら》城（福島県郡山市）を攻め、安積地方から蘆名、二本松《にほんまつ》両氏の勢力の排除に成功している。これに対し、蘆名盛隆《もりたか》は岩瀬郡の二階堂盛義《もりよし》と天正五年の夏に安積地方に出陣してきた。蘆名盛隆と二階堂盛義は実の親子という関係であった。蘆名盛氏には盛興《もりおき》という嫡男がいたが、天正二年に早世したため、新たに盛義の子盛隆を養子に迎え、跡継ぎとしたのである。それまで田村氏は蘆名氏と協力して二階堂攻めを行うこともあったが、この養子縁組以降は蘆名氏との対立が決定的になった。また天正五年には、現在の福島県いわき市を拠点とする岩城常隆《つねたか》が、南から小野《おの》（福島県田村郡）に攻め入ってきている。これらを清顕はすべて撃退し、さらには同年閏七月に白川《しらかわ》城（同白河市）に攻め込み、佐竹氏を撃退するという奮戦ぶりをみせている。この間、北関東の領主小田氏治《おだうじはる》の書状からは、佐竹・白河・岩城・蘆名の連合に対し、小田原北条《おだわらほうじょう》氏や小田氏と協力して対抗しようとする清顕の遠交近攻の外交政策もうかがえる〔佐竹文書〕。

天正年間初め頃の田村氏は、周囲の領主を相手に優勢を保っていた。しかし、次第に清顕は劣勢に立たされることになる。そのきっかけとなったのは、天正五年頃からの蘆名氏と佐竹氏の友好関係の成立である。それまでは、田村氏が蘆名氏と結んで佐竹氏と戦うなど、基本的に南奥の領主たちと協力して侵攻してくる佐竹氏に対抗していたが、蘆名氏と佐竹氏が手を結んだことで、それまで蘆名氏や佐竹氏の影響を受けていた白河・石川・二階堂氏などの周辺領主も両氏に同調するようになった。その結果、田村氏が完全に孤立してしまい、周囲を敵に囲まれるという危機的な状況に陥ったのである。

そこで清顕が取った策が、伊達氏との連携だった。天正七年（一五七九）冬、娘の愛姫を伊達政宗に嫁がせ、伊達氏からの支援を受けて対抗しようとしたのである。天正八年には早速、清顕が攻めへ転じ、岩瀬郡へ侵攻している。しかし、天正十年三月には蘆名盛隆・白河義親《よしちか》・佐竹義重《よししげ》に攻められ、永禄二年（一五六九）に獲得した今泉城などを失陥している。結局このときは、伊達輝宗の仲介により、五月に田村氏と蘆名・二階堂両氏の間で和睦が成立し、御代田・今泉の地は正式に二階堂氏に渡されることになった。だがこの和睦は、二階堂氏によってすぐに破られ、七月には田村領の白岩城や守山城《もりやま》（いずれも福島県郡山市）が攻められている。清顕はこれらを撃退し、翌天正十一年春には、逆に田村氏側から岩瀬郡の須賀川に攻撃を仕掛けており、一進一退の攻防を繰り返していた。

南方での戦闘が激しくなる一方で、北方でも新たな火種が発生していた。一時は支配下に収めた塩松だったが、天正七年以前には二本松義継《よしつぐ》と大内定綱《さだつな》が蘆名氏側に付き、田村氏に対して反旗を翻している〔首藤石川文書〕。天正十一年春には、二本松・大内両氏が田村支配下の百目木《どうめき》城（福島県二本松市）に攻め入ったが、清顕はこれを撃退している。翌天正十二年は、逆に田村氏側が塩松に攻め入ったが、敗北を喫している。またこの年は、四月に蘆名氏が、五月から十月にかけて岩城氏がそれぞれ田村領に侵攻している。このように見ると伊達氏と協力関係を結んだものの、清顕の苦況は継続していたようである。

こうした中で清顕の戦争に転機が訪れる。天正十三年（一五八五）、伊達政宗が新たに家督を継承すると、大内攻めを開始したのである。清顕も参戦し、大内定綱の本拠・小浜城《おばま》（福島県二本松市）の攻略に成功する。これ以後、清顕は伊達氏の安達郡攻略に協力して動くことになる。小浜城攻略後、二本松義継により、伊達輝宗《てるむね》が殺害される事件が発生すると、政宗は二本松城攻めを始める。これに対し、二本松氏を支援する蘆名氏や佐竹氏らが救援に押し寄せ、現在の福島県本宮市周辺において人取橋《ひととりばし》の合戦が発生した。このときも、清顕は政宗とともに出陣をしている。かろうじて、蘆名氏らを退けた伊達・田村両氏は、翌天正十四年に再び二本松城に攻め寄せ、落城させることに成功したのである。

以上をまとめると、天正年間初めの田村氏の優勢は、天正五年に蘆名・佐竹両氏が友好を結んだことにより失われ、一転して清顕は苦戦を強いられるようになった。こうした状況に対し清顕は、伊達氏と協力することで、局面の打開を試みたのである。そして、それは大内氏や二本松氏の攻略という成果となって表れた。また注目すべきは、天正十三年以降は、清顕の立ち位置にも変化が見られたことである。それまで田村氏対蘆名氏といったように常に田村氏が戦争の主体となっていた。しかし、大内・二本松両氏をめぐる争い周辺から、次第に伊達氏と佐竹氏という二大勢力による争いへと収斂されていく過程で、田村氏は戦争の主体から外れ、伊達氏を支援する立場に変化していったのである。

中人としての清顕

これまで、周辺と戦争を繰り返す清顕の軍事活動の面を追ってきたが、彼の活動としてもう一つ注目すべきことがある。それは中人《ちゅうにん》としての活動である。近年、戦国期南奥の領主たちが、相互に中人となって、紛争の調停活動を行っていた実態、いわゆる中人制が注目されている〔粟野一九八八、小林二〇〇三・二〇〇四、山田二〇〇九ほか〕。この中人制とは、中世にもよく見られた一般的な紛争解決方法の一つで、紛争当事者双方が中人と呼ばれる第三者に紛争解決を委ね、その調停によって和解することである〔勝俣一九七九〕。南奥では天文年間（一五三二〜五五）頃から、領主間紛争における中人制が史料でたびたび確認されるようになり、約五十年にわたって南奥全域で行われていた。そうした中人制による紛争解決が繰り返され、地域の平和秩序が維持された結果、南奥地域では特定の勢力が領域を急激に拡大することがなく、大小さまざまな勢力が戦国の末期まで保持されていくというこの地域独特の戦国期の様相を呈したのである。清顕もまた、そうした中人としての活動を行っていたことがわかっている。現在史料上確認されている南奥領主間の中人による調停事例は約六十例だが、そのうち清顕が中人として関与した事例は六例確認されている。そして、六例中三例が伊達氏と相馬氏の紛争に関する調停であった。この伊達氏と相馬氏の紛争は、天文の乱以降から天正年間の約四十年にわたって続いたものであった。

　繰り返しになるが、中人とは基本的に紛争当事者ではない第三者であり、かつ紛争当事者に対して公平な立場の人間がなることが基本である。それは、一方の紛争当事者との利害関係が認められた時点で、公正なる調停者としての信頼が失われ、その役割が果たせなくなるからである。しかし、南奥における中人は少し事情が異なる。それは、紛争当事者も中人も互いに縁戚関係になっており、公平な第三者ではない点である。これは伊達稙宗・晴宗の婚姻政策により、南奥を代表する領主がほとんど縁戚関係でつながっていたためである。よって、南奥の中人制の場合は中人となる際にはそうした縁戚関係も考慮していたとみられる。実際、清顕が調停を試みた伊達氏と相馬氏それぞれと田村氏は縁戚関係にあった。清顕の妻は相馬顕胤《あきたね》の娘であり、また清顕の娘は伊達氏に嫁いでいる。さらには、清顕の母は伊達稙宗の娘であり、さきほどの妻である顕胤の娘の母もまた稙宗の娘である。実に複雑な関係である。

　では、清顕の中人活動をみてみよう。最初に清顕が中人として伊達・相馬の紛争に関与したのは、天正四～五年頃のことである。当時は伊達輝宗、相馬盛胤《もりたね》の時代である。このときは、現在の宮城県伊具《いぐ》郡の丸森《まるもり》地方をめぐって両者間で激しい戦闘が行われていた。天正四年（一五七六）秋、輝宗は伊具郡に出陣している。すでに蘆名盛氏が中人として調停を行ったようで、天正四年九月に一度和睦が成立している〔伊達家文書〕。しかし、再び戦闘が始まり、翌天正五年に清顕が中人として関与することになった。この調停は成功し両者が開陣したことが、岩城隆宗《たかむね》から伊達輝宗に宛てた文書からわかっている〔伊達家文書」。ちなみに、中人制について史料上でわかることは、基本的にだれが和睦を仲介し成功したか、失敗したかぐらいである。具体的な交渉内容などを示す史料は今のところ確認されていないため、今回も清顕がどのような交渉をしたのかまではわからない。

次の清顕の中人活動は、天正九年に再開された戦争の際である。戦争のきっかけは、相馬方であった佐藤宮内が伊達方に寝返ったことであった。この三年前に相馬義胤《よしたね》が家督を継いでおり、今回は伊達輝宗対相馬義胤の戦いである。このときの調停はかなり難航したようである。というのも、天正十一年から岩城常隆などが中人として調停に入ったが、失敗に終わっていた〔伊達治家記録〕。そして天正十二年頃になって、田村・岩城・佐竹の三氏が中人となって調停を行った結果、ようやく和睦に至っている。

以上のように清顕は南奥の領主の一人として、中人の役割を果たし、地域の平和秩序の維持に貢献していたのである。ただし、一つ注意しなくてはならないのは、こうした中人活動は必ずしも地域平和を実現する目的で行われたわけではない点である。中人制が始まった当初は、地域の平和維持を第一とするような動きも見て取れたが、時代が下るにつれ、中人となる事情も変化していったようである。今回の清顕の場合は、当初から積極的に調停を行っていた。その理由は、当時田村氏が置かれた状況にある。伊達氏と相馬氏が紛争をしていた天正年間は、先に見たように清顕にとっては周囲を敵に囲まれ苦境に陥った時期と重なる。清顕からすれば、ともに血縁関係にあり友好的な両氏からの支援を最も期待したいところであるが、その両者が争っていることは好ましくなかったに違いない。そうした事情から、清

田村清顕の墓　福島県田村市・福聚寺
撮影：筆者

顕は積極的に中人として関与していったと考えられる。この伊達氏と相馬氏が紛争の最中、天正十年頃に伊達氏は出羽国山形の領主最上氏との間で紛争が生じていた。これにも清顕が中人として介入していたことがわかっている〔鈴木惣栄門文書〕。これもまた同様の理由から、中人として介入をしたと考えるべきであろう。

清顕の死とその後の田村氏

伊達氏と蘆名・佐竹両氏の対立が深まる中、天正十四年（一五八六）十月九日、田村清顕は死去する。遺体は、三春の福聚寺《ふくじゅじ》に葬られた。清顕の死去したこの年は、南奥の戦国時代にとっても画期ともいえる重要な年であった。先ほど、南奥地域では中人制により戦闘の拡大を未然に防いできたため、個別の領主が滅亡というところまで行きつくことはなかったと説明した。しかし、この年に起きた二本松氏の滅亡は、中人制による地域秩序の保全の限界と、領土の統一という新たな時代へと進んだことを示していた。そうした新たな時代の到来を目にしつつ、清顕は戦国の世を旅立ったのである。

清顕の死後、田村氏では家中を二分する争いが勃発した。清顕には息子がいなかったため、妻の実家である相馬氏を頼む一派と、清顕の母の実家で、娘の嫁ぎ先でもある伊達氏を頼む一派に分かれて対立することとなったのである。最終的には伊達方が勝利し、清顕の甥の宗顕《むねあき》を名代に据え、伊達氏が田村氏への影響力を強めることになる。

以上、田村清顕について生涯のほとんどを費やした軍事活動や南奥の領主の一員として貢献した中人活動を中心にみてきたが、その人物像や政治活動については、まだまだわからないことばかりである。しかし、南奥の戦国争乱が頂点に達する時代を生きた清顕は、南奥の戦国史の重要な局面にたびたび関与しており注目すべき存在であることは間違いない。今後はますます清顕の動向から目が離せない。

（山田将之）

【主要参考文献】

粟野俊之「戦国期における合戦と和与」（中世東国史研究会編『中世東国史の研究』東京大学出版会、一九八八年）
遠藤ゆり子「戦国時代における田村領の「熊野山新宮年貢帳」と村落」（『史苑』七五、二〇一五年）
遠藤ゆり子『戦国時代の南奥羽社会』（吉川弘文館、二〇一六年）
岡田清一『中世南奥羽の地域諸相』（汲古書院、二〇一九年）
垣内和孝「田村氏と蒲倉大祥院」（同『室町期南奥の政治秩序と抗争』岩田書院、二〇〇六年。初出一九九六年）
垣内和孝「戦国期田村氏の権力構造と家臣団構成」（同『室町期南奥の政治秩序と抗争』岩田書院、二〇〇六年）
垣内和孝「清顕没後の田村家中」（同『伊達政宗と南奥の戦国時代』吉川弘文館、二〇一七年。初出二〇〇九年）
垣内和孝「田村地域の本城と支城」（同『伊達政宗と南奥の戦国時代』吉川弘文館、二〇一七年。初出二〇一三年）
勝俣鎮夫「戦国法」（同『戦国法成立史論』東京大学出版会、一九七九年。初出一九七六年）

黒田基樹『戦国大名』（平凡社、二〇一四年）
小林清治「戦国期奥羽と織田・豊臣権力」（同『奥羽仕置と豊臣政権』吉川弘文館、二〇〇三年）
小林清治「南と北の戦国争乱」（大石直正・小林清治編『陸奥国の戦国社会』高志書院、二〇〇四年）
小林清治「政宗の和戦―天正十六年郡山合戦等を中心に―」（同『伊達政宗の研究』吉川弘文館、二〇〇八年。初出二〇〇六）
佐藤貴浩「田村氏の存在形態と南奥の国衆」（戦国史研究会編『戦国時代の大名と国衆　支配・従属・自立のメカニズム』戎光祥出版、二〇一八年）
佐藤貴浩「戦国大名伊達氏の家督相続」（久保田昌希編『戦国・織豊期と地方史研究』岩田書院、二〇二〇年）
山田将之「中人制における「奥州ノ作法」」（『戦国史研究』五七、二〇〇九年）
福島県編『福島県史』第一巻通史編（一九六九年）
三春町編『三春町史』第一巻通史編（一九八二年）
「木村右衛門覚書」（小井川百合子編『伊達政宗言行録―木村右衛門覚書』新人物往来社、一九九七年）

岩城親隆——岩城家入嗣を運命づけられた伊達晴宗嫡男

岩城左京大夫親隆とは

岩城《いわき》左《さ》京《きょうの》大夫《だいぶ》親隆《ちかたか》（幼名鶴千代丸《つるちよまる》、初名宣隆《のぶたか》、法名光山本公）は、永禄年間の岩城氏当主である。天文六年（一五三七）前後、伊達《だて》晴宗《はるむね》と岩城重隆《しげたか》娘久保姫との間に生まれた嫡男は、出生以前から祖父岩城重隆の嗣子として岩城家を嗣ぐことが決められていた。それは、久保姫の伊達家輿入れにまつわる事件に起因するもので、出生以前から彼を取り巻く環境は複雑なものがあった。また、家督継承後、親隆は一つの大敗をきっかけに「不例《ふれい》」＝病（この場合は精神的な病）を患い、政務不能の状態に陥ってしまう。これを機に、戦国期岩城氏権力は従来の体制からの転換を余儀なくされ、親隆室（桂樹院《けいじゅいん》。佐竹義昭《さたけよしあき》娘）の実家である佐竹氏の影響を強く受けるようになっていく。

以下、出生以前の事件から没年に至るまで、親隆の波乱に満ちた生涯を紐解いてみたい。

久保姫入輿をめぐって

まずは、岩城重隆の娘である久保姫の嫁ぎ先をめぐる事件に触れねばなるまい。この事件の顛末は、同時代史料には確認できず、近世に編纂された記録に拠らざるをえない。小林清治氏は延宝四年（一六七六）に記された「伊達・蘆名両家関係覚書」（伊達家文書）を、山名隆弘氏は寛文七年（一六六七）に編まれた「奥相茶話記《おうそうさわき》」を参照しているが、より古い成立のものとして、明暦元年（一六五五）三月二十八日付で相馬中《そうまなか》村《むら》藩士岩城忠右衛門尉吉隆《よしたか》（一族の岩城南氏＝富岡《とみおか》氏）が記した「岩城氏累代之伝記」が挙げられる。

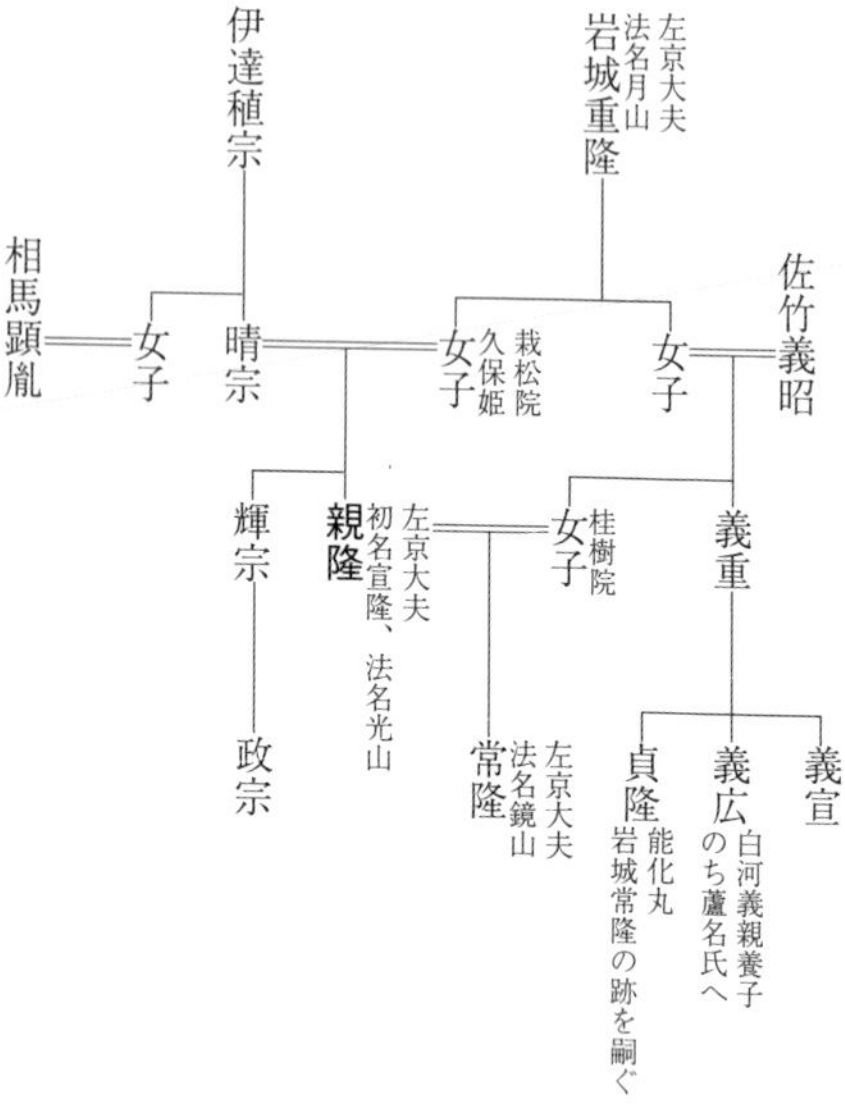

親隆期の岩城氏関係図

　事件の背景には、当時の相馬氏と伊達氏の婚姻関係があった。相馬盛胤《もりたね》と側室である西胤宣の娘との間に生まれた嫡男顕胤《あきたね》は、妻が伊達稙宗《たねむね》の長女であり、稙宗からすれば娘婿という父子の関係にある。そのため、稙宗は自身の嫡男晴宗に関する縁談の相談を顕胤に持ち掛けた。

　顕胤は、家臣木幡出羽を岩城氏の取次役である志賀寒虫《しがかんちゅう》のもとへ遣わし、岩城重隆娘を伊達晴宗室に迎え、その姫君に嫡子が出生したならば、重隆の代嗣に据えることを取り決めた縁談を結んだという。しかし、岩城氏家臣のうち白河《しらかわ》氏の取次役であった白土与七郎が、その縁約を破り、白河氏との縁組を結んでしまった。天文三年（近世相馬中村藩の記録は大永三年とする）、顕胤はその遺恨を晴らすべく、軍勢を率いて岩城方面へ出馬し、富岡城代の富岡玄蕃をはじめ、敵味方多くが討ち死にする事態となった。結局、岩城氏側の薬王寺《やくおうじ》・恵日寺《えにちじ》が和睦を執り成し、久保姫は四倉太夫坂の蕨平（福島県いわき市四倉町太夫坂）という場所で顕胤に引き渡され、晴宗の下へ嫁いだ。

　以上が近世の編纂物が伝える事件のあらましである。稙宗は、正室および六人の側室との間に生まれた二十一人の子女をもうけ、息子の義宣《よしのぶ》・晴胤《はるたね》が大崎《おおさき》・葛西《かさい》氏に入嗣し、女子たちが相馬・蘆名・二階《にかい》堂《どう》・田村《たむら》・懸田《かけだ》氏のもとへ嫁ぐなど、中奥・南奥の大名・郡主層との婚姻関係に力を入れていた点に特徴がある。これは単なる領国拡大政策ではなく、稙宗自身が陸奥国守護職の立場から南奥羽の秩序を保とうとする政治的志向性を抱いていたことが指摘されている〔菅野二〇一六〕。晴宗と久保姫との縁約は、岩城氏とも「重縁」「骨肉」の関係を築こうとした、稙宗の婚姻・入嗣政策の一環だったといえよう。

　一次史料によれば、この事件は伊達・蘆名・二階堂・石川《いしかわ》氏らが岩城・白河氏を攻めた後〔塔寺八幡宮長帳、異本塔寺長帳の天文三年（一五三四）条〕、翌天文四年八月に重隆の兄成隆《なりたか》（初名政隆《まさたか》）が常陸に侵攻したため、常陸北部における佐竹義篤《よしあつ》とその弟部垂義元《へたれよしもと》との内訌（部垂の乱）にも波及する。成隆は江戸《えど》忠通《ただみち》ら義元派の常陸勢力に加担し、伊達稙宗・佐竹義篤と合戦に及んだが、同年十二月に佐竹方の「野伏《のぶし》」に討たれてしまった〔東州雑記〕。重隆の発給文書が確認できるのは天文五年十二月以降であるから、実際は成隆討ち死にを機に重隆が家督を継承したようである〔泉田二〇一九〕。

なお、天文三年の事件以降、岩城領だった楢葉《ならは》郡富岡・木戸《きど》（福島県富岡町・楢葉町）は相馬氏の手中に収まり、顕胤弟の三郎胤乗《たねのり》が富岡城代、標葉《しねは》一族の下浦常陸が木戸城代に就任する。相馬氏に奪われた両城の奪還が岩城重隆・親隆期の重要な課題となるのであった。

鶴千代丸、岩城家へ

幼名鶴千代丸と呼ばれた親隆に関しては、天文十六年（一五四七）極月四日付白河晴綱《はるつな》宛岩城明徹《みょうてつ》（重隆）書状において、「晴宗若子」が岩城家に移ってきたことに対する祝儀の御礼が伝えられている〔東京大学白川文書〕。この頃、伊達家から岩城家に入ったようだ。

この間、岩城氏と緊密な関係にあったのは、久保姫入輿事件のきっかけともなった白河氏であった。常陸で発生していた部垂の乱は、成隆討ち死にを機にいったん収束するが、天文七年以降に再燃し、部垂城（茨城県常陸大宮市）周辺で合戦が頻発する。その一方で、佐竹義篤が白河領に出陣すると、成隆が拠点としていた依上保《よりがみのほ》を確保するため、重隆は白河直広《なおひろ》（後の晴綱）・山入義護と連携し、それに対抗した〔泉田二〇一九〕。天文九年三月の部垂の乱終結後、義篤は白河領南郷地域へ侵攻し、直広と合戦に及ぶ。天文十年十月、重隆の調停により、佐竹・白河両氏は東館破却を条件に和睦した〔早稲田大学白川文書〕。

翌天文十一年、重隆・直広は足利義晴《あしかがよしはる》から左京大夫に任官された〔歴名土代、白河證古文書〕。奥州における左京大夫は、当該地域の礼的秩序の最高位である奥州探題《おうしゅうたんだい》大崎氏に匹敵する礼的地位であり、伊達稙宗をはじめ他の奥州諸氏も求めた官途である〔木下二〇一一〕。室町幕府から正式な任官を得た岩城・白河両氏は、奥州探題大崎氏や陸奥国守護職伊達氏に次ぐ家格を得たといえよう。

ところで、稙宗・晴宗父子の二頭政治体制にあった伊達氏は、天文十一年六月、晴宗が稙宗を桑折西《こおりにし》山《やま》城（福島県桑折町）内に幽閉し、伊達家中や南奥全体を巻き込む大争乱〝伊達氏天文の乱〟を引き起こした。乱当初の展開は、稙宗の子息や息女との縁組をした葛西・大崎・相馬・田村・蘆名・最上《もがみ》・懸田氏らが稙宗方、岩城重隆・大崎義直・留守景宗《るすかげむね》らが晴宗方に付き、前者が優勢であった。その後、劣勢だった晴宗方が巻き返し、最終的には天文十七年に晴宗優位で和睦する〔菅野二〇一六〕。乱は両陣営の構図を変えながら展開したが、重隆は晴宗方の立場を貫いた。鶴千代丸が岩城家に移ったのが天文十六年であるから、重隆は待望の養子を確実に得るためにも晴宗との関係を重視したのかもしれない。

楢葉郡の奪還

相馬中村藩士富田高詮が編纂し元文元年（一七三六）に藩へ提出した「奥相秘鑑《おうそうひかん》」によれば、元亀元年（一五七〇）相馬盛胤の代、岩城左京大夫常隆《つねたか》の策略により、楢葉郡富岡城代の室原《むろはら》伊勢を岩城勢が攻め落とし、富岡・木戸両城を落城させ、楢葉郡が再び岩城氏の手に戻ったと伝える。

しかし、右の話にはいくつか気になる点がある。例えば、先行する「奥相茶話記」や「東奥標葉記」（元禄十三年〈一七〇〇〉成立）には記載がなく、富岡城主岩城南氏の子孫が記した「岩城氏累代之伝記」では岩城重隆の代に富岡・木戸両城を取り返したとするが、詳しい年代は書かれていない。また、元亀元年の当主は常隆や重隆ではなく親隆であり、「岩城氏累代之伝記」は富岡城を取り返した後の城主大和守隆時《たかとき》の没年を元亀元年三月二十日と記すのみである。

天文二十一年（一五五二）の楢葉八幡宮再建棟札《むなふだ》には、岩城重隆が富岡を含む楢葉郡全域に「棟銭」を賦課していることから、この時点では岩城領に復していたものと推察される。岩城氏の楢葉郡奪還は、親隆が幼名鶴千代丸を名乗っていた頃の出来事であったと捉えるのが妥当であろう。

宣隆と養父と実父

鶴千代丸が元服し、宣隆へと名乗りを変えるのは、旧飯野《いいの》八幡宮銅鐘銘に「大壇越左京大夫重隆幷鶴千代丸」とみえる天文二十年（一五五一）十二月十四日から永禄初年の間であろう。南郷仁公儀村（福島県棚倉町）に所領を持つ白河家中の上遠野《かとおの》備中守へ宛てた、永禄三年（一五六〇）に推定される卯月五日付岩城宣隆書状では、佐竹義昭の白河領南郷出馬に際し、白河晴綱から宣隆へ連絡があり、宣隆は使者を佐竹氏のもとへ派遣している〔上遠野秀夫文書〕。「御東」＝重隆に宛てた八月一日酉之刻付宣隆書状では、宣隆は飯野孫衛門を二階堂照行《てるゆき》のもとへ派遣して白河晴綱との関係調整を図り、一方で重隆は南郷出陣中の佐竹義昭のもとへ禅長寺《ぜんちょうじ》住職（建長寺《けんちょうじ》前住職＝西堂）を派遣するなど、「白河扱《あつかい》」をめぐって宣隆・重隆それぞれが他家との対応にあたっている（奈良文書）。ただし、重隆の扱いに対し、宣隆は干渉しないことを述べており、「公義」は重隆からの使者であることを強調し、宣隆の照行らに対する申し届は「内義」であることを伝えるなど、両者の緊張関係も垣間みえる。

当該期の宣隆と重隆とのコミュニケーションがうまくいっていない様子は、「平衆中江」宛てた小春十二日付宣隆書状からもうかがえる（色川本岩城文書）。宣隆の在陣中、御東＝重隆が合戦の仕度のため「近日御在城」を移ろうとしている旨を聞き、宣隆はそれを止めさせるよう「平衆中」に御意見を頼み入れた。追書では、直接申し上げるべきところ、それ以来ご連絡がなかったので「平衆中」を介したことが述べられており、重隆との間が不通になっていたことが判明する。

一方、年次は不明ながら、宣隆期に伊達晴宗が大館《おおだて》三河守に宛てた書状では、岩城家中の窪田《くぼた》中務太輔の立ち退きに関して進展がないため、晴宗が窪田の進退について催促に及んだものの難渋があったとし、「衆中」に御相談の上で赦免するよう、大館から働きかけを依頼している（色川本岩城文書）。続けて、「御城内宣隆」へも晴宗から申し入れをするので、大館から宣隆へ相談しておくようにとも伝えている。養父重隆との緊張関係を抱えた宣隆の立場を案じてか、実父晴宗から岩城氏宿老への働きかけがなされていたようだ。

白河氏との関係

ここで改めて岩城・白河両氏の関係を確認しておこう。伊達氏天文の乱の末期、常陸では佐竹義昭と江戸忠通の武力抗争が勃発し、天文十七年（一五四八）八月十三日付で忠通と白河晴綱が起請文による同盟関係を結んだ〔早稲田大学白川文書〕。天文十八年に比定できる弥生十六日付塩美作守宛江戸忠通書状〔榊原文書〕によれば、その仲介をしたのは重隆である〔泉田二〇一九〕。その後、天文二十二年三月の音信以降、白河晴綱は後北条氏との関係を深め、下総の結城政勝《ゆうきまさかつ》とともに対佐竹氏の姿勢を強めていく。晴綱は、子息の一字偏諱《へんき》を重隆に求めたようで、天文二十四年六月に鶴千代丸・好島隆熙《よしまたかひろ》・塩左馬助らがその旨を重隆に取り次いだ〔東京大学白川文書〕。その結果、晴綱子息は「隆」を用いた隆《たか》綱《つな》を名乗るようになる（なお、永禄十年〈一五六七〉以降佐竹義重《よししげ》に従った後、義親《よしちか》に改名する）。

隆綱の家督継承後、永禄五年十二月に作成された「結城白川氏年中行事」では、白河氏は毎年正月六日に岩城氏へ年始の使者を派遣することを慣習としていたことが確認できる〔東北大学日本史研究室保管白川文書〕。これは蘆名氏の正月十二日を差し置き、他家では最も早い扱いである。重隆存命中の岩城氏が一貫して白河氏と密接な関係にあったことが認められよう。

長沼への出陣

宣隆から親隆への改名時期は少なくとも永禄七年（一五六四）以前であろう。岩瀬《いわせ》郡長沼《ながぬま》城〔福島県須賀川市）をめぐって蘆名盛氏《もりうじ》（のち止々斎を名乗る）と二階堂盛義《もりよし》が対立するなか、伊達輝宗《てるむね》は二階堂氏支援のため会津口に出陣し、永禄七年七月末には実兄である親隆にも長沼出馬を要請した。翌八月十八日に輝宗が会津口檜原《ひのはら》攻めを敢行して以降、永禄九年正月の惣和《そうわ》に至るまで、南奥諸氏はそれぞれの利害や思惑を持ちながら、長沼をめぐる問題に対処する〔高橋二〇〇九〕。

親隆は輝宗の会津口出陣に対して「誠々天魔《てんま》の所行《しょぎょう》是非なく候」と述べているように、当初から否定的な態度であった〔上遠野秀宣氏所蔵文書〕。永禄七年に比定される八月廿日付伊達実元《さねもと》宛親隆書状の趣意文では、「内議であるから肚《はら》の裏を披露するのだ」と他見しないことを求めつつ、二階堂盛義からたびたび出馬要請を受けているがあえて応じていないことを述べ、今泉城《いまいずみ》（福島県須賀川市）を押さえている田村氏を警戒し、長沼城は二階堂氏に返還せず蘆名盛氏の手に収めたまま、輝宗と盛氏娘との祝言を調えて和睦するのが二階堂氏のためになることを説いた。その上で実元に対して、伊達方が会津に出兵するのを止めさせ、親隆とともに和睦調整に動くことを求め、和平が成就しない場合は盛義の出馬要請に応じる旨を伝え、まずは輝宗への諫言を促した〔「伊達正統世次考」巻十之下〕。

しかし、親隆の和睦斡旋は思うように進まず、翌永禄八年二月二十日、蘆名盛氏・盛興《もりおき》父子が岩瀬郡に出陣、松山に要害を構えた〔高橋二〇〇九〕。同年に推定される弥生三日付好間《よしま》上総介・大館三河守・白土摂津守・塩左馬助・但馬守宛岩城明徹（重隆）書状では、白河氏から明徹が和睦の調整にあたるよう意見があり、明徹自身も同意している〔色川本岩城文書〕。明徹は、「館」＝親隆による「一和」が結局のところ実を結んでいないことから、彼ら重臣の談合の上で、好間上総守・塩左馬助から白河氏へ「懇切ニ内義等」を申し入れるよう伝え、さらには中山《なかやま》右衛門・塩左馬助が注進してきた「大窪へ照行が出馬する」という情報を受け、親隆自身がまず照行の下へ出馬するべきだと「御意見」するよう指示した。その際、強引な振る舞いがないよう、重臣らから親隆へ諷諫を加えるよう命じている。

一連の史料をみていると、この長沼出陣に関しては、戦の経験が浅い親隆に対し、経験豊富な明徹や岩城家中らが意見をしながら支えていたようだ。弥生四日付胸栄斎《きょうえいさい》宛白河隆綱書状や三月十一日付幕内九郎次良宛長怡《ちょうい》書状によれば、親隆はすぐに陣を移したようだが、遠方から安積《あさか》方面に出馬したのになお軍勢を進めようとする親隆に対し、「各御意見」をして諫めている〔色川本岩城文書、秋田藩家蔵文書四八〕。また、田村領森山口へ出馬しようとする親隆の判断に対しても、安積口から引き返してきた敵方が「新地」=今泉城に集まってきたことを聞き、「新地の人衆」は岩城方の手中にあるといっても田村氏との関係が断たれているかは不安があるとし、「衆中」がそれを思いとどまらせた。なお、隆綱は胸栄斎に対して、和睦の義を調えるべく親隆から照行へ「御裁許」するよう進言すること、今日中に照行の陣中へ使者を派遣することを指示している。

さらに、三月十一・二十一・二十七日付の「御東」宛親隆書状によれば、親隆が照行の求めに応じ、十一日は大窪、二十日は田村境川下、二十五日は高蔵、二十七日は御代田《みよだ》口へと軍事行動を起こした〔秋田藩家蔵文書五〇〕。このとき、明徹は岩城方面に留まっており、富岡境や桶売口の様子を親隆へ知らせている。いずれも岩城領北部の楢葉郡であり、相馬氏や田村氏との緊張関係がうかがえる。また、三坂における「上田衆」の敗戦も伝えられた。

その後、親隆は岩瀬郡・田村領での出陣を続け、白河氏へ働きかける一方、五月以降は明徹が和睦斡旋に乗り出し、佐竹氏との連絡を交わしている。七月には岩城・二階堂勢が蘆名勢との長沼における合戦に勝利し、伊達輝宗も中津川《なかつがわ》口での合戦で勝利を得た〔高橋二〇〇九〕。八月に至り、蘆名氏は捕虜とした横田《よこた》城主横田左衛門尉を連れて会津黒川《くろかわ》城（福島県会津若松市）へと引き揚げ、九月には明徹が蘆名氏と二階堂・田村氏との和睦を調整している。最終的に、永禄九年正月、蘆名止々斎《ししさい》から伊達輝宗宛に起請文が提出され、晴宗娘である輝宗妹が蘆名盛興のもとへ嫁ぐことが誓約され、翌二月には二階堂盛義が嫡男盛隆《もりたか》を蘆名氏のもとへ人質として差し出し、二階堂氏が蘆名氏の麾下に属することとなった〔高橋二〇〇九〕。

3月21日付御東宛岩城親隆書状写　「秋田藩家蔵文書50」
秋田県公文書館蔵

長沼をめぐる一連の合戦では、親隆と明徹が互いに連絡をとりながら、重臣らに行動を指示して対応にあたっていた。現存は確認できないが、「伊達正統世次考」巻之十下に永禄七年十一月十五日付岩城明徹・親隆連署証文の存在が指摘されている。当該期の岩城氏権力は明徹・親隆の「二屋形」制が採られていたことがうかがえよう。

「狂乱の病」

しかし、右の体制はそう長くは続かない。永禄十二年（一五六九）に明徹が没すると、親隆は家督を継承するものの、元亀二年（一五七一）六月頃までに病に侵されてしまう。「奥相茶話記」は、宇多《うだ》郡黒木《くろき》城（福島県相馬市）が落城した永禄六年以降の話として、親隆が仙道方面に出陣して首実検をしていたところ、田村氏に属し仙道三坂に住した新館山城守（元黒木城主青田《あおた》信濃の嫡子）が足軽二〇〇余を率いて強襲し、親隆が大敗を喫したこと、親隆はその事件を朝も夕も忘れることができず「終《つい》に狂乱の病となり給ふ」と伝える。

前述の永禄八年に比定される三月二十七日付「御東」宛親隆書状においても、三坂における「上田衆」の敗戦について「誠ニ天魔の所行ニ候哉」と述べており、これが親隆の精神に大きな影を落としたことを推測させる。事実、この後の親隆は自筆の花押を据えることすら困難になっていったようで、版刻花押による文書発給を行うようになる。とりわけ永禄十二年霜月三日付飯野式部太輔宛起請文にも版刻花押を用いており〔飯野文書〕、自らの花押および血判を据えることが作法とされる起請文にさえ、親隆は自らの花押を書き記すことができなかったようだ〔木田一九七九、小林一九八六〕。

親隆室（桂樹院）の治世

親隆が「狂乱の病」となり、政務を執ることが不可能な状態に陥るなか、嫡子常隆はいまだ幼齢であった。そのため、元亀二年（一五七一）六月には親隆室（桂樹院）の兄である佐竹義重が一時的に岩城平に出馬し、岩城領内の相論を裁許する事態が生じる。これ以降、岩城氏は佐竹氏の影響を強く受けるようになり、桂樹院は佐竹氏の支援を受けながら「親隆」黒印を用いた文書発給を行っていく〔小林一九八六、山田二〇一〇、泉田二〇二〇〕。

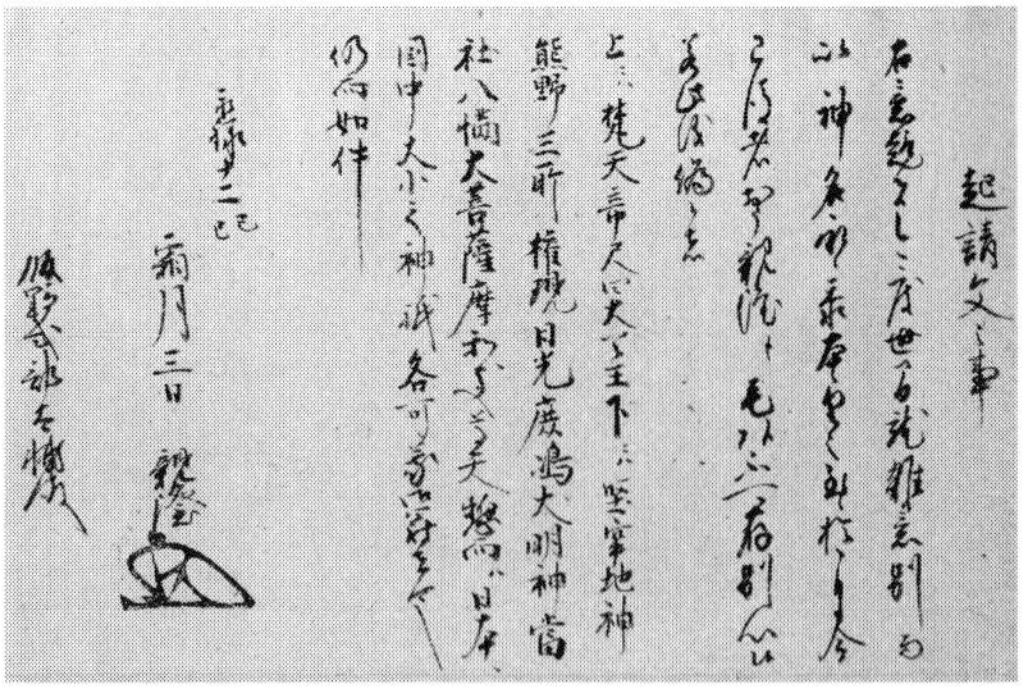

永禄12年霜月3日付飯野式部太輔宛岩城親隆起請文　福島県いわき市・飯野八幡宮蔵

桂樹院の発給文書は、①「親隆」黒印を据えた証文の性格を有するもの、②花押を据えない書状形式のものがあり、いずれも本文は漢字仮名交じりの消息体である。このうち最も古いのは、天正四年（一五七六）十二月吉日付の白水《しらみず》（福島県いわき市）に大師堂を建立するにあたり長慶寺《ちょうけいじ》領を寄進することを約束した消息である。天正六年二月十五日付遍照光院《へんしょうこういん》宛禁制《きんぜい》には「岩城当郡主源氏女」と自らを称しており、当時の彼女の立場を象徴するともいえよう〔薬王寺文書〕。

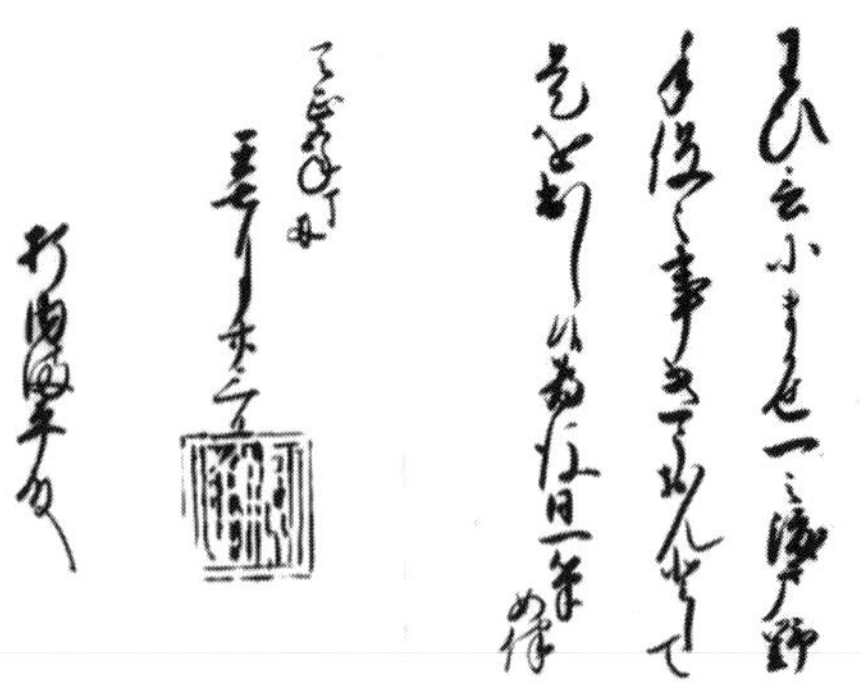

天正５年壬７月23日付折内満平宛岩城親隆室黒印状　「秋田藩家蔵文書43」　秋田県公文書館蔵

一方、「親隆」黒印を据えた証文は、天正五年閏七月二十三日付折内満平宛〔秋田藩家蔵文書四三〕、天正六年八月吉日付上遠野与次五郎宛〔上遠野秀宣氏所蔵文書〕、天正十年三月二十四日付志賀《しが》弾正宛〔志賀文書〕、天正十年九月二十五日付松山寺宛・天正十一年八月二十五日付常勝院《じょうしょういん》宛〔色川本岩城文書〕、年月日未詳猪狩《いがり》氏宛〔新編会津風土記巻六〕の六点が確認できる。内容は、「一之渡戸野手役」の給恩、船役・棟役・段銭・寺家役の免除などである。桂樹院は岩城領の北・西・南口に緊張関係が発生した際には、従来動員することのなかった寺社領にも堀普請を依頼して「うつろ」の維持を図っており〔長福寺縁起所収文書〕、その立場はまさに岩城氏当主であった〔泉田二〇二二〕。

親隆の死没

「寛政《かんせい》重修《ちょうしゅう》諸家譜《しょかふ》」をはじめとする諸系図は、親隆の没年を文禄三年（一五九四）七月と伝える。嫡子常隆が天正十八年（一五九〇）に先立ち、自身が政務を担えない状態で、常隆実子である長次郎（のちの岩城政隆《まさたか》）は差し置かれ、佐竹義宣《よしのぶ》弟の能化丸（後の岩城貞隆《さだたか》）が岩城氏を嗣ぐことが決められた。

能化丸の後見として佐竹家中が岩城領に入部し、岩城家中との共同による領国経営が行われる最中、親隆は没するのであった。

親隆の墓所は現在に伝わっていないが、それは彼が「狂乱の病」に侵され、岩城家中の求心力を失ってしまったからなのかもしれない。

（泉田邦彦）

【主要参考文献】

泉田邦彦「佐竹天文の乱と常陸国衆」（『地方史研究』三九八、二〇一九年）

泉田邦彦「南奥における戦国期権力の形成と展開―岩城氏権力と所務相論―」（『歴史』一三八、二〇二〇年）

泉田邦彦「戦国期岩城氏の領域支配構造と「洞」」（『福島史学研究』一〇〇、二〇二二年）

菅野正道「伊達氏、戦国大名へ」（遠藤ゆり子編『東北の中世史四　伊達氏と戦国争乱』吉川弘文館、二〇一六年）

木田一「岩城親隆の版刻花押」（同『いわきの歴史と文化』木田雅彦、一九九一年。初出一九七九年）

木下聡『中世武家官位の研究』吉川弘文館、二〇一一年

小林清治「佐竹勢力の浸透と岩城氏の衰微」（同『戦国期奥羽の地域と大名・郡主』岩田書院、二〇一八年。初出一九八六年）

佐藤孝徳「岩城左京大夫親隆について」（『いわき地方史研究』九、一九七一年）

高橋明「永禄七、八年の長沼をめぐる抗争」（藤木久志・伊藤喜良編『奥羽から中世をみる』吉川弘文館、二〇〇九年）

山田将之「戦国期岩城氏にみる婚姻関係と中人秩序」（『学習院大学人文科学論集』一九、二〇一〇年）

山名隆弘「岩城親隆の生涯」（同『地域学の小径』纂修堂、二〇〇六年。初出一九九二年）

【付記】本稿はJSPS科研費（22K13194）による研究成果の一部である。

岩城常隆――二十四歳で夭折した、戦国期岩城氏の最後の当主

岩城左京大夫常隆とは

岩城《いわき》左《さ》京大夫《きょうのだいぶ》常隆《つねたか》（幼名鬮菊丸、法名鏡山明心）は、天正期に活躍した、戦国期岩城氏の最後の当主である。永禄十年（一五六七）に生まれた常隆は、天正六年（一五七八）に岩城氏家督を継いだものの、天正十八年に病気のため二十四歳で夭折した。決して長くはない彼の人生は、南奥の地域秩序が大きく変動していく時期と重なり、その動向は興味深い。

彼を取り巻く血縁関係もまた目を見張るものがある。常隆は永禄十年、伊達晴宗《だてはるむね》の長子である岩城左京大夫親隆《ちかたか》（岩城重隆《しげたか》の養子）と佐竹義重《さたけよししげ》妹（桂樹院《けいじゅいん》）との間に生まれた。同年、親隆の弟である伊達輝《てる》宗《むね》と最上義守《もがみよしもり》娘の義姫との間にも子息政宗《まさむね》が誕生している。つまり、南奥を二分した伊達政宗と佐竹義重とは、それぞれ従兄弟・甥という血縁関係にあった。

常隆に関する専論は、その一生を通史的に扱った『いわき市史』第一巻（小林清治氏執筆）が主として挙げられるが、近年は佐藤耕太郎氏による常隆発給文書の年次比定の試みも出されている。そのほか天正十六年郡山《こおりやま》合戦前後の動向を分析した山田将之氏・高橋充氏の成果や、伊達氏を中心に戦国期南

奥を分析した垣内和孝氏の成果をはじめ、他の南奥領主を分析する中で得られた知見も多い。それらの成果を踏まえながら、常隆の生涯を概観してみたい。

生誕から家督継承まで

そもそも、親隆から常隆への家督継承は順調に進んだわけではない。前項「岩城親隆」で触れたとおり、永禄十二年（一五六九）の岩城重隆没後、親隆がその家督を継承したものの、元亀二年（一五七一）六月頃までに「狂乱の病」となり、政務を執ることが不可能な状態に陥った。常隆はいまだ幼齢であったため、親隆室（桂樹院）の兄である佐竹義重が一時的に岩城平（福島県いわき市）に出馬し政務を代行した。これにより、岩城氏は佐竹氏の影響を強く受けるようになり、桂樹院は佐竹氏の支援を受けながら「親隆」黒印を用いた文書発給を行っている。

常隆が家督を継承したのは天正六年（一五七八）、十二歳のときであった〔小林一九八六〕。この間、岩城一族の南隆宗《みなみたかむね》や宿老白土隆貞《しらどたかさだ》が伊達氏に宛てた書状も確認でき〔伊達家文書、白石市遠藤家文書ほか〕、常隆家督継承までの岩城氏権力は、岩城氏一族・宿老が桂樹院を支える体制であったものと推察される。

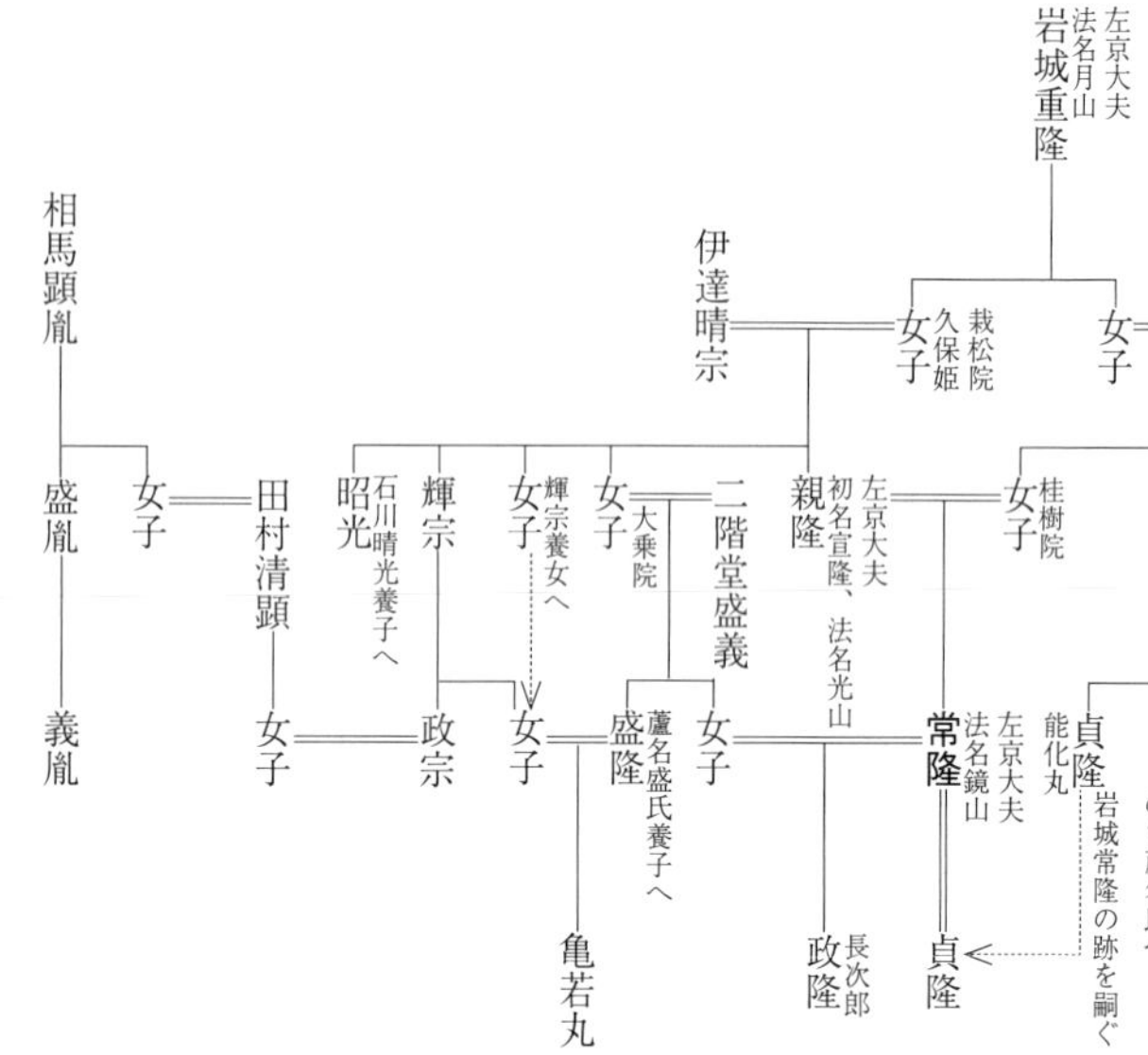

常隆期の岩城氏関係図

常隆の婚姻

常隆が家督を継承した頃、対立関係にあった佐竹氏と白河《しらかわ》・蘆名《あしな》両氏が和睦し、佐竹義重の次男喝食丸（後の義広《よしひろ》）が白河氏に養子入りするなど、佐竹氏の影響が南奥に強く及ぶようになっていた。天正八年（一五八〇）には蘆名盛《もり》隆《たか》・二階堂盛義《にかいどうもりよし》が中心となり、岩瀬《いわせ》郡今泉《いまいずみ》（福島県須賀川市）周辺および安積《あさか》郡守屋《もりや》の奪還のため、佐竹氏と対立する田村《たむら》氏を攻めた。八月十四日付佐竹殿宛田村清顕《きよあき》書状によれば、田村・佐竹間の和睦は成就したものの、常隆は蘆名盛隆と連携し対田村氏の軍事行動を行っていたようだ〔佐竹文書〕。

　このような状況のなか、天正九年正月前後には常隆と二階堂盛義娘（蘆名盛隆の妹）との婚姻がなった。蘆名盛隆は、二階堂盛義の子息であるが、永禄九年（一五六六）に二階堂氏が蘆名氏に服属する過程で人質として蘆名氏に差し出され、天正二年六月に蘆名盛興《もりおき》が没したため、その家督を継承していた。そのため、盛隆期の蘆名氏と二階堂氏は密接な関係にあり、天正九年八月の盛義死後は盛隆が二階堂氏の政務も合わせてみるようになる〔垣内二〇一五、黒嶋二〇一九〕。

蘆名盛隆は、天正九年に推定される正月十七日付覚書において、「岩城江祝言の事」「大手筋の事」「田村へ向け御出馬の事」「岩城江御意見の事」「田《（田村）》より、御当《（佐竹）》・岩《（岩城）》計策の事」の五ヶ条を佐竹義重に提示しており〔水府志料所収文書〕、小林清治氏は岩城氏と佐竹氏が不可分の連合関係にあったことを指摘する〔小林一九八六〕。確かにそのとおりであるが、これ以降、常隆が蘆名氏と結びながら田村領への侵攻をたびたび試みていることを踏まえれば、常隆と盛義娘との婚姻には蘆名氏・二階堂氏と岩城氏・佐竹氏との関係強化という一面も想定されるだろう。

石川一族の従属

ところで、天正八年（一五八〇）以来の、田村領南部の拠点である御代田城《みよだじょう》（福島県郡山市）をめぐる、佐竹・蘆名・二階堂・岩城氏らと田村氏との合戦は、天正九年四月に佐竹方の勝利というかたちで和睦となった。結果、佐竹方に田村方が抱えていた「岐之城々十二三ヵ所」が明け渡され、今泉七郷・安積守屋は蘆名盛隆の手に属し、「奥州皆もって一統せしめ候」という状況が生み出された〔伊佐早文書〕。

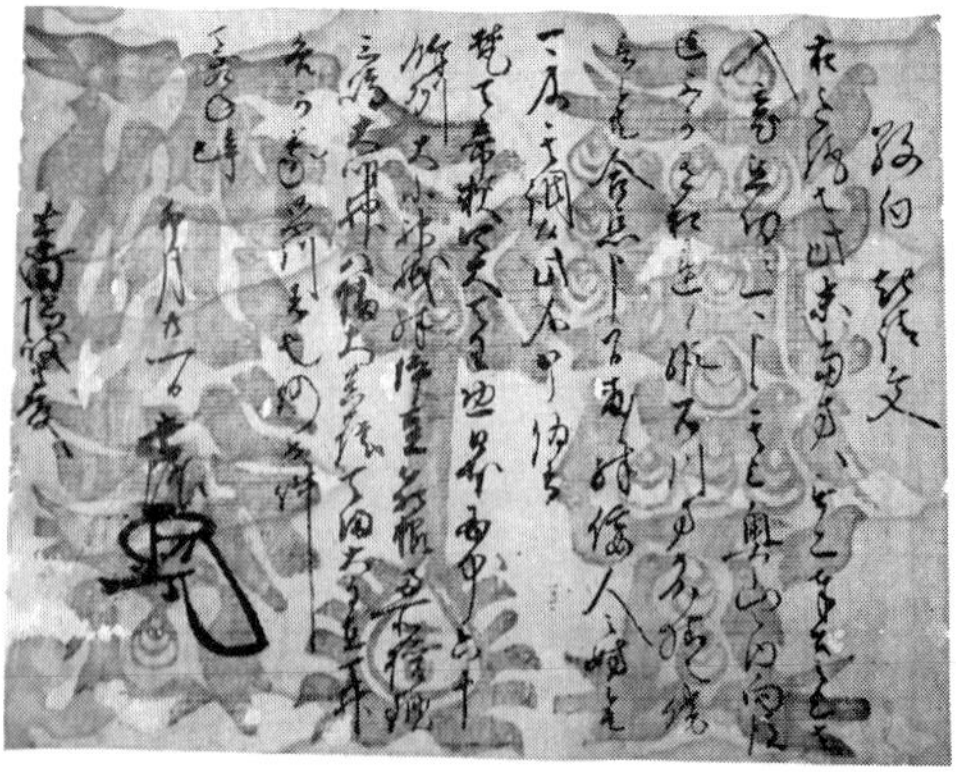

天正９年卯月21日付蓬田隠岐守宛岩城常隆書状　「蓬田家文書」　個人蔵　画像提供:石川町立歴史民俗資料館（出典元:『石川町史』資料編Ⅰ）

同月二十一日、常隆と佐竹一族東義久《よしひさ》は、田村氏の麾下にあった石川《いしかわ》一族蓬田《よもぎた》隠岐守（奥山《おくやま》とも称した）に対し、それぞれ起請文を与えている〔蓬田家文書〕。起請文は、岩城・佐竹両氏に対して忠信をするならば義重も裏切ることはないとし、蓬田氏に「五ヶ村」領有を認めたもので、これによって蓬田氏は岩城氏の麾下に属することとなった。蓬田は岩城氏と蘆名・二階堂氏の連絡路にあり、田村氏との最前線に位置したことから、以降は合戦時に岩城氏の軍勢が派遣されるなど前線基地として機能している〔小豆畑二〇〇二〕。

同様に、田村氏に従属していた石川一族の大寺清光《おおでらきよみつ》が、天正九年六月以前に田村清顕を見限り、常隆に服属した。当該期の大寺氏は、石川昭光《あきみつ》との関係にも課題を抱えており、石川氏と境界争いをしていた白河氏にも接近し、天正九年七月には白河義親《よしちか》と従属的な盟約を結んでいる〔小豆畑二〇〇二〕。大寺清光は岩城氏に服属することで、「代々之筋」である本領の知行を保障され、それに対して人質を提出し、軍役を勤めた〔首藤石川文書〕。常隆の田村攻めに際しては大寺城が前線基地として提供されている。

このように、岩城領と田村領・石川領の境目に位置した蓬田・大寺両氏は、岩城氏が田村領への侵攻を進める上で重要な存在だったといえよう。

天正十二年の田村領攻め

当該期の常隆は、佐竹氏の連合勢力であった蘆名氏・二階堂氏のほか、伊達氏とも良好な関係にあった。伊達氏は父親隆の実家であり、天正九年（一五八一）～十二年の伊達氏と相馬《そうま》氏との丸森《まるもり》（宮城県丸森町）をめぐる抗争において、天正十年六月に常隆は伊達輝宗から援軍派遣の要請を受け、政宗に「誓書」を提出したことが史料上確認できる〔仙台市博物館所蔵文書〕。ただし、この輝宗の要請に対して常隆は応えず、相馬攻めには踏み切らなかったようである〔小林一九八六〕。当該期の伊達氏は田村・蘆名・岩城三氏とそれぞれ良好な関係を結んでいたが、その一方で岩城・蘆名氏は田村領への侵攻をたびたび企てるなど、南奥領主それぞれの関係は非常に複雑であった〔垣内二〇一五〕。

天正十二年五月、伊達・相馬両氏の抗争は、田村清顕・佐竹義重・岩城常隆らの仲介によって和睦となった。同年三月以降、常隆が輝宗の依頼によって調停を行っていたことが史料上うかがえるが、四月段階ではいまだ「不調」であり〔伊達家文書〕、田村・白河・佐竹氏らが使者を派遣し調停に当たったようである〔白石市遠藤家文書ほか〕。講和後、相馬義胤《よしたね》・伊達輝宗それぞれが発給した書状には、常隆の仲介によって両者が和睦し、「惣和」が成就したことが述べられており、常隆が重要な役割を果たたしたことは確かである〔新編会津風土記巻六、色川本岩城文書〕。

常隆は伊達・相馬間の仲介に奔走するかたわら、天正十二年四月には輝宗に対し、田村氏から離反し伊達・蘆名氏に両属していた大内定綱《おおうちさだつな》との関係調整を依頼し、蘆名氏とともに田村氏を攻めた。五月二十七日、田村氏との合戦で「本意」を得た常隆は、以前からの約束に従い、岩城家中の小川越前守・同左馬助に田原谷を与え、同月晦日には田村氏から小川越前守に田原谷が引き渡されたのかを確認している〔性山公治家記録巻之五、伊達家文書、色川本岩城文書〕。

田原谷は小野保の西南端に位置する。十五世紀半ばには岩城氏へ一時的に返還されたこともあったが、天文年間には田村氏が領したため、常隆の祖父岩城重隆は田原谷を手中に収めるべく、小川氏〔三坂氏とも称した〕を率いて軍事行動を行っている。岩城氏にとって田原谷を押さえることは、田村氏の拠点である小野《おの》城〔福島県小野町〕、本拠三春《みはる》城〔同三春町〕を攻略する上で重要だったのである。

なお、田原谷が小川越前守に与えられたのは、彼らの一族が岩城領西端に位置する三坂城〔福島県いわき市〕を拠点としていたからであろう。この頃から史料上の表記は「三坂越前守」が主となる。彼は、蘆名盛隆・最上義光《よしあき》・伊達政宗ら他家当主から直接書状を受給し〔例えば、三坂文書・「伊達治家記録」五など〕、自身も仙道地域へ出馬するなど、岩城領外における活動もみられる重臣といえよう。

二本松事件の「惣和」

　さて、岩城・蘆名両氏と田村氏との合戦は、蘆名盛隆の死を契機として収束に向かっていく。天正十二年（一五八四）十月六日、蘆名盛隆が家臣大場《おおば》三左衛門によって殺害され、蘆名氏当主の座を生後まもない亀若丸《かめわかまる》が継ぐこととなった。盛隆の死は、盛隆を介して一体となっていた蘆名・二階堂両氏のみならず、南奥全体にまで衝撃をもって受け止められ、佐竹氏・伊達氏は蘆名家の安定を目指した。佐竹義重が蘆名家中に宛てた覚書では田村氏との和睦が課題の一つに挙げられ（葦名文書）、翌天正十三年三月には伊達政宗が佐竹氏に働きかけるかたちで「会津・岩城・田村御無事の儀」が進められた（伊達家文書）。伊達・佐竹両氏の斡旋により、ようやく三者は和睦することとなった。

　しかし天正十三年四月、政宗が突如として檜原《ひのはら》郡に侵攻し、伊達・蘆名間が「手切」したという情報が南奥領主間に広がった。政宗は田村氏の要請を受け、田村氏に敵対する大内定綱と「事切」し、大内氏を支援する蘆名氏を攻めるなど（佐藤貴浩二〇一七）、南奥では軍事的緊張が高まった。

　田村氏を警戒する常隆は、五月十七日には岩城領西部に位置する沢渡《さわたり》（福島県いわき市）に在陣し、石川一族の大寺氏と連絡を取った後（歴代古案）、「すか川おもて」へ出陣した（秋田藩家蔵文書五一）。常隆の須賀川《すかがわ》出陣には、蘆名盛隆死後に当主を代行していた盛隆後室（伊達晴宗娘、輝宗妹）の要請があり、彼女が同年夏頃に岩城家中の塩左馬助へ宛てた消息から、常隆の須賀川出陣および諸氏との連携の執り成しを依頼していたことが確認できる（黒嶋二〇一九）。

　そして、政宗に攻められた大内定綱が二本松《にほんまつ》畠山義継《はたけやまよしつぐ》を頼って没落したため、伊達氏による畠山攻めが企図された。その結果、南奥秩序の転換点に位置づけられる、天正十三年十月八日の伊達輝宗横死事件を契機とする伊達政宗の二本松畠山氏攻め（人取橋合戦《ひととりばし》）が発生する〔山田二〇〇九・二〇一〇〕。畠山氏が籠もる二本松城（福島県二本松市）を伊達氏が包囲し、それを救援するために佐竹・蘆名・岩城・石川・白河氏ら南奥領主が出陣、両軍勢が衝突した。

南奥では、一郡から数郡規模の領域を治める領主層（郡主）が近隣領主と縁戚関係（婚姻・養子）を持ち、それに基づく複雑なネットワークが地域内に張り巡らされており、近隣領主間で紛争が発生した際には争いが激化する前に縁戚関係にある第三者が「中人《ちゅうにん》」に立ち、停戦・和睦に向けた調整を行うことが慣例化していた。そのため、紛争によって南奥領主が滅亡するという事態には至らなかったが、二本松事件では畠山氏および大内氏が滅亡してしまう。

翌天正十四年七月に実現した講和は、二本松「惣和」と呼ばれている。これに至るまで相馬義胤・田村清顕・白河義親の三者が中人としての役割を果たし、相馬義胤主導の下、伊達氏と畠山氏・蘆名氏との間で和議が結ばれたことを垣内和孝氏が明らかにしている〔垣内二〇一一〕。十一月末には、伊達氏と佐竹氏および南奥諸氏との間で講和が模索され、南奥に関わるすべての領主が参加したかたちでの「惣和」が企図された。ところが翌天正十五年二月、蘆名氏当主亀若丸の夭折を受け、佐竹義重・白河義親・岩城常隆の連携によって白河氏の家督を継承していた義広（佐竹義重の次男）を蘆名氏へ入嗣させた結果、「惣和」は破られ、伊達氏と佐竹・岩城氏とが対立関係に変化することとなった。

佐竹氏・伊達氏との関係回復

これ以降、天正十六年（一五八八）六月の郡山合戦に至るまでの岩城氏と佐竹氏との関係について、先行研究ではあまり言及がなされていない。これまでみてきた岩城氏と佐竹氏との協調関係や、郡山合戦において常隆が伊達氏と敵対する佐竹・蘆名軍に軍勢を派遣していることから考えれば、一貫して佐竹氏との関係が良好だったようにも思われる。

しかし、天正十六年二～三月にかけて常陸府中（茨城県石岡市）周辺において発生した、佐竹「洞《うつろ》」である水戸《みと》城主江戸重通《えどしげみち》と府中大掾清幹《だいじょうきよもと》との「再乱」（いわゆる第二次府中合戦）に際し、三月三日付で江戸重通が岩城常隆に宛てた書状は見逃せない〔佐竹文書〕。それによれば、常隆が「太田」＝佐竹義重に申し請われた結果、直ちに「御入眼」（対立していた者どうしがもとどおりの良い関係になること）し、重通のもとへ「鉄砲衆・御弓等数百張」が派遣されたという。理由は不明ながら常隆と義重とが一時的に仲違いしていたらしい。そのため江戸重通書状では、常隆・義重を「敵味方の覚」と言いつつ、常隆が義重の求めに応じて軍勢を派遣したことに浅からぬ感謝が述べられた。

一方、岩城氏と伊達氏との関係に関しては、天正十五年五月に岩城常隆と相馬義胤との間を政宗が仲介しており、以降は対立関係が解消されたようである。このときの岩城・相馬両氏の対立は、天正十四年十月九日の田村清顕没後の、田村家をめぐるものであった。講和後、岩城・相馬両氏の使者は伊達氏のもとへ六月五日から十三日まで滞在し、鉄砲・具足・馬などを伊達氏から下された〔伊達天正日記〕。

史料上、両者の関係は一時的に確認できなくなるが、天正十六年二月以降も岩城氏と伊達氏は使者を頻繁に往来させている（例えば、岩城方は白土摂津守・同右馬助父子、志賀甘釣斎・同右衛門尉・同式部少輔、三坂越前守・同左馬助、猪狩紀伊守、若松紀伊守、四竃新介、大室坊ら、伊達方は内馬場道順斎、大和田筑後守ら）。両者の関係は良好のまま保たれたようである。

天正十六年郡山合戦

天正十六年（一五八八）六〜七月にかけて、安積郡郡山・窪田をめぐって、佐竹・蘆名両氏の軍勢と伊達政宗の軍勢とが衝突した。いわゆる郡山合戦である。この合戦の前段には、田村清顕死後の田村後継問題をめぐる伊達政宗と相馬義胤の対立があった。閏五月に義胤が田村清顕後室との連絡の下、三春城へ強行に入城しようとしたのを田村家中が阻止し、それを受けて政宗が出馬し小手森《おでもり》城（福島県二本松市）を攻略した。義胤は蘆名・白河・佐竹・岩城氏に対伊達氏への攻撃を要請し、佐竹・蘆名氏が郡山に出陣したという経緯がある。このことから、郡山合戦の本質は伊達氏・相馬氏の田村をめぐる抗争にあり、佐竹・蘆名氏の出陣は副次的なものと捉えられている〔垣内二〇〇九〕。

郡山合戦では常隆が佐竹・蘆名氏に同陣せず、講和の調停を行ったことは小林清治氏が指摘するとおりである〔小林一九八六〕。その詳細については、高橋充氏が新出の年未詳六月十九日付岩城常隆宛伊達政宗書状を紹介しながら、関連史料を検討している。常隆は佐竹義重から出馬要請を受けたが、自身は出馬せず軍勢のみの派遣にとどめたのは、それが政宗と常隆との合意による判断であったこと、常隆自身が出馬しなかったことにより、第三者という立場から郡山合戦の中人となり得たことが明らかにされた〔高橋二〇一八〕。この常隆の行動が示すように、伊達氏と佐竹氏の二大勢力が南奥に進出した状況にあっても、南奥領主の動向はなお流動的であった。

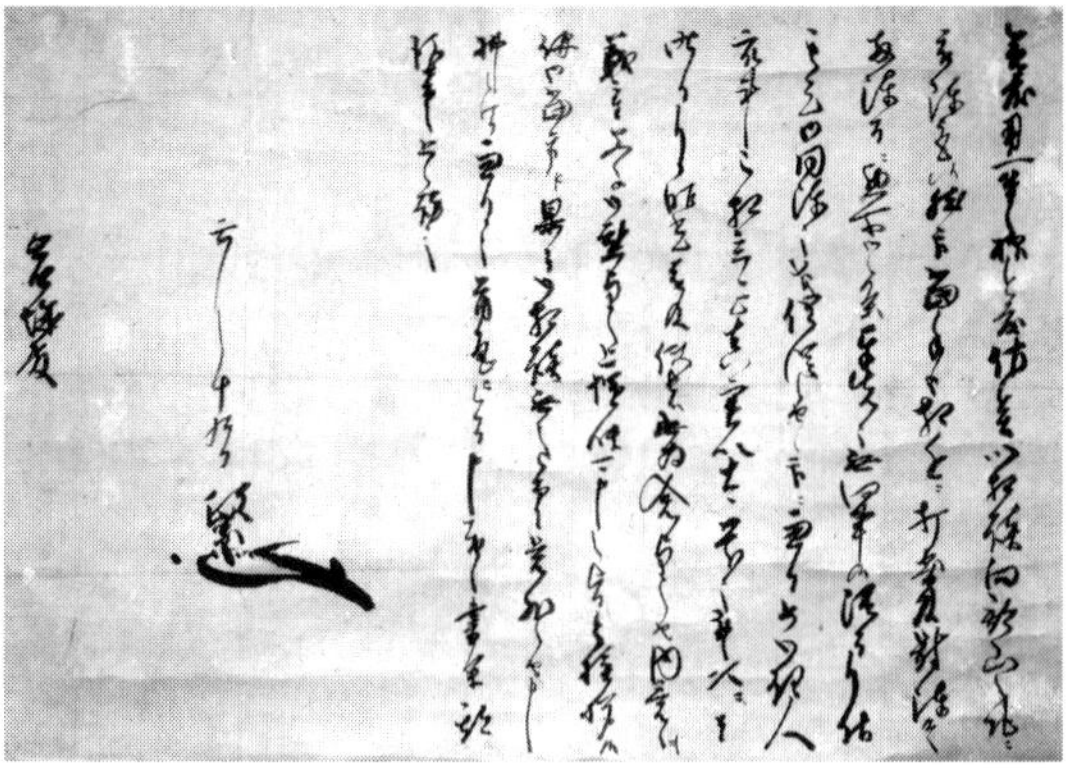
（天正16年）6月19日付岩城常隆宛伊達政宗書状　個人蔵　画像提供：仙台市博物館

田村家中への介入

郡山合戦を経て田村家中の動向にも変化が生じた。従来、伊達派と相馬派とに分かれていた田村家中は、伊達派が主流を占めるようになり、相馬派は三春から小野城に退去し、八月から九月にかけて政宗の「田村仕置《しおき》」を経て完全に伊達氏に従属したのである。これに対し、相馬派の大越顕光《おおごえあきみつ》・田村梅雪斎《ばいせっさい》らは岩城常隆を頼り、十月には常隆が相馬氏と通好するなど、伊達氏と友好な関係を保ちつつも田村支配に向けて動きをみせている。

天正十七年（一五八九）正月朔日、政宗のもとに、三春城の田村家中に対し「小野（田村梅雪斎）・太越顕光）」が手切れに及んだとの知らせが突如もたらされた（三浦隆吉氏所蔵文書・青山文書）。政宗は、田村家中の行動が岩城氏と連携したものである可能性を想起しつつ、常隆と良好な関係を保っていたことから事態に驚いている（岡崎稔氏所蔵文書）。政宗は大和田《おおわだ》筑後守を岩城に派遣するが、正月十九日になっても岩城から返事を得ることができず、石川昭光《あきみつ》から「今度小野の手切、北郷殿・竹貫・三坂越前三人の逼塞（謹慎）」という情報を伝え聞くのみであった（片倉代々記三）。

天正十六年に推定される、年未詳十二月二十九日付三坂越前守宛常隆書状では「今度小野刷、前代未聞事候」と、ただちに状況確認のため志賀右衛門尉を派遣しており（三坂文書）、小野の手切れは常隆にとっても寝耳に水だったようである。「小野手切」に対し常隆が三坂越前守以下を謹慎させたことが事実とすれば、この事件の一因は常隆の意図を超えて行動した岩城家中にもあったものと想定される。ただし、常隆が小野に移った田村家中を抱えていたことは事実であり、常隆に宛てた二月二十一日付政宗覚書案（伊達家文書）によれば、「小野ニ窂人衆」を保護している件について数度にわたり問い質されていたようだ。また、同覚書からは、小野＝田村梅雪斎・清通《きよみち》父子が「神血」を破って三春に手切れしたこと、梅雪斎父子が常隆にも「神詞」＝起請文を提出し、何方へも計策しないことを誓約していたこと、佐竹・蘆名両氏が小野に内通していることがうかがえる。

その後、常隆は、佐竹・蘆名両氏に加えて、相馬氏とも結びながら、政宗の従属下にあった田村家中への介入を試みた。天正十七年三月、常隆は田原谷・小野郷に出馬し、村々を焼き払い、敵方一〇〇余人を討ち取った〔新編会津風土記巻六〕。四月十六日には常隆自身が小野口に出陣、田村氏の拠点鹿俣城（福島県田村市）を攻め落とした後、五月以降も小野口にて相馬氏とともに田村攻めを続けている。これに呼応するかたちで、佐竹義重・蘆名義広は須賀川に在陣し、摺上原《すりあげはら》（福島県磐梯町・猪苗代町）にて伊達氏の軍勢と合戦に及んだ（摺上原合戦）。結果、佐竹・蘆名の軍勢は大敗し、義広は実家の佐竹氏のもとへ逃れ、蘆名氏は滅亡してしまった。

政宗は米沢城《よねざわ》（山形県米沢市）から黒川城《くろかわ》（福島県会津若松市）に移ると、十月には須賀川二階堂氏を滅ぼし、白河氏・石川氏を従属させ、南奥仙道《せんどう》地域を手中に収めた。常隆は妻の実家である二階堂氏を佐竹氏とともに支援したが、伊達勢に竹貫中務《たかぬき》や植田《うえだ》但馬ら重臣を討たれてしまった。南奥領主が政宗に従属していくなか、常隆は十一月二十七日に政宗と和睦し、再び友好関係を築いていく〔小林一九八六〕。

常隆の夭折

天正十八年（一五九〇）、豊臣秀吉《とよとみひでよし》は小田原北条氏《おだわらほうじょう》を攻めるべく、全国の諸氏に参陣を呼び掛けた。五月下旬には結城《ゆうき》・佐竹・宇都宮《うつのみや》氏らが出仕する中、政宗は六月六日に小田原参着したが、この時点で常隆は小田原未着であった。遅参の理由は病を抱えていたことによる。五月十八日付で秀吉から白土右馬助に宛てられた印判状には「所労《しょろう》（病気）故に遅参することは気にしなくてよい、心配せずに養生しつつ参陣せよ」と伝えられ〔白土文書〕、七月八日付で政宗が岩城氏家老に宛てた書状においても「少々御虫気（腹痛を伴う病気）」と容体の悪化が気遣われていた〔政宗君記録引証記十三〕。

しかし、常隆の病状は回復しなかった。なんとか小田原参陣は遂げたものの、七月二十二日、その帰路において相模国星谷（神奈川県座間市）で客死してしまう。二十四歳で迎えた死は、歴代の岩城氏当主をみても早すぎるものであった。

常隆死後、岩城氏の家督は、実子長次郎（後の政隆《まさたか》）を退け、秀吉の命により佐竹義重三男の能化丸（後の貞隆《さだたか》）が継承した。天正末年から文禄期の岩城氏権力は、佐竹氏から派遣された奉行と岩城氏宿老が能化丸の後見として岩城領の経営に当たっていく。

以上、常隆の生涯を概観してきた。常隆期の岩城氏は、岩城領の西側に位置する田村領への侵攻を課題とし、それを実現するために近隣領主と連携・手切れを繰り返した。天正年間の南奥は、出羽の伊達氏と常陸の佐竹氏が進出し、両者の対立構図を基軸に他領主の位置づけが語られがちなきらいがある。だが、両者とも縁戚関係にある常隆の動向は、伊達派・佐竹派という二項対立的な構図だけでは捉えられない。常隆は、伊達氏と佐竹氏との狭間に位置しながらも、戦国期南奥の郡主としての立場を保ったのである。

（泉田邦彦）

【主要参考文献】
小豆畑毅「戦国期石川一族の存在形態と伊達領国化」（同『陸奥国の中世石川氏』岩田書院、二〇一七年。初出二〇〇一年）
垣内和孝「郡山合戦にみる伊達政宗の境目認識」（同『伊達政宗と南奥の戦国時代』吉川弘文館、二〇一七年。初出二〇〇九年）
垣内和孝「天正一四年の二本松「惣和」と伊達政宗」（同『伊達政宗と南奥の戦国時代』吉川弘文館、二〇一七年。初出二〇一一年）
垣内和孝「南奥の統合と佐竹氏・伊達氏」（同『伊達政宗と南奥の戦国時代』吉川弘文館、二〇一七年。初出二〇一六年）
垣内和孝「伊達政宗の家督相続と蘆名氏」（同『伊達政宗と南奥の戦国時代』吉川弘文館、二〇一七年。初出二〇一五年）
黒嶋敏「伊達家の不祥事と〈大敗〉―人取橋の戦い―」（同編『戦国合戦〈大敗〉の歴史学』山川出版社、二〇一九年）
小林清治「佐竹勢力の浸透と岩城氏の衰微」（同『戦国期奥羽の地域と大名・郡主』岩田書院、二〇一八年。初出一九八六年）
佐藤耕太郎「岩城常隆発給文書の年代比定」（『いわき市教育文化事業団研究紀要』一九、二〇二二年）
佐藤貴浩「大内定綱の動向と伊達政宗」（戦国史研究会編『戦国期政治史論集東国編』岩田書院、二〇一七年）
高橋充「郡山陣中からの伊達政宗書状」（『南奥中世史への挑戦』福島県中世史研究会、二〇一八年）
山田将之「中人制における「奥州ノ作法」―戦国期の中人制と伊達氏の統一戦争―」（『戦国史研究』五七、二〇〇九年）
山田将之「戦国期岩城氏にみる婚姻関係と中人秩序」（『学習院大学人文科学論集』一九、二〇一〇年）

【付記】本稿はＪＳＰＳ科研費（22K13194）による研究成果の一部である。

相馬盛胤——伊達氏との抗争を乗り越えた南奥の勇将

相馬盛胤の時代

相馬《そうま》盛胤《もりたね》は、孫に当たる利胤《としたね》の年譜「利胤朝臣御年譜」（相馬藩世紀）によれば、慶長六年（一六〇一）十月十六日、七十三歳で没したというから、享禄二年（一五二九）の生まれとなる。父は讃岐守顕胤《あきたね》、母は伊達《だて》稙宗《たねむね》の娘。天文十八年（一五四九）に家督を相続。懸田《かけだ》義宗《よしむね》の娘との間に、義胤《よしたね》・隆胤《たかたね》・女子（亘理《わたり》重宗《しげむね》妻）が、家女房との間に郷胤《さとたね》が出生。天正六年（一五七八）に隠居、慶長六年、中村《なかむら》城（福島県相馬市）で没した。

盛胤は、いわゆる伊達天文の乱終結と同時に家督を相続し、その後、宇多《うた》郡（福島県相馬市・新地町）・伊具《いぐ》郡（宮城県丸森町）等をめぐって伊達輝宗《てるむね》・政宗《まさむね》父子と、楢葉《ならは》郡（福島県双葉郡）をめぐって岩城《いわき》氏と対立する。

しかし、盛胤の発給文書はわずか五通にすぎず、さらに受給文書も二通しか確認されていない（岡田二〇二一）。そのため、江戸時代の編纂史料を用いざるをえないが、関連史料を再確認することによって、あらためて盛胤像を追求してみたい。

家督相続後の盛胤

盛胤が、父顕胤から家督を相続したのは、天文の乱が終結した天文十八年（一五四九）のこと、二十一歳のときである。天文の乱に際しては、稙宗方に与《くみ》した父顕胤のもとで行動したと思われるが、具体的な動向は確認できない。

一方、天文の乱終息後も、伊達家中は安定せず、稙宗と晴宗との「矛盾」は天文二十年および弘治二年（一五五六）にも発生した可能性があり〔黒嶋二〇〇二〕、さらに天文二十一年には懸田俊宗《としむね》（盛胤妻の兄弟）が晴宗に抗し、翌二十二年七月に滅ぼされた。

同年、晴宗は天文の乱中に発給された知行宛行・安堵状を取りもどし、あらためて判物《はんもつ》を与えて家中支配の安定をめざした。そのときの控えである「晴宗公采地下賜録《はるむねこうさいちかしろく》」には、相馬領の北に位置する宇多郡の村々が含まれていた。天文七年、稙宗の代に作成された「段銭古帳《たんせんこちょう》」〔伊達家文書〕にも「宇田之庄」の四十四ヶ村が記載されていたから、後世、相馬氏の本拠ともなる宇多郡は、必ずしも相馬氏の支配領域ではなかった。

だからといって、伊達氏の支配が必ずしも安定的とはいえなかった。年未詳ながら伊達晴宗の書状〔大郷町教育委員会所蔵文書〕によれば、相馬家中で「雑意」〔造意〕＝謀計が発覚し、宇多郡方面が混乱したという。これを『伊達正統世次考《だてせいとうせじこう》』は、「相馬家中で根拠のないうわさがあり、宇多郡方面が大き

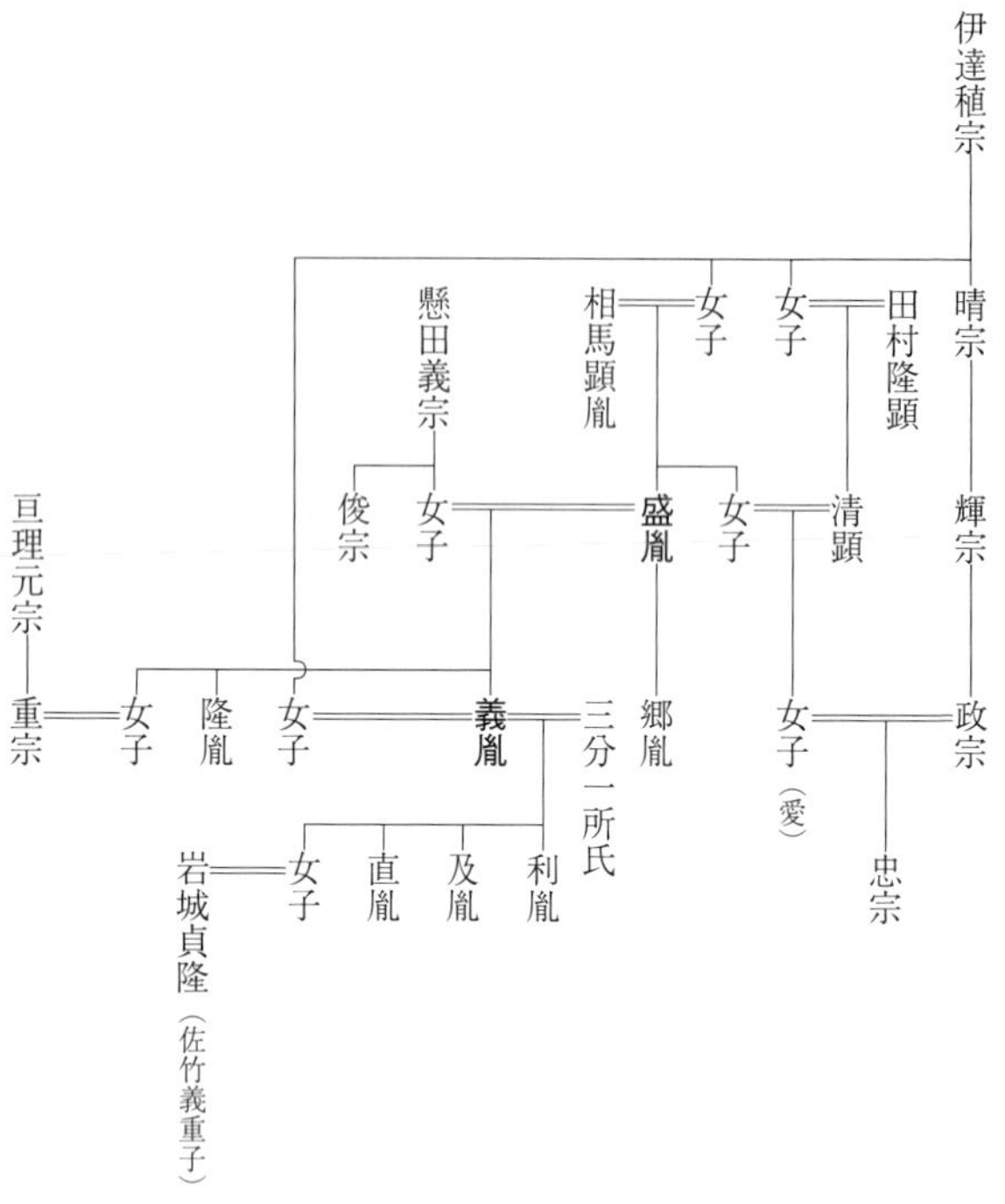

相馬氏略系図

く乱れた」と意訳し、留《る》守《す》景宗《かげむね》宛ての書状として天文十五年のこととする。

さらに、同書天文十四年条に載る松木《まつき》氏宛て晴宗書状の取意文には、晴宗方の「宇多衆」が困窮して岩城の援兵を求めているとある。宇多郡における混乱は、『奥相茶話記《おうそうさわき》』にも、天文十二年、相馬顕胤が宇多郡の黒木《くろき》城主黒木弾正・中村大膳兄弟を滅ぼし、宇多郡を掌握したとするが、同時代史料では確認できない。また、天文十七年に比定される本宮《もとみや》宗頼《むねより》に宛てた晴宗書状〔伊達家文書〕には、伊達勢が中村氏をはじめとする「相馬衆」その他百余人を討ち取ったことを載せているが、中村氏など宇多郡を本拠とする「宇多衆」や「相馬衆」は、伊達・相馬両方に与して去就は一定しなかったから、境目の地として係争の対象となったのである。

ところで、伊達天文の乱に際して、相馬氏は終始稙宗方に付いていたように諸書に記される。しかし、『奥相茶話記』所収「平姓相馬氏御系図」では、顕胤の兄弟胤乗《たねのり》について、天文十一年に流浪して諸国を「武者修行」したが、盛胤の御代に帰参したとある。すなわち、天文十一年＝天文の乱発生時に流浪＝出奔した胤乗は、乱が終熄した後、盛胤の家督相続後に帰参したのであり、顕胤との不和を背景に理解できよう。

天文の乱後、伊達晴宗に殺害された懸田俊宗の子晴親《はるちか》は相馬氏のもとに逃れた。後に胤乗の娘との間に宗元《むねもと》・宗和《むねかず》・胤晴《たねはる》が誕生したが、天正四年（一五七六）、宗元・宗和兄弟は伊達輝宗のもとに出奔（性山公治家記録）、伊達方の調略によるものと思われるが、以後、両氏の抗争が激化する遠因ともなった。

盛胤の弾正大弼補任

晴宗が、乱後の領内処理を進めているころ、家督を相続した盛胤は、官途補任を幕府に求め、弾正《だんじょうの》大弼《だいひつ》に就いた。これまで同時代史料では確認できなかったが、近年、濱本裕史〔二〇二〇〕が紹介した国立公文書館所蔵『御状引付《ごじょうひきつけ》』には、「相馬弾正大弼殿」以下、南奥を中心とした多くの武将名が宛所として記される。濱本は、その前半に載る氏家《うじいえ》三河守宛て伊勢貞孝《いせさだたか》書状を天文十四年（一五四五）発給とするが、後半に載る相馬弾正大弼殿以下の宛所はそれ以後のものであり、多くが天文～永禄に比定できる〔小林二〇〇八、岡田二〇二二〕。なお、濱本は相馬弾正大弼を相馬義胤に比定するが、盛胤の誤りである。

当該期、各地の諸大名が官途や将軍の偏諱《へんき》を欲したとき、幕府（朝廷）との間を仲介したのが聖護《しょうご》院《いん》や醍醐寺《だいごじ》であり、さらに坂東屋富松《ばんとうやとみまつ》氏であった。富松氏については、小林宏の研究〔一九七〇〕を嚆矢とし、その後、金融業に関わるとともに聖護院のもとで先達職《せんだつしき》を得ると、諸大名の社寺参詣に際して宿泊施設を提供し、幕府との間を仲介するような関係を構築したことが明らかにされている〔新城一九八一、小林二〇〇八〕。さらに黒嶋敏は、将軍足利義輝《あしかがよしてる》が全国統治策として、聖護院門跡《もんぜき》や本山派《ほんざんは》修験《しゅげん》を活用したことを指摘している〔黒嶋二〇一二〕。

とくに小林清治は、永禄から元亀にかけて、富松氏が室町幕府政所執事伊勢氏や政所代蜷川《になかわ》氏の使者として頻繁に奥州に下向、幕府と奥州諸氏を仲介していたとする。なかでも、相馬領に隣接する亘理元《もと》宗《むね》が伊勢貞孝と蜷川親俊《ちかとし》に発給した三月七日付書状〔蜷川家文書〕には、「去る夏に上洛した際、いろいろと御懇切にしていただき、心地良かった」と記し、富松氏を介して「馬一疋栗毛」を貞孝に進上しているが、元宗自身の上洛を推測させる。天明三年（一七八三）に編纂された『伊達世臣家譜《だてせしんかふ》』には、天文二十一年正月、元宗が熊野《くまの》社に詣でた後、京都に「逓留」したことを載せている。小林清治は元宗の書状が「天文二十二年の文書」とするならば、と断ったうえで、富松氏の奥州在住と上洛を指摘する。

ところで、同じような記録は、『相馬氏家譜』にも「天文二十二年、盛胤が紀州熊野・高野山に参詣した。

（中略）このとき、任官の願いを堂上家《とうしょうけ》（上級貴族）へ届け、大弼の綸旨《りんじ》を頂戴」したとある。盛胤の熊野・高野山参詣は確認できないが、相馬氏と熊野三山を支配する聖護院との関わりを示唆する史料は残されている。

すなわち、天文二十年十二月、聖護院門跡道増《どうぞう》は相馬領に逗留、修験上之坊《うえのぼう》に、「相馬一家」ならびにその「被官」に対する年行事職《ねんぎょうじしき》を安堵する旨を伝え、在地修験の掌握に関わっている〔岩崎家文書〕。その際、上之坊のような在地修験は、奥羽諸氏の領域支配に協力することによって活動の保証を受けるが、そのとき、聖護院からの補任・安堵という形式をとったこと、すなわち、聖護院と奥羽諸氏が連携し、在地修験と補完関係にあったことが指摘されている〔黒嶋二〇一二〕。

この指摘をふまえれば、永禄八年（一五六五）十一月、盛胤が寛徳寺《かんとくじ》（上之坊）に対し、家運増進の祈禱を依頼し、その見返りとして、以前から賦課してきた「転馬之公役」（伝馬役《てんまやく》）を免除しているのも〔岩崎家文書〕、盛胤による行方郡《なめかた》の支配強化と読み取ることができる。直接の史料は確認できないものの、盛胤あるいはその使者がおそらくは富松氏を介して熊野に参詣し、さらに入洛して弾正大弼の官途を得たことが推測される。

盛胤と伊達氏の内紛

永禄八年（一五六五）六月、稙宗が没したころ、伊達家中は晴宗と輝宗との不和から不安定な状態が続いた。翌年、父子は和睦するも内紛状態は続き、これに重臣中野宗時《なかのむねとき》・牧野宗仲《まきのむねなか》父子ばかりか晴宗の弟実元《さねもと》も加わり、事態の収拾は困難を極めた。そうしたなかで、永禄十一年四月、盛胤は伊達郡小嶋（福島県川俣町）に侵攻して伊達方と交戦した〔性山公治家記録〕。

元亀元年（一五七〇）四月、謀反を企てて小松城《こまつ》（山形県川西町）に籠もった中野・牧野父子は、輝宗の派遣した軍勢に敗れ、刈田郡《かった》関《せき》・湯原《ゆのはら》（宮城県七ケ宿町）を経て相馬に逃れた。

翌年、盛胤は信夫郡《しのぶ》浅川《あさかわ》（福島市）に侵攻、亘理元宗によって迎撃されたが〔性山公治家記録〕、伊達方の内紛に乗じた出陣だったと思われる。

天正初年の抗争

永禄末～天正二年ころ、道祐《どうゆう》（伊達晴宗）は、岩城氏の臣猪狩《いかり》中務少輔に宛てた書状で、相馬との和睦について岩城親隆《ちかたか》が媒介に及んだことに謝意を示し、道祐もまた速やかな落着を願っていることを伝えた〔新編会津風土記所収文書〕。しかし、和睦が成立した痕跡は確認できず、同じころ、輝宗は「新地」（福島県新地町）に出馬、陣城《じんじろ》普請を命じ「垣二重」を構築した。

天正二～三年ころの十月、輝宗は伊具郡丸森を経て金山《かねやま》に侵攻、盛胤の子義胤が対陣したが、輝宗がまもなく退いたため、義胤も帰陣した。その際、和睦を求めた義胤に対し、亘理元宗は金山・小斎《こさい》（宮城県丸森町）を相馬方が支配するという条件を提示したにもかかわらず、輝宗が出馬するようでは信用できないと義胤は拒否している〔東京大学史料編纂所所蔵文書〕。

同四年四月、義胤は亘理氏の本拠である小堤《こづつみ》城（宮城県亘理町）を攻撃、さらに坂本《さかもと》城（同山元町）の虎口《こぐち》に攻め入り、亘理勢と戦った〔田村月斎家文書〕。翌五月、盛胤は伊達・信夫郡方面に出陣して伊達方と交戦した〔性山公治家記録〕。盛胤・義胤父子による、二方面への計画的な侵攻が展開されたのである。

さらに七月、盛胤は義胤と連署した書状で、伊達方に内応した伊達郡刈松田《かりまた》（福島市）の領主青木《あおき》弾正を糾弾、一族青木助六に追随しないよう念押しし〔天童家文書〕、そのうえで伊達郡川股《かわまた》（福島県川俣町）に出陣した。

輝宗もまた八月には、相馬方への攻勢に二十備・七百三十七騎（「性山公治家記録」は騎馬数を記さず十七備とする）という大軍を編成した〔亘理家文書〕。さらに、宇多郡黒木（福島県相馬市）の城主藤田《ふじた》晴親《はるちか》の子宗元・宗和兄弟の調略に成功すると、八月初旬まで「長々の御在陣」におよんだ〔遠藤家文書〕。こうした戦況のなかで、輝宗もまた青木弾正忠に対し、盛胤の川股侵攻を撃退したこと、父道祐・伊達実元を伊達郡に派遣し、自身は今日にも小斎に出陣することなどを伝えている。

この状況に田村清顕《たむらきよあき》は、蘆名止々斎《あしなししさい》（盛氏《もりうじ》）や北条氏照《ほうじょううじてる》らと連携して、相馬・伊達の和睦を調停した〔遠藤家文書・秋田藩家蔵文書・登米伊達家文書〕。だが、これを拒否した輝宗は、翌天正五年五月、宇多郡黒木に攻め入って麦毛を刈り取ると、杉目《すぎのめ》（福島県新地町）を攻略、翌日には金山・丸森両城を攻撃

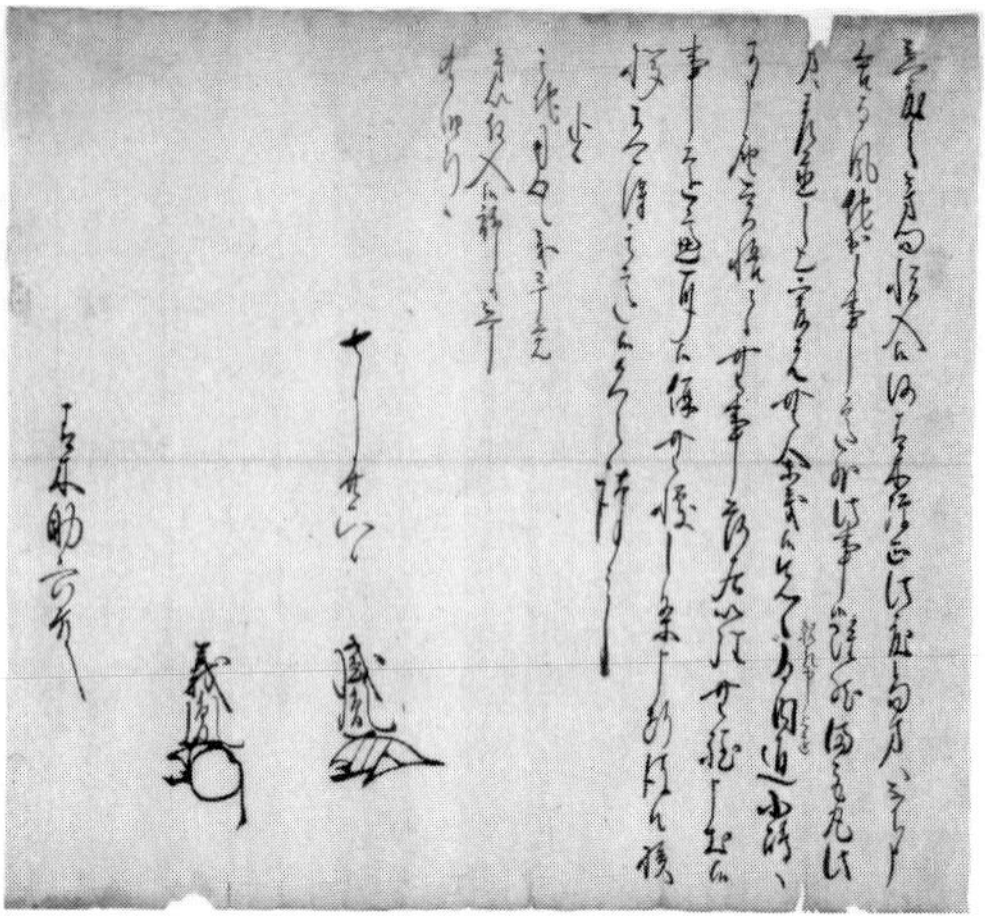

相馬盛胤・義胤連署書状　「天童家文書」　多賀城市教育委員会蔵

した〔性山公治家記録〕。その後、清顕がふたたび仲介に乗り出すと、晴宗の罹病もあってか、十二月までには和睦が成立したのである〔伊達家文書〕。

「二屋形」制

一方、天正二～三年以降、嫡子義胤の活発な軍事行動が確認される。既述のように、同四年七月には父盛胤と連署の書状を青木氏に発給している〔天童家文書〕。

ところで、「孟秋中」、「相馬西殿」に宛てた葛西晴信《かさいはるのぶ》の書状〔個人蔵〕が残されている。その文言にある「太平無事」は、亘理郡大平《おおだいら》（宮城県山元町）の無事を述べたものと考えられ、天正四年五月、義胤が亘理郡を攻撃したことからすれば、「相馬西殿」とは義胤を指すものと思われる。同じころ、六月七日付けで佐竹義《さたけよし》重《しげ》が「相馬殿」宛てに出した書状〔『思文閣古書資料目録』二五四〕は、輝宗が数度にわたって出陣したことを記している。天正四～五年の五月ころ、輝宗は伊具郡金山・丸森、宇多郡黒木周辺に出陣しているから、「相馬殿」は盛胤である〔岡田二〇一二〕。

当該期、「~西殿」と呼称された事例としては、蘆名盛隆《もりたか》や伊達政宗が確認されるが、政宗については、父輝宗との連署書状も存在する。こうした父子連署状の発給と「~西殿」と呼称される状態は、家督相続前ではあるが、父とともに活発に行動する実態が確認されており、二頭政治体制の特徴と考えることができる。

この二頭政治を、筆者は『北条幻庵覚書《ほうじょうげんあんおぼえがき》』〔続々群書類従〕に記される「おだはら二御屋かた」という文言に留意し、さらに天正十八年の豊臣秀吉《とよとみひでよし》による小田原攻めに関連して作成された「小田原陣仕寄陣取図《おだわらじんしよりじんとりず》」〔山口県文書館所蔵〕に載る「本城」「新城」という記述から、「二屋形」制と仮称した〔岡田二〇一九〕。

戦国期の二頭政治については、すでに山室恭子が「新旧の当主の文書が並行して出される」事例を毛利《もう》氏等から検討している〔山室一九九一〕。こうした二頭政治は、西国のみならず東国の戦国大名・領主にも見られるが〔菅野二〇一六、八木二〇二二〕、連署書状や居城との関係は触れていない。

一方、市村高男は「当主」と「先代当主（または継嗣）」が異なる城館を居城とする事例として下総結城《ゆうき》氏の場合を指摘し〔市村二〇〇五〕、さらに佐々木健策は、北条氏について、「小田原城仕寄陣取図」に記載される「本城氏政」「本城氏直」という二つの「本城」（別の仕寄陣取図では「新城」とある）の事例を、発掘調査の成果を加味しつつ、二元的な政治体制・権限分担状況を考察している〔佐々木二〇二一〕。

このような二頭政治が出現する背景については、久保健一郎が「当主権力」は「緩やかにあるいは段階的に進めることによって、安定化する効果を期待され、生み出されたもの」であり、「当主と隠居、当主と次期当主の連署判物などは、それを端的に示して」いると指摘する〔久保二〇一七〕。「当主権力」の移行が緩やかないし段階的に進めなければ安定化されない背景について、筆者は明確な答えを準備できていないが、少なくともその移行＝相続を担保できる統一権力の不在を想定することはできる。当主権力の移行＝家督の相続がいわゆる「幕府」などの全国的権力機構によって公認されることによって、「段階的移譲」は終焉を迎えると考えられる。

盛胤の隠居

では、父子連署状の発給や次期当主が「相馬西殿」と呼称された相馬氏に、「当主」と「先代当主」が異なる城館を本拠とするような状況は確認できるのだろうか。

盛胤の隠居（義胤への家督相続）については、既述の「利胤朝臣御年譜」に「天正六年に御隠居なされ、御法号は一通斎明節尊老と称した。初めは北郷田中（福島県南相馬市鹿島区）、後に中村城西館（同相馬市）に御住居」とある。これに関連して『相馬氏家譜』にも、隠居後の盛胤が小高《おだか》城から北郷田中塁（同南相馬市）に移って郷胤を後見し、さらに中村の城代隆胤に副えられ、中村城西曲輪（同相馬市）に住んだことを載せ、「利胤朝臣御年譜」慶長六年（一六〇一）三月二十日条には、郷胤の卒伝記事に「北郷田中城代」と記す。

田中館居住についての確証はないものの、天正十六年（一五八八）六月十九日、相馬衆が金山城を攻撃したものの敗れ、盛胤が馬を乗り捨てて退却したことが「伊達天正日記」〔小林一九六七〕に載る。これと同日付の政宗書状〔丸森町金山図書館所蔵文書〕には「中村」から調義に及んだ相馬勢と一戦を遂げて数多討ち取ったとあり、盛胤率いる「相馬衆」が中村から出撃したことがわかる。田中塁から中村城へ移った時期は明らかにできないものの、伊達氏との抗争が激化したことが背景にあるから、天正九年前後が考えられよう。

しかし、既述のように「隠居」して後も自ら出陣し、さらに家中に対する影響力も大きかった。例えば、輝宗が畠山義継《はたけやまよしつぐ》に宛てた書状の取意文〔性山公治家記録〕には、相馬氏との和睦に関連して田村清顕が、中村城のある宇多郡まで赴いたとある。『奥相秘鑑《おうそうひかん》』も、清顕らが仲介する和睦を盛胤が「領掌」せず、そのため清顕は、中村に来てしばらく長徳寺《ちょうとくじ》に逗留したと記す。それは、中村城西館に「隠居」した盛胤を納得させるための逗留であったことはいうまでもない〔岡田二〇一九〕。

なお、慶長五年に比定できる一通斎明覚の書状〔伊達家文書〕は、関ヶ原の戦い直前の盛胤が発給したものと考えられる。中村城において情勢確認のため情報収集を行っていたが、翌年十月に逝去した。墓所は、相馬市の圓應寺《えんのうじ》に残る。

（岡田清一）

【主要参考文献】

市村高男「当主の居城と前当主（または継嗣）の居城」（千葉城館研究会編『城郭と中世の東国』高志書院、二〇〇五年）
岡田清一『中世南奥羽の地域諸相』（汲古書院、二〇一九年）
岡田清一「相馬氏の受給文書と『相馬西殿』―戦国期・家督相続に関する基礎作業―」（『東北福祉大学研究紀要』四五、二〇二一年）
岡田清一「戦国期・南奥諸氏の官途補任について」（『福島史学研究』一〇〇、二〇二二年）。
菅野正道「伊達氏、戦国大名へ」（遠藤ゆり子編『東北の中世史四　伊達氏と戦国争乱』吉川弘文館、二〇一六年）
久保健一郎『「中近世」移行期の公儀と武家権力』（同成社、二〇一七年）。
黒嶋敏「はるかなる伊達晴宗―同時代史料と近世家譜の懸隔―」（遠藤ゆり子編著『戦国大名伊達氏』戎光祥出版、二〇一九年。初出二〇〇二年）。
黒嶋敏『中世の権力と列島』（高志書院、二〇一二年）。
小林清治『戦国大名伊達氏の研究』（高志書院、二〇〇八年）。
小林宏『伊達家塵芥集の研究』（創文社、一九七〇年）。
佐々木健策「複数の主郭を持つ城―小田原北条氏の領国支配と城郭構造―」（『小田原市郷土文化館研究報告』五七、二〇二一年）
新城美恵子「坂東屋富松氏について―有力熊野先達の成立と商人の介入―」（法政大学封建社会研究会『封建社会研究』二、一九八一年）。
濱本裕史「国立公文書館所蔵『御状引付』および同紙背『二番日々記』について」（『古文書研究』八九、二〇二〇年）
八木直樹『戦国大名大友氏の権力構造』戎光祥出版、二〇二一年）
山室恭子『中世のなかに生まれた近世』吉川弘文館、一九九一年）

相馬義胤——改易危機を乗り越えた初代相馬中村藩主

相馬義胤の時代

相馬《そうま》義胤《よしたね》は、弾正大弼盛胤《だんじょうのだいひつもりたね》と懸田義宗《かけだよしむね》の娘との間に嫡男として生まれた。孫に当たる大膳亮《だいぜんのすけ》義胤の年譜「義胤朝臣御年譜」（相馬藩世紀）によれば、寛永十二年（一六三五）十一月十六日、八十八歳で没したというから、天文十七年（一五四八）の生まれとなる。

永禄三年（一五六〇）頃、伊達稙宗《だてたねむね》の娘と結婚したが、伊達氏との関係が悪化すると離縁したらしく、その後、天正四年（一五七六）、陸奥国桃生《ものう》郡（宮城県東松島市等）を本拠とする長江《ながえ》氏の一族三分一所《さんぶいっしょ》義景《よしかげ》の娘との婚姻が成立。天正九年には嫡子利胤《としたね》が、さらに及胤《ちかたね》・直胤《ただたね》・女子（岩城貞隆《いわきさだたか》の妻・佐竹義《さたけよし》隆《たか》の母）が出生した。また、慶長十六年（一六一一）のいわゆる奥州大地震の直後、利胤が中村《なかむら》城（福島県相馬市）に移ると、翌年、義胤は標葉《しねは》郡泉田《いずみだ》（同浪江町）に隠居した。寛永二年九月、利胤が病没すると、中村城に入って孫の虎之助《とらのすけ》（大膳亮義胤）を後見した。

その生涯には、天正十八年の奥羽仕置《おううしおき》や文禄元年（一五九二）の朝鮮出兵、さらに慶長五年（一六〇〇）の関ヶ原の戦い、そして同八年のいわゆる江戸幕府の成立という、歴史的な転換期があった。まさに、

義胤花押の変遷
Ⅰ期：永禄 13 年～天正 9 年
Ⅱ期：天正 12 ～ 18 年
Ⅲ期：天正 19 年～文禄 4 年
Ⅳ期：慶長 17 年

戦国時代後末期から織豊期を経て、徳川幕府の成立期という大きな変革の時期を過ごしたのである。

ただし、義胤に関する同時代史料は少なく、義胤に関する先行研究の多くは、江戸時代の編纂史料に多くを依存してきた。たとえば、「甲冑を帯びた遺体を北方〔仙台方面＝伊達氏〕に向けて葬るように」との遺言に基づいて埋葬されたという「義胤朝臣御年譜」の記述から、伊達氏〔政宗《まさむね》〕との対立を基軸に描写されてきた。しかし近年、義胤の発受給文書が確認・整理されるなかで、従来の義胤像が修正されつつある。

もっとも、義胤の発給文書は可能性も含めて二十三点にすぎないが、その花押は図のように四型に区分される〔岡田二〇一九、相馬市史二〇二〇〕。

Ⅰ型花押を据えた最初の文書は、永禄十三年の寄進状で、最後は天正九年と思われる蘆名盛隆《あしなもりたか》宛ての書状で、同十二年と考えられる八月一日付けの書状からⅡ型に変化する。同年五月には伊達氏との和睦が成立しているから、これをきっかけに変えた可能性が大きい。

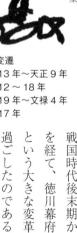

以後、Ⅱ型の花押は天正十八年五月まで確認され、天正十九年以降、Ⅲ型に変わるから、宇都宮で豊臣《とよとみ》秀吉《ひでよし》に謁見したことが大きなきっかけになったといってよい。なお、確認されるⅡ型花押は、すべて籠字の花押型（版刻花押）である。その背景に、「病気などの事故」が指摘されるが〔佐藤二〇〇七〕、義胤にあってはⅡ型のすべてが該当して使用期間も長く、今後の課題となる。

Ⅳ型は一点のみで、小高城《おだか》（福島県南相馬市）から標葉郡泉田堡に隠居した後のものと思われる。他に、嫡子利胤の没後、孫虎之助義胤の後見として発給した知行宛行状は、印文不明ながら黒印が捺されている。この他、確認できる受給文書は十点〔岡田二〇二一〕と少ないが、後代の編纂史料を加味しながら、新たな義胤像を追求したい。

伊達輝宗・政宗との抗争

Ⅰ型の時期は父盛胤のもとで、Ⅱ型の時期は義胤自身が中心となって、伊達氏との抗争に明け暮れたといってもよい。

なお、盛胤からの家督相続は天正六年（一五七八）と伝えられているが、それをきっかけに花押型が変化したわけではない。その間、天正二〜四年にかけて蘆名盛隆や田村月斎《たむらげっさい》に文書を発給しており、少なくとも盛胤からの家督相続を前提とした「二屋形《ふたやかた》」体制下にあったことは、「相馬盛胤」項で概述した。

義胤が、伊達氏との抗争に関わったのは、天正二〜五年からである。相馬領北端宇多《うた》郡に隣接する亘《わた》理《り》郡・伊具《いぐ》郡をめぐる戦いで、伊達・信夫《しのぶ》郡方面に侵攻した父盛胤と連携した行動であった。

これに対して、伊達輝宗《てるむね》は大軍を準備するとともに、宇多郡黒木《くろき》の城主藤田晴親《ふじたはるちか》の子宗元《むねもと》・宗和《むねかず》兄弟を調略し「長々の御在陣」におよんだ〔遠藤家文書〕。そこで田村清顕《たむらきよあき》は、蘆名止々斎《ししさい》や北条氏照《ほうじょううじてる》らと連携し、ようやく和睦を成立させたのである〔伊達家文書〕。

天正九年の戦い

しかし、その和睦も長くは続かなかった。天正八年（一五八〇）六月、蘆名止々斎が死去すると、翌九年四月、伊達輝宗は蘆名盛隆に書状を送り、相馬境に出馬したが、早くに勝利を得ることができようと伝えている〔性山公治家記録〕。

輝宗出馬の背景には、伊達方の調略があった。すなわち、相馬方が支配する伊具郡小斎《こさい》（宮城県丸森町）の城主佐藤宮内は、加勢の郡左馬助・金沢備中を殺害して伊達方に加担することを亘理元宗《もとむね》に連絡してきた。『性山公治家記録《しょうざんこうじかきろく》』はこれらを天正十年四月のこととするが、同九年の誤りである〔菅野二〇〇〇〕。さらに、「伊達より、相馬口へ御出張の様」〔遠藤家文書〕とあるばかりか、義胤書状〔新編会津風土記所収文書〕に、輝宗が本宮や「当北境」へ出陣したとある「当北境」が相馬領北辺と理解すれば、伊具郡小斎方面であったことは確実であり、佐藤宮内の離反が直接の発端であったと思われる。

さらに輝宗・政宗父子は、伊具郡角田《かくだ》城から金津（ともに宮城県角田市）に出馬〔遠藤家文書〕、さらに八月、小斎の近く矢ノ目まで侵攻したが、相馬方も金山《かねやま》（同丸森町）との境目「明護山」に陣城《じんじろ》を構えて対峙した〔性山公治家記録〕。

もっとも、小斎方面をめぐる攻防は容易に決着せず、しかもこの戦いはかなり激しかったようで、田《た》手宗時《でむねとき》や原田大蔵《はらだおおくら》といった伊達方の重臣が戦死するなかで、義胤も石川口《いしかわぐち》（福島県石川町）への出馬を蘆名盛隆に求めている〔新編会津風土記所収文書〕。

相馬と伊達との紛争が長引くなか、天正十一年八月以前には和議を求める動きも出始めた。それを媒介したのは、岩城常隆《つねたか》や田村清顕であった。常隆は、輝宗の実兄岩城親隆《ちかたか》の子で政宗の従兄弟、清顕の妻は義胤の伯母であり、政宗は清顕の娘婿でもある。

しかし、相馬方に金山の返還を求めたため、翌年になっても、条件面での折り合いがつかぬ状態が続いた。『奥相秘鑑《おうそうひかん》』によれば、盛胤が了解しなかったという。これ以前、小斎が伊達方に属していたから、相馬方の最前線となる金山を簡単に手放せなかったのである。

こうした膠着状況を打開するため、田村清顕が宇多郡へ赴いたが、輝宗も妥協しなかった〔貞山公治家記録〕。そのため、岩城・佐竹も使者を派遣して媒介を進めた結果、天正十二年五月下旬になって和睦が成立した〔小林二〇〇八〕。

義胤の媒介

義胤との和睦が成就するとまもなく、十月には輝宗が隠居した。もっとも、天正十一年(一五八三)五、六月ころ、岩城常隆が政宗に誓書を提出し、翌年八月には輝宗・政宗連署の書状を田村清顕宛てに送っているから、遅くとも天正十年春以降、輝宗・政宗による二頭政治が行われたことは疑いない〔小林二〇〇八〕。

天正十二年十一月、義胤は浜田景隆《はまだかげたか》に政宗の家督相続を祝い、「弓十張」を送るなど、しばらくの平和が約束された。

翌十三年十月、輝宗が二本松城《にほんまつ》(福島県二本松市)主畠山義継《はたけやまよしつぐ》に拉致され殺害されると、政宗は二本松への攻撃を激化させた。これ以前、米沢《よねざわ》(山形県米沢市)に祗候するも蘆名方に転じた塩松《しおまつ》の大内定綱《おおうちさだつな》に対しては、伊達郡刈松田《かりまた》(福島市)の青木《あおき》修理を調略したうえで、小手森城《おでもり》(福島県二本松市)を攻撃した。定綱は、本拠小浜城《おばま》(同二本松市)を棄てて畠山義継を頼り、さらに会津に逃れた。

そうしたなかでの輝宗殺害によって、政宗は二本松城を攻撃、蘆名・佐竹との緊張関係を招き、十一月にはいわゆる人取橋《ひととりばし》辺での戦いが起こった。なお、この戦いに相馬方も佐竹方に与して政宗と対峙したとの指摘もあるが、前年の義胤・政宗の和睦から考えて、あるいは、元禄期に編集された「戸部氏覚書」を根拠史料とする推論には従えない〔高橋二〇〇七〕。

翌十四年二月、政宗が二本松城を攻撃しているさなか、義胤は二本松開城の調停を進めた。まず、佐竹義重《よししげ》に使者を送って「惣和の儀」を求め、同意を得ている〔瀬谷文書、東京大学白川文書〕。そのうえで義胤は、伊達実元《さねもと》や亘理元宗らを介し、政宗に二本松開城と二本松方の無事引退などを求め、応諾を引き出した〔遠藤家文書〕。一方、その直後の九月、政宗は中島宗求《なかじまむねもと》に金山を、黒木宗元《むねもと》に丸森を与え〔伊達家文書、政宗君記録引証記〕、相馬領との境目警固を厳重にしていた。

清顕の死と義胤・政宗の対立

翌十月、田村清顕が没した。清顕に男子はなく、女子は政宗に嫁いでいた。政宗と清顕女子との間に男子が出生したならば、政宗が育てて「田村の家嗣」とすべきことを清顕が命じていたという。それまでは、清顕の後室〔盛胤の姉妹〕および田村月斎・同梅雪斎《ばいせつさい》・同清康《きよやす》、そして橋本顕徳《はしもとあきのり》が相談して家務を担当することになった〔貞山公治家記録〕。

一方で、清顕没後、田村家中が清顕後室〔義胤叔母〕・田村梅雪斎・同清康らの親相馬派と清顕母〔伊達稙宗娘〕・田村月斎・橋本顕徳らの親伊達派に二分され、家中を不安定にした。

天正十六年〔一五八八〕二月、大崎《おおさき》領に侵攻した伊達勢は、大崎勢および黒川月舟斎《げっしゅうさい》らの反攻を受けて敗れ、泉田重光《しげみつ》らは志田《しだ》郡新沼《にいぬま》城〔宮城県大崎市〕に籠城せざるをえなくなった。その後、重光・長江月鑑斎《げっかんさい》を人質とすることで、伊達勢は出城できたが、政宗にとっては大きな敗戦となった。

この敗戦に、伊達領を囲繞《いにょう》する諸将は動いた。義胤は、安達《あだち》郡百目木《どうめき》・小手森〔福島県二本松市〕の石川《いしかわ》弾正を調略するとともに、田村の重臣大越顕光《おおごえあきみつ》と連携して百目木まで軍を進め〔桑折文書〕、閏五月十二日、三春《みはる》城（同三春町）への強行入城を決行した。しかし、月斎ばかりか梅雪斎も加わって義胤の強攻入城を押し返した〔坂本武雄氏所蔵文書〕。親相馬派と目された梅雪斎が反撃したという事実は、田村家中が単なる二派対立でなかったことを示唆する〔垣内二〇一七〕。

　義胤が強行入城に失敗すると、伊達勢は小手森・百目木などを攻め落とし、さらに宇多郡に侵攻、あるいは大越《おおごえ》（福島県田村市）を攻撃した〔千田耕資氏所蔵文書、庄司省吾氏所蔵文書〕。一方、六月には佐竹義重・蘆名義広《よしひろ》が安積《あさか》方面に出陣、郡山《こおりやま》城（同郡山市）を包囲したため、伊達方も迎撃（郡山合戦）。これに対応するかのように、義胤は船引《ふなひき》方面の移《うつし》（同田村市）を攻撃、盛胤も伊具郡金山城を攻撃した〔伊達天正日記〕。七月には、岩城常隆が媒介して和睦が進められると、清顕後室の退去した三春城に政宗が入り、以後、清顕の甥孫七郎《まごしちろう》（後の宗顕《むねあき》）を名代として置き、その支配下に組み込むことに成功した〔石川家文書〕。これに対して義胤は、岩城常隆との関係強化を考え、伊達氏に対抗しようとした〔大和田家文書、竹内文平氏所蔵文書〕。

　翌天正十七年四月、相馬方は岩城方と田村境目に侵攻〔庄司省吾氏所蔵文書〕、これに対して伊達方の桜田《さくらだ》勢は飯樋《いいとい》・草野《くさの》（福島県飯舘村）を攻撃し〔伊達家文書、政宗君記録引証記〕、相馬方の関心を向けさせた。さらに政宗は、会津侵攻を画策して安子島《あこがしま》・高玉《たかだま》（同郡山市）を攻撃すると、五月十八日には大森城を経て金山城に入った。翌日、境目の城ともいうべき駒ケ嶺《こまがみね》城を、さらに二十一日には蓑首《みのくび》城（いずれも同新地町）を攻め落とした〔伊達家文書〕。政宗は、駒ヶ嶺城に黒木宗元を配置し、周辺の小領主に知行を与えて城への定番・奉公させる体制を整えた〔政宗君記録引証記〕。

そのため、義胤は本拠行方《なめかた》郡を警固すべく、草野方面に兵力を向けざるをえなかった。五月晦日以降、相馬勢と伊達方との小競り合いが続いた〔伊達天正日記〕。

義胤の宇都宮出仕

伊達方の攻勢に、相馬方では和睦を進める動きが出てきた。おそらく天正十七年（一五八九）の暮れ、政宗は相馬方からの書状を披見、相馬方の真意を確認するよう、中島宗求に指示した〔伊達家文書〕。さらに、伊達成実《しげざね》に対しても、相馬如雪《じょせつ》からの書状に対する疑念を述べ〔政宗君記録引証記〕、迂闊に進めるべきではないと、鬼庭綱元《おににわつなもと》に伝えている〔亘理家文書〕。

相馬方は、複数のルートで伊達方との接触を図ったものと思われるが、相馬方が和睦推進で意志統一されていたわけではない。

天正十八年三月末、相馬勢は前年に陥落した駒ヶ嶺城を奪還するために出陣したが、大町頼明《おおまちよりあき》父子がこれを防戦している〔波多野幸彦所蔵写真〕。そうしたなか、五月十四日、ふたたび駒ヶ嶺城を攻撃した相馬勢は大敗、義胤の弟隆胤や重臣黒木上総守らが討ち死にした。二十九日になって義胤は、田村清《きよ》通《みち》に「諸用があって小高城に在城していたが、このような凶事は無念の至り」との書状を送っている〔蓬田守家文書〕。

すでに九日、政宗は小田原に向かって黒川を出発していた。その留守中の攻撃は、秀吉の「惣無事《そうぶじ》」策に違犯するものであった。これが、後に政宗の相馬攻撃を正当化させる根拠となった。

しかし、隆胤らの攻撃に対し、自身は小高在城と主張する義胤の姿勢は、隆胤らの強硬姿勢とは一線を画するものともいえる。おそらく、隆胤らの主戦論に対し、義胤の和睦推進もいうべき考えが家中に混在していたと考えるべきだろう。

伊達方との和戦両様の構えを見せていた相馬方にとって、小田原・秀吉のもとへの出仕は容易ではなかった。相馬方の編纂史料には義胤が小田原に参陣したと記されているが、弟隆胤らが討ち死にするような打撃を受けていた、あるいは家中の意志不統一が露顕する状況のなかで、義胤が小田原まで赴く余裕などなかったといってよい〔小林二〇〇八〕。

宇都宮に出仕した義胤は、即時、秀吉から禁制を下されると、翌月には義胤夫人（相馬足弱《あしよわ》）を人質として上洛させた〔小林二〇〇三〕。それを追うように義胤も上洛、十月には検地目録が相馬長門守義胤に下げ渡されたが、長門守に補任されたのはこのときであろう。十二月七日、「奥州内本知分四万八千七百石」の知行宛行状が下された。これをきっかけに、義胤の花押はⅢ型に変化するが、豊臣大名として一歩を踏み出したのである。

義胤の名護屋出陣

以後の義胤について、概述しておきたい。秀吉の朝鮮渡海計画が南奥の諸大名にもたらされたのは、天正十九年（一五九一）十月ころと思われる。翌文禄元年（一五九二）前半から、奥羽・東国の諸大名は肥前名護屋《なごや》（佐賀県唐津市）に向かった。義胤もまた四月二十二日、名護屋に到着したことは、閑巷《かんこう》院《いん》宛ての書状から確認される〔相馬家文書〕。しかも、佐竹義宣《よしのぶ》もまた同日に到着したこと、さらに義胤が同行したことが義宣の家臣小田野《おだの》備前守に宛てた平塚滝俊《ひらつかたきとし》の書状〔東京大学史料編纂所所蔵謄写本〕や大和田重清《おおわだしげきよ》の日記〔東京大学史料編纂所架蔵謄写本〕からも確認できる。とくに滝俊書状には名護屋への途次に見た三原《みはら》城（広島県三原市）や広島《ひろしま》城（広島市中区）などの高石垣や壮麗な天守に驚くとともに、賑わう名護屋城下の現状と船を利用した物資の搬送がそれを可能にしたことなども記している。そうした見聞は、義胤にも大きな影響を与えたことであろう。

義胤の本拠移転

相馬氏が本拠を転々としたことは、夙に知られるが、従来は仙台に本拠を移した伊達氏への対抗との記述が多い。しかし、義胤が考えた移転の最初は、名護屋から帰国後の慶長元年（一五九六）、村上《むらかみ》城（福島県南相馬市小高区）であった〔奥相志《おうそうし》〕。村上城の近くには中村藩の年貢米保管庫が設置され、近くを流れる小高川河口には「運糧船」を出帆させる浜（湊）が存在した。結果的に、村上への本拠移転は行われず、翌年、牛越城《うしごえ》（同南相馬市原町区）への移拠が行われた。同城は、近くを流れる水無川《みずなしがわ》を経て新田川《にいだがわ》に通じ、その河口には「大磯の湊」が機能していた。そこは「泉山館」を本拠とする重臣泉《いずみ》氏の支配する領域であったが、牛越城普請の過程で泉胤政《たねまさ》が追放されると、替わって一族の岡田宣胤《おかだのぶたね》が行方郡岡田から移ってきた。慶長七年、帰参した胤政は、泉田館（福島県浪江町）主として復帰、それまでの館主泉田氏（標葉氏の一族）は近辺の両竹館《もろたけやかた》（同双葉町）に移った〔岡田二〇〇七〕。

こうした事例は、相馬家中の重臣をそれまでの本拠地から切り離し、在地との関係を断ちきるという義胤の施策と理解できる。鎌倉期以来、有力一族が割拠するなか、名護屋出陣で得た知見を活かした義胤が、本拠移転を断行するなかで、相馬本宗家の領主権を強化したのである〔岡田二〇一九〕。

その後、関ヶ原の戦いに自重した相馬氏は、支配する三郡（行方郡・標葉郡・宇多郡南半）を没収されたが、義胤嫡子の三胤（利胤）の奔走で回復。さらに慶長十六年、義胤はあらためて小高城から海陸交通の要衝・中村城に本拠を移したが、その背景には同十四年に行われた銚子築港がある〔渡辺二〇〇二〕。『御家給人根元記《おいえきゅうにんこんげんき》』には、「大身・小身」を含む「在郷所在の給人」が中村城下に屋敷を与えられたことを記している。一連の本拠移転が、経済的優位性ばかりか、家臣の在地支配を弱め、近世大名としての権力基盤を確立しようとする義胤の施策の一環と理解できる。

慶長十六年（一六一一）、子息利胤が小高城から中村城に移ると、泉田館に隠居。寛永二年（一六二五）の利胤没後は、孫虎之助（義胤）の後見として中村城に入った。寛永十二年十一月、義胤は中村城にて卒したが、墓所は南相馬市小高区の同慶寺《どうけいじ》に残る。

（岡田清一）

【主要参考文献】

岡田清一「相馬氏の牛越城移転と泉氏」（『戦国史研究』五三、二〇〇七年）
岡田清一『中世南奥羽の地域諸相』（汲古書院、二〇一九年）
岡田清一「相馬氏の受給文書と『相馬西殿』—戦国期・家督相続に関する基礎作業—」（『東北福祉大学研究紀要』四五、二〇二一年）
垣内和孝『伊達政宗と南奥の戦国時代』（吉川弘文館、二〇一七年）
菅野郁雄「『十月五日付山内殿宛佐竹義重書状』考」（『福島史学研究』七〇、二〇〇〇年）
小林清治『奥羽仕置と豊臣政権』（吉川弘文館、二〇〇三年）
小林清治『戦国大名伊達氏の研究』（高志書院、二〇〇八年）
小林清治『伊達政宗の研究』（吉川弘文館、二〇〇八年）
佐藤博信「中世東国における版刻花押について—古河公方足利高基・常陸佐竹氏を中心に—」（『千葉県史研究』一五、二〇〇七年）
高橋俊介「天正十四年の南奥羽における『惣和』と相馬氏」（『駒澤大学大学院史学論集』三七、二〇〇七年）
渡辺英夫『近世利根川水運史の研究』（吉川弘文館、二〇〇二年）
渡辺英夫『東廻海運史の研究』（山川出版社、二〇〇二年）

蘆名盛氏 ——蘆名氏の最盛期を築いた南奥の重鎮

二頭政治と代替わり

黒川《くろかわ》（福島県会津若松市。以降、福島県内の地名は市町村名のみ）を本拠とする蘆名《あしな》氏は、南奥《なんおう》（福島県）の会津地方を中心に領国を形成した。その最盛期は、十六世紀中頃から後半に活動した盛氏《もりうじ》の代とされる。盛氏は、大永元年（一五二一）に盛舜《もりきよ》の嫡子として生まれた。初名は盛治《もりはる》といい、天文六年（一五三七）には伊達《だて》稙宗《たねむね》の娘を正妻に迎えた〔塔寺八幡宮長帳〕。

同年十二月までには盛氏と改名し、田村《たむら》荘（田村郡・郡山市東部ほか）の領主である田村隆顕《たかあき》と「誓《せい》書《しょ》」を交わして友好関係を確認している〔青山文書〕。翌天文七年三月、本拠の黒川が大火となり、盛舜・盛氏父子が家臣の屋敷に避難したことを記した記録の中に、盛舜は「御屋形様」、盛氏は「同四郎殿」と登場する〔塔寺八幡宮長帳〕。同年四月には、盛舜・盛氏父子が連署して、黒川の諏方《すわ》神社の祭礼費用についての権益を保証している。この連署状の署判は文書の袖に縦方向になされ、その位置は盛舜が上段、盛氏が下段である〔新編会津風土記所収文書〕。盛舜は、同年十二月や同九年四月に室町幕府と通交し〔後鑑〕、同八年八月には法用寺《ほうようじ》（会津美里町）の別当職を安堵しており〔法用寺文書〕、蘆名氏の家督であったとわかる。一方で、天文十二年七月の「よこ田くすれ（横田崩れ）」に際して出陣した「御西さま」は〔塔寺八幡宮長帳〕、家督を意味する「屋形」「館」などの呼称で呼ばれておらず、家督相続以前の盛氏を指すと考えられる。横田崩れとは、横田（金山町）を本拠とする山内《やまのうち》氏の内紛とみられ、蘆名氏がそれに軍事介入したのであろう。

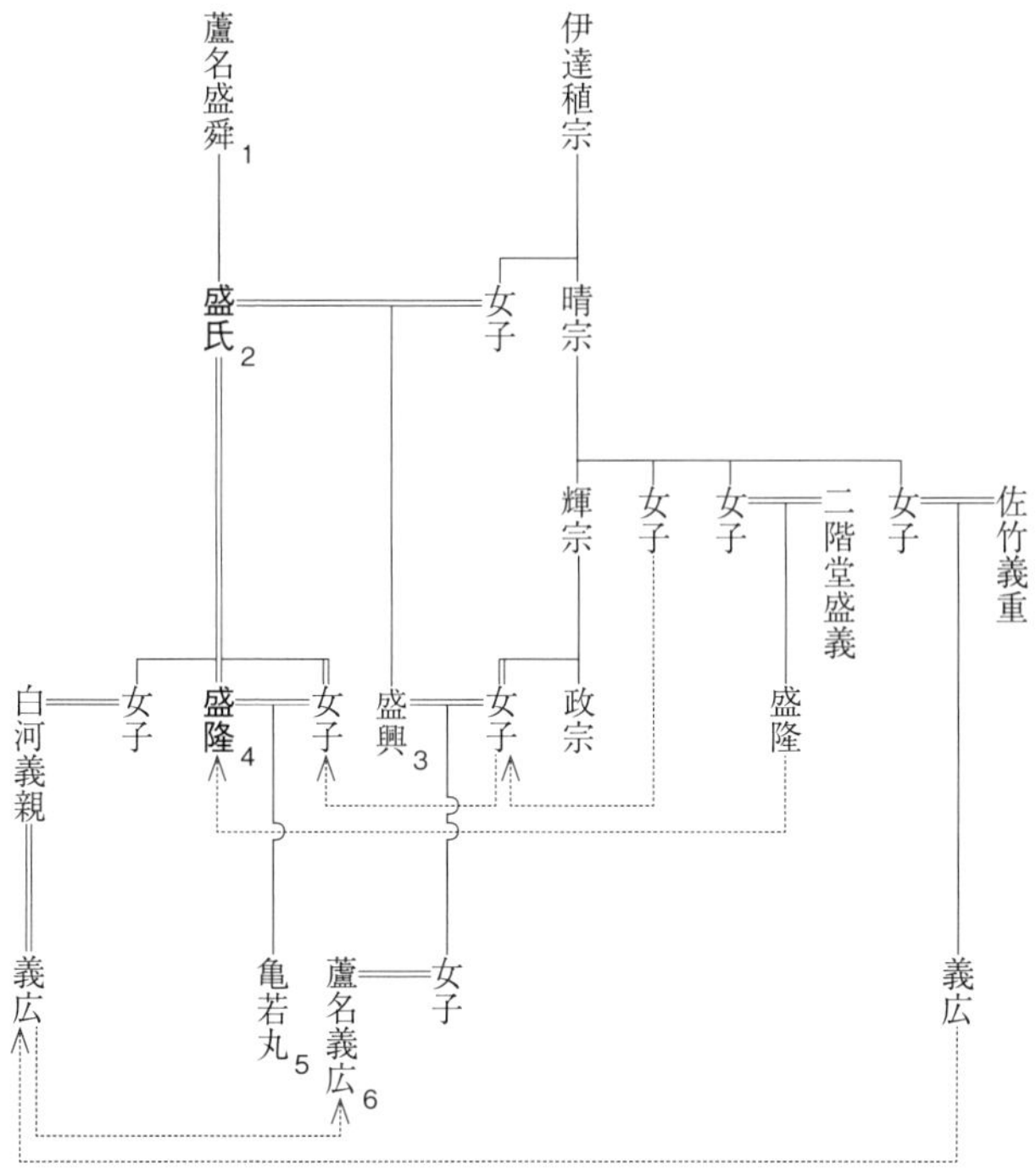

蘆名氏略系図（数字は家督順）

以上のように、家督相続以前の盛氏は、外交や軍事で一定の役割を担っていたが、単独では内政に関する権限を行使していない。盛氏が単独で内政に関わる権限を行使するのは、天文十三年十二月二十七日に家臣の境沢左馬助に対し、蘆名氏が課す「御公事」の免除などを保証したのが初見である〔境沢文書、大石一九七六〕。盛氏の家督相続は、天文十二年七月から翌十三年十二月までの間になされたとみられ、この文書は盛舜から盛氏への代替わり安堵で出されたと考えられる。代替わり以前は、家督の盛舜と次期家督の盛氏による二頭政治が行なわれていたのであろう。

よく知られているように、盛氏は止々斎《ししさい》と名乗っている。かつては止々斎の名乗りを隠居や出家と関連させて解釈することが多かったが、天文二十三年九月にはすでに「止々斎」の朱印を使用していたと想定でき〔新編会津風土記所収文書〕、文人としての志向性から止々斎の雅号《がごう》を用いたと指摘されている〔高橋一九九五〕。

外交と軍事

天文十一～十七年（一五四二～四八）にかけて、伊達稙宗・晴宗《はるむね》父子が争う伊達氏天文の乱が展開する。同乱は、伊達家中ばかりでなく周辺の領主を巻き込んだ大乱となり、盛氏は晴宗方として戦った。大乱の終結後、晴宗が本拠を出羽国米沢《よねざわ》（山形県米沢市）へ移したこともあり、仙道《せんどう》（福島県中通り地方）の中・南部に対する伊達氏の影響力は低下する。代わって同地方に影響力を行使するようになるのが盛氏である。

天文十九年、盛氏は安積《あさか》郡中地《なかじ》（郡山市）へ出馬し、かつて友好関係を結んだ田村隆顕と戦う〔塔寺八幡宮長帳〕。蘆名氏と田村氏の抗争は安積郡（郡山市西部）の広い範囲に展開するが、翌二十年七月には、畠山尚国《はたけやまひさくに》・白河晴綱《しらかわはるつな》の仲介により講和を結ぶ。講和の題目は、①郡山・小原田・下伊豆島・前田沢（いずれも郡山市）を蘆名領とすること、②抗争に際して蘆名氏に従属した領主は蘆名氏の麾下とすること、③名倉・荒井（いずれも郡山市）は蘆名氏へ渡した後に二階堂《にかいどう》領とすること、④安積郡の領主である伊《い》東《とう》氏の「名代」は蘆名氏が差配すること、⑤伊東氏の「名跡」は田村隆顕の子息が継承すること、である〔白河証古文書〕。この講和の結果、安積郡の広い範囲が蘆名領となり（①・②）、伊東氏は事実上滅亡した（④・⑤）。また、岩瀬《いわせ》荘（須賀川市ほか）の領主である二階堂氏が、この抗争に際して蘆名氏に与《くみ》したこともわかる（③）。その後、永禄二年（一五五九）には、盛氏の「代官」として「富田殿・平田殿」が再び安積郡へ侵攻し、大槻・日和田（いずれも郡山市）を蘆名氏が掌握する〔塔寺八幡宮長帳〕。

天文十九～二十年の抗争では共闘した蘆名氏と二階堂氏だが、永禄七年に始まる長沼《ながぬま》（須賀川市）をめぐる抗争では激しく戦う。この抗争に際して、伊達輝宗と岩城親隆《いわきちかたか》は二階堂盛義《もりよし》を支援し、田村隆顕は蘆名盛氏を支援した〔高橋二〇〇九〕。最終的には蘆名盛氏が抗争に勝利し、長沼は蘆名氏の領有となる。長沼はこれ以降、蘆名氏が仙道へ侵攻する際の拠点となる。敗れた二階堂盛義は、永禄九年正月五日に黒川へ参上して蘆名盛氏に服属し〔塔寺八幡宮長帳〕、同年二月には、盛義の子息が人質として黒川へ送られたという〔蘆名家御由緒〕。この人質が、後に蘆名氏を継承することになる盛隆《もりたか》である。

また蘆名氏は、二階堂氏を支援した伊達氏と永禄九年正月十日付の起請文《きしょうもん》を交換して和睦する。起請文の交換は、盛氏と輝宗、蘆名氏重臣と伊達氏重臣の間でそれぞれ行なわれた。起請文に署判した蘆

蘆名盛氏坐像　福島県会津若松市・宗英寺蔵　画像提供：福島県立博物館

名氏重臣は、富田《とみた》滋実《しげざね》・佐瀬《さぜ》常藤《つねふじ》・平田《ひらた》実範《さねのり》・松本《まつもと》氏輔《うじすけ》の四名である。盛氏嫡子の盛興《もりおき》と伊達輝宗の間でも、永禄九年二月朔日付の起請文が交換された。この和睦にともない、蘆名氏と伊達氏とで婚姻が結ばれることになり、伊達晴宗の娘が輝宗の養女となって盛興に嫁ぐ〔伊達家文書〕。

長沼を確保した蘆名氏は、ここを拠点に石川荘《いしかわ》（石川町ほか）へ侵攻する。永禄十年五月までには、石川荘の領主である石川晴光《はるみつ》は本城の石川城（石川町）からの退去を余儀なくされる〔沢井八郎文書〕。その後も石川氏は蘆名氏に圧迫され、翌十一年には石川領の大半を蘆名氏が掌握する〔塔寺八幡宮長帳〕。蘆名家中の平田是亦斎常範《つねのり》は、上杉《うえすぎ》家中の河田《かわだ》長親《ながちか》宛の書状の中で、永禄十一年の軍事行動に関して、「盛興父子」が「帰陣」したと表現している〔上杉家文書〕。後述するように、蘆名氏の家督は永禄六～七年に盛興へ譲られており、軍事行動の主体は家督の盛興と認識されていたのである。

この頃、常陸国太田《おおた》（茨城県常陸太田市）を本拠とする佐竹《さたけ》氏は、久慈川《くじがわ》沿いに北上して南奥へ侵攻し、白河荘《しらかわ》（白河市ほか）の領主である白河氏と衝突していた。蘆名盛氏の婿である白河義親《よしちか》は蘆名氏に支援を求め、元亀二年（一五七一）と同三年には、羽黒山城《はぐろやま》（塙町）や寺山城《てらやま》（棚倉町）をめぐって蘆名氏と佐竹氏が戦う〔会津四家合考所収文書、真田宝物館寄託個人収集文書、丸島二〇二〇〕。その後、蘆名・白河方であった田村清顕《きよあき》が佐竹方に転じたこともあり、天正二年（一五七四）には白河氏の拠点である赤館《あかだて》城（棚倉町）が佐竹義重《よししげ》・田村清顕に攻略された〔伊達輝宗日記〕。同年、蘆名氏と田村氏の合戦が安積郡福原《ふくはら》（郡山市）などでも行なわれ、蘆名方が大敗して松本氏輔など「大せい（大勢）」が討ち死にした〔塔寺八幡宮長帳、伊達輝宗日記〕。翌三年には、白河義親が本城の白河城（白河市）を逐われる〔榊原文書〕。

ところが、天正四年には田村清顕が再び蘆名・白河方となり、翌五年には白河義親・蘆名盛氏・田村清顕が協力して白河城を奪還する〔白河証古文書、佐竹文書〕。その結果、佐竹氏の勢力圏は赤館城の付近まで縮小する。天正六年八月には白河義親と佐竹義重が和睦し、その条件の一つに、佐竹義重の次男が白河氏の「名跡」を継承することがあり、白河義親は佐竹義重に従属する〔早稲田大学白川文書〕。その後、佐竹義重は、蘆名盛氏・田村清顕との和睦も模索する。清顕がそれを拒絶したのに対し〔松藩捜古所収文書〕、盛氏は前向きな姿勢を示す〔初瀬川文書〕。そして翌七年七月までには、蘆名盛氏と佐竹義重が和睦する〔下野須賀文書、黒田二〇〇一〕。永禄九年の伊達氏との和睦とこの佐竹氏との和睦によって、蘆名氏は、南奥に強い影響力を持つ二大勢力である伊達・佐竹両氏と協調的な関係を結ぶことになった。

蘆名氏の家臣団

天文九年（一五四二）二月、同七年の大火で焼失した黒川の諏方神社が再興された。その棟札《むなふだ》には、家督の盛舜と次期家督である盛氏の他に、「西海枝宮内大輔盛輔・塩田源輔尚・平田左京亮舜範・佐瀬信濃守常和・佐瀬大和守種常・平田左衛門尉輔範・荻野左馬允与綱・平田石見守盛範・栗村下総守盛種・松本伊豆守輔光・富田左近将監滋実・松本図書助舜輔」の名がみえる〔新編会津風土記〕。彼らはこの時点の蘆名氏重臣であろう。同七年の黒川大火では、盛舜の屋敷である「御館」のほか、松本氏・常世氏・鵜浦氏・慶徳氏・富田氏・栗村氏などといった重臣層の屋敷も被災しており〔塔寺八幡宮長帳〕、蘆名氏の本拠である黒川への家臣団の集住が進んでいたことがわかる。

先にみたように、永禄九年（一五六六）の蘆名氏と伊達氏の和睦では、富田滋実・佐瀬常藤・平田実範・松本氏輔が起請文に署判していた。この四名のうち、富田滋実は天文九年の諏方神社の棟札にもみえ、他の三名は同姓者が名を連ねる。富田・佐瀬・平田・松本の四氏は、蘆名四天宿老などとして人口に膾炙している。この四氏を蘆名氏重臣の代表者とする認識は、蘆名氏にとって重い意味を持った永禄九年の和睦の起請文に四氏が署判した事実を踏まえ、後世に生まれたのではないかと思われる。

富田・佐瀬・平田・松本の四氏はいずれも蘆名氏とは別族で、会津盆地内に本拠を持つ領主である。譜代の家臣と評価できる彼らの活動が同時代の史料に散見する一方で、蘆名氏庶流を出自とする一門の存在感は薄い。金上《かながみ》氏や針生《はりう》氏といった一門は、高い家格を有する一方で〔会津旧事雑考所収文書〕、内政や外交で重い役割を担うことは少なかったようである。

戦国期の蘆名氏は、蘆名家中を構成する譜代や一門の他に、独立した領主権を保持しながら緩やかに従属する領主を従えていた。先に触れたように、横田（金山町）を本拠とする山内氏は、天文十二年の横田崩れに際して蘆名氏の軍事介入を受けている。永禄十一年四月には、上杉謙信と敵対する武田信玄が、上杉氏に対する軍事行動を山内信濃守に要請する際、「黒川」すなわち蘆名氏の「同意」を得たことを伝えている〔山内文書〕。山内信濃守が、蘆名氏に従属する立場にあったからである。

翌永禄十二年、南山（南会津町）を本拠とする長沼氏が蘆名氏への「証人」をなかなか出さないので、蘆名盛氏・盛興父子が南山（鴫山《しぎやま》）城を攻撃した。長沼氏は、蘆名氏に人質を出すような立場にあったのである。この軍事行動では、伊達氏から蘆名氏への援軍派遣が合意されていたのだが、伊達輝宗が別件で出馬していたこともあり実現しなかった。黒川へ納馬した盛氏・盛興父子は、南山へ再出馬した際の援軍派遣を伊達方へ要請している〔伊達家文書〕。先にみたように、須賀川を本拠とする二階堂氏も蘆名氏へ人質を出しており、長沼氏と二階堂氏は同様な立場にあったと評価できる。

領国の統治

蘆名盛氏の活動期、室町幕府はすでに衰えていたが、いまだ一定の影響力を保ち、各地の大名は幕府と通交した。大友宗麟・毛利元就・織田信長・上杉謙信・武田信玄・北条氏康・伊達晴宗などと並んで、盛氏が「外様衆、大名在国衆」に列していることは〔永禄六年諸役人附〕、幕府と蘆名氏との関係を端的に示す。

ただし、各地の大名が領国の統治を実現しえたのは、幕府との関係性ではなくその実力のゆえである。領国内の各階層が大名に求めた実力の一つに、紛争の調停者としての役割があり、蘆名氏の場合も同様である。蘆名家中の三橋氏と常世氏との間で土地の境界をめぐる争いがあり、永禄十二年（一五六九）六月、同じく蘆名家中の「佐野殿・富田藤六殿・松本左馬助殿・七宮杢助殿・同平兵衛殿」が両者を調停し、和解が成立した〔新編会津風土記所収文書〕。この一件に蘆名氏は登場しないが、調停に入った面々には富田氏や松本氏といった蘆名氏重臣の一族を含む。また、元亀三年（一五七二）の新宮村（喜多方市）と田原村（同）の境界相論の場合は、重臣の富田氏実《うじざね》が調停している〔新編会津風土記所収文書〕。蘆名領国においては、領主や村落などの相論に際し、蘆名氏重臣が介入して解決する体制が形成されていたと考えられる〔小林二〇〇一、遠藤二〇一六〕。

土地売券《ばいけん》の袖などに蘆名氏が署判を据えて承認する買地安堵《かいちあんど》は、蘆名氏権力の確立を示す行為の一つであり、盛氏も家督相続直後とみられる天文十三年（一五四四）十二月に行なっている〔新編会津風土記所収文書〕。買地安堵が効力を発揮しえたのは、蘆名氏の統治が及ぶ領域における土地の領有には蘆名氏の許諾が必要だとする観念が、広く共有されていたからである〔大石一九八四〕。蘆名氏重臣による紛争の調停と、このような観念の共有は無関係ではないだろう。

蘆名領国では、たびたび徳政令《とくせいれい》が出された。盛氏の家督相続から死去までの間では、永禄三年・同四年・元亀二年・同三年・天正元年（一五七三）・同四年に認められる〔塔寺八幡宮長帳、会津旧事雑考〕。元亀三年の場合は、十月に「あら町」を設置するのと併せて耶麻《やま》郡（喜多方市ほか）に徳政令が出されており、商業政策の一環であったことがうかがえる。この「あら町」は、永禄四年に築城が開始され同十一年に完成した岩崎《いわさき》城（向羽黒山城、会津美里町）に関係する「岩崎新町」であろう〔新編会津風土記所収文書〕。岩崎城は、黒川城と並ぶ蘆名氏の拠点として盛氏が取り立てた城であり、新拠点にともなう町場として「岩崎新町」が整備されたのである。この間の永禄十年五月には、永楽通宝《えいらくつうほう》を基準銭と定めた撰銭令《えりぜにれい》も出されている〔塔寺八幡宮長帳〕。その後、天正四年以降には、会津の商人司として著名な簗田《やなだ》氏の活動が史料上明確になる〔簗田文書〕。商業の保護・統制のために、蘆名氏が簗田氏を登用したと考えられる〔大石一九八四〕。

後継者と晩年

盛氏の後継者は、盛氏とその正妻の伊達稙宗娘との間に生まれた嫡子盛興である。長床で有名な新宮《しんぐう》熊野《くまの》神社（喜多方市）の永禄六年（一五六三）四月の棟札に「当時屋形盛氏嫡男盛興」とあり〔新宮雑葉記〕、同七年夏の勝福寺《しょうふくじ》（喜多方市）の鐘銘には「大旦那平盛興並隠居盛氏」とある。この間に盛氏から盛興へ家督が譲られたと考えられるが、先にみたように、その後も盛氏は内政・外交に活動している。しかし、この時点以降の「蘆名殿」宛の文書には、盛氏ではなく盛興宛のものが少なくないとみられ、蘆名氏の軍事行動についても、盛興の役割を積極的に評価すべきと思われる。盛興家督相続後の蘆名氏は、岩崎城の盛氏と黒川城の盛興の二頭政治で運営されたのであろう。

両人の関係は、家督の盛興よりも家督を退いた盛氏のほうが主導権を持っていた可能性が高い。永禄九年の伊達氏との和睦において、輝宗との起請文の交換を盛氏のほうが先に行ない、これと同日付で両氏の重臣たちが起請文を交換し〔伊達家文書〕、同年六月の八槻《やつき》別当《べっとう》宛の盛氏・盛興連署証状では、上位者が署判する文書の奥に盛氏の署判が位置するからである〔八槻文書〕。

天正二年(一五七四)六月に盛興が死去したことで、盛氏・盛興父子の二頭政治は終わる。しかし盛氏は家督に復帰せず、人質として黒川に居た二階堂盛隆を養子に迎えて蘆名氏家督とし、盛氏と盛隆の二頭政治が始まる。天正四年には、両人の連署状が二点確認できる。正月には一門の金上・針生両氏の座席の上下を決め〔会津旧事雑考所収文書〕、九月には商品輸送に関わる費用について定めている〔簗田文書〕。両文書ともに、署判の位置は盛氏のほうが上位にあり、盛氏が主導的な立場にあったことがわかる。

ところが、そのおよそ四年後の天正八年には、最晩年の盛氏の寂しげな姿が確認できる。正月九日付で婿の白河義親に宛てた書状において、ちかごろは「老衰」のため「散々」な有様であり、「洞中之者」

が盛氏のもとに「参会」することもなく、「炉辺ニ計」り過ごしていると嘆き、義親に対して「茶之湯道具」を所望し、以前のようには「馬・鷹」も使っていないと近況を伝えている（佐竹文書）。盛氏がこの世を去るのは、その半年余り後の六月十七日である（蘆名盛氏座像厨子銘）。

（垣内和孝）

【主要参考文献】


遠藤ゆり子「戦国大名蘆名氏の成立と山野境目相論」（同『戦国時代の南奥羽社会』吉川弘文館、二〇一六年）。

大石直正「史料紹介『境澤文書』」（『東北学院大学東北文化研究所紀要』七、一九七六年）。

大石直正「戦国大名会津蘆名氏」（小林清治編『東北大名の研究』吉川弘文館、一九八四年。初出一九六九年）。

黒田基樹「下野佐野氏と『下野須賀文書』」（同『戦国期東国の大名と国衆』岩田書院、二〇〇一年。初出一九九八年）。

小林一岳「在地領主間相論と一揆の法」（同『日本中世の一揆と戦争』校倉書房、二〇〇一年。初出一九八六年）。

高橋明「永禄七、八年の長沼をめぐる抗争」（藤木久志・伊藤喜良編『奥羽から中世をみる』吉川弘文館、二〇〇九年）。

高橋充「葦名盛氏の『止々斎』号」（『福島県立博物館紀要』九、一九九七年）。

丸島和洋「蘆名盛氏の対上杉氏外交」（『地方史研究』七〇―三、二〇二〇年）。

蘆名盛隆 ——協調外交で実現させた安定的な領国経営

佐竹義重との緊密な関係

蘆名盛隆《あしなもりたか》は、陸奥国岩瀬《いわせ》荘（福島県須賀川市ほか。以降、福島県内の地名は市町村名のみ）の領主である二階堂盛義《にかいどうもりよし》とその正妻の伊達晴宗《だてはるむね》娘の子として永禄四年（一五六一）に生まれ、同九年に二階堂氏が蘆名氏に服属する際に人質として黒川《くろかわ》（会津若松市）へ送られた。天正二年（一五七四）、蘆名氏家督の盛《もり》興《おき》が死去すると、盛興後室が蘆名盛氏《もりうじ》の養女となり、その婿に迎えられて家督を相続する〔塔寺八幡宮長帳、伊達輝宗日記、伊達葦名両家関係覚書〕。その後の蘆名氏は、盛氏・盛隆の二頭政治で運営された。

盛氏晩年の蘆名氏外交は、伊達氏および佐竹《さたけ》氏との協調が基本路線であり、盛隆もそれを継承した。特に佐竹氏との関係は緊密で、盛隆は佐竹義重《よししげ》と協力し、自ら出馬して両者と敵対関係にあった田村清《たむらきよ》顕《あき》に攻勢をかける。この時期の佐竹氏には、岩城《いわき》氏や白河《しらかわ》氏・石川《いしかわ》氏など南奥《なんおう》（福島県）の領主が多く従っており、義重を中心とした一大勢力が形成されていた。盛隆はその一翼を担った。天正七年六月以降、田村氏の拠点である御代田《みよだ》城（郡山市）などをめぐって佐竹氏・蘆名氏等と田村氏の合戦が断続し、同九年四月には伊達輝宗《てるむね》の仲介で講和が成立する〔高橋二〇二〇〕。この田村氏との一連の抗争は盛隆の主導で展開し、その間の同八年六月には養父の盛氏が死去している。

天正九年に比定できる十月五日付の上杉景勝《うえすぎかげかつ》宛の書状において、佐竹義重がこの講和を「奥州」の「一統」と表現したように、義重に清顕が屈服するかたちで抗争は終結した〔伊佐早文書、菅野二〇〇〇〕。同じ書状で義重は、「遊山」で「会津」を訪問したと景勝に伝えている。もとより「遊山」に赴いたのではなく、義重と盛隆が黒川で対面し、両者の関係をより強固にするのが目的であろう。また、それをわざわざ景勝に伝えたのは、両者の親密さを印象付ける意味があったと考えられる。

上杉景勝との同盟

周知のように上杉氏は、越後国（新潟県）を中心に領国を形成した。蘆名領国の西側で領国境が接しており、蘆名氏との関係は深い。越後国小川荘（新潟県阿賀町）の東部の拠点である津川《つがわ》城には、蘆名氏一門の金上《かながみ》氏が配され、その周辺は蘆名領国に組み込まれていた。小川荘の西部を中心に勢力を持つ小田切《おだぎり》氏は、蘆名氏と上杉氏に両属した〔藤木一九九五〕。

天正六年（一五七八）三月十三日、上杉謙信が急死する。上杉領国では、謙信の後継をめぐって養子の景虎《かげとら》と景勝が争い、御館《おたて》の乱《らん》と呼ばれる内乱が展開する。蘆名盛氏は弔問の「使僧」を派遣し、それに対する五月二十九日付の返礼が景虎から盛氏に送られ、いよいよの「入魂」が要請されている〔歴代古案〕。実際に蘆名氏は、景虎を支援する軍事行動をおこし、同年九月には金上盛備《もりはる》と小田切弾正忠が

安田城《やすだ》（新潟県阿賀野市）を攻略する〔中山小太郎氏所蔵文書、伊佐早文書、本法寺所蔵文書〕。

一方で景勝は、四月三日付の書状を「蘆名四郎」に送り、謙信の「遺言」で春日山城《かすがやま》（新潟県上越市）の「実城《みじょう》」へ移ったことを知らせて正統な後継者であると主張するとともに、今後の「入魂」を申し入れている〔上杉家文書〕。この「蘆名四郎」を盛氏に比定することがあるが、「四郎」の仮名《けみょう》が使われており、盛隆とみなすのが妥当だろう。景勝が盛氏でなく盛隆に支援を要請したのは、盛氏の景虎支援の態度を知ったからと考えられる。

天正七年三月、内乱に敗れた景虎は自刃し、景勝が上杉氏家督を継承する。景勝は、蘆名氏との関係修復と友好構築のための使者を派遣する。それを受けて盛隆は、その「御使」の前で「神血」すなわち誓書に血判を据えて盟約を結ぶことを承諾し、蘆名氏重臣の富田氏実《とみたうじざね》が十一月一日付の書状でその旨を上杉氏重臣の上条政繁《じょうじょうまさしげ》に伝えた〔上杉家文書〕。蘆名・上杉同盟の成立である。盛氏の最晩年において、蘆名氏の主導権を盛隆が担うようになった背景には、御館の乱に際しての対上杉氏外交にて、盛氏が景虎、盛隆が景勝と関係したことがあるかもしれない。

ただし、上杉領国の平穏は長くは続かず、天正九年には景勝と新発田重家《しばたしげいえ》の対立が表面化する。翌十年、景勝が盛隆に「神血」を送ることを約束して協力を求めたのに対し、盛隆は二月二十六日付の書状で景勝と新発田重家の「御和睦」を勧める〔上杉家文書〕。併せて盛隆は、この景勝宛の書状と同日付の書状を小田切弾正忠に送り、「越府」すなわち上杉氏の本拠（新潟県上越市）と新発田（同新発田市）へ派遣する使者への便宜を依頼する〔伊佐早文書〕。小田切弾正忠がその後の情勢を盛隆へ報知したのに対し、盛隆は四月二日付の書状で、上杉・新発田「双方」に協力しないよう指示する〔伊佐早文書〕。一方で景勝は、四月十二日付の書状を金上盛備に送り、たとえ「直馬」できなくとも新発田重家を「対治」すると伝えている〔会津四家合考所収文書〕。

しかしこのとき景勝は、織田信長に圧迫されて危機的な状況に陥っており、新発田退治どころではなかった。ところが、六月の本能寺の変で信長が斃れたことにより、景勝は危機を脱する。盛隆は、八月十二日付の景勝宛の書状において、景勝の新発田「打出」に賛意を示す一方で〔上杉家文書〕、同十四日付の小田切弾正忠宛の書状では、上杉方から「新発田」への「調儀」に「合力」するよう「催促」があっても応じてはならないと指示し〔上杉年譜所収文書〕、同十六日付の書状では、上杉方に「舟」を貸すことを禁じている〔伊佐早文書〕。その後、上杉景勝と新発田重家の対立は、天正十五年に景勝が重家を滅ぼすまで続く。

以上のように盛隆は、御館の乱の勝者である上杉景勝と同盟を結ぶものの、景勝と新発田重家の対立に関しては中立的な立場をとる。蘆名・上杉領国境の安定的な維持が、政策の基本であったためと考えられる。津川城に配した金上氏や小川荘の小田切氏を介して主に対応しており、自ら出馬した仙道《せんどう》（福島県中通り地方）に対する姿勢とは対照的である。

金上・針生両氏の台頭

天正九年（一五八一）八月六日、「会津の屋形もりたか（盛隆）」が織田信長に「名馬」を送った〔信長公記〕。天下人としての地歩を固めた信長と、盛隆は通交したのである。盛隆は朝廷とも通交し、万里小路《までのこうじ》氏宛の八月二十八日付の書状では、御斎会《ごさいえ》の「再興」に協力を求める「勅使」が会津を訪れ、「去年」＝天正八年にその返信をしたところ、三浦介《みうらのすけ》に補任する「御綸旨《ごりんじ》」が送られてきたので、「金子三十両」を朝廷に進上すると伝え、「叡聞《えいぶん》」に達するよう依頼している〔会津四家合考所収文書〕。三浦介は蘆名氏の宗家である三浦氏に因む官途で、その補任は盛隆が蘆名氏を含む三浦氏一門の惣領《そうりょう》として認知されたことを含意する。これ以前、少なくとも朝廷から二度、盛隆からは一度の音信がなされており、二度目の音信になるこの書状の署名は「三浦介盛隆」となっている。書状を所持して上洛した金上盛備は遠江守に補任されたという〔会津旧事雑考〕。これ以前、盛備は兵庫頭を称していた。

天正十年、武田《たけだ》氏を滅ぼした信長は、武田遺領の上野国（群馬県）に滝川一益《たきがわかずます》を配した。金上盛備が一益に送った五月二十九日付の書状は、信長の「上意」に「無二忠節」する盛隆の姿勢を強調し、武田氏の「御退治」を称賛した上で、信長と敵対する上杉景勝を蘆名氏が支援しているのではないかとする信長の詰問に弁明している〔坂田文書〕。この時期の盛隆が、信長に対して従属的な姿勢を示したのは明らかである。ところが周知のように、この直後に信長は本能寺の変で斃れる。

上方の諸勢力と蘆名氏の通交において、金上盛備が活躍していることは注目できる。蘆名盛氏の治世では、外交や内政に金上氏や針生《はりう》氏といった蘆名氏一門が重要な役割を果たすことは少なかったからである。金上・針生両氏の活動が目立ってくるのは、天正四年頃からである。同年の正月には、金上・針生両氏で争われた座席の上下が盛氏・盛隆の連署状で定められ〔会津旧事雑考所収文書〕、十一月には金上盛備が商品輸送に関わる規定を商人司の簗田《やなだ》氏に伝えている〔簗田文書〕。先に触れたように、天正六年九月には御館の乱に際して盛備等が安田城を攻略する。翌七年に成立した蘆名・上杉同盟では、針生盛信《もりのぶ》が交渉の一端を担ったことが確認できる〔上杉家文書〕。

この時期に一門の役割が目立ってくる理由は定かでないが、天正二年に蘆名盛興が若死し、他氏出身の盛隆が蘆名氏家督を継承したことと無関係ではないだろう。歴代に前例の無い三浦介に盛隆が補任されたのは、盛隆が他氏出身であったがゆえの権威付けと解釈できる。また、盛隆が家督を相続してまもない同四年に、一門の金上・針生両氏の座席の上下が定められたのも印象的である。いずれにせよ、盛隆の治世に金上・針生両氏の存在感が増大したのは確かとみられ、その傾向は蘆名氏が滅亡するまで続く。

激動の天正十二年

天正九年（一五八二）の奥州一統で表面的には平穏となった仙道だが、同十二年四月、蘆名盛隆と岩城常隆《つねたか》が「相談」して田村清顕を攻撃し、戦乱が再開する〔伊達家文書、歴代古案〕。盛隆は小田切氏に対し、松本《まつもと》伊豆守を使者として派遣して、四月六日の「出馬」予定を伝えるとともに、四日には黒川へ参陣するよう求めている〔伊佐早文書〕。田村氏は、蘆名・岩城両氏に挟撃されるかたちとなった。

この軍事行動は、仙道における蘆名方の拠点である長沼《ながぬま》城（須賀川市）に配された新国貞通《にっくにさだみち》の動向が発端らしい〔小林二〇〇八〕。攻撃されることになる清顕が、盛隆出馬に先立つ二月一日付の書状において、「新国上総守（貞通）」が会津へ「出頭」したからには、「当口」すなわち田村方への攻撃は「必然」と述べているからである〔奥州文書〕。一方で盛隆は、「新国上総」の情報を知らせてきた大寺清光《おおでらきよみつ》へ二月五日付の書状を送り、継山寺《けいざんじ》住持の「御催促」に従って「前日」＝二月四日に貞通を「赦免」したと伝えている〔須藤石川文書〕。

新国貞通が盛隆に疑われるような動きを示し、清顕がそれに関わっていたことがうかがえる。ただし、貞通が許され、清顕が攻撃されているところをみると、貞通よりも清顕にこそ本質的な原因があったと思われる。この件に関わる貞通の情報を盛隆に伝えた大寺清光は、石川荘《いしかわ》（石川郡）の領主である石川氏の庶流で、大寺城（玉川村）を本拠とし、この頃は蘆名氏に従っていた。清光宛の盛隆書状は謹上《きんじょう》書《しょ》という丁重な書式で宛名は「石川殿」であり、盛隆の署名は「三浦介盛隆」である。石川氏の家督として昭光《あきみつ》がいるにもかかわらず、盛隆は清光を石川氏の代表者に準じて遇したのである。

六月十三日、蘆名氏家臣の松本太郎・栗村《くりむら》下総が盛隆不在の黒川城を占拠するが、すぐさま鎮圧される反乱事件が起きたとされる。首謀者の一人である栗村下総の実父は新国貞通と伝わる〔会津旧事雑考、性山公治家記録〕。蘆名氏重臣の富田氏実が直江《なおえ》兼続《かねつぐ》に送った七月二十八日付の書状には、盛隆は出馬しないが七月七日に「諸勢」を長沼へ派遣し、攻撃を加えたことが記されている〔上杉文書〕。このとき貞通は、長沼において反乱に加担したと理解するのが一般的だが〔大石一九八四、小林二〇〇八〕、富田氏実書状に貞通の名前はみえない。六～七月の反乱事件については同時代の史料が乏しく、確かなことは明らかでない。

それから半年も経たない十月六日、盛隆は「生害《しょうがい》」する〔伊達葦名両家関係覚書〕。家臣の大庭《おおば》三左衛門に弑殺されたとも伝わり〔会津旧事雑考〕、後世さまざまなことが語られるが、確かなことは不明である。ただし、有力大名の当主が不慮の死を遂げたことは、蘆名家中はもとより周辺にも大きな衝撃を与えたに違いない。

蘆名盛隆墳墓　福島県会津若松市・蘆名家花見ヶ森廟所　撮影：筆者

新国貞通が伊達氏家臣の高野《たかの》親兼《ちかかね》に宛てた十月十三日付の書状には、「盛隆死去」により蘆名家中が「取乱」ていたところ、伊達輝宗の「御意」によって「取静」となったのは輝宗の「御威光」ゆえとある〔高野文書〕。盛隆の横死を受けて、輝宗から蘆名方へ働きかけがあったとわかる。佐竹義重も同様であり、義重が二階堂家中の谷部下野守に送った十月九日付の書状は、盛隆の「御生涯」を「案外之至」とした上で、「会津」へも使者を派遣したことや、盛隆には「若子」がいるので今後も「会津」に「申合」ことを伝えている（伊達政宗記録事蹟考記所収文書）。盛隆「若子」＝亀若丸を蘆名氏の次期家督とみなし、義重は動いている。亀若丸の母親は、伊達晴宗の娘が輝宗の養女となって盛興に輿入れし（伊達家文書）、その死後に盛隆へ再嫁した女性である。彼女は、蘆名盛隆の母親で二階堂盛義没後の二階堂氏を差配した盛義後室とは姉妹にあたる。

佐竹義重が蘆名家中に宛てた十月十六日付の覚書には、今後のことが七箇条にわたって列記されている（秋田藩採集文書）。その二条目に、「各々」すなわち蘆名家中の面々が「一統」に「若子」を「守立」とある。蘆名氏家督は、義重の想定どおり亀若丸が継承した。その一方で、三条目には「各証文之事」とあり、蘆名家中から起請文が徴収されたとみられ、家中の不安定な様子がうかがえる。また、六条目に「田村無為之事」とあるように、四月に始まった田村清顕との抗争はまだ終息しておらず、蘆名氏と田村氏の講和が模索された。この覚書が象徴するのは、蘆名氏に対する佐竹義重の影響力である。

その後の蘆名氏

天正十三年（一五八五）三月、前年十月に家督を継承したばかりの伊達政宗《まさむね》が、蘆名氏・岩城氏と田村氏の講和を仲介する（遠藤家文書、伊達家文書）。佐竹義重の覚書にあげられていた「田村無為之事」を、実現しようとしたのである。ところが五月には、講和を提起した政宗が蘆名領桧原（北塩原村）へ侵攻する。蘆名方が政宗の仲介した講和を拒否し、面目をつぶされたと感じた政宗が、報復に及んだと考えられる〔垣内二〇一七〕。問題となるのは、講和拒否の判断をくだした主体である。まだ幼い亀若丸が、判断の主体ではありえないからである。

そこで想起できるのは、岩城親隆室や田村清顕後室・二階堂盛義後室などのように、この時期の南奥には、男性当主の不在時に前当主の正妻などが当主の権限を代行する現象が多く認められることである。盛隆横死直後の蘆名氏も、実質的には男性当主不在の状態であり、亀若丸の母親である盛隆後室が、蘆名氏当主の権限を代行したと考えられる〔黒嶋二〇一九、黒田二〇二一〕。となれば、政宗の提起した講和を拒否する判断をくだした主体は、盛隆後室であろう。

天正十三年十月の人取橋《ひととりばし》合戦の際、盛隆後室は岩城常隆家臣の塩左馬助へ消息を送り、「よし重（佐竹義重）」と「御たんかう（談合）」して「みかた（味方）中」の「しおき（仕置）」を「御と、のへ（調え）」ることを「つね隆（岩城常隆）」に任せると伝えている〔秋田藩家蔵文書〕。盛隆後室は蘆名軍を差配できる立場にあったが、おそらく女性であるため自らは出陣せず、連合軍を形成した佐竹義重と岩城常隆にそれを委任したのであろう。当主権限を代行する女性の限界を、軍事指揮に関わる事柄は象徴的に示す。

蘆名盛隆は、南奥の二大勢力といえる佐竹氏と伊達氏の双方と協調的な外交関係を結び、蘆名氏一門の金上氏や針生氏にも外交や内政の一端を担わせ、安定的に領国を運営したと考えられる。相馬《そうま》氏と戦う伊達氏に、「鉄炮衆」を援軍として派遣したように〔歴代古案〕、伊達氏との関係も、自ら同陣する佐竹氏ほどではないにしても、緊密であったといえる。

ところが、盛隆の横死直後に伊達氏との関係は破綻し、外交の基本方針が崩れた。その結果、蘆名氏の外交はバランスを失って佐竹氏一辺倒となり、やがては佐竹氏に飲み込まれてしまう。天正十四年十一月、蘆名亀若丸は幼くして死去し、翌十五年三月、白河氏を継承していた佐竹義重次男の義広《よしひろ》が蘆名氏を継ぐ。盛隆は上杉氏との協調的な関係の維持に努めたが、義広は上杉景勝に叛いた新発田重家を積極的に支援し〔反町英作氏所蔵文書、政宗君記録引証記所収文書〕、上杉氏との関係も敵対に転じた。伊達政宗は義広の蘆名氏継承に強く反発し、政宗と佐竹義重の対立が決定的となる〔垣内二〇一七〕。そのため、義広を家督に迎えた蘆名氏は、義重に反攻する政宗の矢面に立つことになり、盛隆の横死から五年も経たない天正十七年六月に滅亡する。

（垣内和孝）


【主要参考文献】

大石直正「戦国大名会津蘆名氏」（小林清治編『東北大名の研究』吉川弘文館、一九八四年。初出一九六九年）。

垣内和孝「伊達政宗の家督相続と蘆名氏」（同『伊達政宗と南奥の戦国時代』吉川弘文館、二〇一七年。初出二〇一五年）。

菅野郁雄「『十月五日付山内殿宛佐竹義重書状』考」（『福島史学研究』七〇、二〇〇〇年）。

黒嶋敏「伊達家の不祥事と〈大敗〉」（黒嶋編『戦国合戦〈大敗〉の歴史学』山川出版社、二〇一九年）。

黒田基樹『戦国「おんな家長」の群像』（笠間書院、二〇二一年）

小林清治「戦国末期の長沼」（同『戦国大名伊達氏の研究』高志書院、二〇〇八年。初出一九九五年）。

高橋明「御代田合戦」（『郡山地方史研究』五〇、二〇二〇年）。

藤木久志「境界の世界、両属の世界」（同『戦国史をみる目』校倉書房、一九九五年。初出一九八九年）。

白河義親――南陸奥の和平を司るコーディネーター

義親の出生と親族

白河義親《しらかわよしちか》は、十六世紀末に白河庄（福島県白河市）周辺に勢力を誇った領主である。当時の史料に「白川」と表記されることも多々あるが、江戸時代に入り、義親の子孫が仙台藩士となるにあたって「白河」を家名としたことから、本稿は「白河」表記に統一する。

その白河家が作成した『（仙台）白河家譜』は、義親の父として晴綱《はるつな》の名を記し、母は不明で某年六月六日の卒と伝えるのみである。さらに義親の生年も不明だが、寛永三年（一六二六）二月十六日に八十六歳で卒去との記事を信じるならば、天文十年（一五四一）の出生となる。また仮名《けみょう》を「七郎」、そして「左京大夫」の官途を名乗ったともいわれるが、いずれも自称ではなく正確なところは定かではない。

『白河家譜』によれば、兄弟に庶兄晴常《はるつね》（中畠《なかはた》家を嗣ぐ）と弟義名《よしな》（仙台白河家初代義綱《よしつな》の実父）、姉妹として①重臣和知《わち》美濃守頼秀《よりひで》室、②須賀川《すかがわ》二階堂《にかいどう》氏重臣保土原《ほどわら》行藤《ゆきふじ》（江南斎《こうなんさい》）室、③蘆名《あしな》一族猪苗代盛《いなわしろもり》国《くに》室の存在が伝わり、他にも中畠家の「白河結城系図」には、④那須《なす》氏重臣でのちに下野黒羽《くろばね》藩を立てる大関晴増室《おおぜきはるます》の名がある。
また『藤巻旧記《ふじまききゅうき》』は、義親子息として正成《まさなり》(初名義里《よしさと》、母は岩城《いわき》氏出身)を挙げ、永禄年中から甲斐武田《たけだ》氏、徳川家康《とくがわいえやす》に仕えていた義親弟、すなわち叔父の長沼晴休《ながぬまはるやす》(のち藤巻正休)を頼り、天正十八年(一五九〇)に養子として藤巻家を嗣いだと伝える。

義親以前の白河氏

白河結城《ゆうき》氏は、十三世紀末に下総国の御家人結城朝広《ともひろ》・祐広《すけひろ》父子が陸奥国白河庄に下向したのを始まりとし、以来、鎌倉倒幕・南北朝の内乱を経て八郡検断職《はちぐんけんだんしき》を任されるなど、南陸奥きっての有力領主として地歩を着々と固めていった。なかでも室町中期、十五世紀の氏朝《うじとも》・直朝《なおとも》代に最盛期を迎え、太平洋岸(陸奥国菊田庄《きくた》＝福島県いわき市)・日本海岸(越後国蒲原津《かんばら》＝新潟市)にも拠点を得たうえ、周辺領主の統率を京都幕府から期待されるほどの実力を有していた。とはいえ、その根底には宗家と一族小峰《こみね》家との間の微妙な均衡関係があり、両家がそれぞれ京都幕府・鎌倉府《かまくらふ》といった外的権力と交渉をもつことで、かろうじてバランスを保っていたのであった。

十六世紀に入り、鎌倉公方足利政氏《あしかがまさうじ》・高基《たかもと》父子の対立が鮮明になった影響をうけ、白河氏内部の均衡も崩れる。小峰朝脩《とものぶ》は永正七年(一五一〇)に宗家政朝《まさとも》を領外に追放、実子義綱を当主に据えて権力を掌握した〔垣内二〇〇六〕が、これを境にその版図は縮小の一途をたどる。例えば、義綱の代には常陸

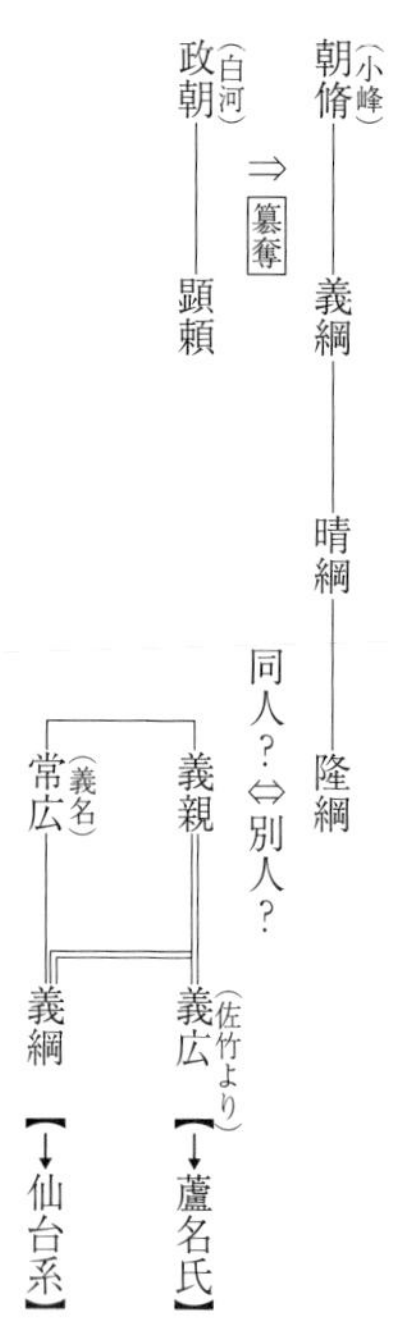

白河氏略系図（本稿に関係、かつ確実視される部分のみ）

国佐竹《さたけ》義篤《よしあつ》に南郷《なんごう》（福島県東白川郡南部ほか）を侵食され、属城の破却を条件に和睦するなどその劣勢は明らかであった。かつての強豪白河氏も、南陸奥・北関東の政情に順応することで自家の安泰を図らざるをえなくなるにつれ、権威のよりどころを京都室町幕府に求め、天文十一年（一五四二）には義綱息（初名直広《なおひろ》）が将軍足利義晴《よしはる》の偏諱《へんき》「晴」を与えられて晴広《はるひろ》、ついで晴綱《はるつな》と名乗り、官途「左京大夫」に叙任されている。

義綱・晴綱期の治世を大いに助けたのは岩城《いわき》重隆《しげたか》との蜜月関係であった。義綱が先の対佐竹和睦に重隆の仲裁を仰いだのにくわえ、晴綱は重隆息女を正室に迎え、その間に生まれた嫡男の名乗りとして、岩城氏から一字「隆」をもらい受けている。また、天文十四年には佐竹・岩城間の婚姻も成立していたため、重隆には白河・佐竹間における潤滑剤としての役割も期待された。

さらに、晴綱は会津蘆名盛氏《もりうじ》にも接近し、嫡男と盛氏息女との婚姻を打診、数年の交渉を経て実現させた。しかし、永禄三年（一五六〇）にも佐竹義昭《よしあき》の白河侵入を許すなどその苦境は改善せず、ついには北条氏康《ほうじょううじやす》・氏政《うじまさ》父子と通好し、遠交近攻策を模索するにいたる。

また天文二十年三月頃から晴綱とその後継者との連署による文書発給が始まり、両人が共同で領内統治にあたるさまを確認できる。そして近い将来の家督継承に備え、永禄五年には正月から年末にかけての恒例行事とその準備・式次第を記した「年中行事」が作成された〔今泉一九九六〕。このように、世代交代にむけた環境整備に励んだ晴綱は、同九年六月を最後に史料上から姿を消す。

隆綱と義親は同一人物か別人か

義親が白河氏の代表者としてふるまい始めるのは、永禄十三年(一五七〇)に入ってのことである。よって『(仙台)白河家譜』が伝えるとおり、晴綱→義親という父子間での継承とみるのが一見自然のように思われる(仙台説)。ところが、秋田白川家に伝わる系図にはこれと相反する記載が存在する。

秋田白川家の血脈を嗣ぐ結城錦一氏は、同家が伝える各種史料をもとに、分家の義親がまだ幼少の晴綱実子(名乗りには「七」「朝顕《ともあき》」「義顕《よしあき》」の諸説あり)を追放し、家督を強奪したとの見解(秋田説)を示した〔結城一九四一〕。戦前の思想的風潮もあって、結城氏は正統たる南朝を支えた忠臣結城宗広《むねひろ》の末裔という由緒を絶えず自負していたものの、諸史料を科学的に駆使し、南北朝期から江戸期に至る実態の解明を目指したその研究姿勢は、現代にも通用する水準にあったことを付記しておきたい。

仙台・秋田両説が併立するなか、『白河市史』資料編二〔一九九一〕・同通史編一〔二〇〇四〕の刊行をとおして関係史料の整理・分析が進められたことで、晴綱実子「隆綱《たかつな》」の存在が明らかになった。晴綱嫡男がその元服時に岩城氏から偏諱「隆」字を受けていたことは先に述べたとおりで、弘治二年

（一五五六）には「七郎隆綱」が公家飛鳥井雅綱《あすかいまさつな》から蹴鞠《けまり》を伝授されている。ただその一方で、永禄十年という比較的早期のうちに「隆綱」の活動が史料上に確認できなくなることから、仙台説・秋田説のいずれを採るにしても、この短期間で姿を消した幻の当主「隆綱」を系譜上にいかに位置づけるか、避けて通れない課題に直面せざるをえなくなったのである。

仮に仙台説を推す場合、まずA．義親は元服当初は「隆綱」を称し、後年に改名したとみる「隆綱」＝義親説をとるか〔今泉二〇〇一、佐川二〇〇一、垣内二〇〇六、菅野二〇一一〕、それともB．両者を別人とみるか〔市村二〇〇四〕、という二者択一を迫られる。一方、秋田説に与するとなれば、「隆綱」と秋田白川家の祖と伝わる「七」との関係を明らかにする必要がある。また現在では、義親と「隆綱」の相互関係を探るにあたり、①花押（サイン）の比較、②書札礼《しょさつれい》（文書をやりとりする際の礼儀）の変化、③実名の問題（前後の当主との共通性）という視点をふまえた再検討も必須となっており、それには膨大な先行研究の整理と専門的分析が不可欠である。よって本稿で私見を示すことは差し控えたい。

義親の軍事と外交

出自をめぐる論争は依然錯綜しているものの、義親が永禄末年段階で白河氏を代表する立場にあったことだけは確かであろう。折しも永禄十二年（一五六九）六月四日には岩城重隆が死没しており、有力な調整役を失った南陸奥地域では紛争が再燃しつつあった。まず、近隣石川《いしかわ》氏が佐竹派と蘆名派に分裂したほか、義親自身も南郷地域（寺山・赤館）をめぐって佐竹義重《よししげ》と兵刃を交える事態となったため、蘆名盛氏との共同戦線のもとでこの政情不安に対処している。

そのさなかの天正二年（一五七四）初頭、「白川膳七郎」が近隣の浅川城《あさかわ》（福島県浅川町）に拠って反旗を翻したことで、義親の治世は内部から動揺し始める。この「善七郎」の素性についても、義親に権力を簒奪された隆綱の嫡子、あるいは秋田白川家の祖となる朝顕、はたまた中畠家につながる人物、というぐあいに諸説入り乱れる状態にあったが、筆者は近年、彼が義親実弟にして、のちに南左近大夫常《つね》広《ひろ》として史料上にあらわれる人物であることを明らかにした〔戸谷二〇二〇〕。

この事変が呼び水となり、佐竹義重による白河侵攻が本格化、年末に一時的な停戦を挟みながらも翌三年に白河の地はほぼ制圧された。なお、前年二年九月頃に義親は「不説斎」を号しはじめるが、これは入道・出家を必ずしも意味してはいない。

ところが、同四年なかほどに田村清顕《たむらきよあき》が佐竹氏との連携を解消、蘆名陣営に与したため、義親も清顕からの援助によって戦況をいくぶん挽回することに成功した。そして、翌五年秋に佐竹氏を白河領から撃退したすえ、同六年八月、義重次子喝食丸《かつじきまる》（義広《よしひろ》）を養子として家督を継がせることなどを条件に、和睦を取り結ぶことで事態を収束させた。表面上、義親は退隠の形をとったが、翌七年に入嗣した義広は数え年でわずか六歳にすぎず、同十三年七月に義広との連署文書が発給されるまで義親がひきつづき領内統治を一手に担ったように、領主としての自立性は維持していたことがわかる。

そして、天正七年に友軍蘆名盛氏が佐竹義重との全面衝突を回避して単独講和に踏み切り、さらに盛氏は翌八年六月に没したため、二階堂盛義《もりよし》子息の盛隆《もりたか》が蘆名家督を継承した。ここに義親を取り巻く政局は、佐竹氏を盟主とする領主連合が田村清顕とそれを後援する伊達輝宗《だててるむね》へその矛先を向ける事態へと移行したのである。

コーディネーター白河義親

天正十年（一五八二）前後の南陸奥にあって、伊達・佐竹両陣営の焦点に位置していたのは安積《あさか》郡・田村庄・岩瀬《いわせ》郡を中心とする仙道《せんどう》中部（福島県郡山市・須賀川市など）である。その点、陸奥南端の白河庄を本拠とする義親は、佐竹陣営に身を置きながらも、第三者として俯瞰的に戦況を見守ることを許されていたふしがある。義親本人が戦闘の最前線に出向くことは比較的少なく、かえって手持ちの人脈を駆使して両陣営を仲裁し、和睦へと導く局面が多くみられる。

例えば、天正八年に田村清顕と須賀川二階堂盛義とが衝突した際（御代田《みよだ》合戦）、蘆名氏は盛隆（盛義息）が当主ということもあって二階堂氏に与したものの、義親にとってみれば清顕の支援に助けられた経験もあるだけに、いずれの当事者とも積極的に敵対する理由は存在しなかった。清顕は、息女を嫁がせることで姻戚となった伊達輝宗に仲裁を頼み、その輝宗は遠く関東の結城晴朝《はるとも》にまで呼びかけることで抗争の停止を目指したが、義親もその活動に参画して蘆名氏の撤兵、占領地の相互返還といった課題を克服し、地域の安定に貢献している。

同十三年冬、人取橋《ひととりばし》の戦いで伊達政宗《まさむね》と佐竹・蘆名陣営が衝突した際も、義親は後者に属して政宗と対陣しながら目立った戦功を伝えていない。その一方、翌十四年春・夏、政宗による二本松城《にほんまつ》（福島県二本松市）攻囲戦においては、佐竹義重に掛け合って和睦に向けた雰囲気を作り出したうえで、それに反発する蘆名氏や二本松籠城衆を説得し、開城へと導いている。このように、紛争当事者の間を調停してまわる義親の発言力には豊臣政権も一目置いており〔戸谷二〇〇八〕、またこれら調整の場において、義親の意向をうけて具体的な活動を見せていた人物が先にふれた弟常広であった。

天正十五年三月には義広が蘆名家督を継承し、会津へと移ったため、義親は再び名実ともに白河氏の最高権力者となった。ここに佐竹・蘆名陣営の結びつきはますます強化されたかに思われたが、義広に付き従った家臣と蘆名譜代との間に反目が生まれ、さらに一族猪苗代盛国の反抗もあって会津領は内紛状態に陥った。

そこに蘆名氏の弱体化を見越した政宗が南下政策を推し進めた結果、同十七年六月の摺上原《すりあげはら》の戦いで政宗は義広に大勝、会津領を制圧した。義親はこの政情の変化をうけて佐竹陣営から離脱、翌七月に起《き》請文《しょうもん》を交換して伊達陣営に加わった。そして、政宗の調整によって隣郡領主石川昭光《あきみつ》との関係を改善したほか、今度は伊達勢力圏の前線に立つ領主として佐竹・那須方面といった北関東情勢を観察し、その情報を政宗に逐次提供する側へと転じたのである。

晩年の義親

天正十八年（一五九〇）三月に豊臣秀吉が関東へ出兵、北条氏政・氏直《うじなお》の籠もる小田原城（神奈川県小田原市）を包囲するにいたり、伊達政宗も遅ればせながら参陣、会津領の返還を条件に秀吉への拝謁を認められた。その最中、伊達領内では矢田野義正《やたのよしまさ》が大里城《おおさと》（福島県天栄村）に籠もって反乱を起こしたため、義親はその鎮圧にあたったもののそれは未遂に終わった。つづいて奥羽仕置に従軍、葛西《かさい》・大崎《おおさき》領（岩手県南部・宮城県北部）へと転回したが、義親が本領白河の没収、白河家改易の報に接したのはこのときのことである。伊達陣営の一員として活動するかたわら、自家存続のため、秀吉やその周辺人物への進物・付け届けを怠ることもなかっただけに、義親からしてみれば何ともやりきれない決定であった。

『白河家譜』によれば、義親はその後、那須湯本・京都・会津を漂泊したすえ、慶長六年（一六〇一）になって伊達政宗から片倉景綱《かたくらかげつな》を使者として招かれ、仙台に入ったという。実際、天正十八年に白河仕置を担当した宇喜多秀家《うきたひでいえ》やその重臣花房秀成《はなぶさひでなり》、会津領とあわせ白河領を統治した蒲生氏郷《かもううじさと》と小峰城将関《せき》豊盛《とよもり》、さらに陸奥国仕置を統括した政権有力者浅野長吉《あさのながよし》から送られた書状類が現存しており、旧領回復を目指して働きかけをおこなっていた様子がうかがえ、慶長三年に越後上杉景勝《うえすぎかげかつ》が蒲生秀行《ひでゆき》に代わって会津に入国した後も、同六年秋までは上杉領内に隠棲していたことが明らかとなっている。

伊達仙台藩に客分として身を寄せた義親は、二十五年後の寛永三年（一六二六）二月十六日に八十六年の生涯を閉じた。法名月翁道雲、法号は元照院という。白河家の名跡は弟義名（もと常広）の嫡男義綱が養子となって継承し、その後、白河氏は真坂（宮城県栗原市一迫真坂）に知行一〇〇〇石を与えられ、一門として遇された。

近年における白河氏研究

鎌倉期末から近代にいたるまで、白河氏は東北地方を中心にその足跡を関係史料に残してきた。このうち、同氏に伝来した家伝文書は原本・写本を合わせれば計一〇〇〇通にも及び、東国の有力大名伊達氏・上杉氏にも匹敵する質・量を誇る。それにもかかわらず、戦国期における当主義親の出自さえも確定できない状況にあったが、ごく近年、白河氏を主題とする研究は少なからぬ進展を見せている。

その一例として、家伝文書のデータを網羅的に収集・整理するなか、筆者はより専門的な見地から十五世紀末から十七世紀初頭にいたる白河氏の歴史を概説している〔村井・戸谷二〇二二〕。関係史料の活用を進めることで、これまで伊達氏（特に政宗期）に偏重していた南奥羽の戦国史研究に新たな核が生まれ、また北関東との結節点として機能した陸奥白河の地が持つ地政学的価値にもより多くの関心が集まることであろう。単なる領主の興亡・合従連衡の解説、政治過程の復元にとどまらない「東国社会」研究の発展にむけ、さらなる可能性を秘めたフィールドとして注目していただきたい。（戸谷穂高）

【主要参考文献】

市村高男「戦国期白河結城氏代替わり考」（矢田俊文編『戦国期の権力と文書』高志書院、二〇〇四年）
今泉徹「「白川結城氏年中行事」の基礎的考察」（『國學院大学大学院紀要・文学研究科』二七、一九九六年）
今泉徹「白川天正の変再考」（『戦国史研究』四一、二〇〇一年）
垣内和孝『室町期南奥の政治秩序と抗争』（岩田書院、二〇〇六年）
垣内和孝『伊達政宗と南奥の戦国時代』（吉川弘文館、二〇一七年）
菅野郁雄『戦国期の奥州白川氏』（岩田書院、二〇一一年）
佐川庄司「白河義親の家督継承をめぐって」（小林清治編『中世南奥の地域権力と社会』岩田書院、二〇〇一年）
『白河市史』資料編二古代・中世（一九九一年）・通史編一原始・古代・中世（二〇〇四年）
戸谷穂高「関東・奥両国惣無事と白河義親」（村井章介編『中世東国武家文書の研究』高志書院、二〇〇八年）
戸谷穂高「天正期における白河一族善七郎と南陸奥の地域秩序」（『戦国史研究』七九、二〇二〇年）
村井章介・戸谷穂高編『新訂白河結城家文書集成』（高志書院、二〇二二年）
結城宗広事蹟顕彰会（代表結城錦一）編『結城宗広』（厚徳書院、一九四一年）
渡部正俊「戦国大名白河結城義親について」（小林清治先生還暦記念会編『福島地方史の展開』名著出版、一九八五年）

あとがき

戎光祥出版株式会社の丸山裕之さんから、竹井英文さんと一緒に『戦国東北武将列伝（仮）』の編者になりませんかという有難いお話をメールで頂いたのは、東日本大震災から十年目を迎えたばかりの二〇二一年四月のことだった。この年の春は、三度にもわたって、大震災の余震だという大きな地震が立て続けに東北地方を襲い、改めて、震災による影響の大きさを思い知らされたころでもあった。

震災から十年。この間、東北地方における戦国史の研究状況もかなり変わってきた。もちろん、それまでの小林清治氏をはじめとする諸研究者や、『仙台市史』『原町市史』などの自治体史、各地で盛んな郷土史研究会による研究成果の積み重ねがあってのことではある。そのうえで、北方史では南部氏や安東氏の研究が進み、『八戸市史』『青森県史』などの刊行も続いた。南奥羽では、『岩沼市史』『長井市史』などが世に出た。すでに、東京や仙台では東北戦国史の研究者が増えつつあったが、本書の編者である竹井さんが仙台の大学に移られ、東北地方の戦国史の魅力を広めて教え子を育ててきた。筆者も、青森県弘前市の大学で教壇に立つ機会を得て、そのころ宮城県白石市で発見された「遠藤家文書」（遠藤家は伊達氏の重臣）を紹介するシンポジウムをきっかけに、南奥羽戦国史研究会という勉強会をつくった。勤務先が東京の大学へ移ってからも、勉強会は継続中で、いつも多くのことを学ばせていただいている。

思い浮かぶままに近年の動向を書き連ねたが、確実に、東北戦国史の研究者人口は増え、史料収集調査が進み、研究者同士の交流も生まれており、研究の広がりと深化を日々感じている。そのような今だからこそ、本書刊行の話が持ち上がったのだと思う。丸山さんからのメールの返信に、ぜひ担当させていただきたいこと、できればオンラインで丸山さん・竹井さんと打ち合わせをしたい旨を伝え、コロナ禍で久しくお会いしていなかったお二人と、画面越しではあるが顔を合わせて話すことができた。

執筆依頼者を検討する際は、本書の核となる伊達氏の執筆候補者が複数名いらっしゃったため、東北出身の若手研究者に依頼することにし、また結果的にではあるが幅広い年代の執筆者にお願いしようということにもなった。このような機会を設け、速やかな刊行へと導いてくださった竹井さん・丸山さんには、心からお礼を申し上げたい。出版までの期間が限られており、執筆をお願いできなかった方もいるが、ご執筆いただだいた諸氏には、お忙しいなかご尽力いただき本当に感謝している。コロナ禍で、多くの図書館・資料館が予約制となり、大学図書館も学外者の利用を制限するなど、文献や史資料の収集が困難ななかでの執筆は、多くのご苦労を伴うものだったのではないだろうか。

東北戦国史で、ここまで充実した一書をまとめられるような日が来るとは、十年前にはとても想像できなかった。本書を手に取ってくださった読者の方のなかから、東北戦国史研究の歩をさらに進めて下さる方が現われてくれれば、これほど幸せなことはないと思う。

二〇二三年一月

遠藤ゆり子

【執筆者一覧】（編者以外は掲載順）

竹井英文　別掲

遠藤ゆり子　別掲

新藤　透
一九七八年生まれ。現在、國學院大學文学部教授。
【主な業績】『松前景広『新羅之記録』の史料的研究』（思文閣出版、二〇〇九年）、『北海道戦国史と松前氏』（洋泉社、歴史新書、二〇一六年）、「康正二年・長禄元年（コシャマインの戦い）・大永五年のアイヌ蜂起について」（『十六世紀史論叢』八、二〇一七年）

滝尻侑貴
一九八六年生まれ。現在、八戸市立図書館・歴史資料グループ主査兼学芸員。
【主な業績】「南部氏の正月行事にみる領主関係」（久保田昌希編『戦国・織豊期と地方史研究』岩田書院、二〇二〇年）、亀田俊和・生駒孝臣編『南北朝武将列伝　南朝編』（戎光祥出版、二〇二一年。担当：「南部師行」「南部政長」）、熊谷隆次・滝尻侑貴・布施和洋・柴田知二・野田尚志・船場昌子『戦国の北奥羽南部氏』（デーリー東北新聞社、二〇二一年）

高橋和孝
一九九〇年生まれ。現在、奥州市教育委員会事務局歴史遺産課主任学芸員。
【主な業績】「南北朝末期から室町期における和賀一族の動向―鬼柳氏を中心として―」（『岩手史学研究』九八、二〇一七年）、「奥州管領斯波氏と胆沢・江刺郡」（『岩手史学研究』一〇〇、二〇一九年）、「下総椎名氏関係の新出文書二点」（『戦国史研究』八〇、二〇二〇年）

金子 拓

一九六七年生まれ。現在、東京大学史料編纂所准教授。

【主な業績】『織田信長権力論』（吉川弘文館、二〇一五年）、『信長家臣明智光秀』（平凡社、二〇一九年）、『長篠の戦い　信長が打ち砕いた勝頼の〝覇権〟』（戎光祥出版、二〇二〇年）

菅原義勝

一九八六年生まれ。現在、公益財団法人致道博物館主任学芸員。

【主な業績】「戦国期庄内における地域認識の形成―「庄中」から「庄内」へ―」（地方史研究協議会編『出羽庄内の風土と歴史像』雄山閣、二〇一二年）、「天正二年最上氏内紛再考」（久保田昌希編『戦国・織豊期と地方史研究』岩田書院、二〇二〇年）、「戦国期羽黒山関係文書の基礎的考察―新出史料の紹介も兼ねて―」（『羽陽文化』一六六、二〇二二年）

佐々木徹

一九七四年生まれ。現在、仙台市教育委員会文化財課主任。

【主な業績】『慶長遣欧使節―伊達政宗が夢見た国際外交―』（吉川弘文館、二〇二一年）、「戦国期奥羽の宗教と文化」（遠藤ゆり子編『東北の中世史四　伊達氏と戦国争乱』吉川弘文館、二〇一六年）、「室町・戦国期の岩沼・名取郡」ほか（『岩沼市史一　通史編Ⅰ　原始・古代・中世』岩沼市、二〇一八年）

長澤伸樹

一九八三年生まれ。現在、仙台市博物館会計年度任用職員。

【主な業績】『楽市楽座令の研究』（思文閣出版、二〇一七年）、『楽市楽座はあったのか』（平凡社、二〇一九年）、「信長の流通・都市政策は独自のものか」（日本史史料研究会編『信長研究の最前線―ここまでわかった「革新者」の実像―』洋泉社、二〇一四年）

黒田風花

一九九二生まれ。現在、仙台市博物館学芸員。

【主な業績】「戦国期関係文書解説」（白石市教育委員会編『白石市文化財調査報告書第五三集　伊達氏重臣遠藤家文書　戦国編２』白石市歴史文化を活用した地域活性化実行委員会、二〇一七年）、「戦国期伊達氏家臣についての一考察」（『仙台市博物館調査研究報告』三九、二〇一九年）、「伊達政宗当主期の意思伝達と家臣―茂庭綱元関係文書の検討を通じて―」（野本禎司・藤方博之編『仙台藩の武家屋敷と政治空間』岩田書院、二〇二二年）

佐藤貴浩

一九八三年生まれ。現在、足立区地域文化課文化財係学芸員。

【主な業績】『「奥州の竜」伊達政宗』（KADOKAWA、二〇二二年）、「伊達領国の展開と伊達実元・成実父子」（『戦国史研究』六五、二〇一三年）、「戦国大名伊達氏の家督相続」（久保田昌希編『戦国・織豊期と地方史研究』岩田書院、二〇二〇年）

山田将之

一九八〇年生まれ。現在、千代田区立日比谷図書文化館文化財事務室学芸員。

【主な業績】「中人制における『奥州ノ作法』―戦国期の中人制と伊達氏の統一戦争―」（『戦国史研究』五七、二〇〇九年）、「戦国期岩城氏にみる婚姻関係と中人秩序―佐竹・伊達間における仲介者―」（『学習院大学人文科学論集』一九、二〇一〇年）、「戦国期南奥羽の中人制」（南奥羽戦国史研究会編『伊達政宗―戦国から近世へ―』岩田書院、二〇二〇年）

泉田邦彦

一九八九年生まれ。現在、石巻市博物館学芸員。

【主な業績】「戦国期岩城氏の領域支配構造と「洞」」（『福島史学研究』一〇〇、二〇二二年）、「十五世紀末の茂木氏家臣―給分注文を読み解く―」（高橋修編『戦う茂木一族―中世を生き抜いた東国武士―』高志書院、二〇二二年）、『大字誌両竹』一～四（共編著、蕃山房、二〇一九～二〇二二年）

岡田清一

一九四七年生まれ。現在、東北福祉大学名誉教授。

【主な業績】『中世東国の地域社会と歴史資料』（名著出版、二〇〇九年）、『相馬氏の成立と発展』（戎光祥出版、二〇一五年）、『中世南奥羽の地域諸相』（汲古書院、二〇一九年）

垣内和孝

一九六七年生まれ。現在、郡山市文化・学び振興公社文化財調査研究センター所長。

【主な業績】『室町期南奥の政治秩序と抗争』（岩田書院、二〇〇六年）、『郡山の城館』（歴史春秋出版、二〇一五年）、『伊達政宗と南奥の戦国時代』（吉川弘文館、二〇一七年）

戸谷穂高

一九七六年生まれ。現在、日本大学文理学部史学科非常勤講師。

【主な業績】『新訂 白河結城家文書集成』（高志書院、二〇二二年、村井章介氏との共編）、「関東・奥両国「惣無事」と白河義親―卯月六日付富田一白書状をめぐって―」（村井章介編『中世東国武家文書の研究』高志書院、二〇〇八年）、「天正期における白河一族善七郎と南陸奥の地域秩序」（『戦国史研究』七九、二〇二〇年）

【編者略歴】

遠藤ゆり子（えんどう・ゆりこ）
現在、淑徳大学人文学部歴史学科教授。
主な著作に、『戦国時代の南奥羽社会―大崎・伊達・最上氏―』（吉川弘文館、2016年）、『中近世の家と村落』（岩田書院、2017年）、『シリーズ・中世関東武士の研究第25巻　戦国大名伊達氏』（編著、戎光祥出版、2019年）、『伊達政宗―戦国から近世へ―』（共著、岩田書院、2020年）などがある。

竹井英文（たけい・ひでふみ）
1982年生まれ。現在、東北学院大学文学部教授。
主な著作に、『織豊政権と東国社会　「惣無事令」論を越えて』（吉川弘文館、2012年）、『戦国の城の一生』（吉川弘文館、2018年）、『戦国武士の履歴書　「戦功覚書」の世界』（戎光祥出版、2019年）、『杉山城問題と戦国期東国城郭』（戎光祥出版、2022年）などがある。

戦国武将列伝《せんごくぶしょうれつでん》1　東北編《とうほくへん》

2023年4月20日　初版初刷発行

編　者　遠藤ゆり子・竹井英文

発行者　伊藤光祥

発行所　戎光祥出版株式会社

〒102-0083 東京都千代田区麹町1-7 相互半蔵門ビル8F

TEL：03-5275-3361（代表）　FAX：03-5275-3365

https://www.ebisukosyo.co.jp

編集協力　株式会社イズシエ・コーポレーション

印刷・製本　モリモト印刷株式会社

装　丁　堀 立明

ISBN：978-4-86403-440-1